Entrenamiento en Habilidades Emocionales y de Comunicación:

6 Libros en 1 - Estoicismo, Cómo Dejar de Pensar Demasiado, Técnicas Secretas de Manipulación, Hackeo Mental y Memoria Fotográfica, Cómo analizar a las personas y la psicología oscura, Programa de Aprendizaje Acelerado.

Table of Contents

- Table of Contents 2
- Introducción: Tomando el Control en un Mundo por Ti 22
- Capítulo 1: Estoicismo 26
  - Una forma de vida 26
    - Definiendo los Términos 31
    - Lo que no es el estoicismo 34
- Capítulo 2: Historia del Estoicismo 39
  - Orígenes Antiguos 40
  - Marcus Aurelius 42
  - Estoicismo moderno 46
- Capítulo 3: Percepción 50
  - La distancia entre el mundo y nuestra percepción 50
  - Un cambio en la percepción 54
  - Separando la Aceptación del Acuerdo 56
- Capítulo 4: Pasiones 61
  - Examinando las Pasiones 62
  - El Único Problema del Dolor 67
  - Manteniendo un equilibrio 70
- Capítulo 5: Toma Acción 74
  - No More Armchair Philosophers 74
  - Superando la parálisis por análisis 78
  - Moviéndose rápidamente y audazmente 83
- Capítulo 6: Lente estoica 87
  - Ni Pesimismo ni Optimismo 88

    Leyendo más allá de los titulares 90

    Memento Mori 95

Capítulo 7: Vivir en Armonía con la Naturaleza 99

  El Mundo Natural, por Dentro y por Fuera 99

    El Estado Innatural de la Vida Moderna 103

    Recortar el Desorden y Encontrar el Control 106

Capítulo 8: Estoicismo y Psicología 110

  La Filosofía Antigua se Encuentra con la Ciencia Moderna 111

    Terapia Cognitivo-Conductual 114

    Trabajando con tu Química Cerebral Única 118

Capítulo 9: Aceptar lo Inaceptable 122

  Tratando con el Dolor y el Sufrimiento 122

    Procesando el dolor 125

    Interactuando con los demás 128

Capítulo 10: El estoicismo en la práctica 133

  Separando Entrada y Acción 134

  Abrazando la incomodidad/Practicando la desgracia 136

  Movimiento Constante hacia Adelante 141

Conclusión: Una filosofía para la vida 144

Introducción 151

Capítulo 1: ¿Qué es la Rumia? 153

  ¿Por qué sobre pensamos? 154

  El Cerebro que Piensa Demasiado 155

  Síntomas de pensar demasiado 157

  Peligros de ser un pensador excesivo 159

Tres Tipos de Sobre Pensamiento 161

Capítulo 2: Ansiedad y Pensamientos Excesivos. 163

Formas en que la ansiedad causa pensamientos excesivos 163

Resultado de la ansiedad y la sobrethinking 165

Lo que no es la sobrethinking 167

Cómo dejar de pensar demasiado en todo 168

Capítulo 3: Intenta detenerlo antes de que empiece. 169

Creencias limitantes 169

Estrategias de afrontamiento no útiles 172

Prepárate para entrenar tu cerebro para establecer una relación saludable con tus pensamientos. 173

Capítulo 4: Enfoque en la resolución activa de problemas. 176

¿Qué es la resolución activa de problemas? 177

Preguntas que debes hacerte 178

¿Cuándo es efectiva la resolución activa de problemas?. 179

Cómo usar la resolución activa de problemas 180

Capítulo 5: Considera el Peor Escenario Posible. 182

Qué hacer cuando se está considerando el peor de los casos. 184

Por qué deberías considerar el peor escenario posible .. 185

Capítulo 6: Programa Tiempo para Pensar 187

Los pasos para "Programar Tiempo de Reflexión" 188

Capítulo 7: Pensar de forma útil. 192

Capítulo 8: Establecer Límites de Tiempo para Tomar Decisiones. 197

Cómo establecer límites de tiempo para tus decisiones. 198

Establece un límite al número de decisiones que tomas por día. 200

Capítulo 9: Considera el panorama general. 202

Capítulo 10: Vive el Momento. 207

¿Por qué es importante estar presente? 208

Pasos prácticos para vivir en el presente. 209

Capítulo 11: Meditar 212

4 formas en las que la meditación ayuda a detener el exceso de pensamiento 213

Cómo Meditar en 9 Sencillos Pasos 214

Capítulo 12: Crear una lista de tareas. 217

Capítulo 13: Abrazar la Positividad. 222

Capítulo 14: Utilizando afirmaciones para aprovechar el pensamiento positivo. 227

¿Qué son las afirmaciones y funcionan? 228

Cómo usar afirmaciones positivas 229

Cómo Escribir una Declaración de Afirmación 230

Ejemplos de Afirmaciones 232

Capítulo 15: Convertirse en una persona orientada a la acción. 234

Consejos para Actuar en la Superación del Pensamiento Obsesivo 235

Capítulo 16: Superando tu miedo. 238

Capítulo 17: Confía en ti mismo. 241

Capítulo 18: Deja de esperar el momento perfecto. 246

Capítulo 19: Deja de configurar tu día para el estrés y la sobrethinking. 251

Capítulo 20: Aceptando Todo lo que Sucede. 254

    Formas de dejar ir las heridas del pasado 255

Capítulo 21: Da lo mejor de ti y olvida el resto. 259

    No tiene que ser difícil. 262

Capítulo 22: No te presiones para manejarlo. 263

Capítulo 23: Diario para sacar los pensamientos de tu cabeza. 267

    Cómo Empezar 268

    Escribir un diario para llegar a un mejor estado mental 269

Capítulo 24: Cambiar de Canal. 271

Capítulo 25: Tomarse un Descanso. 274

    Descanso para obtener resultados 274

Capítulo 26: Ejercitarse. 277

    Cómo el ejercicio promueve el bienestar positivo 278

    Tipos de ejercicios para superar la sobrethinking. 280

Capítulo 27: Tener un hobby 282

Capítulo 28: No seas demasiado duro contigo mismo. 285

    Cómo dejar de ser demasiado duro contigo mismo 286

Capítulo 29: Obtener Suficiente Calidad de Sueño. 289

    Beneficios de Dormir 290

    Cómo obtener el máximo provecho de tu sueño 292

Conclusión. 296

Introducción 302

Capítulo Uno: Manipulación Emocional 323

Capítulo Dos: Técnicas de Manipulación Encubierta 339

Capítulo Tres: Técnicas de Manipulación de PNL 358

Capítulo Cuatro: Persuadir e Influenciar a las Personas 372

Capítulo Cinco: Abordando la Manipulación en las Relaciones 402

Capítulo Seis: Manipulando la Opinión Pública como Orador Público 413

Capítulo Siete: Manipulando con Charlas Casuales 420

Introducción 452

Paso 1: Entrenando tu Memoria General 455

    Crear una memoria visual 456

        Estudio de caso 457

    Técnicas Utilizadas para la Memoria General: Asociación de Palabras 459

        Haciendo que la información sea significativa 460

        Ejemplo 460

    Crear un Palacio de la Memoria 461

    Recuerda usar imágenes. 462

Paso 2: Utiliza el Método Militar 464

    Descargo de responsabilidad 465

    Pasos para Implementar el Método Militar 465

    Usando el Método Militar para Ayudar con la Memoria— Ejemplo Práctico: Ron White, Dos Veces Campeón de Memoria de EE. UU. 468

    "Cuanto más sudas en tiempos de paz, menos sangras en tiempos de guerra." 468

    2. Desarrollar una mentalidad positiva: Marco mental ganador. 469

    3. Establecer metas pequeñas para tu memorización 470

    Siempre afronta las consecuencias de no alcanzar una meta 470

5. Entrena tu memoria todos los días, incluso cuando no te apetezca. 471

Paso 3: Mejorando tu dieta para una memoria fotográfica 473

¿Cómo está conectada la memoria con la dieta?..............473

Una dieta saludable para el corazón puede ser una dieta saludable para el cerebro..............475

Los alimentos y bebidas que le recomendamos que pruebe para una mejor memoria..............477

Café 477

Cúrcuma 478

Brócoli 478

Chocolate negro 479

Naranjas..............479

Huevos..............479

Té verde..............480

Prueba dietas que incluyan más grasa y menos carbohidratos..............480

Ayuno intermitente 481

Bebida moderada, para que puedas recordar más..........481

Estudio de caso..............482

Paso 4: Dormir por el bien de la memoria 483

Por qué es importante dormir bien..............483

Las teorías detrás del sueño..............484

¿Qué hace el sueño por la memoria?..............485

Ejemplo de Corea: Escuelas de Cramming, Memorización Mecánica y la Falta de Sueño 488

La privación del sueño tiene consecuencias graves para nuestra memoria. 490

¡Cómo mejorar tu memoria y permitirte recordar: ¡Dormir! 491

Estudio de caso 491

Paso 5: Utilizar dispositivos mnemotécnicos para recordar casi cualquier cosa 493

El Método de los Lugares 495

Acrónimos 495

Creando una Clase de Memoria (Para Profesores) 496

En diferentes culturas: Usar nombres en inglés 497

Rimas 497

¿Cómo memorizas ese poema tan largo? Crea una imagen de él en tu mente. 498

Estudio de caso 499

Cómo memorizar líneas para la próxima obra de teatro de la ciudad 500

Estudio de caso: Jemima 501

Chunking y Organización 502

Estudio de caso: Jason 502

Haz una canción o un baile para recordar bien las cosas. 504

Estudio de caso 504

Paso 6: Técnicas diarias: Utiliza los sentidos 506

Cómo hacer que las cosas sean reales: crear imágenes absurdas para recordar. 506

Estudio de caso 507

Transformemos los sonidos de los nombres que aprendemos en imágenes. 508

Estudio de caso 508

9

Usa tantos de tus sentidos como sea posible. 509
Cuando se trata de números, use el mismo método. 510
    Estudio de caso..510
Utiliza tu memoria sensorial para recrear experiencias. 511
    Estudio de caso..512
Por qué funciona la Memoria Sensorial...............................514
Cómo utilizar tu memoria sensorial......................................514
Por qué esta técnica es para actores y para todos 515

Paso 7: Utiliza técnicas que aumenten la actividad cognitiva y añadan a tu memoria 517
    1. Actividad Física: Haciendo Ejercicio 517
        Estudio de caso..519
    2. Mantente abierto a nuevas experiencias.........................521
        Estudio de caso..522
    3. Utiliza tus habilidades artísticas y creativas 523
        Estudio de caso..524
    4. Conexiones sociales..525
        Estudio de caso: Frank...526
    5. Atención plena y meditación 527
        Estudio de caso..528
    6. Disminuir la ansiedad y el estrés....................................530
        Estudio de caso..531
    7. Escuchar música clásica o tocar un instrumento 532
        Estudio de caso..534

Paso 8: Tomar medidas para aumentar la alerta mental.....535
    1. Hidratación..535

Estudio de caso 536

2. Observa la cafeína 537

Estudio de caso 538

3. Pierde el GPS y Encuentra Otras Formas de Llegar a Casa 539

Estudio de caso 540

4. Practica un pasatiempo 542

Estudio de caso 542

Paso 9: Habilidades de Estudio: En Qué Puedes Trabajar Ahora para Mejorar Tu Memoria Fotográfica 545

1. Repetición Espaciada 545

Estudio de caso 547

2. Utilice sus aplicaciones de teléfono inteligente incluyendo Study Blue y Memrise 548

Estudio de caso 549

3. Para clases de idiomas, tome pruebas de vocabulario en línea para autoestudio. 549

Estudio de caso 550

4. Dibuja imágenes de historias y los conceptos que estás estudiando 550

Estudio de caso 551

5. Recitar un Texto para Poetry Slams y Otras Competencias 553

6. Usa un gancho mnemotécnico para recordar cosas por lo que riman con ellas. 553

7. Reduce la velocidad del estudio 555

Estudio de caso 555

8. Mira un documental sobre el tema que estás estudiando. 557

9. Toma descansos de estudio. 557

Estudio de caso: Tracy................................558

10. Encuentra nuevos espacios de estudio 558

Estudio de caso..559

11. Nunca te quedes despierto toda la noche. Nunca. 560

Estudio de caso..561

Y eso es todo. 562

Introducción..569

¿Qué es el Aprendizaje Acelerado?......................574

Aprendizaje Acelerado: Una Historia 574

Aprendizaje acelerado tal y como lo conocemos hoy..576

¿Cómo aplicas el Aprendizaje Acelerado en tu vida?...577

Capítulo 1: Aprendizaje como un Estilo de Vida............580

Preparando la mentalidad para el crecimiento...................581

Encontrando Motivación..................................582

Un Enfoque Fisiológico para el Aprendizaje.......................584

Capítulo 2: Método DiSSS 586

Deconstrucción 586

Selección..587

Secuenciación..589

Apuestas..590

Capítulo 3: Mezclando las cosas con la práctica intercalada 591

Asegúrate de que las habilidades y disciplinas que entrelaces estén relacionadas. 595

Estudiar de forma no lineal 596

Incorpora otras estrategias de aprendizaje en tu práctica entrelazada. 597

No te rindas por la falta de gratificación instantánea 598

Capítulo 4: Método PACER 599

Prepara tu estado de aprendizaje 599

Adquiere las habilidades y conocimientos 600

Afianza tu aprendizaje 602

Examinar y Aceptar 603

Revisar, modificar y recompensar 603

Capítulo 5: Mapas Mentales 605

Enfócate en el Tema Central Principal 607

Sintetizar todos los datos 607

Utilice Ayudas Visuales e Imágenes 608

Crear Presentaciones Visuales 608

Recopilar comentarios de otros. 610

Capítulo 6: Dispositivos mnemotécnicos 611

Capítulo 7: El Arte de la Lectura Rápida 615

Preparación 616

Definiciones y distinciones del proceso de lectura 617

Minimizar la duración y el número de fijaciones por línea 617

Eliminar la regresión y la retrocesión. 617

Aumentar la Visión Periférica Horizontal y el Número de Palabras Registradas por Fijación. 618

Protocolo 618

Determinar un punto de referencia 619

13

Rastreadores y encaminadores 620

Expansión perceptual 621

Calcula tu nueva velocidad de lectura (PPM) 622

Solicitud 623

Capítulo 8: Aprendizaje acelerado a través de la toma efectiva de apuntes 624

El Método Cornell 625

Notas 626

Pistas 626

Resumen 627

El Método de Mapeo 627

El método de esquematización 627

El Método de Graficación 628

El Método de la Oración 630

Capítulo 9: Luchando contra la procrastinación para acelerar el aprendizaje 631

Establece tu objetivo y date un plazo. 632

Divide tu objetivo en partes más pequeñas. 634

Visualiza tu éxito futuro 634

Convierte tu miedo en algo positivo. 635

Permita que otros le responsabilicen. 635

Recompensa cada hito. 635

Sé valiente y comienza hoy 636

Capítulo 10: La técnica de Feynman 637

Identificar el tema principal y escribir todo lo que sepas al respecto. 638

Toma un concepto de tu lista y amplíalo utilizando tu conocimiento previo.. 638

Imagina enseñar o presentar estos temas a otras personas. 639

Identifica las áreas potenciales de problema en las cuales tienes dificultades para explicar. 639

Regresa y completa los espacios en blanco y luego repite el Paso 2 y 3.. 640

Simplifica aún más tu presentación utilizando analogías. 640

Si estás dispuesto, intenta enseñar el concepto a otros. 640

Capítulo 11: Aprendiendo a través de la escucha 642

¿Por qué somos tan malos escuchando? 643

No escuchas lo que no te interesa 643

Criticizas al mensajero, pero no al mensaje. 644

Tú toleras muchas distracciones. 644

Intentas eludir temas difíciles y desafiantes. 645

Dejas que tus emociones se apoderen de ti. 645

Te atienes a solo un punto de vista................................. 645

¿Cómo mejoramos nuestra escucha para acelerar el aprendizaje?.. 646

Ve a donde creas que va el orador. 646

Enfócate en los Puntos de Apoyo o Argumentos 647

Toma nota de resúmenes mentales mientras estás escuchando. 647

Capítulo 12: Aprendizaje Experiencial................................. 649

Razones por las que el aprendizaje experiencial es una forma transformadora de aprendizaje 650

Acelera el aprendizaje 650

Ofrece un entorno de aprendizaje cómodo y seguro. ...651

Aumenta el nivel de participación de una persona 651

Ayuda a cerrar la brecha entre la teoría y la práctica..651

Produce cambios drásticos en la mentalidad.................652

Ofrece un excelente retorno de inversión 652

Proporciona resultados de evaluación precisos. 653

Permite el aprendizaje personalizado.............................653

Capítulo 13: El Método de los Lugares - Una Técnica de Memoria 654

Orígenes 654

Cómo funciona...655

Reglas y directrices generales 658

La ruta que elijas debe ser una que te resulte muy familiar. 658

Cada punto de referencia dentro de esa ruta debe ser siempre distinto y único. 658

Debes seguir el mismo orden de la ruta cada vez 659

Sé creativo con tus atribuciones y representaciones. ..659

Capítulo 14: Estudio eficiente para un examen 660

Prepara todos los materiales de estudio que necesites...662

Encuentra un lugar con distracciones mínimas donde puedas sentarte durante un período prolongado de tiempo. 662

Disculparse del mundo de las redes sociales 663

Utilice el Principio 50/10 664

Recargue energías con cafeína. 664

Enfócate en las grandes ideas y reescribe. 665
Reclute todos sus sentidos 665
Encuentra un compañero de estudio 666
Utilice la técnica de segmentación 666
Recompénsate 668
Duerme un poco 668
Capítulo 15: Aprendizaje colaborativo en un entorno de grupo 669
   Beneficios del Aprendizaje Colaborativo 669
     Ayuda a mejorar el proceso de resolución de problemas. 670
     Induce una forma más elevada de pensamiento crítico. 670
     Mejora las habilidades sociales de uno. 671
     Fomenta la responsabilidad en el aprendizaje. 671
     Desarrolla las habilidades de comunicación de una persona 672
     Fomenta la diversidad y la mentalidad abierta. 672
     Acelera el aprendizaje. 673
Capítulo 16: Batidos binaurales para estudiar de manera efectiva 674
   La Mecánica de la Mente 675
   Los impedimentos de enfoque 676
   Llegando a Alfa a través de los Ritmos Binaurales 677
   La Ciencia y Sensación de Escuchar Ritmos Binaurales . 678
Capítulo 17: Tarjetas didácticas para un estudio efectivo .. 680
   Errores comunes al usar tarjetas de estudio 681

Las mejores formas de utilizar fichas.flash 682
    Hacer tus propias tarjetas de memoria desde cero 682
    Incorpora imágenes en tus tarjetas flash. 682
    Utilice dispositivos mnemotécnicos 683
    Mantente en un punto por tarjeta 683
    Dividir ideas complicadas en varias tarjetas 683
    Habla en voz alta mientras estudias 684
    Estudia tus tarjetas de memoria de manera no lineal. 684
    Explora otros métodos de aprendizaje acelerado 684
Capítulo 18: Un caso para la repetición espaciada 686
  Cómo construir una pared resistente 687
  Los Mejores Intervalos para la Repetición Espaciada 688
  Usando tarjetas de memoria para la repetición espaciada
.... 689
Conclusión 691
Capítulo uno: Los principios de la psicología oscura 699
Capítulo dos: "Rasgos de personalidad oscura" 707
Capítulo tres: Estudios de psicología oscura 726
Capítulo cuatro: Lectura de la mente 737
Capítulo cinco: Psicología cognitiva 755
Capítulo seis: Modos de persuasión 775
Capítulo siete: Controlando emociones 790
Capítulo ocho: Ingeniería social y liderazgo 801
Conclusión 811

ESTOICISMO

LA GUÍA PARA PRINCIPIANTES

ACERCA DE LA RESILIENCIA EMOCIONAL Y LA POSITIVIDAD. PIENSA COMO UN EMPERADOR ROMANO

© Derechos de autor 2024 Robert Clear - Todos los derechos reservados.

El contenido contenido dentro de este libro no puede ser reproducido, duplicado o transmitido sin permiso escrito directo del autor o del editor.

En ningún caso se imputará ninguna culpa o responsabilidad legal al editor o autor por cualquier daño, reparación o pérdida monetaria debido a la información contenida en este libro, ya sea directa o indirectamente.

Aviso Legal:

Este libro está protegido por derechos de autor. Es solo para uso personal. No se puede modificar, distribuir, vender, usar, citar o parafrasear ninguna parte, o el contenido dentro de este libro, sin el consentimiento del autor o editor.

Aviso de exención de responsabilidad:

Por favor, tenga en cuenta que la información contenida en este documento es solo con fines educativos y de entretenimiento. Se ha hecho todo el esfuerzo para presentar información precisa, actualizada, confiable y completa. No se declaran ni se implican garantías de ningún tipo. Los lectores reconocen que el autor no está brindando asesoramiento legal, financiero, médico o profesional. El contenido de este libro ha sido derivado de varias fuentes. Por favor, consulte a un profesional con licencia antes de intentar cualquier técnica descrita en este libro.

Al leer este documento, el lector acepta que bajo ninguna circunstancia el autor es responsable de ninguna pérdida, directa o indirecta, que se incurra como resultado del uso de la información contenida en este documento, incluyendo, pero no limitado a, errores, omisiones o inexactitudes.

Introducción: Tomando el Control en un Mundo por Ti

Debemos estar en control.

Estamos viviendo en una era donde los humanos han aprendido a dominar y comandar las fuerzas de la naturaleza de maneras que nos harían parecer divinos para los hombres antiguos. Podemos volar por el cielo como Apolo, podemos enviar mensajes más rápido de lo que Hermes jamás soñó, y nuestras plantas de energía nuclear pueden poner en vergüenza a Zeus y sus rayos.

Entonces, ¿por qué es que la persona promedio siente que está perdiendo el control en lugar de ganarlo?

La humanidad ha sido capaz de transformar tantas cosas desde los antiguos griegos, pero una de las pocas cosas que no ha cambiado es la naturaleza humana misma. La tecnología ha crecido a pasos agigantados mientras que la evolución humana continúa avanzando a paso de tortuga.

Nosotros como especie nos hemos enredado tanto tratando de controlar el mundo externo que muchos de nosotros nunca encontramos el tiempo para mirar hacia adentro. Es tan fácil pensar que si ganamos un poco más de dinero, convencemos a más personas de que nos quieran, o perdemos algo de grasa del estómago, finalmente alcanzaremos la felicidad y el control.

Tómate un momento para pensar en todos los hombres y mujeres grandes y poderosos que parecían tenerlo todo, pero terminaron perdiéndolo todo debido a decisiones equivocadas o problemas emocionales.

Probablemente no necesitas pensar mucho para crear una lista impresionante. La historia está llena de tales relatos trágicos. Pero lo que es aún peor son todas las historias no contadas de tragedias personales sufridas por individuos que no llegaron a los libros de historia. Todos tenemos nuestros demonios personales, pero son demasiadas las personas que caen víctimas de ellos sin nunca enfrentarlos.

Si quieres lograr una verdadera confianza, serenidad y control en tu vida, entonces necesitas dejar de intentar controlar el mundo que te rodea y empezar a tomar control de ti mismo.

Eso es de lo que trata el estoicismo. Puede ser una filosofía antigua, pero las necesidades que aborda siguen siendo tan reales como siempre lo fueron. Un soldado romano con un gladio en sus manos puede verse completamente diferente a un soldado moderno con un rifle en sus manos, pero los pensamientos y emociones que pasan por sus mentes serían similares.

Es fácil pensar que debido a que el mundo de hoy está cambiando tan rápidamente, necesitamos ideas que sean tan modernas como nuestros gadgets. Pero hasta ahora, no se ha inventado ninguna tecnología que cambie fundamentalmente la naturaleza humana o la mente humana. Puedes tener un teléfono inteligente, un coche y un robot que aspira tu casa, pero tu cerebro se vería igual que el del antiguo Emperador Romano.

Por eso tantas personas modernas están volviendo a la sabiduría de los antiguos. Quieren descubrir las soluciones a estos problemas eternos que fueron ideados por personas que no estaban distraídas por la tecnología moderna. Los antiguos estoicos no podían depender de una aplicación para resolver sus problemas, no podían buscar una sustancia química para reprogramar su cerebro y definitivamente no podían esperar lograr la vida eterna usando la criogenia. Tenían que usar sus habilidades y capacidades humanas innatas para tomar control de sí mismos.

Esto no significa que los estoicos modernos tengan que ser luditas que abandonen toda la tecnología. La ciencia moderna y la medicina son cosas maravillosas. No pienses ni por un segundo que cualquier filosofía puede reemplazar una visita al médico. Pero cualquier científico o médico te dirá que también hay límites en sus oficios. La ciencia puede explicar cómo funciona la vida y los médicos pueden ayudarte a llevar una vida saludable, pero ni la ciencia ni la medicina pueden explicar el significado de la vida. Esa es una pregunta filosófica.

Aunque la ciencia nos ha ayudado a lograr muchas cosas maravillosas, todavía tiene sus limitaciones. La verdad es que incluso con todos los avances en tecnología moderna, todavía estamos lejos de lograr algo parecido al control completo del mundo que nos rodea. E incluso si pudiéramos controlar la materia y la energía, no cambiaría nuestras emociones y patrones de pensamiento básicos.

Tantas cosas en esta vida nunca estarán bajo tu control. Lo único que realmente puedes comandar en este mundo eres tú mismo. En este libro te mostraremos cómo tomar el control de tu mente, y una vez que tengas ese control puedes comenzar a tomar el control de tu vida.

El estoicismo no puede prometerte una vida perfecta. No puede prometerte una vida saludable. Pero si te tomas el tiempo para estudiarlo cuidadosamente y poner en práctica sus conceptos, entonces puedes enfrentar los altibajos de la vida con sabiduría y perspectiva. En lugar de ser arrojado por la vida como un tronco en un río caudaloso, puedes tomar el mando y trazar tu propio camino hacia adelante.

El poder de cambiar está dentro de ti. El camino hacia la iluminación ha sido escrito para ti durante miles de años. Es solo cuestión de asimilar esa sabiduría antigua y ponerla en práctica. Si puedes dar esos pasos, entonces puedes ver cómo tu vida se transforma de adentro hacia afuera.

Capítulo 1: Estoicismo

El hombre conquista el mundo al conquistarse a sí mismo.

—Zenón de Citio

Antes de adentrarnos en los detalles del estoicismo, será útil echar un vistazo al panorama general. Piénsalo como mirar un mapa de una ciudad antes de decidir comenzar a conducir por las calles individuales.

En este capítulo, analizaremos qué es y qué no es el estoicismo en términos más amplios. Una vez que hayamos terminado con este paso, estarás listo para sumergirte en los detalles más específicos de este sistema filosófico y las formas prácticas en que puedes ponerlo en práctica en tu vida.

Comencemos tu viaje estoico.

Una forma de vida

El estoicismo es una filosofía. Esto puede sonar dolorosamente obvio, pero la verdad es que la mayoría de las personas modernas tienen una comprensión muy vaga de lo que es una filosofía. La mayoría de la gente diría que es un sistema para pensar en el mundo que los rodea, cuando la realidad es que es mucho más.

Los filósofos siempre han sido definidos por la forma en que piensan sobre el mundo. Están obsesionados con considerar cuidadosa y sistemáticamente sus creencias. Pero este proceso no es solo pensar por el mero hecho de pensar. Sócrates, el padre de la filosofía occidental, dejó claro que el objetivo final de la filosofía era vivir una buena vida. La idea era que pensabas a través de cuestiones de ética, lógica y significado de manera cuidadosa para que pudieras vivir la mejor vida posible.

Los antiguos estoicos creían que no era suficiente simplemente tener las creencias correctas, era necesario poner esas creencias en práctica.

Entonces, teniendo eso en mente, podemos examinar exactamente en qué creen los estoicos mediante la exploración de las diferentes formas en que abordan la vida.

Viviendo de acuerdo con la realidad

El estoicismo es una filosofía que está llena de ideas que parecen bastante simples pero que pueden ser bastante complejas en la práctica. Esto comienza con la idea de que un estoico debería aceptar la realidad tal como es.

Pocas personas creen que están viviendo en rebelión contra la realidad. Caminamos con los ojos y oídos abiertos y absorbemos lo que nos rodea. ¿Qué podría ser más simple que eso?

Pero el estoico enfatiza la importancia de las creencias. La mayoría de nosotros filtramos lo que absorbemos a través de una lente distorsionadora de la realidad de las creencias. Somos rápidos para aplicar etiquetas como "bueno" y "malo", "correcto" y "incorrecto". La naturaleza humana lleva a las personas a aplicar etiquetas rápidas y claras a todo con lo que entran en contacto, pero el estoicismo señala que esto puede hacer que sea difícil vivir con el mundo tal como es cuando nos atrapamos tanto en lo que debería ser.

Esto no significa que los estoicos sean relativistas morales que creen que las preguntas morales no tienen sentido. Como veremos más adelante, las preguntas sobre la virtud son clave para la filosofía estoica. Más bien, los estoicos creen que nuestra tendencia a etiquetar las cosas tan pronto como sea posible en realidad crea muchos problemas y dificulta que abordemos de manera significativa otros temas.

Hazte esta pregunta, ¿cuántas veces has dejado que un problema se salga de control porque te convenciste a ti mismo de que realmente no era un problema y simplemente lo ignoraste? ¿O cuántas veces te has alterado por un tema que calificaste como insuperable, solo para descubrir que en realidad no era tan importante después de que realmente empezaste a trabajar en él?

La persona promedio sufre una vida llena de heridas autoinfligidas debido a su incapacidad para lidiar con la realidad tal y como es. Nuestras emociones convierten montañas en montículos y montículos en montañas. La solución estoica es examinar el mundo a través de ojos impasibles.

Viviendo en Aceptación del Destino

Otro punto central del estoicismo es la supremacía del destino. Es fácil ver esto como la creencia de que la vida está fuera de tu control, pero en realidad se trata de reconocer los límites de tu control. Los estoicos creían que cada ser humano solo controla una cosa en este mundo enorme e increíblemente complejo: su propia mente.

Algunas personas escuchan esto y lo ven como deprimente. Los humanos naturalmente sobreestiman de lo que están a cargo. Considera el hecho de que muchos aficionados al deporte piensan que la ropa que usan podría ser el factor decisivo definitivo en cómo su equipo favorito se desempeña en el gran juego. Recordarles que esto es falso podría ser visto como frustrante para un fan que se siente impotente sin tal agencia, pero también puede permitirles reclamar esa agencia en otras áreas.

Tantas personas pasan toda su vida tratando de controlar cosas sobre las que no tienen poder, mientras ignoran las cosas que sí pueden controlar. Piensa en todas las personas atrapadas en relaciones poco saludables donde luchan por cambiar a su pareja, mientras no hacen ningún esfuerzo por cambiar ellos mismos o terminar la relación y buscar a alguien más compatible.

No puedes controlar a otras personas. Puede haber cosas que puedas hacer para influir en ellas, pero nunca podrás tener nada cercano al mismo nivel de control que tienes sobre ti mismo. Aun así, si intentas tomar control sobre tus propios pensamientos y acciones, es probable que te des cuenta de que no estás completamente al mando.

El estoicismo consiste en dejar ir lo que no puedes controlar y enfocarte en lo que sí puedes. Esto es lo que significa aceptar el destino. La gran ironía es que solo cuando aceptas tus limitaciones podrás alcanzar todo tu potencial.

Viviendo en busca de la virtud

Una cosa que a menudo se pierde cuando las personas presentan versiones más orientadas a la "autoayuda" del estoicismo es el énfasis que los antiguos estoicos ponían en la virtud. Creían que ser estoico significaba más que simplemente mantenerse firme y tener un labio superior rígido. Muchos señalarían que este tipo de comportamiento no fue inventado por sus filósofos y se podía ver en el comportamiento de todo tipo de personas. Lo que diferenciaba a un estoico con mayúscula de alguien con un estoicismo en minúsculas era este énfasis.

La palabra "virtud" es uno de esos términos que suena lo suficientemente simple hasta que intentas definir cuidadosamente lo que significa. La mayoría de las personas están de acuerdo en que deberíamos ser virtuosos, pero hay grandes desacuerdos sobre lo que eso significa. Para efectos de esta introducción, definiremos la virtud como vivir una vida que ejemplifica ciertas cualidades.

Las Cuatro Cualidades Virtuosas
1. Sabiduría
2. Coraje
3. Autocontrol
4. Justicia

Una lectura superficial de la literatura estoica podría llevarte a creer que el estoicismo es una filosofía negativa, centrándose en lo que debes evitar. Pero esto no podría estar más lejos de la verdad. El estoicismo no se trata solo de evitar pasiones destructivas, también se trata de cultivar virtudes positivas.

Cualquier comprensión que se centre solo en un lado de esta ecuación está incompleta y es engañosa.

Desarrollo constante

Lo último que debes entender sobre el estoicismo es uno de los más importantes, la respuesta estoica a la pregunta más grande en el universo: ¿cuál es el significado de la vida?

El estoicismo dice que estamos en esta tierra para poder desarrollar nuestras virtudes con cada oportunidad que se nos presente. Dice que cada circunstancia, sin importar lo positiva o negativa que pueda parecer a primera vista, nos ofrece una oportunidad para crecer y mejorar como seres humanos. Lo hacemos al desechar pasiones negativas, construir virtudes personales y vivir en armonía con la naturaleza.

Entonces, ves, cada parte individual del estoicismo se une al final para formar un todo mayor. Claro, se trata de perseverar en tiempos difíciles, pero también se trata de mucho más. Se trata de vivir una vida activa y productiva que produzca felicidad y buena salud. Se trata de aprovechar al máximo la vida cuando las circunstancias parecen malas y aprovechar al máximo la vida cuando las cosas parecen ir sin problemas.

El estoicismo es una manera de ver el mundo, una forma de vivir la vida, y una forma de asegurarse de que una vez que llegues al final no tengas arrepentimientos de qué hablar.

Definiendo los Términos

En este libro te encontrarás con una serie de términos que son tanto altamente importantes como utilizados de formas muy particulares. El estoicismo tiene un rico léxico de terminología que necesitas poder entender si quieres dar sentido a la filosofía. Aunque algunos estoicos utilizan una gran cantidad de jerga griega y latina, en este libro generalmente nos ceñiremos a las traducciones al inglés más comunes para que el mensaje sea lo más fácil de entender posible.

Pasión

Una cosa que tienes que entender es que el estoicismo a menudo implica palabras que se usan de cierta manera en la vida normal, pero adquieren un significado especial cuando se utilizan en el contexto de la filosofía estoica. Pasión es una de esas palabras.

Cuando se usa en la vida normal, la pasión suele tener connotaciones positivas, pero en el estoicismo la pasión es generalmente negativa. Los estoicos utilizan la palabra pasión para referirse a las emociones negativas. Estas son emociones que alejan a las personas de la virtud y las llevan hacia el vicio. Las pasiones son emociones que se deben evitar y minimizar, ya que los estoicos intentan enfatizar emociones más virtuosas.

Destino

Los antiguos estoicos creían en un sentido más literal del destino como un gran plan para el universo en el que todos tenían un papel que desempeñar. Pero en el estoicismo moderno, el destino se entiende generalmente como todo aquello que está más allá de nuestro control como individuos. Puedes controlar las acciones que tomas, pero el destino está al mando de lo que aquellos a tu alrededor puedan elegir hacer. La aceptación del destino es una parte importante del estoicismo, con la idea de que te ayuda a concentrarte en lo que puedes controlar en lugar de las cosas que están más allá de tu comando.

Virtud

Este término ya fue mencionado en el último segmento pero vale la pena revisarlo de nuevo. Los estoicos enseñaron que la virtud es el punto de la vida y el bien último. La virtud es una idea grande que se compone de ideas más pequeñas. Estas son la sabiduría para saber cómo actuar, el coraje para tomar la acción adecuada, el autocontrol necesario para restringirse de actuar inadecuadamente, y la justicia necesaria para tratar a los demás de manera justa y constructiva. Puedes entender vivir virtuosamente como actuar y pensar de la manera correcta.

Por supuesto, lo que es bueno es una pregunta que va más allá del alcance de este libro. Debido a que este es un libro diseñado para ser utilizado por personas de todas las creencias y estilos de vida, mantendremos el uso de este término algo vago. Con suerte, tendrá sus propias creencias morales y éticas que puede considerar cuando el tema de la virtud viene a la mente. Si no las tiene, entonces ahora sería un buen momento para hacer una introspección y determinar en qué cree realmente sobre lo correcto e incorrecto, lo bueno y lo malo.

Sage

Un sabio es un estoico que ha alcanzado la iluminación. Han logrado liberarse de las cadenas de la pasión y viven en perfecta armonía con la naturaleza. Han conquistado la ilógica y poseen la razón y la felicidad perfectas. Este es el estado al que cada estoico se esforzó por llegar, pero casi ninguno lo logró.

Existe la pregunta de si es realista o no esperar lograr realmente el estado de Sabio, pero incluso si no lo es, sigue siendo valioso como un ideal hacia el cual las personas pueden esforzarse mientras practican el estoicismo. El sabio estoico puede ser visto como un ideal conceptual de cómo deberían ser las personas, establecido de manera que todos sepamos hacia qué deberíamos trabajar (Pigliucci, 2017).

Lo que no es el estoicismo

Dicen que un poco de sabiduría puede ser más peligroso que la ignorancia. Eso se aplica a muchas cosas en la vida, y es especialmente cierto con el estoicismo. La filosofía no es demasiado difícil de entender, pero muchas personas aún llegan a conclusiones incorrectas basadas en su entendimiento limitado. A veces, comprender requiere más que saber qué es algo, también debes entender qué no es. Por eso esta sección está aquí.

Vamos a desmentir algunos de los mitos más comunes que rodean al estoicismo.

El estoicismo no se trata de aceptar todo tal como es.

Demasiadas personas piensan que los estoicos son felpudos por los que la gente puede caminar encima. La palabra puede evocar una imagen de los guardias en el Palacio de Buckingham que tienen la tarea de quedarse completamente quietos. Incluso cuando los turistas actúan como tontos y maníacos, el trabajo del guardia es mostrar ninguna emoción. Pero cualquiera que haya intentado realmente tocar a uno de esos guardias te dirá que cuando se cruza un límite, actúan con fuerza. Lo mismo se aplica a los estoicos.

El estoicismo trata de aceptar las cosas tal como son, pero eso no significa que no puedas trabajar para cambiarlas. La aceptación estoica consiste en ver el mundo tal como es realmente para que puedas actuar correctamente. Si tu casa se incendia, lo primero que necesitas hacer es aceptar que tu casa está en llamas. Pretender que todo está bien no salvará tu propiedad, solo te evitará tomar las acciones necesarias para limitar el daño.

El filósofo estoico más famoso, Marco Aurelio, fue el emperador del mayor superpoder del mundo. Los defensores modernos de la filosofía incluyen artistas, atletas profesionales y directores ejecutivos. Si bien no tienes que ser increíblemente ambicioso para ser estoico, no deberías sentir que el estoicismo pueda impedirte alcanzar tus metas. En realidad, es todo lo contrario, el estoicismo puede ayudarte a cambiar el mundo al ayudarte a cambiar a ti mismo.

El estoicismo no se trata de no tener emociones.

Es fácil imaginar a los estoicos como robots.

El estoicismo no se trata de eliminar las emociones, se trata de aprender a controlarlas. El estoico es como un jardinero emocional, nutriendo las emociones que quieren ver crecer mientras trabajan contra las emociones no deseadas. Así como las plantas siempre necesitarán agua y las malas hierbas siempre volverán, las emociones nunca desaparecen por completo. Pero un estoico es como una persona con un jardín que ha sido cuidadosamente cultivado para satisfacer sus necesidades, mientras que tantas personas han permitido que sus jardines mentales crezcan salvajes con todo tipo de malas hierbas.

Por lo tanto, si estás preocupado por convertirte en un robot, puedes dejar tus preocupaciones a un lado. Si esperabas convertirte en un robot, entonces lamento decepcionarte. Pero si aprendes y sigues el camino del estoicismo, aprenderás que tus emociones no necesitan ser tus enemigas. También pueden ser utilizadas para impulsarte a alturas desconocidas.

El estoicismo no es solo para un tipo de persona

Si bien los otros conceptos erróneos que hemos analizado antes tienden a venir de personas que no han estudiado el estoicismo, esta es una idea que con demasiada frecuencia es difundida por personas que estudian el estoicismo. Les gusta tanto que se convierte en parte de su identidad. Esto los lleva a ser excesivamente protectores, constantemente alerta de cualquier persona que pueda violar su apreciado sistema de creencias.

Algunas de estas personas son académicos que están descontentos con la popularización moderna del estoicismo. Lo ven como una forma de estoicismo "rebajada". También dirán que se aleja demasiado de los pensadores originales.

Esta vista es más difícil de refutar porque hay algo de verdad en ella. El estoicismo popular puede ser bastante diferente al estoicismo que fue practicado por Zenón de Citio. Pero el hecho es que diferentes ramas dentro del estoicismo comenzaron a surgir poco después de la muerte de su fundador. A lo largo de la historia de la escuela, es fácil reconocer al estoicismo como una filosofía práctica en lugar de un dogma. Si bien algunas verdades fundamentales deberían permanecer, tiene sentido que las personas adapten las creencias a su tiempo y propósitos, tal como lo hicieron los romanos cuando adoptaron el estoicismo de los griegos.

Avanzando

Una de las lecciones del estoicismo es que debemos dejar de lado nuestras ideas preconcebidas si queremos ver el mundo tal como es en realidad. Esto también se aplica al estudiar el estoicismo. Trata de dejar de lado cualquier suposición que puedas tener basada en referencias pasajeras. Si entras con la mente abierta, entonces es más probable que veas los cambios que estás buscando cuando todo esté dicho y hecho.

Práctica para llevar

En este libro se te proporcionará mucha información sobre qué es el estoicismo, ¿pero has cogido este libro para aprender sobre la historia de la filosofía? ¿O quieres cambiar tu vida? Si deseas ver un cambio real entonces tendrás que actuar.

Por esta razón, cada capítulo terminará con consejos prácticos en los que puedes actuar mientras lees el libro. La mayoría de ellos solo requerirán un poco de papel, un utensilio de escritura y unos minutos de tu tiempo. También puedes escribir en una computadora, pero estudios han demostrado que las personas tienen más probabilidad de retener información que han escrito a mano.

Empezaremos con algo especialmente simple. Toma tu papel y tu utensilio de escritura. Ahora, deja el libro y escribe todos los puntos más importantes que aprendiste de este capítulo. Solo los aspectos más destacados, esto no debería llevar más de un minuto o dos.

¡Y vamos!

Bien, felicidades. Acabas de tomar más acción hacia el automejoramiento que el 90% de las personas que leen este tipo de libros. Para obtener crédito extra, puedes repasar el capítulo y compararlo con tus notas, buscando algo importante que puedas haber pasado por alto.

El mundo está lleno de personas que leen innumerables libros sobre superación personal y parecen nunca lograr lo que deseaban. Propongo que esto sucede porque la gente deja que la información les pase por encima en lugar de interiorizarla. Y si se toman el tiempo para interiorizarla, nunca actúan en base a la información.

Propongo que hay tres elementos fundamentales de crecimiento:

1. Información

2. Internalización

3. Implementación

Los libros pueden proporcionarte información, pero debes manejar los otros dos elementos. Lo que obtengas de este libro depende completamente de lo que estés dispuesto a hacer con las cosas que aprendas.

Capítulo 2: Historia del Estoicismo

Un estoico es alguien que transforma el miedo en prudencia, el dolor en transformación, los errores en iniciación y el deseo en emprendimiento.

Taleb Nassim Nicholas

Es importante ser claro que este libro no es un libro de texto sobre la historia del estoicismo y los muchos grandes pensadores que contribuyeron a él. Muchos de estos libros ya existen y si deseas un examen detallado de los detalles de la historia de la filosofía occidental, entonces vale la pena leerlos.

Este libro trata sobre el estoicismo práctico. El objetivo es proporcionarte la información que necesitas para comenzar a mejorar tu vida lo antes posible. Esto significa que no podemos dedicar mucho tiempo a detalles históricos, pero no significa que podamos ignorarlos.

En este capítulo, haremos un recorrido rápido por la historia del estoicismo. Examinaremos su creación en la antigua Grecia, su culminación en la Roma Imperial y el renacimiento moderno que ha traído de vuelta esta antigua filosofía al primer plano del discurso intelectual.

Un solo capítulo no puede proporcionarte todo lo que hay que aprender, pero puede ser un buen punto de partida desde el cual puedes continuar investigando este tema rico y fascinante.

Orígenes Antiguos

El estoicismo fue fundado en la cuna de la filosofía occidental, la antigua Grecia. En el siglo IV a.C., había un comerciante acomodado llamado Zenón de Citio. Mientras comerciaba, naufragó cerca de la ciudad-estado de Atenas. Este tipo de desgracia ha quebrantado a muchos hombres, pero Zenón encontró oportunidad en su sufrimiento. Viajó a Atenas y comenzó a estudiar a los pies de los filósofos locales. Estaba buscando algo que lo satisficiera de una manera que su riqueza material no había logrado. Finalmente, encontraría su propio sentido de significado, y compartiría lo que había aprendido con aquellos que quisieran escuchar.

El estoicismo fue fundado para encontrar un equilibrio entre los extremos de la filosofía ateniense. Los aristotélicos predicaban que la riqueza material era necesaria para la iluminación, mientras que los cínicos se jactaban de su pobreza autoimpuesta. Zenón encontró ese equilibrio al alejar el enfoque de las cosas materiales que las personas poseen y ponerlo en sus creencias, valores y acciones. Él difundiría su filosofía mientras estaba de pie en una zona elevada conocida como la Stoa Poikile. Esta área se conocería como la primera escuela del estoicismo y también le otorgaría el nombre a la filosofía.

También es importante entender el estoicismo como un producto de la historia. Esta filosofía altamente práctica surgió durante un período de gran agitación, dificultad e incertidumbre en Grecia. Mientras que el estoicismo fue fundado en el siglo IV a.C., alcanzó prominencia durante el siglo III, siguiendo a la muerte de Alejandro Magno y el drama que esto creó en la región. Muchos griegos habían depositado sus esperanzas en Alejandro, y su rápido y glorioso ascenso al poder parecía que podría traer paz y prosperidad al Mediterráneo y las regiones circundantes por años venideros. Entonces Alejandro murió repentinamente y a una temprana edad, creando un vacío de poder que llevaría a la división y la lucha.

Con el tiempo, el poder de Grecia en el Mediterráneo disminuyó, mientras que una pequeña ciudad-estado conocida como Roma vio aumentar su poder. Es importante tener en cuenta que los griegos y romanos eran muy diferentes en muchos aspectos, pero los romanos aún sacaron mucha inspiración de sus predecesores griegos. Los romanos miraban a los griegos en busca de inspiración en los campos del arte, la religión y la filosofía. Así es como el estoicismo hizo el salto de Grecia a Roma.

Como puedes ver, el estoicismo antiguo no apareció de la nada. Fue desarrollado durante siglos por una cadena de grandes pensadores. Aún así, hay un hombre cuyo nombre se ha vuelto sinónimo de esta escuela filosófica. Todos los nombres mencionados hasta ahora valen la pena conocer, pero a continuación veremos un nombre que absolutamente debes recordar.

Mientras pensamos en los filósofos modernos como académicos que están lejos del poder, en la antigua Grecia se involucraron profundamente en la política y el gobierno. Esto ayudó a elevar su estatus y difundir su mensaje por un tiempo, pero la política es un negocio voluble. Entre los años 88 y 86 a.C. estalló la guerra y Atenas fue derrotada. Muchos filósofos se marcharon y huyeron a Roma, señalando un cambio hacia el este para la filosofía occidental (Pigliucci, s.f.).

En Roma la filosofía estoica se desarrollaría aún más. Muchos de los fundamentos permanecerían, pero se enfatizaba más en cómo el estoicismo podía aplicarse para lidiar con problemas reales de la vida. Los estoicos como Séneca y Marco Aurelio no eran solo pensadores o maestros, también participaban activamente en el comercio y la política romana. Necesitaban una filosofía que les ayudara con decisiones difíciles y momentos complicados.

Marcus Aurelius

Todo el trabajo inicial realizado por los estoicos originales llevó a lo que muchos considerarían como una conclusión poco probable. El estoicismo era una filosofía desarrollada para que las personas pudieran resistir las tormentas de la desgracia, por lo que pocos adivinarían que el hombre que lo entendería más profundamente y lo pondría en práctica con la mayor precisión sería un hombre que debería haber estado más allá del sufrimiento.

En el mundo antiguo del Imperio Romano y sus territorios vecinos, probablemente no había nadie más envidiado que el Emperador. Desde la caída de la República Romana, el Emperador se convirtió en un hombre con poder y prestigio que muchos gobernantes modernos envidiarían. Entonces, ¿cómo es que un hombre que disfrutaba de un poder, riqueza y respeto incomparables llegó a producir lo que muchos consideran como el manual para sobrellevar el dolor y la adversidad?

La historia de Marco Aurelio, así como los escritos que produjo, nos recuerdan que la forma en que vemos el mundo a menudo está distorsionada. Miramos las grandes estatuas de mármol dejadas por los romanos e imaginamos que la gente era igual de grandiosa y sobrehumana. Pero la verdad es que cada persona sufre muchas de las mismas luchas. La riqueza, el poder y la fama ciertamente pueden ayudarte a enfrentar ciertos desafíos mejor de lo que podrías hacerlo sin estos privilegios, pero no pueden borrar por completo la lucha de tu vida.

Biografía de Marco Aurelio

El niño que se convertiría en emperador, Marco Aurelio, no tuvo un nacimiento particularmente auspicioso. Nació en una familia rica y poderosa, pero había muchas familias así en Roma y los padres de Marco nunca hubieran predicho que llegara a ser emperador. Solo obtuvo ese título debido a una serie de eventos improbables.

Marcos nació bajo el reinado del Emperador Adriano. Dado que Adriano no tenía herederos biológicos, tuvo que elegir quién se convertiría en Emperador después de él. El primer hombre que eligió fue Lucio Ceionio, pero el destino quiso que Lucio falleciera antes que el moribundo emperador. Entonces, Adriano tuvo que elegir nuevamente, y esta vez eligió a un hombre igualmente sin hijos, un senador llamado Antonino Pío.

Pius buscó evitar los problemas por los que había pasado Adriano, así que buscó adoptar hombres que pudieran ser entrenados para sucederlo. Uno de los niños que eligió fue Marcus y el otro se llamaba Lucius (Enciclopedia de Biografía Mundial).

Era como si los cielos se hubieran abierto y hubieran enviado sus bendiciones sobre el joven Marcus. De repente, su educación fue llevada a un nivel completamente nuevo. No solo estaba en entrenamiento para ser un noble, sino que estaba entrenando para ser el hombre más poderoso en Roma. Para desempeñar este papel, estudió bajo algunos de los principales oradores y filósofos de Roma, todos buscando verter su sabiduría en Marcus antes del día en que tomaría el trono. Era una situación de alto riesgo, nadie podía saber cuándo el emperador podría fallecer.

Marcus y su hermano adoptivo tomaron el trono como co-emperadores cuando Pius murió en el 161 a.C. Su reinado comenzó con dificultades, ya que Roma fue rápidamente sumergida en la guerra contra los partos. Roma saldría victoriosa, pero a un costo desastroso. Cuando las legiones victoriosas regresaron a Roma, trajeron consigo la peste. Alrededor de cinco millones de romanos serían asesinados por la enfermedad, convirtiendo a Roma en un hervidero de enfermedades mortales.

Poco después de que la plaga remitiera, murió el hermano de Marcus, poniendo a Marcus en el trono como el único emperador de Roma. Gobernaría desde 169 hasta 180. Estos 11 años estuvieron marcados por la guerra, la inestabilidad social y otros problemas. Pero Marcus reinó con mano firme y más tarde fue declarado como el último miembro de los Cinco Buenos Emperadores (Farnum Street).

Así que, ves que a pesar de todo el poder que tenía el emperador romano, también existía una gran cantidad de responsabilidad. El destino de uno de los mayores imperios del mundo descansaba sobre los hombros de Marcus. Muchos de los hombres que ocuparon esta posición se quebraron bajo la presión. Muchos se creyeron su propia propaganda y se consideraron superiores a los simples mortales. Pero Marcus fue capaz de mantenerse firme y liderar a Roma a través de la oscuridad con la ayuda de sus virtudes estoicas.

Sabemos esto porque él grabó sus pensamientos. Nos brinda una rara oportunidad para mirar dentro de la mente de uno de los grandes gobernantes de la historia.

Meditaciones

Aunque Marco Aurelio logró muchas cosas durante su tiempo como Emperador, al final es su escritura lo que ha sido su logro más duradero. Cuando Marco estaba en el campo de batalla liderando a sus soldados en defensa de Roma, comenzó a tomar notas. Lo sorprendente del libro es que no lo escribió para ser publicado. Era un diario para él, pero después de su muerte fue reconocido como una de las mayores obras de filosofía estoica jamás creadas.

El libro es una serie de citas que fueron escritas por Marcus como un recordatorio para sí mismo. El Emperador mismo nunca le dio un título al libro, por lo que es necesario entender que "Meditaciones" es un título descriptivo que le fue dado a la obra por aquellos que descubrieron sus escritos más tarde.

Las Meditaciones se divide en doce secciones diferentes, pero estas partes no están ordenadas cronológica o temáticamente. Esto hace que leer Meditaciones sea una experiencia única. Es más como un libro de citas o el libro bíblico de los Salmos en lugar de una narrativa tradicional o un libro de texto. Esto podría verse como una de las razones de la popularidad de Meditaciones, es un libro que siempre tiene algo de sabiduría que ofrecer sin importar en qué página lo abras.

Si bien el libro no está estructurado como la mayoría de los libros, sí surgen algunos patrones interesantes. Por un lado, al inicio del libro comienza agradeciendo a las personas que lo han ayudado a lo largo de su vida y han sido parte de su formación como pensador. Esto es un recordatorio notable de que incluso las personas más poderosas en la tierra no podrían disfrutar de sus posiciones sin la sabiduría y orientación de otros. Lo que vemos en las Meditaciones es el monólogo interno de un verdadero aprendiz de por vida.

Otro tema que surge rápidamente es las limitaciones del poder y la riqueza. Está claro que mientras Marcus disfrutaba de más poder que casi cualquier otra persona en el imperio, también sentía su responsabilidad como un gran peso. Leer las Meditaciones es un recordatorio humilde de las luchas con las que cualquier buen líder debe lidiar mientras intentan sacar lo mejor de cada situación.

Si terminas este libro y decides que te interesa aprender más sobre el estoicismo a partir de fuentes primarias, entonces definitivamente deberías considerar recoger "Meditaciones" de Marco Aurelio. Si consigues una traducción moderna, encontrarás que este libro es fácil de leer pero difícil de comprender completamente. Podrías pasar décadas estudiando este libro y seguir encontrando nuevos conocimientos con cada lectura completa.

Estoicismo moderno

Las Meditaciones de Marco Aurelio son a menudo consideradas como la última gran obra del antiguo estoicismo. Después de su reinado, la rígida escuela de pensamiento desapareció. Sin embargo, esto no significa que el pensamiento estoico haya desaparecido. Por el contrario, las creencias estoicas se difundieron y se transmitieron. Cuando el Imperio se convirtió al Cristianismo, muchos pensadores cristianos se sintieron atraídos por obras como las Meditaciones y se inspiraron en sus páginas. Generaciones y generaciones de grandes pensadores fueron influenciados por el estoicismo, incluso si no conocían el nombre de la filosofía que había producido algunas de sus ideas más preciadas.

Una de las cosas que los estoicos modernos han hecho es excavar en la antigua filosofía para tratar de encontrar las ideas que son más aplicables a las audiencias modernas. Los estoicos antiguos eran algunas de las personas más educadas en el mundo romano, pero aún estaban operando con el conocimiento limitado de la época. Podían acceder a sus emociones al igual que nosotros, pero no podían saber la conexión entre corrientes eléctricas en nuestros cerebros y la forma en que nos sentimos.

Los estoicos modernos han podido utilizar las herramientas de la ciencia y la tecnología para obtener una mayor comprensión de los avances fundamentales realizados por aquellos pensadores antiguos. El pasado y el presente chocan de nuevas y fascinantes maneras con cada nueva ola de pensamiento estoico.

Una de las razones por las que el estoicismo se siente tan vivo y poderoso hoy en día como lo fue hace siglos es el hecho de que nuestras circunstancias modernas reflejan la situación en la antigua Roma y Grecia en ciertos aspectos. Así como el estoicismo se popularizó originalmente durante un tiempo de gran incertidumbre en Grecia, ha disfrutado de su renacimiento moderno mientras el mundo experimenta sus propias luchas. De muchas maneras, vivimos en una era más próspera que nunca, pero también estamos viviendo en un momento en el que las personas están lidiando con muchas luchas prácticas y existenciales.

A pesar de la riqueza que muchas naciones muestran en papel, las personas todavía luchan con cosas como deudas personales, costos de atención médica, divisiones políticas, preguntas en torno al cambio climático y una lucha por encontrar un significado personal. Muchas personas simplemente no sienten que la vida moderna sea todo lo que les han prometido e incluso aquellos que disfrutan de la riqueza sienten que es insignificante o transitoria.

Los motores económicos del mundo occidental pueden habernos traído muchas cosas maravillosas, pero está claro que no nos han cumplido de la forma en que muchos pensaban que lo harían. Resulta que los seres humanos tienen necesidades profundas que no siempre pueden ser satisfechas con más dinero y los últimos dispositivos. Cuanto más cambian las cosas, más nos encontramos lidiando con los mismos problemas que los antiguos griegos fueron capaces de diagnosticar hace miles de años. Una vez que reconocemos sus habilidades perceptivas, solo tiene sentido que consideremos las soluciones que ofrecieron.

Aunque muchos cambios superficiales han tenido lugar, la naturaleza humana sigue siendo muy similar a como era hace dos mil años. Los antiguos estoicos pueden estar muertos, pero sus ideas están tan vivas y vitales como siempre. Demasiadas personas se enredan en la barrera del idioma que tiende a interponerse entre los lectores modernos y los textos antiguos. Por eso existen libros como este. Las verdades fundamentales en este libro no son nuevas, pero se están escribiendo para que una audiencia moderna pueda entenderlas claramente y aplicarlas para resolver problemas contemporáneos. Este libro no trata de reinventar la rueda, se trata de impulsar una rueda hacia adelante que ha estado girando durante miles de años.

La filosofía no se trata de adorar los pensamientos de los filósofos antiguos y tratar sus ideas como intocables. Se trata del legado vivo de estas ideas. Regresamos a la sabiduría de los antiguos porque son quienes crearon la base sobre la cual se han construido filosofías posteriores. Aunque ninguna torre puede mantenerse sin una base firme, eso no significa que los muchos pisos que se han construido sobre ellas y que podrían agregarse en el futuro sean menos importantes o valiosos.

Práctica conclusiones

Al leer acerca del antiguo génesis de las ideas, es fácil sentirse distante de ellas. Dado que sólo hemos aprendido sobre ellas a través de la historia, es natural pensar en ellas como en una especie diferente, con piel hecha de puro mármol blanco. Pero los antiguos eran humanos tal como lo somos nosotros y las lecciones que enseñaron aún son puestas en práctica por la gente hoy en día.

Saca tu papel y utensilio de escritura. Ahora, piensa en personas que exhiben virtudes estoicas. Pueden ser personas que conoces en la vida real o personas que conoces de los medios de comunicación.

Las ideas estoicas han permeado la cultura occidental. Esto significa que incluso las personas que nunca han escuchado la palabra Estoicismo han sido influenciadas de alguna manera por sus ideas. También está el hecho de que el Estoicismo se basa en las realidades de la vida y la naturaleza. Personas en todo el mundo han llegado a comprender el Estoicismo sin tener conexión alguna con los antiguos griegos.

Puede ser difícil leer sobre virtudes en abstracto y luego traducirlas al mundo real. Por eso es útil buscar personas que personifiquen las virtudes. No debes verlas como seres divinos, pero puedes usarlas para ayudarte a guiarte en la dirección correcta.

La historia del estoicismo no ha terminado, es un proceso continuo.

Capítulo 3: Percepción

Tienes poder sobre tu mente, no sobre los eventos externos. Date cuenta de esto y encontrarás fuerza.

—Marco Aurelio

Si bien el estoicismo es famoso por el enfoque que toma con respecto a las emociones, o la falta de ellas, la verdad es que el verdadero poder del estoicismo radica en su enfoque lógico y pragmático para lidiar con la realidad.

Los estoicos creían en enfrentar al mundo tal como realmente existe. Esto podría parecer una afirmación simplista, pero una vez que entiendas lo que esto significa, comprenderás las profundas implicaciones.

Si quieres encontrar una solución, primero debes evaluar el problema con ojos claros y objetivos. Hacer menos que eso solo te llevará al fracaso.

La distancia entre el mundo y nuestra percepción.

Los estoicos creían que había tres disciplinas que eran

necesarias para vivir un estilo de vida estoico. La primera era la percepción, la segunda la acción y la tercera la voluntad. Este orden no es un accidente, hay una razón por la cual la percepción se considera la disciplina primaria del estoicismo.

La percepción se trata de ver el mundo tal como es en realidad. Se trata de mirar la realidad de la manera más objetiva posible, sacando los juicios de valor de la ecuación.

Si le preguntas a la mayoría de las personas sobre qué tan precisamente perciben el mundo, te dirán que ven las cosas perfectamente claras. Después de todo, si tienen dos ojos sanos, ¿de qué otra forma verían las cosas? Pero la percepción no se trata solo de tu visión física, se trata de la forma en que tu mente procesa la información que absorbes cuando observas el mundo.

La mente procesa la información visual en dos pasos. El primero ocurre cuando la luz que rebota en el objeto entra en el ojo y percibes la realidad frente a ti visualmente. El segundo paso es cuando tu cerebro toma la imagen y le aplica una etiqueta. Aquí es donde surgen los problemas.

El problema no es mirar a un pato y llamarlo pato. El problema es que miramos las tareas frente a nosotros y rápidamente sacamos conclusiones sobre si son posibles o no. Miramos a las personas el tiempo suficiente para observar su apariencia y luego decidir si podemos confiar en ellos o no. Nos miramos a nosotros mismos y juzgamos de lo que somos capaces sin ninguna razón sólida que respalde nuestras conclusiones.

Los seres humanos están impulsados a emitir juicios y nuestros juicios a menudo están lejos de la realidad. Esto es lo que entendían los estoicos, y es por eso que ponían tanto énfasis en corregir nuestra percepción para que veamos el mundo tal como es antes de intentar actuar dentro de él.

Primer día en el trabajo.

Para ayudar a comprender la naturaleza destructiva de una percepción inexacta, te guiaré a través de un escenario. Imagina que estás llegando a tu primer día en un nuevo trabajo y te estás encontrando con tus compañeros. En este escenario, eres una persona bastante crítica que tiende a llegar rápidamente a conclusiones sobre todos los que conoces.

Entras en la oficina y la primera persona que conoces es tu nuevo jefe. Te estrecha la mano, pero su agarre es un poco flojo. Inmediatamente lo etiquetas como débil antes de pasar a la siguiente persona. El primer compañero de trabajo que conoces tiene una sonrisa en la cara pero una mancha en su camisa. La palabra "desaliñado" viene a tu mente antes de dejar a esa persona para conocer a otra. La última persona que conoces te saluda amablemente pero tiene una voz monótona, así que no puedes evitar pensar en ellos como aburridos.

Ahora, piensa en cómo esas etiquetas generadas instantáneamente podrían afectar tus futuras relaciones laborales con esas personas. Las conclusiones a las que llegaste en este escenario basadas en casi ninguna información podrían influenciar tus interacciones con tus compañeros de trabajo en los años venideros.

Espero que ahora empiece a ver cómo fácilmente nuestra percepción puede nublarse por una excesiva prontitud para juzgar el mundo que nos rodea. La mente no entrenada salta a conclusiones casi instantáneamente, pero los juicios que emite pueden perdurar por días, semanas o incluso años.

Lento para juzgar y lento para confiar.

Aunque algunas personas pueden estar de acuerdo con un enfoque más objetivo hacia la realidad, sé que habrá otros que sean reacios. Puede que hayas leído el segmento "Primer día en el trabajo" y sentido que el personaje en el escenario tenía razón al hacer esos juicios. A menudo la gente defenderá este tipo de juicios por motivos prácticos. Hay muchas personas por ahí, algunas de ellas con malas intenciones, y si esperas a que esas personas revelen sus malas intenciones antes de tomar precauciones, entonces estarás a merced de ellas.

Este es un punto justo, pero se pierde el punto de retrasar el juicio. Muchas personas asumen que si no etiquetas a alguien como deshonesto, entonces estás declarando que son honestos. Pero simplemente no es el caso. Puedes retener tanto juicios positivos como negativos al mismo tiempo. Si no conoces bien a alguien, puedes retener tanto la confianza como la desconfianza hasta que tengas la oportunidad de tener una mejor idea de quiénes son como persona.

Recuerda que el estoicismo se trata de relacionarse con el mundo de manera racional y lógica. Si sabes que estás entrando en un área donde el crimen es común, no tienes que pretender que esta información no está disponible para ti. Si la razón dice que se deben tomar precauciones de seguridad, entonces, por todos los medios, toma precauciones de seguridad.

Sin embargo, considera de dónde obtienes tu información. ¿Estás juzgando el nivel de riesgo basándote en información objetiva o en juicios rápidos basados en prejuicios personales? La gente tiende a sobrevalorar su propia objetividad.

El hecho es que se necesita tiempo y energía para cultivar la habilidad de ver el mundo tal como es en realidad. Para la mayoría de las personas, no es como un interruptor que se pueda encender o apagar, incluso si puedes abstenerte de juzgar por un tiempo, es posible que te encuentres volviendo a caer en viejos hábitos antes de demasiado tiempo. Pero no hay razón para desesperar. El estoicismo no se trata de soluciones rápidas y fáciles; se trata de tomarse el tiempo para lograr un cambio verdadero y duradero.

Un cambio en la percepción

Nada es bueno ni malo, solo el pensamiento lo hace así.

—William Shakespeare

Una vez que te tomes el tiempo para prestar atención a la forma en que percibes el mundo y lo moldeas con tus pensamientos, te darás cuenta de cuánto poder tienes. Lo único desafortunado es que puede que solo te des cuenta de esto una vez que reconozcas que te has estado frenando a ti mismo/a de alcanzar tu máximo potencial con pensamientos negativos injustificados.

La buena noticia es que nunca es tarde para hacer un cambio. Mientras sigas respirando, puedes tomar el control de tus pensamientos y usarlos para dar forma a tu mundo.

Volviendo el Mundo del Revés

Hay un truco en el mundo del arte para cualquiera que quiera dibujar una imagen compleja pero se sienta abrumado al mirarla. El truco consiste en tomar la imagen y darle la vuelta boca abajo. De repente, la persona ya no siente que está dibujando una cabeza entera, en cambio la ve como dibujar un campo de formas individuales. Cuando eliminas palabras como "difícil" o "imposible" de la ecuación y te enfocas en los pasos individuales, podrías sorprenderte de lo que puedes lograr.

Lo mismo se puede decir al examinar tu vida. La persona promedio mira los eventos que tienen por delante y se enfoca en todo aquello que parece que será un desafío o un obstáculo. Una vez que los etiquetamos como problemas, tienden a crecer en nuestras mentes, convirtiéndose en amenazas desproporcionadas que nos acechan y causan estrés innecesario.

Pero ¿qué pasaría si pudieras voltear la imagen al revés? ¿Y si pudieras ver lo que normalmente llamarías obstáculos y en cambio llamarles oportunidades?

Transformar una jaula en una herramienta

El hecho triste es que la mayoría de las personas están atrapadas por su propia percepción. Años de prejuicios y programación mental les han hecho difícil ver el mundo tal como es. Aún peor, cuando miran al mundo, ven tantos obstáculos insuperables que se sienten desesperadamente restringidos.

Son como una persona que se pone un casco de realidad virtual y termina atrapada en un campo abierto. A pesar de que no hay paredes físicas que los rodeen, todavía se sienten restringidos debido a las paredes que ven en su mente.

Aprender a ver el mundo de manera objetiva es como quitarse el auricular. Te muestra el rango completo de movimientos disponibles para ti. Pero no tienes que quedarte ahí. Tomar el control de tu percepción es como reprogramar ese auricular de realidad virtual para ayudarte a encontrar hacia dónde te diriges. Esta es la plena potencia de dominar tu percepción, puedes reformar la forma en que ves el mundo de una manera que te impulse hacia adelante en lugar de retenerte.

Eliminando la preocupación

Dominar la percepción es una herramienta especialmente útil para cualquiera que tenga dificultades con la preocupación. Después de todo, ¿qué causa la preocupación? La mayoría de las personas experimentan este sentimiento después de identificar problemas potenciales en su vida y permitir que estos problemas potenciales persigan sus pensamientos. Mientras el problema no se aborde, seguirá siendo una preocupación, flotando en tu conciencia y causando estragos.

El problema con las preocupaciones es que no hay límite en cuántas puedes tener. Puedes pensar que podrías curarlas resolviendo tus problemas, pero una vez que la mente humana ha sido entrenada para buscar problemas potenciales, siempre encontrará más. Por eso es útil ser capaz de reentrenar tu cerebro. Una vez que lo haces, casi no hay límite en lo que podrías lograr.

Separando la Aceptación del Acuerdo

Antes de pasar a la percepción, necesitamos discutir un tema relacionado, la aceptación. El estoicismo se basa en aceptar el mundo tal como es. Esto está vinculado con la percepción. La idea es que para percibir el mundo tal como realmente es, debes estar preparado para aceptarlo tal como es realmente. Aquellos que sienten que el mundo debe ser de cierta manera encontrarán formas de distorsionar su percepción para intentar cuadrar sus creencias con el mundo externo. Esto es algo que el estoicismo no puede aceptar.

El estoicismo dice que cualquier filosofía que no se base en la realidad actual es como una casa construida sobre arena. Por más sólida que pueda parecer, la falta de una base sólida la condenará al final.

Por eso los verdaderos estoicos deben aceptar el mundo tal como es. Hacer otra cosa pondría en peligro tu percepción y amenazaría todo lo demás que viene después. Sin embargo, vale la pena señalar que la aceptación no implica acuerdo.

El caso de la acción estoica

Es fácil caer en la trampa de pensar que el estoicismo es una filosofía derrotista. La idea de un estoico que acepta su destino puede evocar una imagen de rendirse ante los poderes que son, permitir que otras personas tomen el control y partir hacia las montañas a meditar mientras el mundo arde. Pero esto no podría estar más lejos de la verdad.

Una de las razones por las que es importante estudiar a Marco Aurelio es porque no solo era un gran pensador, sino que también era un hombre de acción. Encarnaba la práctica estoica de la aceptación mientras actuaba como el emperador de la superpotencia preeminente del mundo antiguo. No se quedó quieto y lo aceptó cuando los galos atacaron a Roma, sino que lideró sus fuerzas y luchó.

Esto nos deja con una pregunta, ¿era Marcus un hipócrita cuando moldeó el futuro para él y su gente? ¿Los estoicos son hipócritas cuando se oponen a algunos elementos de la naturaleza humana mientras promueven otros? La respuesta es un rotundo "¡no!"

Comprendiendo la Razón Detrás del Mantra

Los estoicos constantemente señalan las cosas que los individuos no pueden cambiar para enfatizar las cosas que sí pueden. El "destino" que debe ser aceptado no es todo en realidad, es todo más allá de nuestro propio ámbito de influencia.

El núcleo de esta esfera es nuestro propio comportamiento, la única cosa en la vida sobre la que tenemos algo parecido a un control total. Más allá de eso, tenemos a las personas y cosas que nos rodean con las que podemos interactuar. Esta es un área donde tenemos cierta influencia, pero no tenemos control en última instancia de la misma manera que tenemos control sobre nuestros propios pensamientos y acciones. Más allá de esta segunda capa está el resto del universo, que está totalmente en manos del destino.

Tómate un momento para pensar en esto. Hay más de 6 mil millones de personas en este planeta. ¿Cuántas conoces o interactúas regularmente? Incluso si interactúas regularmente con miles de personas, todavía es menos del uno por ciento de la población mundial. En el gran esquema de las cosas, la mayoría de la actividad humana está más allá de nuestra capacidad de controlar o influir de alguna manera real. Pero, ¿significa eso que no vale la pena intentarlo?

El estoicismo no se trata sólo de autoayuda. Es una filosofía orientada hacia la virtud, y la virtud siempre ha sido entendida como un proyecto comunitario. La persona que vive sola en una isla desierta raramente tiene la oportunidad de mostrar el tipo de virtudes que alguien en una comunidad puede practicar todos los días.

Por lo tanto, aunque el estoicismo pide que aceptes el mundo tal como existe en este momento, no significa que el mundo siempre deba permanecer como está. Por el contrario, los estoicos entienden que la única constante real es el cambio. El mundo está en constante cambio y tú, como individuo, estás obligado a actuar de manera virtuosa, por tu propio bien, el de tu comunidad y el del mundo.

Los estoicos han provocado un cambio real a lo largo de la historia y no hay razón para que esta tendencia se detenga contigo. La belleza del estoicismo es que una vez que te detengas para tomar control de tu propia mente, puedes alcanzar niveles de eficacia que nunca antes habías soñado. El actuar sin pensar es reemplazado por una acción cuidadosamente considerada. El emocionalismo se intercambia por un compromiso lógico con tu causa.

Y finalmente, los obstáculos que una vez te detuvieron pueden ser transformados. Eventos que parecían problemas se convierten en oportunidades, ayudándote a trazar un camino hacia el futuro que nunca hubieras imaginado posible sin el pensamiento estoico.

El pensamiento cuidadoso puede permitirte dejar de preocuparte por circunstancias que están más allá de tu control y enfocarte en aquellas que están dentro de tu capacidad de comando. Puedes dejar de perder tiempo, energía y recursos en preocupaciones sin sentido y comenzar a convertirte en un ser humano más efectivo y realizado. Este tipo de transformación no es rápida ni fácil, pero puede mejorar tu vida inmensurablemente si estás dispuesto a comprometerte con ella.

Por lo tanto, ves, los estoicos pueden tener que aceptar la realidad actual pero eso no significa que tengan que estar de acuerdo con ella. Son libres de trabajar para provocar un cambio, y las habilidades desarrolladas al practicar el estoicismo realmente facilitan lograr resultados reales en este mundo.

Toma práctica

Usar tus poderes de percepción para convertir obstáculos en oportunidades es una de las armas más poderosas en el arsenal de un estoico. Si quieres dominar esta habilidad, entonces deberías empezar a practicar lo antes posible.

Saca tu papel y bolígrafo. Ahora, tómate el tiempo y escribe un obstáculo o problema por el que has estado preocupado últimamente.

Una vez que hayas terminado de escribir el problema, tómate otro momento para reexaminar la situación con mayor objetividad. Descríbela en términos fríos y técnicos, evitando emociones u otro lenguaje poderoso.

Ahora lleva las cosas un paso más allá y considera cómo la situación objetivo con la que estás tratando podría ofrecer alguna oportunidad oculta.

Si has pasado por estos pasos, entonces habrás tomado una fuente de preocupación en tu vida y la habrás convertido en una oportunidad para desarrollarte como ser humano. Este es un proceso que puedes utilizar una y otra vez a lo largo de tu día. No se puede saber cuántas oportunidades podrías descubrir si aprendes a dominar tu percepción.

Capítulo 4: Pasiones

Quien reina dentro de sí mismo, y controla pasiones, deseos y miedos, es más que un rey.

— Juan Milton

Algunas personas que se encuentran con el estoicismo oyen que se trata de aceptar el mundo externo y tomar el control de tu propia mente y asumen que es una empresa sencilla. Luego miran hacia adentro y descubren que el mundo dentro de ellos está en un estado tan caótico como el mundo externo.

Los seres humanos son criaturas complejas. Solo pensamos que somos simples cuando no nos tomamos el tiempo para examinar verdaderamente nuestra propia vida mental. En cada momento somos un revoltijo de pensamientos conscientes y subconscientes, todos cargados con emociones poderosas. Para empeorar las cosas, todos estos pensamientos y emociones pueden ser altamente contradictorios, chocando y transformándose de un momento a otro mientras avanzamos en la vida.

Aceptar el hecho de que no tenemos control sobre el mundo es difícil, pero no es ni la mitad de difícil que realmente ganar cierto control sobre nuestra propia vida interior. Pero los estoicos no huyeron de este desafío, trazaron un camino que cada uno de nosotros puede seguir hacia el dominio de nuestras pasiones y recuperar el control de nuestras vidas.

Examinando las Pasiones

Como puedes ver hasta ahora, el estoicismo está muy interesado en la vida interna. La forma en que pensamos y sentimos es una de las primeras cosas que necesitamos abordar porque todo fluye de ellas. Si nunca aprendes a controlar tus emociones, entonces serás controlado por ellas.

Una cosa interesante sobre el enfoque de los estoicos es que idearon un plan para la iluminación que no requería desechar por completo las emociones. Clasificaron lo que llamaríamos emociones en dos categorías, pathos, o pasiones no saludables, y eupatheiai, o pensamientos saludables. Estas categorías fueron establecidas por Zenón y fueron llevadas adelante por futuros estoicos.

Comenzaremos con las pasiones poco saludables:

● Dolor

Esta pasión se define como el sentimiento que se experimenta al vivir algo incorrectamente etiquetado como malo. Es la emoción que sentimos cuando nos detenemos en lesiones, insultos o cualquier otro percance percibido que experimentamos. Esta pasión nos hace sufrir innecesariamente debido a nuestras percepciones en lugar de la realidad.

● Miedo

○ Este es el impulso irracional de evitar problemas que podríamos esperar. Presta atención a la palabra "irracional". Este es el impulso que nos muestra peligros acechando en cada sombra incluso cuando sabemos que casi con seguridad no hay nada que temer. Esta pasión desperdicia nuestro tiempo y energía en amenazas imaginarias cuando deberíamos estar enfocándonos en problemas reales.

• Ansias

○ Esta es la urgencia irracional de buscar algo que se entiende erróneamente como bueno. Una vez más, las palabras clave aquí son "irracional" y "erróneamente". El problema no es el deseo, la cuestión es que lo que se desea no es en realidad el bien que el buscador cree que es. Los estoicos están preocupados de que la vida se desperdicie anhelando cosas sin ningún valor real cuando debería ser dedicada a buscar cosas que sean correctas y virtuosas.

● Placer

○ Esta es la sensación irracional de euforia que se experimenta cuando una persona elige algo que no es virtuoso ni valioso. Esta es la naturaleza seductora del pecado y la mala conducta manifestada emocionalmente. El placer es una sensación que desvía a las personas del camino de la virtud, haciéndolas sentir bien en el momento pero llevándolas a la culpa y al sufrimiento a largo plazo.

Si todo esto suena como un viaje de culpa, no te preocupes. El estoicismo no es una filosofía legalista que se trata de castigar a las personas que violan sus estrictas reglas. Estas descripciones pueden sonar duras, pero necesitas recordar que los estoicos creen que estas pasiones son insalubres y destructivas.

El punto no es que algún sabio estoico te castigará si sientes estas pasiones, es que estas pasiones te llevarán por un camino destructivo. En el estoicismo, terminas castigándote a ti mismo cuando no actúas de acuerdo con la virtud. Pero por otro lado, puedes salvarte de tus impulsos más oscuros aprendiendo a practicar un pensamiento saludable.

Con eso en mente, veamos los pensamientos saludables:

● Precaución

○   El impulso lógico de evitar acciones que violan la virtud. Este pensamiento saludable puede entenderse como la motivación para evitar hacer daño a otros, mantenerse alejado de influencias negativas y evitar cualquier curso de acción que viole tus valores personales.

● Deseando

○ Este es el deseo adecuado por la acción virtuosa o resultados. El deseo de hacer lo correcto por los demás, proteger a los inocentes y vivir de acuerdo con tus valores personales pueden todos ser categorizados como el deseo. El estoicismo diría que cuando sientes que tu conciencia te guía hacia cierto curso de acción virtuosa, estás experimentando el pensamiento saludable del deseo.

- Alegría

◻ Esto se define como una felicidad racional provocada por acciones o eventos virtuosos. La vida de un estoico no es gris y sombría, la idea es que el estoico se regocija en todo lo que es verdaderamente bueno. Cuando un estoico elige tomar un curso de acción que esté en línea con sus valores, entonces pueden sentir alegría en su logro y en los buenos resultados que esto podría haber provocado.

Este sistema de categorización puede ser un poco confuso al principio. Las etiquetas en inglés que se utilizan a menudo pueden sentirse bastante borrosas ya que no son tan distintas como las antiguas palabras griegas que usaban los estoicos originales. Pero lo que no debería ser demasiado difícil de entender es la idea de que todo gira en torno a la virtud.

Las pasiones no saludables están casi todas orientadas a llevarte a violar la virtud o tus valores personales, mientras que los pensamientos saludables están relacionados con empujarte en la dirección de una vida virtuosa. Comprender esto es la lección más importante, si puedes hacerlo, entonces las distinciones más sutiles se volverán claras con un estudio más profundo.

Pasiones Opuestas

Una de las cosas brillantes de esta categorización es la forma en que las pasiones poco saludables están emparejadas con pensamientos saludables. El miedo está emparejado con la precaución, el deseo está emparejado con el deseo, y el placer está emparejado con la alegría. En lugar de ver cada una de las seis emociones como completamente distintas y separadas del resto, puedes verlas como tres continuos con un lado saludable y un lado no saludable. Esto significa que no se trata de deshacerse de ciertas emociones, sino de avanzar a lo largo de un espectro hacia una forma más saludable de pensar.

Por ejemplo, el placer es lo opuesto a la alegría. Esto significa que si quieres vivir una vida más saludable, necesitas tomar la parte de ti mismo que constantemente busca el placer y redirigirla para buscar la alegría.

Para aclarar aún más, imagina que estás a dieta. Perder peso y estar más saludable son valores para ti, así que quieres tomar acciones que estén alineadas con estos valores. Te despiertas por la mañana, te diriges a la oficina y encuentras dos tentempiés para el desayuno en la mesa, una rosquilla y una manzana. ¿Cuál eliges?

Tu impulsor de placer es el lado que te empuja hacia la rosquilla. Los estoicos ven el placer como una sensación placentera que en última instancia va en contra de tus valores. En este caso, la rosquilla te impedirá lograr tus metas. Por lo tanto, aunque se sienta "bien" en ese momento, es en última instancia una sensación autodestructiva. Por otro lado, comer la manzana te daría alegría porque está alineado con tu objetivo. Es una sensación completamente buena, algo que te lleva hacia la virtud en lugar de alejarte de ella.

El estoicismo dice que no tienes que lamentarte en la negación. Puedes pasar todo el día lamentándote por el hecho de que no conseguiste la rosquilla que querías, o puedes alegrarte por el hecho de que hiciste una elección saludable y ahora estás viviendo de acuerdo con tus valores. La idea es que no debes permitir que las pasiones no saludables controlen o monopolicen tu mente. Al enfatizar y reflexionar sobre pensamientos saludables, puedes obtener un mayor control sobre tu vida y vivir con mayor tranquilidad y contentamiento.

El Único Problema del Dolor

Es posible que hayas notado que cuando discutíamos las parejas emocionales creadas por los estoicos, no mencionamos el dolor. Eso se debe a que los estoicos creían que el dolor era una pasión única que no tenía un paralelo saludable. Por lo tanto, mientras los estoicos buscaban transformar la mayoría de las pasiones, intentaban deshacerse de la pasión del dolor.

Ten en cuenta que estoy especificando que estamos hablando de una pasión aquí. Cuando los estoicos hablan de eliminar el dolor o el sufrimiento, no están hablando de eliminarlos como sensaciones físicas. Si golpeas a cualquier estoico, sentirán dolor, el estoicismo puede abrir muchas puertas, pero no te convertirá en un superhumano. La diferencia radica en cómo reacciona mentalmente el estoico al ser golpeado.

Los estoicos definieron la pasión del dolor como una "falla en evitar algo erroneamente considerado malo" (Enciclopedia de Filosofía en Internet). Noten las palabras "considerado malo".

Para un estoico, evitar el dolor se trata de cambiar tu percepción. Cosas que no quieres que sucedan van a sucederte. No hay nada que puedas hacer para protegerte por completo. Lo que puedes hacer es cambiar la forma en que piensas sobre las cosas que suceden. Puedes etiquetarlas como malas y caer en un ciclo de sufrimiento o puedes entrenarte para aceptar las cosas que suceden y trascender el sufrimiento.

Una lesión, dos dolores

El estoicismo dice que cuando estamos heridos, en realidad sentimos dos tipos de dolor. El primer tipo de dolor es la sensación física de dolor que es el sistema de alerta natural de nuestro cuerpo para avisarnos que algo no está bien. Este tipo de dolor es parte de la naturaleza y una parte importante de la vida. Hay personas que no sienten dolor y esas personas son más propensas a sufrir lesiones permanentes porque no tienen dolor para actuar como una señal de advertencia que les haga retroceder. Los estoicos están en contra del segundo tipo de dolor, que es el dolor que sentimos cuando nos detenemos en la lesión inicial y nos regodeamos en nuestra reacción emocional.

Esto es cierto tanto para lesiones físicas como emocionales. Piensa en los momentos en que te han insultado. El primer sufrimiento que sentiste fue el aguijón casi automático de ser atacado y luego sentiste el sufrimiento prolongado de lidiar con las secuelas del insulto. Tómate un momento para pensar en los insultos que aún puedes recordar, y podrías sorprenderte al darte cuenta de lo lejos que puede retroceder tu mente incluso por pequeños desprecios.

Los seres humanos tienen una manera de aferrarse al dolor. Podríamos argumentar que necesitamos hacerlo, porque si nos deshiciéramos rápidamente y olvidáramos eventos dolorosos, entonces podríamos no aprender de ellos. Pero el estoicismo argumenta que se puede aprender de los insultos y lesiones sin quedarse pensando en ellos. De hecho, sostiene que el verdadero aprendizaje requiere un nivel de desapego que no sentimos cuando nos aferramos a nuestro sufrimiento.

¿Cuántas discusiones se convierten en peleas porque ninguna de las partes está dispuesta a dejar de lado su dolor? ¿Cuántas ofensas menores conducen a divisiones destructivas porque a la gente le gusta obsesionarse con los problemas hasta que crecen fuera de proporción?

El estoicismo considera el dolor emocional como un corte físico. Si quieres que un corte sane, entonces debes dejarlo solo. Si sigues escarbando en tu herida, no formará costra ni sanará. Esto se aplica tanto a las heridas físicas como emocionales. Obsesionarse con insultos y lesiones puede sentirse como lo correcto, pero en realidad es un curso de acción altamente destructivo.

No hay lado de reverso

Si puedes recordar la primera sección de este capítulo, donde primero introducimos las diversas pasiones, entonces recordarás que la mayoría de las pasiones no saludables estaban vinculadas con pensamientos saludables. La única pasión que no tenía tal vínculo era el dolor.

Esto se debe a que los estoicos creían que el dolor era una pasión única. La idea es que la pasión del dolor es completamente irracional y, por lo tanto, no hay una forma racional de procesar esta emoción. Este es un caso en el que el objetivo es la eliminación total.

Se podría decir que lo opuesto al dolor es la aceptación. El dolor o el sufrimiento es lo que sientes cuando luchas contra el mundo tal como es. Cuando la lluvia está cayendo sobre ti y te dices a ti mismo "esta es una situación terrible," entonces te estás causando dolor. La solución es dejar de aplicar la etiqueta. Simplemente dite a ti mismo "la lluvia está cayendo sobre mí." No necesitas tratar de engañarte para creer que algo bueno te está sucediendo, la idea es simplemente dejar de pensar que estás sufriendo y entonces el sufrimiento cesará.

Trascender el sufrimiento

Uno de los objetivos finales del Estoicismo es superar el sufrimiento. Incluso podrías decir que el Estoicismo fue creado en respuesta al problema único y humano del sufrimiento.

Digo "única y exclusivamente humana" porque hasta donde podemos saber en este punto y momento, los humanos son las únicas criaturas en la Tierra que pueden sufrir en el sentido en que se preocupa el Estoicismo. Una vez más, esto no significa que los muchos animales en esta tierra no sientan dolor físico o agonía cuando son dañados. Lo que estoy hablando es del sufrimiento que nos infligimos a nosotros mismos cuando nos detenemos en las circunstancias que consideramos negativas.

No podemos evitar que otros nos hagan daño, pero podemos trabajar para asegurarnos de no infligirnos daño innecesario a nosotros mismos. Tantas personas son sus peores enemigos, tomando problemas momentáneos y alargándolos a lo largo de toda su vida. El dolor que podría desaparecer en cuestión de momentos se convierte en un compañero permanente.

Es hora de rechazar el dolor. Siente lo que tienes que sentir y luego sigue adelante con tu vida. Puede sonar imposible, pero serás capaz de descubrir las cosas que tu mente puede hacer si estás dispuesto a tomar el tiempo para desarrollar tus habilidades y tomar el control de tus pensamientos. El dolor físico puede ser siempre parte de la vida, pero con práctica puedes reducir drásticamente el dolor mental por el que atraviesas.

Manteniendo un equilibrio

Lograr un equilibrio emocional puede parecer un proceso difícil. Después de todo, ¿cómo se empieza? Afortunadamente, el estoicismo tiene una solución. La respuesta es la virtud.

Una de las grandes luchas que viene con abordar problemas relacionados con nuestras vidas interiores es el riesgo de perdernos dentro de nosotros mismos. La mente humana puede ser un laberinto de contradicciones y el corazón puede ser aún más desconcertante. La introspección es difícil para muchas personas, mientras que otros la encuentran tan adictiva que se pierden dentro de sí mismos. Creas o no, cuando buscamos dentro de nosotros mismos, puede ser demasiado fácil perderse. Por eso es útil tener algo más allá de nosotros mismos que podamos usar como guía.

Aquí es donde entra la virtud. La virtud es aquello que orienta toda búsqueda estoica. Los estoicos no creían que la mejora personal fuera una búsqueda materialista que se centrara en ganar más dinero, obtener más prestigio o simplemente sentirse mejor consigo mismo. Los estoicos creían que la vida tenía un propósito y ese propósito era vivir una vida virtuosa.

Esto es especialmente importante cuando se trata de nuestras emociones o pasiones. Si tus emociones están orientadas hacia la virtud y tus valores personales, entonces tendrás una vida emocional saludable. Pero si tus emociones constantemente te llevan lejos de la virtud y hacia el vicio, entonces tus emociones te conducirán continuamente hacia el dolor y la frustración.

Desarrollando una Vida Emocional Saludable

El estoicismo trata de controlar tu mente, lo que significa controlar tus emociones. Si tus emociones te dominan, entonces no estás verdaderamente en control de tu vida, lo cual es lo único que los estoicos creen que realmente puedes controlar. Por eso las emociones son tan importantes para los estoicos.

Puede que creas que tus emociones no están bajo tu control, pero esto es un error colosal. Puede que nunca hayas pedido las emociones que sientes, pero eso no significa que eres impotente ante la influencia de tus emociones.

Puede que sea cierto que no controlas las emociones que sientes, pero puedes elegir cómo reaccionar a las diferentes emociones a medida que surgen. A través del trabajo duro y la dedicación, puedes potenciar tus emociones positivas y constructivas mientras minimizas tus emociones negativas y destructivas.

Existe la posibilidad de que puedas controlar tus emociones simplemente a fuerza de voluntad, pero no tengas miedo de buscar ayuda si sientes que la necesitas. Obtener ayuda de amigos, grupos de apoyo o profesionales capacitados puede ser muy beneficioso en este proceso. Recuerda, ser estoico no significa que no puedas pedir ayuda. A veces, lo más valiente que puedes hacer es pedir ayuda a otra persona.

Toma práctica

El estoicismo consiste en dominar tus pasiones identificando áreas problemáticas y trabajando para darles la vuelta. Con eso en mente, es momento de profundizar para encontrar una pasión con la que estés luchando.

Saca tu utensilio de escritura y papel. Ahora, escribe una pasión con la que luchas, aparte del dolor.

Recuerda, estás buscando una emoción que es destructiva. Es algo que te está alejando de la vida virtuosa que quieres vivir.

Ahora que tienes una pasión poco saludable escrita, regresa al inicio de este capítulo y encuentra un pensamiento saludable que corresponda a la pasión que elegiste. Escríbelo frente a la pasión poco saludable.

Ahora, considera cómo puedes ayudarte a alejarte de tu pasión no saludable y dirigirte hacia un patrón de pensamiento más saludable. La idea es que no necesitas renunciar a tus emociones, simplemente necesitas redirigirlas hacia una dirección más saludable y productiva.

Este proceso no transformará instantáneamente tus pensamientos, pero te ayudará a tomar conciencia de tus problemas y te señalará hacia una solución potencial. Recuerda, no puedes resolver un problema hasta que lo identifiques. Ignorar tus problemas permite que se enquisten y se salgan de control. Enfrentarlos de frente es la única manera de recuperar el control de tu mente y de tu vida.

Capítulo 5: Toma Acción

No expliques tu filosofía. Incárnala.

—Epicteto

El mundo está lleno de personas que no toman acción y luego se sientan a preguntarse por qué nada está saliendo según sus deseos. Lamentan lo que ha sucedido en el pasado, se preocupan por lo que va a pasar en el futuro, y permanecen pasivas en el presente.

Los estoicos rechazan este enfoque. Aunque practican la aceptación, no significa que sean pasivos. Aceptan el mundo que les rodea y que no pueden controlar. Esto permite concentrarse más en lo que se puede controlar, tus propias acciones.

No More Armchair Philosophers

¿Cómo se ve un filósofo para ti?

Para muchas personas, la palabra filósofo evoca la imagen de un hombre blanco mayor con una chaqueta de tweed, sentado en un sillón muy cómodo pensando intensamente en algo muy serio.

Lo que necesitas entender es que la filosofía no es solo para personas que pueden ganar dinero escribiendo o hablando sobre su estudio, la filosofía es para todos. Prácticamente cada persona pensante en este mundo tiene una filosofía, el problema es que la mayoría de la gente llega a sus filosofías sin pensar.

Muchas personas actúan sin entender realmente las ideas y creencias que impulsan sus acciones. Y muchos filósofos piensan muy profundamente sobre ideas y creencias, pero rara vez toman acción basada en sus conclusiones. El estoico considera ambos caminos como trágicos. El estoicismo fue desarrollado para ser vivido, no solo estudiado.

Esta es probablemente una de las razones por las que la historia del estoicismo está llena de tantos filósofos que lograron cosas increíbles fuera del ámbito del pensamiento puro. Es una filosofía de personas que tomaron acción, para personas que quieren tomar acción.

A menudo se ha dicho que uno de los grandes problemas de este mundo es que las personas que toman acción no piensan en lo que están haciendo, mientras que las personas que piensan en lo que están haciendo nunca terminan tomando acción. Esta afirmación puede ser un poco exagerada, pero llega a una verdad valiosa. El mundo necesita más personas que puedan combinar el pensamiento y la acción para crear el tipo de cambio significativo que anhelamos como sociedad.

Qué significa la Acción

En este libro hablaremos mucho sobre la acción, pero es una palabra que es fácil de malinterpretar. Cuando la mayoría de las personas modernas piensan en una persona de acción, se imaginan a alguien que está en constante movimiento. Alguien que tiene una agenda llena de actividades muy impresionantes. Pero este no es el tipo de acción del que estamos hablando.

Decidir detenerse por un momento y tomar una respiración profunda antes de continuar es una acción. Mantener una posición defensiva en lugar de atacar es una acción. Mantener los ojos cerrados y el cuerpo quieto puede ser una acción. Lo importante es la intencionalidad. Necesitas pensar en lo que estás haciendo y luego tomar un curso de acción que esté en línea con tu pensamiento.

La acción es algo que eliges activa y conscientemente hacer. La reacción es algo que haces de forma pasiva o subconsciente.

Acostarse en la cama porque quieres descansar toda la noche es tomar acción. Acostarse en la cama porque tienes tantas cosas que hacer que te sientes abrumado es una reacción. Decidir no hacer nada cuando alguien te insulta porque no quieres empeorar la situación es tomar acción. Explotar y atacar a esa persona y empeorar la situación es una reacción.

Muchas personas en este mundo parecen tener mucho en marcha, pero en realidad viven de manera reactiva. Se mueven sin pensar de una acción a la siguiente hasta que se acuestan a dormir y olvidan todo lo que hicieron ese día. Mientras tanto, algunas personas que parecen perezosas según los estándares comunes pueden estar viviendo una vida de constante acción deliberada que está alineada con sus metas y valores.

Si tu objetivo es despejar tu mente, entonces tu mejor opción podría ser salir a la naturaleza y experimentar paz y tranquilidad. Si quieres entenderte a ti mismo, entonces podrías meditar en un cuarto oscuro y silencioso. Si quieres acercarte más a tu familia, entonces podrías pasar un día simplemente pasando el tiempo y jugando con ellos.

En una sociedad consumista moderna, es fácil caer en la trampa de pensar que las únicas acciones que tienen valor son aquellas que producen resultados tangibles. Siempre queremos tener algo que "mostrar por nuestros esfuerzos". Incluso los pasatiempos que se supone deberían ser relajantes, como los videojuegos, rápidamente se convierten en competencias para acumular puntos, ganar logros y compararnos con otros.

Entonces, si bien un estoico debería actuar, actúan basados en valores estoicos. No se mueven para impresionar a los demás, se mueven como una expresión de sus valores fundamentales. No se preguntan "¿cómo se verá esto para otras personas?" Se preguntan "¿cómo me ayudará esto a desarrollar mi virtud?"

A medida que miras tu vida y las vidas de quienes te rodean, asegúrate de no confundir el movimiento con la acción. Algunas de las almas más activas son las más modestas, mientras que algunas de las vidas más vacías están llenas de actividades sin sentido. No permitas que distracciones frívolas te impidan realizar las acciones significativas que necesitas emprender.

El Verdadero Valor de la Acción

Finalmente, vale la pena explicar por qué la acción es tan importante para los estoicos. No es solo porque el estoicismo fue desarrollado por individuos prácticos, aunque esto ciertamente es parte de ello. La razón más profunda es que los estoicos creen que el significado completo de la vida es el desarrollo de nuestras virtudes personales y la creación de un mundo más virtuoso. Este es un objetivo que no se puede lograr sin acción.

Si quieres convertirte en una persona más tranquila, controlada y virtuosa, entonces necesitarás tomar acción. No lograrás estos tipos de metas elevadas leyendo sobre otras personas, necesitas trazar un plan de acción y seguirlo tú mismo.

Este es el camino que los estoicos han tomado durante miles de años y es el camino que está abierto para ti. La pregunta es si estás dispuesto o no a hacer lo que se necesita para convertirte en la persona que quieres ser.

Superando la parálisis por análisis

Uno de los mayores problemas que impide a las personas reflexivas tomar acción es un fenómeno conocido como parálisis por análisis. Esta etiqueta fue inventada para describir el escenario muy común en el que alguien se ve abrumado considerando todas las posibles opciones disponibles o todos los ángulos concebibles, al punto de que se vuelven incapaces de comprometerse con un curso de acción en particular.

Este fenómeno es especialmente común entre las personas interesadas en temas como la filosofía. Las personas introspectivas y analíticas son muy buenas para ver los diferentes lados de los problemas, lo cual es algo fantástico hasta que se convierte en algo negativo. Siempre debes esforzarte por pensar tus acciones detenidamente, pero en algún momento necesitas actuar.

Vivimos en un mundo que está desbordando de opciones. Puede sentirse como si cada momento de cada día estuviera lleno de innumerables elecciones. ¿Cómo se supone que debemos actuar cuando parece imposible elegir cuál de los miles de caminos disponibles es el mejor?

Afortunadamente, el estoicismo tiene algunos consejos útiles para abrirse camino a través del caos y trazar un camino hacia adelante. No te proporcionará las respuestas a todas las preguntas que enfrentas, pero te dará algunas herramientas que te ayudarán a tomar decisiones que harán avanzar tu vida de manera positiva y productiva.

Actuando con virtud

Una vez más debemos regresar a ese concepto clave estoico: la virtud. Esto es algo especialmente importante a considerar cuando hablamos de la acción, ya que nuestras acciones suelen tener consecuencias que van más allá de nosotros mismos.

El estoicismo dice que cuando trazamos un curso de acción, la consideración más importante es si esa acción es virtuosa. La otra pregunta es si la acción te ayudará a desarrollar tu virtud.

Si quieres vivir una vida de acuerdo con los principios estoicos, entonces una de las cosas más importantes que hacer es llegar a entender qué significa la virtud para ti. Puedes leer libros sobre lo que es la virtud y escuchar debates entre defensores de diferentes sistemas éticos, pero al final solo tú puedes decidir en qué crees realmente.

Puede llevar mucho tiempo y mucho esfuerzo desarrollar un sistema de creencias firmes sobre cómo se ve una vida virtuosa. Pero una vez que tengas una idea clara en tu cabeza, siempre podrás comparar las acciones potenciales con tu vida ideal y preguntarte si están o no alineadas. Esta única prueba puede ayudarte a cortar a través de mucho desorden en la vida y pasar de una vida de indecisión y arrepentimiento a una vida de acción y cumplimiento.

Por supuesto, no cada curso de acción está cargado de peso ético. Cuando estás en la tienda y tratando de elegir una fruta para comprar, no tienes que sentir que tu virtud está en juego. Pero eso no significa que el estoicismo no tenga nada que ofrecer en estas situaciones. Cuando te encuentras en una situación donde la virtud no está en juego y no puedes decir cuál opción es preferible, entonces simplemente elige una opción y continúa con tu vida.

Lidiando con Consecuencias Inesperadas

Sé que todavía hay algunos de ustedes que están preocupados por tomar medidas. Podría preocuparles que incluso si actúan con la mejor de las intenciones, sus acciones puedan tener consecuencias no deseadas que lastimen a otras personas. Podrían enojarse contigo o podrías tener que vivir con la culpa por el resto de tu vida.

El estoicismo tiene una respuesta para esto. El sistema ético del estoicismo se basa en la ética de la virtud. La idea de la ética de la virtud es que las acciones son correctas o incorrectas basadas en la intención de la persona que actúa en lugar del resultado de sus acciones. Compara esto con el consecuencialismo, que dice que las acciones son correctas o incorrectas basadas en el resultado de las acciones en lugar de la intención de las personas que actúan.

El debate entre estas dos escuelas de pensamiento ha estado ocurriendo durante miles de años. Personas buenas se aferran a ambos sistemas de creencias, pero los estoicos tienen una buena razón para apoyar donde lo hacen. Uno de los principios más fundamentales del estoicismo es que solo controlamos nuestros propios pensamientos y acciones, no podemos controlar el resultado de nuestras acciones. Si crees esto, entonces no tiene sentido alterarse preocupándose por las consecuencias inesperadas ya que, por definición, son imposibles de predecir.

Toma en cuenta que esto no significa que debas actuar sin pensar las cosas detenidamente. Los estoicos siguen haciendo su debida diligencia para asegurarse de que sus acciones no tengan consecuencias que no sean fácilmente aparentes pero podrían predecirse basándose en un examen de todas las pruebas. La idea simplemente es que en algún momento las cosas están más allá de nuestra capacidad de predecir. No puedes culpar a otros por las consecuencias impredecibles de sus acciones y no deberías sentir culpa por el mismo tipo de resultados.

Todo esto es más fácil decirlo que hacerlo. Incluso sabiendo estas cosas, todavía puede ser doloroso ver cómo los planes salen mal y las personas sufren por tus decisiones bien intencionadas. Pero un estoico busca trascender este sufrimiento, entendiendo que no tiene valor. Nada se mejora cuando te castigas por cosas que no puedes controlar, tu dolor nunca sanará a otros. Por eso el estoico no se detiene en circunstancias desafortunadas, solo buscan aprender lo que puedan y seguir adelante.

¿Cuál es lo peor que podría pasar?

Otra forma de animarte a actuar es detenerte a considerar qué es lo que realmente te está impidiendo avanzar. Una de las formas más comunes en que las personas se boicotean a sí mismas es pensando en los peores escenarios que pueden resultar de sus decisiones. Aunque podría sugerirte que simplemente ignores estos escenarios porque casi siempre son altamente improbables, en este caso voy a sugerirte que los enfrentes de frente.

Entonces, tómate un segundo y considera cuál podría ser realísticamente el peor resultado posible de la decisión que estás considerando. Ahora que tienes este escenario en mente, pregúntate si serías capaz o no de vivir con las consecuencias.

El hecho es que los humanos somos más duraderos de lo que a menudo nos damos crédito. Podemos sobrevivir a grandes lesiones, tanto literales como metafóricas. Cada día las personas sufren tragedias y cada día siguen adelante viviendo con las secuelas.

Ahora, tómate un segundo para considerar las probabilidades reales de que termines enfrentando un verdadero escenario de peor caso. A menos que seas un temerario o estés considerando algo que sea inusualmente peligroso, probablemente saldrás ileso del resultado de un intento fallido sin muchos problemas.

Por supuesto, hay algunas situaciones donde las consecuencias pueden ser mortales. Y en estos casos vale la pena recordar que todos vamos a morir en algún momento. Esto no significa que debas tirar tu vida a la basura, pero sí significa que no debes engañarte pensando que al evitar riesgos potencialmente mortales puedes vivir para siempre. Puedes vivir dentro de una burbuja toda tu vida, sin hacer nada más que ejercicio y comer comida saludable, y al final seguirás muriendo.

Por favor, entiende que no estoy sugiriendo que tomes riesgos por el simple hecho de tomar riesgos. Esa no es la forma estoica. La idea no es buscar problemas y desgracias, sino reconocer que en realidad no necesitamos tener miedo de las cosas que nos mantienen despiertos por la noche. Nadie quiere lidiar con el fracaso, pero el fracaso no es el fin del mundo. La verdad es que el éxito puede llevar al fracaso y el fracaso puede llevar al éxito. Por eso un estoico acepta la vida tal como viene, sacando lo mejor de cada situación.

Moviéndose rápidamente y audazmente

Recuerda el concepto más básico del estoicismo: la vida es lo que tú haces de ella. Lo que otras personas puedan ver como contratiempos o decepciones; un estoico puede verlo como oportunidades. Cuando vives con una mentalidad estoica no tienes que vivir con miedo. Puedes tomar decisiones con total confianza ya que sabes que pase lo que pase serás capaz de manejar el resultado. Siempre y cuando tomes tus decisiones con vista a la virtud, entonces puedes vivir sin arrepentimientos.

Cada resultado es una oportunidad.

La otra cosa a considerar al mirar la acción a través de una lente estoica es que no importa si una acción lleva a un "fracaso" o a un "éxito", el resultado se ve más adecuadamente como una oportunidad. Un verdadero estoico rechaza etiquetas como "fracaso" y "éxito" por esta razón. Dirían que la vida es una serie de situaciones donde tenemos la oportunidad de desarrollar nuestras virtudes.

El éxito te brinda la oportunidad de desarrollar tu humildad y generosidad, manteniendo los pies en la tierra y compartiendo la riqueza con quienes te rodean. Mientras tanto, el fracaso te permite desarrollar las virtudes de la perseverancia y la creatividad. Es fácil seguir adelante cuando todo sale según lo planeado, se necesita verdadero carácter para seguir avanzando y creando nuevos planes a pesar de tus fracasos anteriores.

La historia de Estados Unidos no sería la misma si el General Ulysses S. Grant siempre hubiera conseguido lo que deseaba. A diferencia de muchos de los grandes líderes de la historia, Grant era un hombre humilde. Cuando asistió a West Point, su sueño no era convertirse en general, solo esperaba poder ser profesor de matemáticas y ganarse la vida para él y su amada Julia.

Sin embargo, sintió una obligación hacia el ejército que había pagado por su educación y siguió sus órdenes mientras lo llevaba a México, cruzando Panamá y hasta llegar a la remota frontera de California. Cuando Grant vio San Francisco, sintió un nuevo llamado en la vida y soñaba con mudarse a la ciudad algún día. Pero la vida lejos de su familia lo afectó profundamente y empezó a beber. Terminó siendo dado de baja del Ejército bajo una sombra de vergüenza que lo seguiría toda su vida (Largay, 2014).

Durante diez años lucharía para ganarse la vida en el este, dejado a languidecer en la vergüenza por el fracaso de su carrera militar. Pero lo que él no sabía era que la rápida llegada de la Guerra Civil Estadounidense le permitiría ascender rápidamente en las filas del Ejército de la Unión y convertirse en el General Americano más poderoso desde George Washington.

Grant no solo vería como su propia fortuna cambiaba; cambiaría la fortuna de una nación. Era la última esperanza de Abraham Lincoln, reemplazando a una larga serie de generales que habían fallado en derrotar a Robert E. Lee. Para cuando Grant tomó el poder, la Unión disfrutaba de muchas ventajas sobre los Confederados en teoría, pero la población estaba cansada de la guerra. Lincoln estaba en campaña para la reelección y parecía que iba a perder ante un candidato que buscaría la paz con el Sur, permitiendo a los estados rebeldes separarse finalmente de la Unión y asegurar el futuro de la esclavitud en Estados Unidos.

Si Grant hubiera cumplido su deseo y se hubiera convertido en profesor universitario, nunca habría obtenido la experiencia militar que lo prepararía para la Guerra Civil. Si hubiera podido tener éxito en la Costa Oeste y establecerse en San Francisco, entonces casi con seguridad lo habrían dejado allí para defender el territorio de un ataque extranjero durante la Guerra Civil.

Si Grant no hubiera fracasado miserablemente una y otra vez en su vida, nunca habría sido capaz de convertirse en la leyenda que es hoy en día. Yendo más allá, es muy posible que los fracasos personales de Grant en última instancia salvaran la Unión y liberaran a innumerables hombres y mujeres de la esclavitud.

El éxito crece en el campo del fracaso.

El caso de Ulysses S. Grant es bastante extremo, pero el patrón básico es algo que se puede ver en todos los ámbitos de la vida. Si lees la biografía de casi cualquier persona exitosa, verás que no hubieran logrado lo que lograron si no hubieran fallado en algún momento de sus vidas. Fracasos que parecían insuperables en su momento finalmente allanarían el camino hacia éxitos previamente inimaginables.

Nadie nace con su vida perfecta trazada ante ellos. Lo creas o no, tener éxito en la primera cosa que intentas no es necesariamente el camino hacia la felicidad. A veces el fracaso es necesario para señalarte en una dirección donde serás más feliz y realizado.

Cuando dejas de enfocarte en ver la vida a través del lente binario del éxito y el fracaso, podrás ver que todo es una oportunidad. Esto te puede ayudar a liberarte de tu parálisis. En lugar de esperar y esperar una oportunidad perfecta que quizás nunca llegue, puedes permitirte avanzar con confianza, sabiendo que cuanto antes actúes, antes encontrarás nuevas oportunidades.

La fortuna favorece a los valientes. La oportunidad perfecta no va a caer del cielo, solo se revelará si te expones y sigues buscando oportunidades donde otros no lo están haciendo.

Lección práctica

Para este capítulo se te pedirá que hagas algo un poco diferente.

Pon tu papel y utensilios de escritura a un lado. Ahora piensa en lo que necesitas hacer en este momento. Lo más probable es que estés posponiendo algo que podrías hacer ahora mismo. Puede ser algo importante para tu trabajo o algo pequeño como sacar la basura o enviar un mensaje rápido a alguien con quien has estado queriendo hablar. O puede ser algo interno, como tomar un tiempo para meditar en silencio.

¿Tienes algo en mente? Hazlo ahora mismo.

¡Bien, ¿lo hiciste? Con suerte lo hiciste, pero sé que hay algunas buenas excusas por las que podrías haber seguido leyendo. Tal vez estás en un autobús lleno de gente, o sentado en la playa, o en alguna otra situación donde no puedes hacer lo que necesitas hacer o donde no tienes obligaciones reales. Aún así podrías haber tomado un minuto para meditación en silencio, pero simplemente seguiremos adelante.

Si te encuentras en una de estas situaciones y simplemente estás leyendo el libro sin hacer esto o cualquiera de las otras tareas, no te castigues por ello. Pero debes entender que los beneficios que ves serán disminuidos. Por lo tanto, te recomendaría que intentes hacer estas tareas prácticas tan pronto como puedas.

Los humanos son criaturas naturalmente perezosas. Nos agarraremos a cualquier excusa que nos permita eludir nuestras responsabilidades. La única forma de superar esta tendencia natural hacia la inacción es desarrollar deliberadamente el hábito de tomar acción. Puede ser difícil al principio, pero es necesario si quieres alcanzar todo tu potencial.

Capítulo 6: Lente estoica

Debemos adoptar una perspectiva más elevada de todas las cosas y soportarlas con más facilidad: es mejor que un hombre se burle de la vida que lamentarse de ella.

— Séneca

Si bien el estoicismo comienza mirando hacia adentro, eventualmente el estoico necesita mirar hacia afuera al mundo que lo rodea. El control comienza con la comprensión de tus propias emociones, pero eventualmente necesitas considerar cómo encajas en el mundo que te rodea.

Cada filosofía intenta dar sentido al mundo caótico y confuso y el estoicismo no es diferente. Ofrece a las personas una visión verdadera del mundo, una manera de mirar a tu alrededor y dar sentido a lo que está sucediendo. Cuando comprendes verdaderamente los conceptos estoicos, podrás dar sentido a muchas de las cosas que antes te atormentaban. Esto no significa que las acciones de los demás de repente se vuelvan lógicas, pero podrás comprender el tipo de errores que conducen a los líos que ves cada vez que enciendes la televisión o abres un periódico.

Ni Pesimismo ni Optimismo

¿Eres pesimista u optimista?

Este es el tipo de pregunta que la gente ama hacer. Apele a nuestro deseo natural de dividir el mundo en extremos de blanco y negro que podemos etiquetar rápidamente y fácilmente para nuestros propios propósitos.

El estoicismo se sitúa fuera de esta forma binaria de ver el mundo. Mientras que algunas personas podrían pensar que el estoicismo suena pesimista, la verdad es que rechaza los extremos tanto del pesimismo como del optimismo.

Míralo de esta manera: un optimista mira un vaso de agua y dice que está medio lleno. Un pesimista mira un vaso de agua y dice que está medio vacío. Un estoico mira un vaso de agua y acepta la cantidad de agua que haya en el vaso.

Recuerda, el estoicismo consiste en aceptar el mundo tal como es, ya que está más allá de nuestro control. Tenemos cierto control sobre nuestro futuro cuando tomamos el mando de nuestras propias acciones, pero aún así no podemos controlar cómo las personas y las cosas reaccionarán ante nuestras acciones y el efecto mariposa que nuestras elecciones podrían crear.

Lo otro que hay que recordar es que el estoicismo se trata de trascender etiquetas como bueno y malo. Un optimista espera que sucedan cosas buenas, un pesimista espera que sucedan cosas malas, mientras que un estoico espera que las cosas sucedan.

Sin expectativas

Una cosa que un estoico debe evitar es tener expectativas seguras sobre lo que sucederá en el futuro. Esto se debe a que el estoico entiende que lo único que pueden controlar es ellos mismos. El mundo está lleno de fuerzas más allá de nuestro control. Podemos buscar entender e influir en estas fuerzas, pero incluso en nuestro máximo poder estamos severamente limitados.

Tanta gente cree que su vida debería ser como una sinfonía, donde todas las notas están perfectamente dispuestas frente a ellos y todo lo que tienen que hacer es tocar y todo saldrá bien. El estoico entiende que esto es una tontería.

El estoicismo nos dice que la vida se asemeja más a un concierto de jazz. Los patrones pueden surgir de vez en cuando, pero están cambiando constantemente, y depende de nosotros improvisar y tratar de crear algo hermoso a partir del caos que nos rodea. El momento en que crees que conoces la melodía y puedes desconectar tu mente es el instante en que el ritmo cambiará, y te quedarás atrás.

Para algunas personas, esta es una revelación sumamente frustrante. Lucharán por aferrarse a su antigua forma de pensar incluso cuando el mundo constantemente viola sus creencias y confunde su pensamiento. Una cantidad desafortunada de personas experimenta vidas de frustración porque nunca pueden entender este hecho.

Aquellos que tienen éxito son aquellos que abrazan la realidad tal como es, caos y todo. Incluso si no es la forma en que preferirías que fueran las cosas, aún puedes encontrar belleza si sabes dónde buscar. Cuando la vida no está perfectamente organizada frente a ti, es posible experimentar la sensación de libertad en el momento, aprovechando cada oportunidad que encuentres para buscar la superación personal y la realización.

Visto a través de esta perspectiva, el mundo del estoicismo no parece tan sombrío. Creo que descubrirás que muchas creencias estoicas que parecen sombrías o oscuras a primera vista en realidad resultan ser edificantes y afirmativas de la vida si te tomas el tiempo para comprenderlas adecuadamente.

Leyendo más allá de los titulares

A medida que aprendas a ver el mundo a través de una lente estoica, comprenderás lo pocos que adoptan este enfoque. Muy pocas personas buscan trascender sus emociones, permitiendo que la pasión nuble su visión y controle las acciones que realizan.

En ningún lado esto es más claro que cuando observas los medios modernos. Ya sea que estés mirando el periódico, la televisión, la pantalla de cine o internet, puede sentirse como si todo estuviera diseñado para hacerte enojar, deprimir, o sentirte inseguro.

Los seres humanos son propensos a pasiones negativas por nuestra propia naturaleza. Aquellos en los medios de comunicación entienden que la forma más fácil de lograr que nos involucremos con sus productos es enardeciendo estas pasiones. Por eso los estoicos deben estar en guardia al tratar con los medios. No todos los medios son malos, pero debes entender que la mayoría de los medios están más interesados en avivar tus pasiones que en fomentar el cultivo de la virtud personal.

Si quieres mejorar tu propio estado mental y vivir en línea con las virtudes estoicas, entonces definitivamente debes tomarte un tiempo para reconsiderar tu dieta mediática.

Giro de los medios de comunicación masivos

¿Alguna vez te has preguntado cuál es el punto de los medios de comunicación? ¿Es para entretener? ¿Es para informar? ¿Es para producir trabajos de gran valor? Ciertamente puede ser todas estas cosas, pero en esta era de consumismo debes recordar que lo más importante que cualquier medio de comunicación tiene que hacer es ganar dinero.

Esto es algo que la mayoría de la gente sabe intelectualmente, pero aún es fácil olvidarlo cuando estás viendo una pieza de contenido producida profesionalmente que ha sido elaborada usando enormes cantidades de dinero para saltarse tus defensas y que estés abierto a lo que sea que tenga para vender.

Uno de los sectores más problemáticos de los medios de comunicación modernos es el de las noticias. Esto se debe a que todos podemos estar de acuerdo en que una industria de noticias saludable es importante para mantener al público informado y controlar las ambiciones de aquellos que querrían manipular y abusar de la población. Pero no se puede olvidar que muchos productos de noticias modernas son tanto entretenimiento como información, difuminando las líneas de modo que se vuelve difícil saber cuándo se está siendo informado y cuándo se está siendo manipulado.

"Si sangra, lleva la delantera." Este adagio es algo que todo estoico debería tener en mente. Si enciendes las noticias en cualquier día, es probable que te encuentres lidiando con una avalancha de muerte, destrucción y horror que puede ser difícil de digerir.

Con toda la horror que desfila en nuestras pantallas a todas horas del día, puede ser fácil creer que estamos viviendo en uno de los peores períodos de la historia humana. Pero si te tomas el tiempo para comparar estadísticas sobre el mundo moderno con las de hace solo unas décadas, verás una imagen muy diferente.

Por muchos indicadores, en realidad estamos viviendo en uno de los períodos más saludables, seguros y prósperos de la historia registrada. Por favor, comprenda que no estoy sugiriendo que aquellos que señalan el sufrimiento real en este mundo estén haciendo un mal servicio. Las noticias deben resaltar la injusticia y llamar la atención de las personas que podrían ser capaces de hacer un cambio. Pero en un mundo lleno de más de seis mil millones de almas, nunca faltarán historias tristes.

Cuando veas las noticias o consumas los medios de comunicación, por favor recuerda que no necesariamente están pintando una imagen precisa de la vida. Los actos de violencia siempre ocuparán la portada, mientras que los actos de bondad suelen ser relegados al fondo. Las personas que crean los medios entienden que es más fácil ganar dinero con tus pasiones poco saludables que apelar a tus pensamientos más sanos.

Por eso los estoicos siempre deben mirar más allá de los titulares. No saques conclusiones o generalices a partir de una cantidad limitada de información. Debes ver el tiempo que pasas viendo o leyendo las noticias como una oportunidad para practicar tus virtudes estoicas, trabajando para no aplicar etiquetas mientras buscas la verdad más profunda.

Esta no es una forma fácil de consumir medios, pero es una

manera más saludable y virtuosa de hacerlo. Recuerda, cada momento de tu vida es una oportunidad para desarrollar tu virtud, ya sea que estés con amigos o estés en casa desplazándote por tu teléfono. El verdadero estoico está constantemente vigilante para encontrar oportunidades de desarrollarse y crecer.

Enfermedad de las redes sociales

Si bien los medios tradicionales siempre han jugado con las pasiones humanas, la última innovación en medios ha llevado este enfoque a un nivel totalmente nuevo. Las redes sociales son una versión más potente y adictiva de los antiguos medios de comunicación masiva. Es cierto que las redes sociales pueden hacer muchas cosas maravillosas, pero también pueden tener una amplia gama de efectos secundarios destructivos de los que demasiadas personas no son conscientes.

Sitios de redes sociales como Facebook, Twitter e Instagram están diseñados para aprovechar tu subconsciente y crear un sentido de dependencia. Te atraen al afirmar que fomentan la comunidad y luego te enganchan con la descarga de dopamina que obtienes cuando las personas "gustan" el contenido que compartes.

Ninguno de esto quiere decir que tengas que borrar tus cuentas de redes sociales. Para bien o para mal, los sitios de redes sociales se han convertido en lugares importantes para recopilar información, conectarse con compañeros y hacer negocios. Con todo esto en mente, es posible que tengas muchas buenas razones por las que no puedes simplemente abandonar las redes sociales. Pero eso no significa que no puedas replantear la forma en que utilizas estos sitios.

Al recortar o replantear la forma en que utilizas las redes

sociales, puedes mitigar su impacto negativo mientras te enfocas en los aspectos más positivos. Esto es como encontrar una aguja en un pajar, pero si quieres vivir una vida más feliz y saludable, vale la pena reflexionar de manera crítica y cuidadosa sobre el papel que las redes sociales juegan en tu rutina diaria.

Desconectarse de la Matrix

El negocio de manipular las pasiones poco saludables de los seres humanos es un negocio multimillonario. La publicidad, el entretenimiento, las noticias, la política, todos estos campos son dirigidos por profesionales que están entrenados en el arte de manipular las pasiones humanas para lograr ciertos objetivos. Algunos objetivos son más virtuosos que otros, pero al final el hilo común que los conecta a todos sigue siendo su naturaleza manipuladora.

Incluso cuando entiendes que estás siendo manipulado, es probable que te resulte difícil escapar de las trampas que han sido puestas para ti. Esta es la insidiosa genialidad de la manipulación de los medios modernos, incluso las personas que entienden que las redes sociales los están deprimiendo siguen volviendo día tras día debido a su dependencia personal y la red global de presión social que los rodea.

Por favor, entiende que no estoy diciendo que necesitas convertirte en un ludita que abandona todas las formas de tecnología y medios de comunicación para vivir una vida de meditación en un monasterio. Incluso si esta fuera la mejor opción para todos, lo cual dudo, la verdad es que no es una sugerencia realista. Lo realista es un esfuerzo concertado para tratar de contrarrestar los efectos de la manipulación mediática para que puedas intentar alcanzar un mayor nivel de estabilidad emocional y control mental.

Trata de reducir tu consumo de medios. Selecciona con más cuidado las cosas que metes en tu mente. Practica un escepticismo saludable cuando te encuentres con noticias que están diseñadas para jugar con tus pasiones.

Memento Mori

Preparemos nuestras mentes como si llegáramos al final de la vida. No posterguemos nada. Equilibremos los libros de la vida cada día... Quien da los toques finales a su vida todos los días nunca tiene falta de tiempo.

—Séneca

La frase "memento mori" es central para el pensamiento estoico. Es en latín, se traduce aproximadamente como "recuerda que debes morir".

Es una frase contundente que nos enfrenta cara a cara con un hecho de la vida que la mayoría de nosotros preferiríamos no tener que enfrentar. Puede que estés pensando que es demasiado lúgubre y que no pertenece a un libro sobre cómo liberarte del estrés. Después de todo, ¿qué podría inspirar más estrés que el espectro de la muerte?

Pero debes recordar que una de las prácticas fundamentales del estoicismo es la aceptación del destino. Quieras o no, todos compartimos un destino común. Esta es una de las razones por las que un libro escrito por alguien tan poderoso y único como un Emperador Romano podría inspirar a personas de todas las clases sociales.

La muerte es una constante para todos nosotros, sin importar cuán rico o poderoso podamos ser. Es un recordatorio de que incluso algunas personas parecen haber trascendido más allá del reino de los meros mortales a través de su talento, prestigio o belleza, al final todos deben enfrentarse a la muerte.

No es algo que ningún de nosotros quiera aceptar, pero practicar el estoicismo significa aceptar verdades difíciles. Pero esto no significa que el estoicismo sea una filosofía morbosa. Toda filosofía honesta debe enfrentarse a la muerte. La pregunta es cómo enfrentan la muerte.

¿Vida después de la muerte?

En este punto, es posible que algunos de ustedes se pregunten qué tiene que decir el estoicismo sobre la vida después de la muerte. Después de todo, casi todo el mundo está de acuerdo en que la muerte es inevitable, pero casi nadie puede ponerse de acuerdo en lo que sucede después de la muerte.

Aquí es importante recordar que el estoicismo es una filosofía, no una religión. A lo largo de la historia, los estoicos han mantenido muchas creencias religiosas diferentes. Los primeros estoicos eran politeístas griegos y romanos que creían en panteones enteros de dioses. Luego, cuando el Imperio Romano se convirtió al cristianismo, muchos pensadores cristianos combinaron la teología cristiana con las ideas estoicas para crear nuevas formas de pensar sobre la vida. Hoy en día, personas de todas las creencias y religiones pueden llamarse escépticos, cada uno encontrando alguna manera de combinar las ideas del estoicismo sobre esta vida con sus convicciones religiosas sobre la posibilidad de una vida futura.

Recuerda que el estoicismo es una filosofía práctica. Está

diseñado para responder a la pregunta de cómo debemos actuar en esta vida. Nada en el estoicismo excluye la posibilidad de una vida después de la muerte, pero tampoco está casado con la idea de uno.

Esta es un área en la que tienes que llegar a tus propias conclusiones. Solo entiende que, sea cual sea tus creencias, no estás solo en la comunidad estoica. Es un grupo diverso y acogedor que está abierto a personas de cualquier credo.

Viviendo a la sombra de la muerte

Cuando las personas son expuestas por primera vez al estoicismo, la idea de "memento mori" a menudo puede destacar como una creencia que parece bastante morbosa y desagradable. Esto es comprensible, es fácil mirar a alguien que regularmente piensa en la inevitabilidad de la muerte y asumir que son una especie de "adorador de la muerte" que ama la muerte más que la vida. Pero esto no puede estar más lejos del caso cuando se trata de la gran mayoría de los estoicos.

La verdad es que los estoicos no piensan en la muerte porque es agradable, nos recordamos de la muerte porque es desagradable. Es la salpicadura de agua fría que nos despierta a la dura realidad, que es que la vida es limitada.

La mayoría de los estoicos aman la vida. Sin ninguna certeza con respecto a la vida después de la muerte, solo podemos estar seguros de que esta vida es nuestra oportunidad para vivir virtuosamente y buscar una mejora constante. El hecho de que la muerte sea inevitable es un recordatorio de que solo tenemos una cantidad finita de tiempo disponible para lograr todas las cosas que queremos lograr.

No recordamos la muerte porque valoramos la muerte,

recordamos la muerte porque nos recuerda cuánto deberíamos valorar la vida. Ninguno de nosotros sabe cuánto tiempo estará en este mundo. Podrías vivir hasta los 120 años o podrías morir mañana. Por eso es importante aprovechar al máximo cada momento, porque nunca sabes cuál será tu último momento.

Lección práctica

La muerte es algo con lo que nadie quiere lidiar, pero todos la enfrentaremos algún día. Los estoicos siempre han creído que aceptar las realidades de la vida es esencial para vivir la mejor vida posible. En este ejercicio, veremos una forma saludable y productiva de lidiar con el tema de la muerte.

Saquen su papel y utensilio de escritura. Ahora tomen unos momentos para escribir la loa fúnebre que les gustaría que se lea en su funeral algún día.

¿Has terminado?

Este es un ejercicio clásico que está diseñado para ayudarte a enfocarte en cuáles son tus valores reales en esta vida. En una sociedad consumista, puede ser demasiado fácil perderse en un bosque de preocupaciones materiales. Pero al final del día, la mayoría de las personas valoran las relaciones por encima incluso de sus posesiones físicas más preciadas.

Lee tu elogio y pregúntate cómo te sientes al respecto. ¿Sientes que has vivido una vida con la que puedes estar feliz cuando todo esté dicho y hecho? ¿O sientes que la forma en que estás viviendo tu vida no se alinea con tus prioridades más profundas?

Pensar en tu propia muerte no es una actividad agradable, pero puede ayudar a enfocar tu mente en lo que realmente es importante en tu vida.

Capítulo 7: Vivir en Armonía con la Naturaleza

Para un ser racional, es lo mismo actuar según la naturaleza y según la razón.

—Marco Aurelio

Un estoico suele ser comprendido como alguien que permanece en silencio y soporta el dolor y la lucha, pero esto es solo parte de un cuadro más amplio. El estoicismo nos enseña que debemos soportar dificultades cuando sea necesario, pero el punto más importante es que debemos intentar fluir con la naturaleza en lugar de luchar contra ella.

Una vida de estoicismo no necesita ser una vida de lucha. Los estoicos siempre han buscado vivir una vida de paz y armonía, donde las decisiones humanas se alinean con la naturaleza.

El Mundo Natural, por Dentro y por Fuera

El sabio estoico se supone que acepta la naturaleza plenamente, tanto por dentro como por fuera. Esto significa que acepta la naturaleza humana que lo gobierna como individuo y a la sociedad en general, mientras acepta las leyes de la naturaleza que rigen todo en este planeta y en todo el universo. La vida no es una lucha para el Sabio porque no solo aceptan la naturaleza de mala gana, sino que se mueven con sus mareas y son llevados a través de la vida.

Antes de adentrarnos demasiado en este tema, es importante tomarse un momento para comprender qué quieren decir los estoicos cuando hablan de la naturaleza. Cuando las personas modernas hablan de naturaleza, se imaginan el mundo natural, con plantas, animales y cielo azul. Pero cuando los filósofos estoicos consideraban la naturaleza, estaban pensando en las características fundamentales de todo lo que existe.

Por lo tanto, cuando hablamos de aceptar la naturaleza, eso incluye aceptar el mundo natural que nos rodea, pero también significa algo que es simultáneamente más grande y más íntimo.

El Mundo Natural

Uno de los primeros y más importantes aspectos que un estoico debe aceptar es el mundo natural que rige toda la vida. Solo podemos sobrevivir en este planeta porque las leyes de la naturaleza lo permiten. Los estoicos también entendían que, aunque los humanos pueden ser diferentes de otras formas de vida en algunos aspectos cruciales, aún encajamos dentro del ecosistema más amplio como una pieza colocada en un gran rompecabezas.

La razón exige que aceptemos respetuosamente las fuerzas de la naturaleza y nuestro propio lugar dentro del mundo natural grande e imposiblemente complejo en el que vivimos. Esto puede parecer otra sugerencia obvia, pero verás que las personas a menudo tienen dificultades para aceptar el mundo natural.

Considera cuántas veces has escuchado a la gente quejarse de las leyes básicas de la naturaleza. Esto es algo que es especialmente común cuando se trata de personas que están tratando de perder peso. ¿Quién no ha se ha preguntado por qué la comida poco saludable parece tan deliciosa mientras que la comida saludable parece tan poco atractiva? Después de un duro día de ejercicio, casi cualquiera se sentirá obligado a preguntar por qué es tan fácil ganar peso mientras que quemar calorías es tan difícil.

Todos sentimos la necesidad de quejarnos acerca de las muchas formas en que el mundo puede ser frustrante. El estoicismo enseña que no debemos sentirnos mal por esta necesidad natural, pero también dice que no debemos indulgenciarla. Cuando sentimos la necesidad de quejarnos sobre las leyes de la naturaleza, en cambio debemos practicar la aceptación.

También debes recordar que cada vez que nos sentimos frustrados, tenemos la oportunidad de desarrollar nuestra virtud personal. Cualquiera puede avanzar sin problemas a lo largo de la vida, se requiere una persona virtuosa para enfrentar los obstáculos y superarlos sin quejarse.

Esto no significa que siempre podrás lidiar con todos los hechos frustrantes de la vida con gracia perfecta, pero puedes esforzarte por ser como un Sabio en todo lo que haces. El objetivo es el crecimiento, siempre y cuando te empujes constantemente a crecer y mejorar, estás actuando de acuerdo con la virtud estoica.

Naturaleza humana

Otro aspecto de la naturaleza con el que todo estoico tiene que lidiar es la humanidad. Como humanos, compartimos una naturaleza común que nos conecta. Tenemos nuestras propias naturalezas individuales, y luego tenemos una naturaleza colectiva que rige cómo interactuamos entre nosotros en grupos.

Mucho antes de que los antropólogos comprendieran la importancia de la comunidad para todos los seres humanos, los estoicos entendían que, como seres humanos, somos criaturas sociales.

Como dijo Marco Aurelio, los seres humanos "nacieron para la cooperación, como los pies, como las manos, como los párpados, como las filas de dientes superiores e inferiores. Por lo tanto, trabajar en oposición unos a otros va en contra de la naturaleza: y la ira o el rechazo es oposición".

No todos somos igualmente sociales por naturaleza. Algunas personas necesitan más tiempo a solas, mientras que otros requieren casi una socialización constante. Pero en general, los seres humanos necesitan conexiones sociales sólidas para vivir vidas saludables y productivas.

Comprensión y Aceptación

Muchos estoicos modernos encuentran que la práctica de vivir de acuerdo con la naturaleza es una de las cosas más difíciles de hacer.

No hay forma de evitar la complejidad total de este asunto, pero hay atajos que puedes tomar para abordar algunas de las preguntas más técnicas y llegar a los problemas que son más relevantes para nuestra vida diaria.

Como estoico, tu principal tarea es entender qué puedes cambiar en esta vida para que puedas aceptar las cosas que actualmente no puedes. Un punto que la filosofía estoica menciona una y otra vez es que no deberíamos perder tiempo y energía luchando por cambiar las cosas que no se pueden cambiar. Esto se considera la cúspide de la locura y la perdición de muchas almas desafortunadas.

Por eso el estoicismo pone tanto énfasis en la acción personal. Muchas cosas en este mundo están más allá de nuestro control, pero si miras dentro de ti mismo, descubrirás que puedes lograr muchas cosas. Puede que no puedas reescribir las reglas de la sociedad moderna, pero si estás dispuesto a hacer lo que sea necesario, puedes cambiar drásticamente la forma en que vives dentro de esta sociedad.

El Estado Innatural de la Vida Moderna

Mientras que los antiguos estoicos no se centraban en cosas como cielos azules y campos verdes cuando hablaban del poder de la naturaleza, vivían en un mundo muy diferente al que vivimos actualmente. Incluso en las grandes ciudades de Atenas y Roma, los estoicos nunca podrían haber imaginado un mundo tan alejado de la naturaleza como las ciudades que los seres humanos modernos han creado.

El estoicismo no está en contra de que los humanos hagan cambios en su entorno. La invención y la innovación son partes esenciales de la naturaleza humana, muchos estoicos argumentarían que vivir una vida sin ropa, herramientas o viviendas construidas violaría la naturaleza humana. Pero también hay un punto en el que los humanos se alejan tanto de los entornos que nos dieron forma que somos como peces sacados del agua. Muchas personas que viven vidas solitarias en habitaciones oscuras prácticamente se están ahogando, privadas de tantas cosas que su naturaleza humana anhela a un nivel fundamental.

Ninguna de estas sugerencias implica que el estoicismo exige que dejes la ciudad atrás y salgas al campo. La idea es más humilde que eso, lo que se necesita es una mayor exposición a entornos naturales y un regreso a los patrones de vida más naturales que existían antes de que los humanos intentaran transformar el mundo.

Pasa menos tiempo mirando imágenes del mundo en una pantalla de computadora y más tiempo mirando el mundo con tus propios ojos. Tómate descansos regulares de tus apartamentos compactos y oficinas para salir bajo el cielo abierto.

La Importancia del Sueño

Un cambio especialmente crucial a considerar es tu horario de sueño. Pocas personas modernas duermen tanto como lo requieren. E incluso cuando las personas duermen lo suficiente, a menudo experimentan un sueño de baja calidad que los deja sintiéndose cansados e irritables mientras avanzan en su día.

La persona promedio necesita más sueño del que está recibiendo. Un estudio mostró que "el cuarenta y cinco por ciento de los estadounidenses dicen que el sueño deficiente o insuficiente afectó sus actividades diarias" durante la semana promedio (National Sleep Foundation, 2014). También hay preguntas sobre los patrones de sueño. Durante la mayor parte de la existencia humana, las personas se iban a la cama alrededor del atardecer y se despertaban alrededor del amanecer. Esto tiene mucho sentido cuando se considera el hecho de que la mayoría de las personas tenían opciones limitadas para iluminar la oscuridad de la noche, por lo que no podían hacer mucho una vez que se ponía el sol.

Pero gracias al advenimiento de la electricidad ahora podemos extender nuestras actividades diarias hasta altas horas de la noche. Esto a veces puede ser bueno para nuestras vidas sociales, pero puede causar problemas en nuestros horarios de sueño. Solo porque puedas desobedecer el reloj interno de tu cuerpo no significa que deberías hacerlo. Conectarte con los ritmos naturales de tu cuerpo es una buena manera de ser más feliz, saludable y enérgico.

Alimento para reflexionar

Otra área en la que deberías fijarte seriamente es tu dieta. El cuerpo humano necesita ciertos nutrientes para hacer todo lo que está diseñado para hacer. Tratar de vivir sin comer una selección diversa de alimentos nutritivos es como conducir tu coche sin poner gasolina en tu tanque. La lógica dicta que eventualmente quedarás varado a lo largo del camino.

Debes aceptar que tu cuerpo necesita ciertas cosas si quieres vivir una vida saludable y productiva. Así como la aceptación de la realidad es un requisito esencial que debe preceder a la acción racional, una buena dieta debe venir antes de una vida sana. No puedes tener una sin la otra.

Si bien el estoicismo se centra en lo que los seres humanos pueden lograr cuando dominan el control de sus mentes, no es una especie de misticismo que cree que la mente está de alguna manera desconectada del cuerpo. Una mente sana puede ayudar a mejorar la condición de tu cuerpo, pero lo mismo ocurre al revés. Si no cuidas tu cuerpo, entonces la condición de tu mente se deteriorará.

Recortar el Desorden y Encontrar el Control

Los avances modernos en los ámbitos de la ciencia, la tecnología y la medicina han mejorado nuestra calidad de vida de muchas maneras. Pero además de las muchas ventajas que disfrutamos, vienen también muchas desventajas.

Por todas las lujos materiales de los que disfrutamos, muchos personas modernas se sienten sofocadas. Ellos atraviesan la vida en un mundo que es estrecho, abarrotado, y lejos del aire limpio y fresco que nuestros antepasados disfrutaban. Experimentamos el mundo a distancia, mirando simulaciones y recreaciones en lugar de experimentar las cosas de primera mano.

La vida no tiene por qué ser así. No tienes por qué dejarte llevar por la multitud y ser llevado hacia un futuro del que no quieres formar parte. El poder para hacer un cambio y trazar tu propio camino está dentro de ti. Todo lo que necesitas hacer es aprovecharlo.

Lo que aceptación no significa

Mientras estamos en el tema de la aceptación, es importante entender sus limitaciones. La aceptación estoica simplemente significa aceptar el mundo tal como es en el momento presente. No significa que tengas que amar el mundo tal como es o someterte a todo lo que hay en él.

Puede haber contaminación en el río cerca de tu casa. El estoicismo dice que debes aceptar que el agua está contaminada. ¿Eso significa que deberías bajar al río y tomar un trago? ¡No! El estoicismo se trata de la acción racional; nunca te pedirá que hagas algo tan irracional y autodestructivo.

Para una comprensión más profunda de este concepto, veamos una gran cita de Marco Aurelio:

Un pepino es amargo. Tíralo. Hay zarzas en el camino. Desvíate de ellas. Esto es suficiente.

Lo que Aurelio está señalando aquí es que demasiadas personas desperdician su energía quejándose de cosas que no pueden cambiar. Cuando puedas tomar acciones simples para evitar lidiar con problemas, entonces debes tomar esas acciones y seguir con tu vida. Cuando debas soportar frustraciones, entonces debes soportarlas en silencio y luego seguir con tu vida. Quejarse interminablemente sobre circunstancias que están fuera de tu control solo añade a tu sufrimiento, no hace que el mundo sea más agradable.

Esta cita también nos recuerda que el estoicismo no siempre se trata de soportar cualquier cosa desagradable que se presente en tu camino. Si no quieres comer pepino, entonces no necesitas comerlo. Si un dolor en particular es difícil de superar, puedes encontrar una ruta diferente. Ser un estoico significa que soportarás cosas desagradables cuando sea necesario, no significa que tengas que buscar o someterte a cualquier cosa negativa bajo el sol.

El estoicismo consiste en encontrar la paz a través de la aceptación. Se trata de cesar la lucha interminable contra las personas y cosas que están más allá de nuestro control. El Sabio Estoico trasciende las luchas de la realidad cotidiana al aceptarla tal como es con un corazón y mente tan abiertos que pierde el poder de influir en los pensamientos del Sabio de cualquier manera.

Cambiar lo que puedes y aceptar lo que no puedes.

Cuando los estoicos hablan sobre la naturaleza, están considerando los rasgos fundamentales que hacen que algo sea lo que es. Esto se refleja en la forma en que hablamos sobre el mundo natural que existe más allá de la civilización humana. Los pájaros, los árboles y la hierba existían antes de que los humanos inventaran el fuego, y reclamarán la Tierra si la humanidad alguna vez se extingue.

Las creaciones de la humanidad pueden ser maravillosas, pero no deberíamos perdernos tanto en nosotros mismos que pensemos que solo porque podemos sobrevivir sin algo significa que podemos vivir vidas saludables sin ello. En todo el mundo, las personas están disfrutando de las últimas comodidades mientras se marchitan lentamente debido a la falta de recursos naturales básicos.

No tienes que convertirte en un revolucionario para mejorar tu calidad de vida. Es posible aceptar muchos de los cambios de la vida moderna sin abandonar las cosas básicas que siempre han hecho posible una vida humana saludable.

Cada estoico debe practicar la aceptación, pero eso no significa que no deban tomar acción. A veces necesitas aceptar que tienes necesidades que no están siendo cumplidas, y luego actuar en esas necesidades.

Entonces, ahora es el momento de preguntarte, ¿estás viviendo en armonía con tu naturaleza básica?

Acción práctica

En este mundo moderno, demasiadas personas viven desincronizadas con sus necesidades naturales.

Toma un trozo de papel y un utensilio de escritura. Ahora escribe todas las cosas que crees que los humanos han necesitado para vivir vidas saludables a lo largo de la historia humana.

Una vez que tengas una lista, repasa la lista y considera en qué áreas tu propia vida podría estar careciendo. Marca esas áreas y luego haz una lluvia de ideas sobre cómo podrías abordar estas preocupaciones.

El estoicismo pone un gran énfasis en el pensamiento, pero los estoicos siempre han entendido que los seres humanos somos más que solo nuestros cerebros. Los pensamientos saludables son más propensos a provenir de cuerpos saludables. Entonces, comienza a tomar cualquier medida que puedas para cuidarte.

Capítulo 8: Estoicismo y Psicología

Las cosas en las que piensas determinan la calidad de tu mente.

— Marco Aurelio

Desde su creación, el estoicismo ha buscado explicar cómo funciona la mente humana y cómo puede ser remodelada en nuestra búsqueda de llevar vidas virtuosas. Cuando el estoicismo surgió por primera vez en la antigua Grecia, fueron los filósofos quienes estaban mejor equipados para ahondar en las preguntas que rodeaban la mente humana y los pensamientos y sentimientos que la rodean.

Pero han pasado dos mil años desde el nacimiento de la filosofía y mucho ha cambiado. Mientras los filósofos siguen trabajando arduamente tratando de entender la naturaleza de la conciencia humana, ha habido un cambio importante que ha reescrito el papel de la filosofía. La filosofía ya no es la principal forma en que entendemos la mente humana, ahora nuestro entendimiento fundamental proviene del estudio científico de nuestros cerebros y patrones de pensamiento.

Campos de estudio como la psicología, la biología y la neurología han transformado la forma en que pensamos sobre el pensamiento. ¡Pero esto no significa que la filosofía esté fuera del juego! Sigue leyendo para descubrir cómo los estoicos modernos lidian con las últimas revelaciones producidas por los científicos que han desbloqueado los secretos de la mente humana.

La Filosofía Antigua se Encuentra con la Ciencia Moderna

El cerebro humano es algo increíblemente complejo. Desde el surgimiento del método científico hemos logrado entender muchas cosas sobre cómo funciona el cerebro, pero cada pregunta que respondemos genera muchas otras.

Todavía podemos decir ciertas cosas sobre el cerebro humano que los antiguos estoicos no podían. Los antiguos griegos eran increíblemente inteligentes y comprendían más de lo que muchos individuos modernos les dan crédito. Sin embargo, no tenían forma de saber cómo funcionaba la mente. Como tal, muchos filósofos tenían creencias sobre el pensamiento humano que podrían chocar con la ciencia moderna.

Una de las áreas de controversia es la pregunta sobre el "libre albedrío". Los filósofos han argumentado durante mucho tiempo que los seres humanos pueden lograr un control total sobre su mente simplemente por la fuerza del pensamiento. La idea era que había una mente o espíritu inmaterial que reinaba sobre el cuerpo físico, operándolo fuera de la cadena normal de causa y efecto que rige la mayor parte del reino físico.

Esta creencia tiene sentido intuitivo. La mayoría de las personas sienten que están en control total. Pero siglos de estudios científicos nos han mostrado un lado diferente del pensamiento humano.

La Importancia de la Química Cerebral

Una de las preguntas más desconcertantes que los seres humanos han tenido que hacerse es cómo están conectados los pensamientos que pensamos y las emociones que sentimos con nuestros cuerpos físicos. Hubo un tiempo en que la gente creía que los pensamientos eran completamente inmateriales, totalmente separados de nuestras formas físicas. Pero a medida que hemos podido observar más de cerca el cerebro humano, hemos presenciado conexiones sorprendentes.

Por una parte, parece como si las alteraciones hechas en el cerebro pueden afectar la forma en que las personas piensan y sienten. Uno de los ejemplos más convincentes del impacto que la fisiología del cerebro tiene en la elección humana y la personalidad es el caso de Phineas Gage.

Gage era un trabajador de la construcción de ferrocarriles a fines del siglo XIX. Según todos los informes, era una persona educada y agradable hasta el día en que una explosión envió una barra de hierro volando por el aire y hacia la cabeza de Gage. Según todos los informes, el accidente debería haber sido mortal, pero milagrosamente Gage logró sobrevivir con la gran pieza de metal atascada en su cerebro (O'Driscoll).

Pero mientras el cuerpo de Gage sobrevivía al accidente, muchos cercanos a él sentían que el Gage que conocían murió en el accidente. Phineas experimentó un cambio rápido en su personalidad. El hombre antes amistoso se volvió vulgar y grosero. El daño a su cerebro parecía convertirlo en una persona completamente diferente, y de repente la gente comenzó a pensar de manera diferente sobre la relación entre la fisiología y la identidad.

Si bien estudios adicionales han demostrado que algunas de las afirmaciones más exageradas sobre la transformación de Gage eran exageradas, su historia es solo un ejemplo de muchos en los que los cambios en la composición del cerebro han llevado a cambios marcados en el pensamiento, la toma de decisiones y la personalidad.

Tales revelaciones científicas recientes han llevado a los estoicos modernos a replantearse algunas de las antiguas creencias en torno al pensamiento humano. Los antiguos estoicos creían que cualquier persona podía lograr un control total sobre su cerebro si seguía las prescripciones estoicas al pie de la letra. Hoy en día, las personas son más escépticas sobre esta proposición, entendiendo que cada individuo tiene una composición cerebral única que podría predisponerlos en ciertas direcciones.

Esto significa que algunas personas pueden encontrar que el enfoque estoico les resulta fácil, mientras que otros tendrán un tiempo especialmente difícil tratando de lidiar con sus disposiciones naturales. Esto requiere una cuidadosa reexaminación del pensamiento estoico, pero no ataca el núcleo del estoicismo. Tal vez no todos pueden convertirse en un Sabio, pero eso no significa que las personas no puedan intentar avanzar desde donde están.

Un cambio en el pensamiento.

Una forma en que la neurociencia moderna apoya el sistema estoico es la complejidad que ha revelado dentro de la mente humana. Las antiguas creencias que sugerían que las mentes humanas eran relativamente simples y fáciles de controlar han sido reemplazadas por una comprensión más matizada de todo lo que se suma para crear la conciencia humana.

Algunas personas creen que las revelaciones modernas sobre la compleja red de factores que influyen en nuestra toma de decisiones son deshumanizantes. Esto es comprensible, cuando se cría a uno para creer que tiene un control total sobre cada pensamiento y acción, puede resultar perturbador darse cuenta de que hay tantas cosas que moldean nuestras elecciones sin nuestro conocimiento consciente. Pero, ¿es esto deshumanizante?

Propondría que esta información simplemente está revelando una nueva capa de lo que significa ser humano. El hecho de que no reconociéramos nuestra complejidad completa en el pasado no significa que fuéramos nunca criaturas simples que tenían un control total. Siempre hemos tenido mentes complejas y contradictorias, y la ciencia ahora nos permite entender las razones detrás de las luchas que han estado ocurriendo desde los días de los antiguos estoicos y de vuelta al amanecer de la humanidad.

Finalmente, el estoicismo nos recuerda a todos los peligros de reaccionar negativamente ante la realidad. Puede que no te guste el mundo, pero tus preferencias no reescribirán la realidad. Pretender que la química cerebral no existe no te dará un mayor control sobre tus pensamientos y acciones. Al contrario, si no estás dispuesto a enfrentar los factores demasiado reales que moldean tu pensamiento, en realidad te estás atando las manos, limitando tus opciones en una época en la que, como humanos, tenemos la oportunidad de tomar el control de nuestro futuro.

Terapia Cognitivo-Conductual

Una área donde el estoicismo antiguo y la ciencia moderna están notablemente alineados es la práctica de la Terapia Cognitivo-Conductual, o TCC.

CBT es un enfoque terapéutico que busca ayudar a las personas cambiando sus patrones de pensamiento. La idea es que los pensamientos que tenemos, las emociones que sentimos y la forma en que nos sentimos están interconectados, y que los cambios realizados en un eslabón de esta cadena pueden cambiar drásticamente todo el sistema.

Muchas personas terminan en una espiral descendente viciosa porque crean bucles de retroalimentación negativos. Piensan pensamientos negativos, lo que los lleva a sentir emociones negativas, lo que lleva a acciones destructivas. A medida que la persona lidia con las consecuencias de sus malas decisiones, su autovisión negativa se refuerza y el ciclo comienza de nuevo, solo que esta vez todo es aún más vicioso que antes.

Este tipo de comportamiento es muy común, y cualquiera que haya experimentado una espiral descendente similar puede entender lo desesperante que la situación puede parecer. Pero la TCC y el estoicismo ofrecen una salida de este ciclo.

Verás, tanto la TCC como el estoicismo proponen que un cambio holístico puede lograrse si las personas pueden tomar el control de sus pensamientos. De repente, la espiral se invierte, ya que los pensamientos positivos elevan las emociones y acciones y contrarrestan la antigua negatividad.

Este es solo el comienzo de las similitudes. El estoicismo y la TCC comparten una perspectiva similar, un énfasis compartido en la acción y la priorización del pensamiento claro y racional. Al estudiar los paralelos entre la filosofía y la terapia, puedes ver cómo ideas antiguas están dando lugar a resultados sólidos en el mundo de la ciencia moderna.

La Importancia de la Acción

El estoicismo es una filosofía centrada en la acción y la TCC es un enfoque centrado en la acción para la terapia. Ambos creen que para lograr un cambio real, este debe surgir desde el interior de la persona que desea crecer. Además, el cambio no vendrá solamente del aprendizaje. La sabiduría es importante, pero nadie interioriza la información que aprende hasta que la pone en práctica.

Si bien tanto el estoicismo como la TCC comienzan con cambios en la forma en que las personas piensan, la prueba definitiva del cambio se ve en la forma en que actúan. Las personas siempre están dispuestas a decir que han aprendido la lección, pero luego, cuando se les pide que pongan en práctica su nuevo conocimiento, se desmoronan. Los estoicos entendían que el aprendizaje es un proceso que lleva tiempo. Ya sea que estés en terapia por un trastorno psicológico o simplemente buscando tener más control sobre tu vida, hasta que los cambios comiencen a manifestarse en tus acciones, no verás el impacto completo de lo que has aprendido.

La importancia de pensar con claridad

Otro vínculo entre la TCC y el estoicismo es el énfasis en el pensamiento claro y cuidadoso. Todo tipo de problemas pueden surgir cuando no ves el mundo tal como es. Incluso las personas que están bendecidas con una mente libre de trastornos u problemas similares aún pueden desarrollar una vista distorsionada del mundo por muchas razones. La situación es más pronunciada cuando surgen problemas dentro de la composición física del cerebro. Pero sin importar qué tan profundo sea el problema, la TCC ha demostrado que se pueden tomar medidas para corregir los patrones de pensamiento.

Por supuesto, algunas personas tendrán mayores dificultades para lograr un pensamiento claro que otras. Esta es un área donde la ciencia moderna corrige a algunos de los pensadores antiguos. Hubo un tiempo en que la gente culpaba a las personas con trastornos mentales por sus problemas. Pensaban que si esas personas simplemente trabajaban más duro, serían como todos los demás. La ciencia nos ha demostrado que este no es el caso.

La delicada química cerebral dentro de cada uno de nosotros puede desviarse fácilmente. Por eso, prácticamente todos confesarán que están luchando con sus propios problemas si logras que se abran. Algunos de estos problemas son más graves que otros, pero todos podríamos beneficiarnos de ayuda para liberarnos de nuestras trampas mentales y ver con más claridad. El estoicismo lo describió hace todos esos años, y hoy la TCC ofrece a las personas un camino concreto hacia un pensamiento más claro.

Combinando terapia y filosofía

Los seres humanos son criaturas complejas. Rara vez estamos satisfechos con soluciones unidimensionales. Ansiamos tanto la razón como la emoción. Es por eso que la combinación de la TCC y el Estoicismo puede ser una combinación poderosa.

Muchas personas pueden apreciar la ciencia de la TCC y el linaje intelectual que prácticamente cualquier profesional aporta a la mesa. Pero las personas aún pueden sentir anhelo de más. La mayoría anhela ser parte de algo más grande que ellos mismos, algo que pueda ayudar a conectarlos con una gran tradición. Esta es una de las razones por las que la creencia religiosa y el patriotismo son fuerzas tan poderosas, ya que reúnen a las personas como parte de una tradición que se remonta al pasado.

El estoicismo es un sistema de creencias secular que puede ofrecer a las personas la historia y la belleza que anhelan. Es una filosofía de dos mil años de antigüedad respaldada por algunos de los escritos más hermosos y conmovedores jamás producidos por la Filosofía Occidental. Combina el intelectualismo y el romanticismo en un paquete que sigue atrayendo a las personas miles de años después de la muerte de su fundador.

Cuando el poder emocional del estoicismo se combina con el atractivo científico de la TCC, pueden ocurrir cosas maravillosas. Pero más allá del nivel práctico, también sirve como recordatorio de lo increíbles que eran esos estoicos originales. Incluso con todos los avances en conocimiento que han ocurrido desde los días de la antigua Grecia, seguimos utilizando su sabiduría para iluminar nuestro camino hacia adelante.

Trabajando con tu Química Cerebral Única

Los antiguos Estoicos tenían cierta comprensión de la variedad que existía entre los seres humanos, pero no podían haber conocido la naturaleza arraigada de estas diferencias. La idea de que podríamos tener un software bioquímico como el ADN guiando nuestras acciones o complejas reacciones electroquímicas en nuestro cerebro moldeando nuestros pensamientos estaba mucho más allá de su capacidad para descubrir.

Esto no significa que los estudiantes modernos tengan que desechar el trabajo de los antiguos. Un estudio cuidadoso de las obras fundamentales de los estoicos revela que, aunque los escritores pueden no haber sabido lo que ahora sabemos sobre la constitución física de la mente humana, aún produjeron ideas y teorías que se alinean de manera notable con los últimos avances científicos.

En 2015, un consejero llamado Ian Guthrie llevó a sus pacientes a través de una discusión de las Meditaciones de Marco Aurelio. Descubrió que, aunque sus pacientes estaban "gravemente y persistentemente enfermos mentales", se beneficiaron de una discusión guiada sobre el tema. (Guthrie 2015)

Esto demuestra que todo tipo de personas pueden beneficiarse de estudiar y practicar el estoicismo. Puede que sientas que podrías estar limitado por las circunstancias de tu nacimiento o por situaciones negativas que has experimentado a lo largo de tu vida, pero nada de esto significa que no puedas obtener un mayor entendimiento de ti mismo y un mayor control sobre tu mente a través del estudio del estoicismo. Algunas personas son ciertamente más privilegiadas que otras, pero todos pueden beneficiarse si se comprometen a seguir la sabiduría transmitida por los antiguos estoicos.

Una palabra de precaución

En este punto vale la pena reiterar que este no es un libro médico. Aunque algunas personas informan que practicar comportamientos y pensamientos estoicos ha mejorado su calidad de vida, eso no significa que esta filosofía u otra sea un reemplazo para el tratamiento médico. Si tienes problemas de salud física o mental, entonces tu primera prioridad debe ser ver a un profesional médico capacitado que pueda ayudarte a controlar tu situación.

Si bien los estoicos modernos discrepan en muchas cosas, un área donde hay un amplio acuerdo es que el verdadero estoicismo debe estar en línea con lo último en descubrimientos científicos. Los antiguos estoicos pudieron desarrollar muchas ideas increíbles sobre la naturaleza de la mente humana mucho antes de la creación del método científico moderno, pero eso no es razón para tomar su palabra sobre los últimos descubrimientos de científicos y profesionales médicos.

Ciencia y estoicismo: trabajando juntos

El estoicismo se trata de mejorar tu mente, y todos podemos estar agradecidos de que la ciencia nos haya dado un conocimiento increíble sobre cómo funciona la mente, cómo puede fallar, y cómo podemos mejorarla a través de una amplia gama de enfoques. La terapia, la medicación, el ejercicio y muchas otras opciones pueden ser utilizadas para mejorar tu salud mental y permitirte tomar el control de tu vida.

Nunca debes sentir que tienes que elegir entre el estoicismo y los tratamientos propuestos por profesionales médicos capacitados. Los estoicos modernos son abrumadoramente pro-ciencia y constantemente trabajan para integrar los últimos descubrimientos en su comprensión del estoicismo. Cuando la ciencia y la filosofía trabajan juntas, pueden suceder cosas increíbles, nunca sientas que tienes que elegir entre uno u otro en tu búsqueda de una vida más feliz y saludable.

Lección práctica

El pensamiento es una de esas cosas que se da de forma tan natural que simplemente lo damos por sentado. Pero si quieres tomar control de tus pensamientos, entonces ayuda tomarte un tiempo para examinar cómo piensas.

Para este ejercicio necesitarás encontrar un lugar tranquilo y pacífico.

Una vez que tengas un espacio para ti mismo y unos minutos

libres, puedes usar la meditación para examinar el funcionamiento interno de tu mente.

Cierra los ojos, respira lentamente y cuenta hacia atrás lentamente desde diez con cada exhalación. Una vez que llegues a uno, simplemente sigue repitiendo ese número. Esto ayudará a silenciar tu monólogo interno consciente.

Tómate el tiempo para estar en el momento y observa cómo reacciona tu mente. Observa cómo los pensamientos entran en tu mente. Siente cómo tu cuerpo reacciona a la paz y tranquilidad.

Tantos de nosotros pasamos nuestros días con pensamientos corriendo constantemente por nuestra mente, pero nunca realmente examinamos cómo estos pensamientos llegan a nosotros. Este tipo de meditación no es solo una buena forma de calmarse y tomar un descanso del caos de la vida moderna, también te dará una comprensión más profunda de cómo funciona tu mente.

Capítulo 9: Aceptar lo Inaceptable

No importa lo que soportes, sino cómo lo soportes.

—Séneca

A lo largo de este libro hemos explorado los principios más fundamentales del estoicismo y cómo puedes utilizar estos principios para navegar por los altibajos de tu vida diaria. Pero, ¿qué ocurre cuando te enfrentas a luchas que van más allá de lo ordinario?

Nadie en esta tierra puede vivir una vida libre de tragedia. Por eso, cualquier filosofía debe enfrentarse a las verdaderas profundidades del sufrimiento humano. Cualquiera puede encontrar una forma de dar sentido a una vida fácil, se necesita verdadera sabiduría para encontrar un camino a seguir cuando el sufrimiento se vuelve tan profundo que sentimos impulsados hacia la desesperación.

Tratando con el Dolor y el Sufrimiento

A lo largo de este libro hemos llegado una y otra vez a las diferentes formas en que los estoicos manejan el dolor, la decepción y otras formas de sufrimiento. Pero hasta ahora, principalmente hemos analizado los tipos de problemas que nos causan dificultades pero no nos sacuden hasta lo más profundo.

¿Qué sucede cuando un estoico siente el tipo de dolor que podría destruir a una persona?

Es una cosa buscar oportunidades en los pequeños contratiempos que sufrimos cada día, pero ¿qué pasa con verdaderas instancias de tragedia? A veces puede sentirse como si nuestras filosofías se desmoronaran cuando nos enfrentamos al sufrimiento a gran escala. Cuando el dolor nos desgarra y parece que nadie más ha sufrido tanto, toda la sabiduría en el mundo puede sonar vacía.

No estás solo.

Lo primero que hay que entender es que, pase lo que pase, no eres la primera persona en sufrir como lo estás haciendo. Tu situación puede ser única, pero el dolor y el sufrimiento son tan antiguos como la humanidad.

Por eso recurrimos a la sabiduría de los antiguos en estos asuntos. Todo parece nuevo cuando lo estamos experimentando nosotros mismos, pero la verdad es que las mismas emociones se han manifestado una y otra vez durante incontables generaciones. Una de las cosas que une a la humanidad es nuestro sufrimiento compartido.

Lo siguiente que hay que entender es que aunque algunas formas de dolor puedan sentirse tan extraordinarias que el consejo normal no se cumple, la realidad es que estas son las situaciones en las que es absolutamente crucial aferrarse a cualquier sabiduría que tengamos. Cuando la primera ola de dolor te golpea, puede sentirse como si nunca pudieras recuperarte, pero solo porque sientas de esta manera no significa que sea verdad. Aún puedes practicar el estoicismo y negarte a obsesionarte con lo que has experimentado. Puede requerir cada gramo de fuerza que puedas extraer de cada fibra de tu ser, pero si lo logras, puedes detener el sangrado y prevenir que la situación empeore más de lo necesario.

Este tipo de dolor y sufrimiento es la razón por la cual es tan valioso practicar el estoicismo en todo lo que haces. No quieres tener que aprender el arte de la aceptación mientras estás lidiando con algo que parece claramente inaceptable. Necesitas empezar de a poco y crear un hábito de aceptación que pueda crecer con el tiempo hasta que un día pueda guiarte a través de momentos de dolor y lucha.

Nunca es demasiado pronto para prepararse para el dolor.

Si estás pasando por un periodo relativamente positivo en tu vida, es posible que sientas que puedes hojear esto rápidamente. Cuando la vida va bien, la mente humana tiende a asumir que las cosas continuarán yendo bien para siempre. Pero la realidad es que cada vida tiene altibajos. Todos experimentamos momentos buenos y malos. Si estás experimentando un buen período en este momento, entonces una de las mejores cosas que puedes hacer es prepararte para cuando tu suerte cambie.

"Es en épocas de seguridad que el espíritu debe prepararse para tiempos difíciles; mientras la fortuna le está otorgando favores es entonces el momento para fortalecerse contra sus reveses." - Seneca

Nadie disfruta de la desgracia. Pero aquellos que están acostumbrados a la desgracia están mucho mejor preparados para manejarla que aquellos que nunca la han experimentado. Por eso las personas nacidas en la pobreza no tienen tanta probabilidad de ser destruidas por ella como aquellos que nacieron en la riqueza y luego cayeron por el destino.

La buena noticia es que en realidad no tienes que infligirte daño a ti mismo para prepararte para el dolor que podría venir en el futuro. Puedes comenzar a prepararte a través de la práctica estoica de la visualización. Imagina las cosas saliendo mal. Pero no te quedes ahí. Imagina qué podrías hacer si tu fortuna cambiara. Piensa en cómo podrías convertir la desgracia en oportunidad.

Verás, si solo visualizas el dolor entonces es probable que te deprimas. Pero si superas el dolor, puedes recordar la verdad esencial del estoicismo, que cada momento es una oportunidad para desarrollar tu virtud.

Esto puede no redimir el sufrimiento en tus ojos o explicar por qué tienes que pasar por ello. Pero el estoicismo no se trata de explicar por qué suceden las cosas. Los estoicos no preguntan por qué el destino nos reparte las cartas que reparte; los estoicos simplemente aceptan lo que se les da y sacan lo mejor de la situación.

Procesando el dolor

De todos los tipos de dolor que la humanidad está obligada a soportar, ninguno es más temible que el dolor. El dolor es el dragón que derriba incluso a los corazones más poderosos.

Es difícil poner en palabras la enormidad del dolor, pero eso no significa que esté fuera de tu alcance. El dolor es algo que casi nadie puede comprender, y sin embargo todos deben aprender a lidiar con él en algún momento de sus vidas.

Aunque no puedas imaginar cómo el estoicismo puede ayudarte a lidiar con el dolor, debes confiar en que puedes. Tienes el poder dentro de ti, y si puedes practicar la sabiduría del Sabio, puedes superar cualquier obstáculo.

Para obtener instrucciones sobre cómo manejar el duelo, podemos recurrir a Séneca.

"La naturaleza nos exige un poco de tristeza, mientras que más de esto es resultado de la vanidad. Pero nunca te exigiré que no te entristezcas en absoluto. ... Deja que tus lágrimas fluyan, pero que también cesen, deja que los suspiros más profundos salgan de tu pecho, pero que también encuentren un final."

Lo primero que hay que recordar es que un estoico no es alguien que no siente dolor. Si sientes dolor tras una gran pérdida, no significa que no seas un estoico, simplemente significa que eres humano.

Lo que diferencia a los estoicos de los demás es cómo procesan el dolor.

No importa cuán mal se sienta el dolor, necesitas practicar el arte estoico del pensamiento claro y racional. Debes ser capaz de dar un paso atrás y darte cuenta de que aunque parezca que el dolor durará para siempre, la realidad es que todo en esta vida es impermanente. Esto también pasará.

Puede sentirse como si el dolor nunca desaparecerá, pero la verdad es que se atenuará con el tiempo. Puede que nunca desaparezca por completo, pero ya no amenazará con devorarte por completo. Esto es lo que debes recordar y encontrar consuelo en ello.

Finalmente, recuerda que el estoicismo enseña que podemos tomar control de nuestras emociones y redirigirlas. Puedes tomar emociones negativas y llevarlas en una dirección más saludable. Puedes pasar tus días lamentándote por el dolor que sientes después de perder a alguien, o puedes pensar en lo afortunado que eres de haber podido experimentar la vida con ellos mientras estaban contigo.

Nunca hay solo una cosa que debamos sentir. Siempre tenemos una elección que podemos hacer. Regodearse en el dolor es algo que debes elegir. También puedes optar por levantarte de tu tristeza y avanzar hacia algo más constructivo. No es fácil y no sucede rápidamente, pero cuanto antes comiences a moverte, antes llegarás a tu destino.

Luchando con Grandes Preguntas

Una vez más, en esta etapa vale la pena reconocer las limitaciones del estoicismo. Aunque el estoicismo tiene respuestas a muchas de las preguntas apremiantes de la vida, hay otras áreas donde las cosas quedan abiertas a interpretación.

¿Cuál es el significado último de la vida? ¿Existe un Dios? ¿Nos sucede algo después de morir?

Estas son todas preguntas profundas, significativas y altamente personales de las que el estoicismo moderno se aleja.

Algunos de ustedes pueden sentir que esto es una excusa, pero la verdad es que proviene de un lugar de humildad intelectual. Hay estoicos modernos que pertenecen a todo sistema de creencias imaginable, ya sea religioso o de otra índole. Cada uno encuentra una forma de unir el pensamiento estoico con sus convicciones personales para poder dar sentido al mundo que los rodea y superar los altibajos de cada día.

Al final, el estoicismo no se trata de responder a cada pregunta. Se trata de cómo te abres paso en la vida. Las preguntas que van más allá de esto también están fuera del alcance de este libro.

Dejar ir

Lo que el estoicismo nos dice claramente en esta área es que la aceptación es clave. Esta es una de esas áreas en las que la aceptación es increíblemente difícil, pero por eso es tan importante. Nadie quiere aceptar o reconocer una pérdida, pero es un paso que se debe dar antes de que comience el proceso de curación.

Nada en el estoicismo puede quitar la amargura del dolor, pero si practicas la aceptación estoica, puedes descubrir que estás mejor preparado para aceptar incluso las verdades más angustiantes cuando llegue el momento. La aceptación es como cualquier otra habilidad, la práctica hace al maestro. Cuanto antes comiences a enfrentar la realidad en toda su fealdad y gloria, mejor preparado estarás para los peores golpes que la vida pueda enviarte.

El dolor de la pérdida permanecerá mientras lo retengas. El estoicismo nos enseña que todo dolor puede ser eliminado si nos permitimos soltar. Nunca es fácil, pero es lo correcto hacer. Hasta que dejes ir, no podrás avanzar.

Interactuando con los demás

Si te comprometes completamente a practicar el estoicismo,

presenciarás cómo ciertas transformaciones tienen lugar en tu vida. Con el tiempo, tu forma de ver el mundo cambiará, al igual que la manera en que piensas y sientes. A medida que pasa el tiempo y interiorizas más y más el pensamiento estoico, es posible que descubras que otros te miran de manera diferente, con algunos conocidos preguntándose si eres la misma persona que una vez conocieron.

Una cosa que los estoicos comprometidos se dan cuenta es que puede sentirse como si hubiera una brecha entre ellos y la persona promedio, una brecha que se amplía con el tiempo. El hecho real es que la mayoría de las personas no son estoicas. Aunque la sabiduría estoica podría beneficiar a todos, la mayoría de las personas nunca abrazarán esta filosofía.

Con esto en mente, vale la pena considerar cómo deberían actuar los estoicos alrededor de los no estoicos. Si quieres vivir una vida productiva y agradable, necesitas pensar cuidadosamente y actuar con consideración.

Viviendo en un mundo lleno de no estoicos.

El estoicismo se trata de la aceptación, y una cosa que todo estoico necesita aceptar es que no todos comparten sus creencias. Tal vez el mundo sería un lugar mejor si todos fueran estoicos, pero lo más probable es que dicho mundo nunca llegará a ser.

Esto significa que como estoico debes entender que no todos pensarán como tú ni compartirán tus valores.

Por ejemplo, tu lema personal podría ser "memento mori" y es posible que encuentres que recordatorios constantes de tu propia mortalidad son una buena forma de fomentar la productividad y una vida significativa. Esto no significa que a quienes te rodean les guste que les recuerdes que algún día van a morir.

Siempre que alguien se introduce a un nuevo sistema de creencias que le habla de una manera profunda y profunda, su primer impulso suele ser compartir su nueva sabiduría con todos los que pueda. Este es un impulso natural y comprensible, pero también puede ser peligroso.

Empatía estóica

Una forma en que el estoicismo puede ayudarte a lidiar con quienes te rodean es la empatía que puede ayudarte a desarrollar. Una vez que te comprometes seriamente a trabajar para abordar tus propias deficiencias y debilidades, puedes ganar una apreciación por las luchas que otras personas están atravesando. Profundizar en ti mismo revelará las causas fundamentales del mal comportamiento, y una vez que entiendas esto en ti mismo, podrás verlo en los demás.

De repente podrás ver cómo alguien te insulta o te interrumpe sin ser insultado de la manera en que solías serlo. Esto se debe a que comprendes que este tipo de comportamiento no suele ser acerca de ti, sino que es un reflejo de las luchas internas con las que la otra persona está lidiando.

Finalmente, cuanto más practiques el estoicismo, más preparado estarás para mantener la calma ante circunstancias negativas.

Practicando la humildad estoica.

Quiero que consideres una vez más la idea de que debemos aceptar el destino. El estoicismo nos insta a aceptar el destino porque gran parte de esta vida está más allá de nuestro control.

Luego pasamos de aceptar el destino a centrarnos en tomar el mando de nuestros pensamientos, emociones y acciones.

Pero, ¿qué pasa si pensamos más en el destino? Considera cuánto está más allá de tu control. El universo es un lugar gigante y solo tienes control sobre tu cuerpo y algunas de las cosas con las que entra en contacto.

Propermente entendido, el estoicismo es increíblemente humilde. Incluso un gran emperador como Marco Aurelio llegó a entender sus limitaciones a través del estoicismo. Otros emperadores se veían a sí mismos como deidades, pero Marco entendía que en realidad no era diferente de cualquier otro hombre.

El estoico comprende que nuestro control es extremadamente limitado, pero aún así somos increíblemente afortunados de ser bendecidos con lo que tenemos. La vida puede estar llena de luchas, pero también es demasiado breve. Por eso debemos aprovechar al máximo cada momento que tengamos en este planeta.

Toma práctica

Toda vida es temporal. Este es un hecho doloroso de la vida. Aun así, es una de las cosas que hace la vida tan preciosa. El hecho de que aquellos más cercanos a nosotros no estarán con nosotros para siempre debería recordarnos que debemos apreciar nuestro tiempo con ellos mientras estén aquí.

Toma un trozo de papel y un utensilio de escritura. Piensa en alguien a quien aprecias. Date cuenta de que no estará contigo para siempre.

Ahora escríbeles un mensaje. Déjales saber cuánto significan para ti.

Puedes darles la carta, decirles el mensaje con tu propia boca, o mantener el mensaje privado. La elección es tuya solamente.

Algunas prácticas estoicas pueden parecer lúgubres a primera vista, pero si las comprendes en su contexto adecuado verás que afirman la vida. Tantas palabras quedan sin decir porque las personas operan bajo la suposición de que siempre habrá otro día, otra oportunidad para encontrarse. La verdad es que la vida pasa volando, así que necesitas aprovechar cada oportunidad que se te presente.

No vivas en lamentaciones, haz saber a las personas cómo te sientes acerca de ellos antes de que sea demasiado tarde.

Capítulo 10: El estoicismo en la práctica

Mientras esperamos la vida, la vida pasa.

—Séneca

Comprender los fundamentos filosóficos puede ayudarte a reorientar tu forma de pensar, pero si quieres ver un cambio real en tu vida entonces necesitas tomar acción práctica. La palabra acción aquí no tiene el mismo significado que en frases como "película de acción", en cambio se refiere a

Recuerda, el estoicismo no es solo una forma de pensar en la vida. El estoicismo es una forma de vivir la vida. Si pasas todo el día leyendo las grandes obras de la literatura estoica pero nunca pones en práctica nada de lo que has leído, entonces no estarás mejor que alguien que nunca ha escuchado la palabra antes.

En este capítulo vamos a analizar algunos de los pasos más prácticos que puedes tomar para desarrollar tus habilidades estoicas. Aprenderás a tomarte el tiempo para reflexionar, vivir con incomodidad y practicar el impulso hacia adelante. Estos pasos pueden asegurar que logres resultados reales en tu viaje estoico.

Separando Entrada y Acción

Cada programa de computadora se ejecuta mediante una larga cadena de entradas y acciones. Un cálculo conduce a otro hasta que se logra un resultado. Cada vez que ejecutas un programa de computadora o abres una aplicación en tu teléfono, se ejecutan innumerables ecuaciones matemáticas para producir todo lo que ves en la pantalla frente a ti.

La mente humana es a menudo comparada con una computadora, pero lo sorprendente es que poseemos la habilidad de reprogramar nuestro propio software. Al pensar cuidadosamente sobre la forma en que funciona nuestra mente, observando nuestra mente en acción y entrenándonos activamente, podemos usar nuestra mente para transformarla.

Pero lo que realmente separa al hombre de la máquina es el valor del pensamiento rápido. Mientras que las reacciones rápidas son esenciales en la computación, si los humanos piensan demasiado rápido, pueden meterse en muchos problemas.

La sabiduría llega cuando eres capaz de pensar las cosas antes de actuar.

"Entre el estímulo y la respuesta, hay un espacio. En ese espacio reside nuestro poder de elegir nuestra respuesta."

-Viktor Frankl

En nuestro estado natural, la brecha entre la entrada y la acción es casi inexistente. Cualquiera que haya criado a un niño sabe cuántas veces actuarán sin ningún pensamiento previo. Solo a través de la educación, la experiencia personal y el paso del tiempo es que las personas desarrollan la capacidad de pensar realmente en nuestras elecciones.

Pero no todos los pensamientos se desarrollan de igual manera. La mayoría de las personas aprenden suficiente moderación para evitar ingerir productos de limpieza venenosos solo porque parecen dulces. Pero ¿cuántas personas llenan sus cuerpos despreocupadamente con alimentos que saben que los están envenenando de formas más sutiles?

El hecho es que todos podrían extender el tiempo entre la entrada y la acción en sus vidas. Es valioso pensar en tu mente como un músculo. Si deseas poder sostener un peso pesado durante mucho tiempo, entonces necesitas practicar levantando pesos cada vez más pesados hasta que tus músculos se vuelvan lo suficientemente fuertes para la tarea. Lo mismo ocurre con tus músculos mentales. Al practicar la paciencia, la moderación y la previsión en cada oportunidad que tengas, puedes desarrollar esta capacidad.

Es importante recordar que al igual que ocurre con el desarrollo de la fuerza física, puede llevar mucho tiempo desarrollar la fuerza mental. Puede que tengas que trabajar durante años solo para comprarte unos segundos entre la acción y la reacción. Aun así, cualquier atleta de clase mundial te dirá que a veces un segundo es la diferencia entre perder la carrera y batir un récord mundial. Nunca subestimes el poder de las pequeñas ventajas que puedes obtener sobre tu competencia.

También debes recordar que simplemente leer este libro no hará que seas una persona más paciente y reflexiva, al igual que leer un libro sobre levantamiento de pesas no te hará físicamente más fuerte. Si quieres ver resultados reales, entonces necesitas poner en práctica los principios de este libro.

Si puedes lograr realmente practicar la paciencia y poner más pensamiento en cada acción, entonces puedes lograr cosas increíbles. El mundo está lleno de personas que actúan sin pensar, cada pizca de autocontrol que puedas reunir te ayudará a destacarte de la multitud. Mira por ti mismo.

Abrazando la incomodidad/Practicando la desgracia

Los seres humanos temen muchas cosas, pero una de las fuerzas más poderosas detrás de todo comportamiento humano es el miedo a la pérdida. Tenemos un miedo mortal a perder lo que tenemos. A veces, esta fuerza produce resultados positivos, pero más a menudo de lo que no todo lo que hace es crear estrés y dolor sin preparnos para la pérdida real.

Los estoicos entendieron esto. Vieron cómo muchas personas vivían vidas llenas de miedo porque se habían acostumbrado a cierta calidad de vida y no podían imaginar vivir si perdían su riqueza y privilegio.

Séneca fue uno de estos filósofos. Vio el miedo que se apoderaba de los que estaban a su alrededor y lo reconoció en sí mismo. Como estoico, sabía que necesitaba encontrar una forma de lidiar con este problema. La solución que ideó fue impactante, pero innegablemente poderosa.

Reserve un cierto número de días durante los cuales estarás contento con la comida más escasa y barata, con ropa gruesa y áspera, diciéndote a ti mismo mientras tanto, "¿Es esta la condición que temía?"

Palabras radicales. Palabras que son más fáciles de decir que de hacer. Pero según el registro histórico, Séneca practicaba lo que predicaba. De vez en cuando dejaba atrás la seguridad de su vida normal y salía a las calles para vivir como la clase baja romana, pobre y sufrida.

Algunos pueden ofenderse por esta idea, llamándola "turismo de la pobreza". Ellos podrían, con toda razón, señalar que hay una gran diferencia entre dormir en la calle por una noche sabiendo que tienes un hogar al que regresar por la mañana y vivir con el dolor constante e incertidumbre de la falta de hogar crónica. Pero estos argumentos no captan el sentido.

Séneca no intentaba sugerir que las personas pobres no tienen nada de qué quejarse o presumir de que puede hacer cualquier cosa que pudiera hacer. Como estoico, no estaba interesado en demostrarse a los demás, estaba centrado en cultivar su propia mente. Descubrió sus propios miedos con respecto a la privación y decidió enfrentarlos de frente.

Seguir el estoicismo no significa que debas renunciar a todas tus comodidades mundanas y vivir una vida de pobreza y privación. El estoicismo se trata de reconocer que si, por alguna razón, te sumergieras en una vida de pobreza y privación, podrías sobrevivir. Más allá de eso, se trata de cultivar tus virtudes personales para que incluso puedas prosperar en tales circunstancias extremas.

Cómo practicar la incomodidad

Tómate un minuto para pensar en las cosas en este mundo que no puedes vivir sin ellas. Ahora reduce esa lista a las cosas que podrías estar moralmente autorizado a renunciar. No deberías abandonar a tu familia solo para intentar construir tu propio carácter.

Si eres como la mayoría de las personas, tendrás una lista de cosas que son agradables tener pero en última instancia prescindibles. Teléfonos inteligentes, televisores, bebidas caras, ropa elegante, y así sucesivamente. Escarba tan profundo como puedas, podrías sorprenderte al descubrir cuántos lujos disfrutas como alguien que vive en el mundo moderno.

Ahora mira esa lista e imagina la vida sin cada elemento. Presta atención a cómo reacciona tu cuerpo. ¿Hay algo que tenga tanto control sobre ti que tu corazón comienza a latir más rápido solo de pensar en un día sin ello? Cuanto más temes vivir sin algo, más valioso sería intentar vivir sin ello.

Ya puedo decir que muchos de ustedes que están leyendo esta área ya están haciendo excusas. Dirán que necesitan este gadget para su trabajo, o si no se visten de la manera correcta, podrían perderse alguna oportunidad, y así sucesivamente. ¡Y sus objeciones podrían ser lógicas! Pero necesitan saber que la mente humana tiene un miedo mortal a la pérdida y hará cualquier cosa posible para aferrarse a lo que tiene. Por eso necesitan preguntarse si realmente están actuando en su propio interés o permitiendo que el miedo los controle.

Con la mayoría de las cosas en tu lista, podría ser útil recordar que hubo un tiempo en el que no tenías tus lujos actuales. Si eres joven, es posible que tengas que recordar cuando eras niño para recordar los días antes de que siempre tuvieras un teléfono inteligente contigo, pero incluso si tienes que retroceder hasta la infancia, aún demuestra que una vez fuiste capaz de vivir sin una conexión a internet constante. También vale la pena recordar que muchos de los milagros más grandes de la historia fueron logrados por personas que carecían de nuestros lujos modernos, ¡o incluso de nuestras necesidades modernas!

¿Significa esto que tienes que renunciar a todo y perderte en el bosque? Para nada. Como hemos hablado al discutir la fuerza de voluntad, el desarrollo humano lleva tiempo. Y aunque algunas personas pueden permitirse renunciar a todo y dejarse llevar por la vida, la mayoría de nosotros no tenemos el privilegio o la constitución para un cambio tan radical.

Lo que todos podemos hacer es realizar cambios pequeños pero significativos que nos recuerden lo que realmente necesitamos en esta vida.

Tal vez tu trabajo signifique que necesitas estar disponible en todo momento. Está bien, ¿pero eso significa que necesitas todos los juegos y dispositivos modernos incorporados en tu último teléfono inteligente? ¿Podrías mantenerte en contacto con el trabajo usando un teléfono de tapa o incluso un localizador?

También podemos mirar a Séneca como un ejemplo de cómo podríamos practicar la incomodidad. Vivía la vida normalmente durante la mayoría del año, solo sacrificando un día al mes como recordatorio de lo que era posible. Tal vez no te sientas cómodo viviendo en el escalón más bajo de la sociedad ni siquiera un día, pero aún podrías dedicar un día al mes a vivir con lo menos posible.

Cuando la mayoría de las personas piensan en renunciar a lujos, se centran en cómo su vida estará limitada. Imágenes de lo que no podrán hacer aparecen ante sus ojos. Cuando tus días están llenos de entretenimiento moderno, es fácil pensar que no tendrás nada que hacer si lo abandonas.

Pero generalmente ocurre algo divertido cuando las personas

renuncian a los lujos modernos, se dan cuenta de que no son todo lo que dicen ser.

Claro, el teléfono inteligente ha abierto un mundo de increíbles oportunidades. Pero también ha traído consigo un montón de consecuencias negativas no previstas. Recuerda que el pensamiento estoico no se trata de etiquetar cosas como los teléfonos inteligentes como buenas o malas, se trata de verlas tal como son. Y lo que son es complicadas y, en última instancia, innecesarias.

Si todos los teléfonos inteligentes del mundo desaparecieran mañana, la vida seguiría. Lo mismo ocurre con cualquier otro artículo de lujo que puedas imaginar. Recuerda que incluso los Grandes Emperadores de Roma vivieron sin electricidad, gasolina, internet o medicina moderna. Si la gente de entonces podía vivir sin cosas que sensatamente etiquetamos como esenciales, ¿qué tan difícil sería realmente la vida si aprendiéramos a prescindir de cosas que todos consideramos lujos?

Enfrentando tu miedo

Algunos pueden ver todo este concepto como una forma de masoquismo o locura. Después de todo, ¿quién en su sano juicio se somete conscientemente al dolor y la incomodidad?

Y sin embargo, todos vamos al médico para recibir nuestra vacuna contra la gripe, aunque no haya nada agradable en que nos claven una aguja en la piel.

Nadie recibe una vacuna porque le guste recibirla, lo hacen porque saben que los preparará para lo que está por venir. Lo mismo sucede con el estoico. No buscan la incomodidad porque amen la incomodidad, la buscan porque saben que es un hecho de la vida. La incomodidad llegará, la pregunta es si estarás preparado o no.

Movimiento Constante hacia Adelante

El estoico busca un desarrollo constante. Aunque aceptan las cosas tal como son, saben que siempre pueden trabajar hacia algo mayor.

Esto es algo que casi cualquier fanático moderno del estoicismo te dirá. Sin embargo, también puede ser engañoso. Debes recordar que los objetivos de un estoico no son los objetivos de una persona promedio.

La mayoría de las personas piensan que para mejorar su vida deben acumular continuamente una mayor riqueza material. Muchas personas creen que a menos que estén constantemente sumando números, están quedándose atrás en la vida. El estoico rechaza todo esto.

El estoicismo se trata de comprender que la vida tendrá altibajos. De hecho, es más grande que eso. Todo estoico verdadero recuerda que la vida terminará en la muerte. Con esto en mente, reconocen la futilidad última de la interminable rutina en la que parece estar atrapada gran parte de la sociedad.

Por lo tanto, cuando el estoico habla sobre el desarrollo constante y la mejora, están hablando de trabajar en sí mismos. Están esforzándose constantemente por entrenar sus pensamientos, agudizar su mente y fortalecer su alma. Esto se debe a que el estoico comprende que lo único que verdaderamente poseemos en este mundo somos nosotros mismos.

La Importancia de la Rutina

Volviendo a uno de los conceptos principales del estoicismo, la idea de vivir en armonía con la naturaleza. Recuerda que no se trata de ser naturalista o ludita, se trata de trabajar con la naturaleza en lugar de ir en contra de ella. Y la fuerza natural más importante con la que todos debemos vivir es la naturaleza humana.

Cada ser humano debe aprender a vivir con sus inclinaciones naturales. Prácticamente nadie vive una vida libre de la tentación de hacer cosas incorrectas. Es tan tentador tomar malas decisiones, y las malas decisiones pueden convertirse rápidamente en malos hábitos.

Por eso vale la pena invertir el tiempo y la energía necesarios para desarrollar rutinas positivas. Es una ley del universo que el orden tiende a degradarse en desorden con el tiempo. Solo insertando energía en el sistema puedes preservar el orden, y mucho menos construir algo más grande y magnífico. Si no estás dispuesto a invertir en mejora constante, entonces tendrás que conformarte con un lento descenso hacia la nada.

Por eso debes establecer una vida llena de rutinas que te empujen continuamente hacia una vida mejor. La idea es que puedes utilizar el poder del hábito para asegurarte de que te mantengas en el camino correcto incluso cuando tu fuerza de voluntad te falle.

Estudios han demostrado que en promedio toma alrededor de dos meses crear un nuevo hábito (Clear, 2018). Por eso deberías comenzar a integrar actividades inspiradas en el estoicismo en tu rutina lo antes posible. Cuanto antes empieces a practicar, antes vendrán naturalmente a ti.

Práctica Consejo

No tienes que renunciar a todo lo que posees para tener una idea de cómo sería vivir sin ellos. Todo lo que necesitas es un poco de creatividad.

Saca tu papel y utensilio de escritura. Escribe todas las cosas que sientes que no podrías vivir sin ellas. Lee la lista varias veces hasta que la tengas en tu memoria.

Ahora cierra los ojos e imagina la vida sin nada de la lista. Piensa en las consecuencias y en cómo las manejarías. Trata de proyectarte lo más lejos posible en el futuro.

Entonces, ¿cómo fue? ¿Te imaginaste colapsando y renunciando a la vida? ¿Te imaginaste muriendo? ¿O era posible que la vida continuara incluso sin todo en lo que confías y valoras?

El hecho es que estás hecho de material más resistente de lo que podrías pensar. No necesitas todas las cosas que sientes que necesitas. Si estás dispuesto a intentar y prescindir de estas cosas, entonces verás esto de primera mano. Sin embargo, también puedes aprender esta lección a través de la visualización. La elección es tuya.

Conclusión: Una filosofía para la vida

Ahí lo tienes. Ahora posees todas las herramientas básicas necesarias para empezar a transformar tu vida. Sin embargo, debes tener en cuenta en qué consiste esta transformación.

La vida de un estoico no es una vida fácil. No es una vida perfecta, libre de dolor y contratiempos. No es la vida para aquellos que sueñan con el éxito de la noche a la mañana.

Lo que ofrece el estoicismo es una vida de mejora constante y gradual. Es una ascensión lenta y constante hacia la cima de la montaña que existe dentro del corazón humano.

Lo que descubrirás al practicar el estoicismo es que gran parte del dolor y sufrimiento experimentado en la vida no es obligatorio, sino autoinfligido. No puedes controlar las malas cartas que el destino pueda repartirte, pero con una práctica cuidadosa puedes tomar el mando de la forma en que tu mente reacciona ante estas situaciones.

Una vez que aprendas a dejar de pensar en los aspectos negativos de las situaciones y comiences a buscar oportunidades para crecer como persona, puedes aumentar enormemente tu calidad de vida, disminuir tu nivel de estrés y lograr una calma que tal vez nunca pensaste que fuera posible.

Por supuesto, estos grandes cambios no sucederán de la noche a la mañana. Existe una gran brecha entre aceptar la proposición de que el sufrimiento puede ser trascendido y poner realmente esa idea en acción. El estoicismo no es un tónico milagroso que te transformará de la noche a la mañana, es un estilo de vida que debe ser practicado y perfeccionado a lo largo de tu vida.

Esto podría parecer una propuesta desalentadora, pero debes recordar que este es el camino de todo verdadero mejoramiento personal humano. No hay soluciones milagrosas que derribarán instantáneamente los obstáculos en tu camino. Las únicas personas que consistentemente se enriquecen con los esquemas de "hazte rico rápido" son aquellos que los venden a personas que no tienen paciencia. Los caminos probados y verdaderos hacia el éxito implican trabajo duro, compromiso y perseverancia.

Sin embargo, esto no significa que tendrás que esperar meses o años para empezar a ver resultados. Si has leído detenidamente el libro y has interiorizado el conocimiento en él, entonces deberías ver el mundo con nuevos ojos. Cuando cambias tu perspectiva de pesimismo y frustración a una de fe en oportunidades sin fin, entonces puedes ver cambios maravillosos ocurrir en tu vida.

El mundo está lleno de personas que sienten que la vida los ha derrotado. Miran a su alrededor y deciden que no tienen esperanza porque el mundo está en su contra. Muchas de estas personas están lidiando con prejuicios reales que deben superar, pero muchas otras están luchando contra su propia actitud poco saludable. Y en ambos casos, la negatividad les está impidiendo alcanzar su máximo potencial.

Un tú más tranquilo, más sereno y más controlado es posible.

Después de leer este libro tienes todas las herramientas que necesitas para tomar el mando de tu vida. La única pregunta es si harás lo necesario para alcanzar tus metas.

Cómo Dejar de Pensar Demasiado:

27 Técnicas Poderosas para Aliviar el Estrés. Hacking Mental para Encontrar la Libertad Emocional. Despeja tu Mente y Aprende el Arte de Dejar Ir.

Derechos de autor de Robert Clear 2024 - Todos los derechos reservados.

El contenido contenido en este libro no puede ser reproducido, duplicado o transmitido sin permiso escrito directo del autor o del editor.

En ningún caso se responsabilizará al editor o autor por cualquier daño, reparación o pérdida monetaria debido a la información contenida en este libro, ya sea de forma directa o indirecta.

Aviso Legal:

Este libro está protegido por derechos de autor. Este libro es solo para uso personal. No puedes modificar, distribuir, vender, usar, citar o parafrasear ninguna parte, o el contenido dentro de este libro, sin el consentimiento del autor o editor.

Aviso legal:

Tenga en cuenta que la información contenida en este documento es únicamente con fines educativos y de entretenimiento. Se ha realizado todo el esfuerzo para presentar información precisa, actualizada y confiable. No se declaran ni se implican garantías de ningún tipo. Los lectores reconocen que el autor no está brindando asesoramiento legal, financiero, médico o profesional. El contenido de este libro ha sido derivado de diversas fuentes. Consulte a un profesional con licencia antes de intentar cualquier técnica descrita en este libro.

Al leer este documento, el lector acepta que bajo ninguna circunstancia el autor es responsable de cualquier pérdida, directa o indirecta, que se produzca como resultado del uso de la información contenida en este documento, incluyendo, pero no limitándose a, errores, omisiones o inexactitudes.

Introducción

En español: Pensar demasiado es muy común y debilitante. Puede impedirte socializar, tener un sueño reparador, afectar tu desempeño en el trabajo e incluso interrumpir unas vacaciones bien planeadas. Cuando pensar demasiado se vuelve crónico, puede llevar a molestias físicas y mentales. En resumen, pensar demasiado puede dejarte agotado tanto física como mentalmente. Si te sientes así en este momento, es posible que hayas intentado varias formas de escapar de una situación tan deprimente sin éxito.

Pero entonces, ¿qué es el trastorno de pensar demasiado? Bajo circunstancias normales, todos nos preocupamos por una cosa u otra, pero cuando tales ansiedades comienzan a consumirnos la vida, entonces se convierte en un problema grave. Aunque no todos sufrirán de tal grado de preocupaciones, algunas personas son más propensas a padecer tales trastornos que otras, especialmente las personas con un historial pasado de trastorno de ansiedad. Los científicos han descubierto que pensar demasiado puede activar varias áreas del cerebro que regulan la ansiedad y el miedo.

Pero incluso si nunca has tenido un historial de trastorno de ansiedad, aún puedes ser propenso a pensar demasiado, especialmente si asumes la responsabilidad de ser un "solucionador de problemas". Tu mayor fortaleza como pensador analítico puede terminar convirtiéndose en tu mayor enemigo, especialmente cuando te quedas atrapado en un lodazal de pensamientos improductivos. Además, los sentimientos de incertidumbre en gran medida pueden inducir un trastorno de pensamiento excesivo. Por ejemplo, si se produce un cambio significativo como una pérdida importante en tu vida, es posible que pierdas el control de tu mente y que gire en una dirección obsesiva improductiva.

Es reconfortante aprender que se puede superar el pensar demasiado (y la ansiedad). Hay muchas técnicas efectivas para resolver las ansiedades, sin importar la causa, ya sea pensar demasiado debido a una relación fallida, problemas de salud o financieros. Mantente atento, ya que este libro te guiará a través de las técnicas de cómo detener el pensamiento excesivo. Pero primero, este libro empezará por definir cada problema y luego discutir las soluciones más efectivas para cada uno de ellos.

Capítulo 1: ¿Qué es la Rumia?

Como su nombre implica, pensar demasiado simplemente significa pensar demasiado. En realidad, cuando pasas más tiempo pensando en lugar de actuar y participar en otras actividades, entonces estás pensando demasiado. Puedes encontrarte analizando, comentando y repitiendo los mismos pensamientos una y otra vez, en lugar de tomar acción, entonces estás pensando demasiado. Tales hábitos perjudiciales pueden obstaculizar tu progreso, dejándote poco productivo.

Cada individuo experimentará el exceso de pensamientos de manera diferente y no hay dos personas que piensen demasiado de la misma manera. Pero en general, todos aquellos que piensan demasiado estarán de acuerdo en que la calidad de su vida se ha visto afectada por su incapacidad para controlar sus pensamientos y emociones negativas. Tales hábitos hacen muy difícil para la mayoría de las personas socializar, ser productivas en el trabajo o disfrutar de hobbies debido a la enorme cantidad de tiempo y energía que su mente consume en una línea específica de pensamientos. Tales emociones descontroladas pueden ser muy dañinas para la salud mental del individuo.

Pensar demasiado dificulta hacer nuevos amigos y mantener amigos, te resultará difícil conversar con ellos porque estás demasiado preocupado por qué decir o qué hacer para mantener la conversación. Algunas personas que se ven afectadas por este trastorno pueden encontrar complicado participar en conversaciones generales o interactuar con otros incluso en un entorno normal. Además, algunos pueden tener problemas para cumplir con una cita o ir a la tienda. Este tipo de pensamiento desperdicia tiempo y agota tu energía, evitándote así que actúes o explores nuevas ideas. También obstaculiza el progreso en la vida. Esto se puede comparar con colocar una cadena que está conectada a un poste alrededor de tu cintura y luego correr en círculos estarás ocupado pero no serás productivo. Pensar demasiado deshabilitará tu capacidad para tomar decisiones acertadas.

Bajo tales circunstancias, es más probable que estés preocupado, ansioso y falto de paz interior. Sin embargo, cuando dejas de darle vueltas a las cosas, te volverás más productivo, feliz y disfrutarás de mayor paz.

¿Por qué sobre pensamos?

Hasta ahora, hay dos explicaciones principales para la razón por la que las personas piensan demasiado:

- El cerebro que sobrepiensa
- Cultura contemporánea.

El Cerebro que Piensa Demasiado

Nuestro cerebro está diseñado de tal manera que todos nuestros pensamientos están interconectados en redes y nodos. Por ejemplo, los pensamientos sobre el trabajo pueden estar en una red, y los pensamientos sobre la familia en otra.

Existe una conexión fuerte entre nuestras emociones y estados de ánimo. Actividades o circunstancias que estimulan sentimientos negativos parecen estar conectadas a una red, mientras que aquellas que inducen felicidad están vinculadas a otra red.

Aunque tal interconexión de sentimiento y pensamiento puede ayudar a las personas a pensar de manera más eficiente, también puede hacer que las personas piensen demasiado.

En general, los estados de ánimo negativos suelen activar pensamientos y recuerdos negativos, incluso si dichos pensamientos no están relacionados. Pensar demasiado mientras se está en un estado de ánimo negativo puede llenar la mente con muchas ideas negativas y cuanto más una persona piense demasiado, más fácil será para su cerebro inducir asociaciones negativas.

Según la investigación de expertos en el cerebro, se ha descubierto que el daño (o mala conexión) de ciertas áreas del cerebro puede hacer que uno sea propenso a la depresión y a pensar demasiado. Estas áreas incluyen la amígdala y el hipocampo, que están involucrados en el aprendizaje y la memoria, y la corteza prefrontal, que ayuda a regular las emociones. Este conocimiento explica en parte por qué algunas personas piensan demasiado más que otras.

La Generación de la Sobrethinking. Los informes de los estudios realizados por el autor mostraron que los jóvenes, así como los individuos de mediana edad, tienden a pensar demasiado incluso más que los mayores (los mayores de 65 años) lo hacen.

¿Qué puede ser responsable de esto? Hay 4 posibles tendencias culturales que pueden ser responsables:

- Obsesión por los derechos: Muchos hoy en día tienen un sentido de derechos excesivamente desarrollado. Se sienten con derecho a ser ricos, exitosos y felices, y como tal, nadie puede impedirles obtener lo que se merecen. Por lo tanto, la mayoría de las personas se preocupan porque no están obteniendo lo que se merecen, intentan descubrir qué es lo que les está frenando. Esta actitud de pensar en exceso ha convertido a muchos en una bomba de tiempo, listos para explotar ante la menor provocación.

- El vacío de valores: La mayoría de las personas hoy en día, especialmente los jóvenes, han cuestionado todos los valores que sus padres les transmitieron, como la religión, la cultura y las normas sociales. Por lo tanto, esas personas se quedan con muy pocas opciones y sin valores, lo que llevará a cuestionar cada decisión que tomen y a preguntarse constantemente si han elegido correctamente. (Esto también puede llevar a la sobrevaloración).

- Cultura del ombligo: La cultura moderna y la psicología popular a menudo animan a las personas a ser más expresivas y a desarrollar más autoconciencia. Sin embargo, la mayoría de las personas a menudo llevan esto al extremo, convirtiéndose en excesivamente absorbidas en sí mismas, se sobreanalizan a sí mismas y a sus sentimientos. Muchas personas pierden demasiado tiempo "mirando fijamente sus ombligos", reflexionando sobre el significado de cada cambio emocional.

- La necesidad compulsiva de soluciones rápidas: El siglo XXI está lleno de personas que tienden a buscar soluciones rápidas, en lugar de tomarse el tiempo necesario para resolver gradualmente las cosas. Por ejemplo, si alguien está triste o preocupado, puede recurrir a alguna solución rápida como beber alcohol, ir de compras, tomar medicamentos recetados, involucrarse en un nuevo deporte o hobby, u otras actividades. En resumen, las soluciones rápidas solo ofrecen una solución temporal (o incluso incorrecta).

Síntomas de pensar demasiado

Tener una lista bien definida de los síntomas de la sobrethinking puede ser muy útil. De hecho, la conciencia es tu mejor defensa, te ayudará a saber cuándo estás en la zona de peligro, y fallar en estar en guardia es muy peligroso para tu bienestar mental.

Observar los siguientes síntomas puede ayudarte a llevar a cabo una prueba de trastorno de pensamiento excesivo. Si observas que estás experimentando el trastorno de pensamiento excesivo, es posible que observes uno o más de los siguientes síntomas:

- Cuando no puedes dormir: Intenta todo lo posible

para descansar adecuadamente, pero tu mente simplemente no se desconecta. Entonces comienza la agitación y las preocupaciones.

- Si te automedicas: La investigación sobre el trastorno de pensamiento excesivo ha demostrado que aquellos que lo padecen a menudo recurren a la comida, el alcohol, las drogas o cualquier medio para modular los sentimientos.

- Normalmente estás cansado: El cansancio puede ser resultado del insomnio, o debido a pensamientos repetitivos que te agotan la fuerza.

- Quieres estar en control de todo: Intentas planificar todos los aspectos de tu vida hasta el último detalle. Pero la verdad es que hay un límite a lo que puedes controlar.

- Te obsesionas por el fracaso: El miedo al fracaso te ha convertido en un perfeccionista y a menudo imaginas lo mal que saldrán las cosas si no resultan bien.

- Temes al futuro: En lugar de emocionarte por lo que el futuro tiene reservado, estás atrapado en tus pensamientos.

- Dudas de tu propio juicio: vuelves a considerar cada decisión que tomas desde lo que llevas puesto, hasta lo que dices, y cómo te relacionas con los demás.

- Tienes dolores de cabeza por tensión: Puedes experimentar dolores de cabeza por tensión crónica como si un banda apretada estuviera alrededor de tus sienes. Además, también puedes sentir dolor o rigidez alrededor de la zona del cuello. Todo esto son señales de que necesitas un descanso largo.

Si alguno de los signos anteriores ocurre con demasiada frecuencia, los psicólogos dirán que eres una persona que piensa demasiado o un rumiante. Según los psicólogos, pensar demasiado puede afectar el rendimiento, causar ansiedad o incluso llevar a la depresión.

Peligros de ser un pensador excesivo

Si todavía te sientes mal por un error que cometiste hace semanas o estás ansioso por el mañana, la verdad es que, pensar demasiado en todo puede afectar tu salud de manera negativa. No poder liberarte de tus preocupaciones te llevará a un estado de angustia persistente.

Es cierto que todos a veces pensamos demasiado en situaciones. Pero esto es diferente de ser un verdadero pensador excesivo, alguien que lucha por silenciar sus constantes avalanchas de pensamientos.

Tres peligros de ser una persona que piensa demasiado:
1. **Aumenta tus posibilidades de enfermedad mental:** Según un estudio de 2013 que fue publicado en la Revista de Psicología Anormal, los informes muestran que darle demasiadas vueltas a tus errores, defectos y desafíos puede aumentar tu riesgo de enfermedad mental.

La rumiación es perjudicial para la salud mental y puede

sumergir a uno en un ciclo vicioso del cual es difícil liberarse y, a medida que la salud mental se desploma, se tiende a rumiar más.

1.
Interfiere con la resolución de problemas. Informes de varios investigadores han demostrado que los pensadores excesivos siempre asumen que al repasar sus problemas en sus mentes, se están ayudando a sí mismos. Pero esto no es cierto en absoluto, más bien, muchos estudios mostraron que tales acciones pueden llevar a la parálisis por análisis.

Cuando analizamos todo en exceso, puede interferir con nuestra capacidad para resolver nuestros problemas. Terminarás perdiendo tiempo pensando en el problema en lugar de en la posible solución.

También afectará el proceso simple de toma de decisiones, como elegir qué ponerse en Acción de Gracias o decidir cuándo ir de vacaciones. La parte dolorosa es que reflexionar demasiado ni siquiera te ayudará a tomar una mejor decisión.

1.
Afecta tu sueño: Como una persona que piensa demasiado, es probable que entiendas muy bien este hecho. Cada vez que tu mente se niega a apagarse, entonces no habrá sueño esa noche.

Estudios apoyan este hecho, y hay evidencia de que la ansiedad y la rumiación llevarán a menos horas de sueño. Es más probable que pases horas dando vueltas arriba y abajo en la cama antes de que finalmente te quedes dormido.

Tomar una siesta, más tarde, puede que no sea de mucha ayuda, la ansiedad y el pensar demasiado afecta la calidad del sueño que tendrás, las posibilidades de caer en un profundo sueño después de haber estado pensando son muy escasas.

Tres Tipos de Sobre Pensamiento

1. Pensar demasiado y desahogarse: Este es el tipo más común y a menudo resulta de alguna injusticia percibida que se cometió en tu contra. Puedes sentirte tratado injustamente y, como tal, estás obsesionado en tomar venganza. Aunque puedas tener razón al sentirte ofendido, pensar demasiado te impedirá ver lo bueno en los demás, más bien, solo los verás como villanos. Tales sentimientos pueden resultar en actos autodestructivos e impulsivos de venganza. Por ejemplo, cuando te rechazan en una entrevista de trabajo, una persona que piensa demasiado puede comenzar a considerar a los evaluadores como sesgados o estúpidos e incluso considerar demandar a la empresa por posible discriminación.

9. El exceso de pensamiento propio de la vida: Este es otro problema serio de los que tienden a sobre pensar. Un simple estímulo puede desencadenar un ciclo continuo de pensamientos negativos maliciosos y posibilidades interminables, cada uno más malvado que el anterior. Tomemos, por ejemplo, a un sobre pensador que comienza a preguntarse por qué se siente deprimido y a partir de ahí, pasa a pensar en que está subido de peso, por qué no debería tener amigos cercanos, por qué lo tratan mal en el trabajo y por qué no es amado en su hogar. Para él, todos estos sentimientos negativos parecen verdaderos, incluso los pensamientos imaginarios. Tales sentimientos negativos pueden llevar a tomar malas decisiones,

como pelear con su esposa o amigos o incluso renunciar a su trabajo.

3. Pensamiento caótico: Este es un tipo de pensamiento excesivo que se caracteriza por preocupaciones y problemas aleatorios e incoherentes. Esto puede ser paralizante tanto mental como emocionalmente, ya que estas personas están confundidas acerca de la verdadera causa de cómo se sienten. Con frecuencia, tales individuos recurren al abuso de drogas o alcohol, solo para escapar de sus pensamientos.

Capítulo 2: Ansiedad y Pensamientos Excesivos.

Uno de los signos aterradores de cualquier tipo de trastorno de ansiedad es la tendencia a pensar demasiado en todo. La ansiedad y el pensar en exceso pueden ser llamados compañeros malévolos. Un cerebro ansioso siempre está hiper vigilante y en busca de cualquier peligro posible. Probablemente alguien alguna vez te ha acusado de siempre crear problemas para ti mismo a partir de cuestiones insignificantes. Personalmente, pienso que en realidad son problemas. ¿Cómo es esto? Simplemente, la ansiedad te hace pensar demasiado en todo. Cuando estamos ansiosos, tendemos a pensar demasiado las cosas de varias maneras, y el producto de nuestro excesivo pensamiento no suele ser beneficioso. Sin embargo, la ansiedad y el pensar en exceso deberían ser temporales y no una característica permanente de nuestra existencia.

Formas en que la ansiedad causa pensamientos excesivos

El producto final de varios tipos de ansiedad es pensar demasiado en todo. Hay varios términos para describir cómo la ansiedad lleva a sobreanalizar las cosas. Es posible que esta lista genérica te ayude a recordar pensamientos acelerados específicos que hayas experimentado o estés experimentando, y así, ayudarte a darte cuenta de que hay miles de otras personas enfrentando el mismo problema.

- Estar excesivamente preocupados por quiénes somos y cómo nos ven los demás, o si estamos cumpliendo con el estándar mundial (esto es una forma de ansiedad social y de rendimiento).

- Obsesionarse por lo que deberíamos decir/dijimos/deberíamos haber dicho/no deberíamos decir (otra ansiedad social común).

- Pensando en posibles escenarios temerosos como: ¿y si algo malo nos ocurriera a nosotros, a nuestros seres queridos, o incluso al mundo (una forma común de trastorno de ansiedad generalizada).

- Temerosos, resultados asumidos de nuestros propios pensamientos salvajes, fallas asumidas y sentimientos de incompetencia (todas formas de trastornos de ansiedad).

- Ansiedad por múltiples pensamientos obsesivos, principalmente los aterradores, y pensar en ellos continuamente (una forma de trastorno obsesivo compulsivo).

- Pensamientos, sobre-pensamientos, pensamientos vagos, una cadena tumultuosa de ansiedad y pensamientos específicos (todas las formas de trastornos de ansiedad).

- Miedo de experimentar ataques de pánico en público

y sentir demasiado miedo de salir de casa debido a esa ansiedad (una forma de trastorno de pánico con/sin agorafobia).

Resultado de la ansiedad y la sobrethinking

Cuando estás ansioso, los pensamientos no solo corren por tu cerebro y desaparecen, más bien, corren continuamente por tu cerebro. Esos pensamientos se pueden comparar con un atleta corriendo en una cinta, sigue corriendo pero no llega a ningún lado al final, quedando agotado y cansado. Uno de los efectos secundarios de reflexionar en exceso ligado a la ansiedad es que es probable que terminemos tanto físicamente como emocionalmente agotados. Tener episodios de los mismos impulsos ansiosos correr por nuestro cerebro definitivamente pasará factura.

Otro lado oscuro de la ansiedad y la sobrethinking es que tarde o temprano, comenzaremos a percibir todo lo que pasa por nuestra mente como realidad. Quizás podamos creer que lo que pensamos se convierte en realidad y si constantemente pensamos en ello, se vuelve muy real. ¿Verdad? No. Esta es una de las trampas que la ansiedad intenta jugar en nuestras mentes.

Pero la buena noticia es que todos tenemos la capacidad y el poder de detenernos a nosotros mismos de estar ansiosos y sobreanalizarlo todo. Aunque esto es un proceso que implica múltiples pasos, en este momento, el mejor paso que puedes tomar es encontrar algo que pueda distraerte de sobreanalizarlo todo. En lugar de luchar contra tus pensamientos, desvía lentamente tu atención hacia algo neutral, algo completamente distinto. Al reflexionar sobre algo que no tiene importancia, estarás previniendo indirectamente el sobreanálisis de todo.

El efecto "levadura"

Pensar demasiado tiene un "efecto de levadura" en tus pensamientos. Al igual que una masa, tu mente puede amasar pensamientos negativos y, antes de que te des cuenta, se elevará al doble del tamaño inicial. Por ejemplo, si un cliente está insatisfecho con tus servicios, puede que empieces a preguntarte si todos los otros clientes también están insatisfechos sin pararte a pensar que probablemente la mayoría de los clientes están satisfechos con tus servicios. Si no tienes cuidado, con el tiempo, podrías llegar a una conclusión desalentadora de que tus servicios no son lo suficientemente buenos. Tus pensamientos incluso pueden llevarte de vuelta a tu matrimonio y podrías empezar a preguntarte si tu pareja está satisfecha contigo, o si eres lo suficientemente bueno para ella o no. Piensas en lo perfecta que es, cómo maneja todo de manera impresionante, y concluyes que eres totalmente indigno de ella.

El efecto de "lente distorsionada"

Otro efecto de pensar demasiado es lo que se llama el efecto de la "lente distorsionada" y lo que esto significa, es que tus pensamientos solo se centran y magnifican tus defectos o lado malo y lo que tus pensamientos ven es solo desesperanza. Por ejemplo, cuando tu hijo llega a casa de la escuela con una mala calificación o se mete en una pelea, puedes preocuparte de que él o ella se esté educando mal. En poco tiempo, comenzarás a verte a ti mismo como un mal padre y que más adelante en el futuro, tus hijos terminarán convirtiéndose en adultos malos.

Lo que no es la sobrethinking

Preocuparse es bastante diferente de darle demasiadas vueltas a la cabeza. A menudo la gente se preocupa por cosas que pueden o podrían pasar o posiblemente salir mal. Sin embargo, los que le dan demasiadas vueltas, hacen más que solo preocuparse por el presente, también se preocupan por el pasado y el futuro. Mientras que los preocupados piensan que cosas malas podrían suceder; los que dan demasiadas vueltas piensan en retroceso y están muy convencidos de que algo malo ya sucedió.

Las personas con trastorno obsesivo-compulsivo (TOC) también son diferentes de quienes piensan demasiado. Aquellos con TOC están obsesionados en exceso con todo o cualquier factor externo, como la suciedad o los gérmenes, por lo que sienten que tienen que lavarse las manos repetidamente para mantenerse saludables. Estos individuos se obsesionan con acciones muy específicas y otros asuntos que parecen triviales o absurdos para el resto del mundo, como "¿Cerré la puerta?"

Concluyendo, pensar demasiado definitivamente no es "pensar profundamente". Si bien es saludable estar en sintonía con los propios sentimientos para examinar las acciones de uno mismo; por otro lado, pensar demasiado es poco saludable.

Cómo dejar de pensar demasiado en todo

Ya sea que no hayas comprado un coche nuevo en los últimos 5 años porque no has encontrado el perfecto o que no has sido productivo porque cada elección que haces consume tanto tiempo, pensar demasiado puede retrasar tu progreso.

Con gusto, puedes superar la tendencia a sobre pensar y volverte más productivo/a. En los próximos 27 capítulos, se han desglosado diferentes pasos para ayudarte a dejar de sobre pensar todo. Aplicando nuevas técnicas y aprendiendo nuevas habilidades, podrás tomar decisiones buenas y oportunas con poco o ningún estrés.

Capítulo 3: Intenta detenerlo antes de que empiece.

Encárgate de tus pensamientos antes de lanzarte al oscuro pozo del sobre pensamiento, es imperativo que primero aclares sobre qué estás realmente pensando en exceso y también reflexiones sobre las formas negativas en que el sobre pensamiento está afectando tu vida. Tal claridad ayudará a aumentar tu determinación para luchar contra la tendencia de sobre pensar.

Creencias limitantes

Lo primero que tienes que hacer es elegir las preguntas de "qué pasaría si" que probablemente te harías a ti mismo. Tales preguntas son automáticamentes estimulantes del pensar demasiado.

Pregúntate a ti mismo:
- ¿Cuáles son las preguntas comunes de "¿qué pasaría si?" que suelo hacerme a mí mismo?
- ¿Qué circunstancias o situaciones suelen desencadenar estas preguntas?

Puede ser que estés pensando demasiado porque a menudo haces las preguntas equivocadas. La mayoría de las veces, en lugar de buscar soluciones al problema, estás ocupado pintando escenarios de "y si" en tu mente, preguntándote sobre todas las posibles cosas negativas que pueden ocurrir.

Entonces, respira profundamente e intenta identificar todas las preguntas "¿y si?" que a menudo te haces a ti mismo. Además, trata de detectar circunstancias específicas que probablemente desencadenen tales preguntas.

El siguiente paso es profundizar en cualquier creencia limitante que puedas tener, e intentar tener una mejor comprensión de algunos de los efectos que tales pensamientos tienen en tus preocupaciones.

Pregúntate a ti mismo:

- ¿Cuáles son mis "pensamientos" sobre pensar demasiado?

- ¿Cómo afectan tales creencias las elecciones y decisiones que tomo?

- ¿Tienen alguna ventaja este tipo de pensamientos?

- ¿Cuáles son los efectos secundarios a largo plazo de tales creencias?

Cuando estás pensando demasiado en algo, es evidencia clara de que estás aferrándote a un cierto conjunto de creencias que están afectando cómo piensas y cómo respondes ante tal situación. Para enfrentar el hecho, te aferras a esas creencias porque sientes que te son ventajosas. Probablemente, sientes que son ventajosas porque te dan una sensación de control sobre ciertas circunstancias o áreas específicas de tu vida. Pero lamentablemente, esas creencias te están haciendo daño porque te impiden lidiar con las principales razones por las que estás pensando demasiado y eso es un problema serio en sí mismo.

La mejor manera de conquistar tus creencias limitantes es desafiarlas directamente. A continuación, se enumeran algunos ejemplos de ciertas preguntas que puedes hacerte:

- ¿Por qué creo que no puedo controlar la sobrethinking?
- ¿Por qué creo que pensar demasiado es beneficioso?
- ¿Hay alguna evidencia que respalde tales pensamientos?
- ¿Es la evidencia creíble y confiable?
- ¿Es posible para mí ver esta situación desde otro ángulo?
- ¿Tengo alguna evidencia que vaya en contra de mis creencias sobre esto?
- ¿Qué me dicen estos sobre mi mal hábito de pensar demasiado?

Si dedicas más tiempo a cuestionar diligentemente tus creencias limitantes sobre el pensamiento excesivo, descubrirás que ese pensamiento profundo es beneficioso, ya que detectarás más fallos y todos ellos harán más fácil que abandones dichas creencias y, por lo tanto, fortalezcas tu determinación de seguir buscando soluciones a tus problemas.

Todos los pensamientos que conducen a pensar demasiado son simplemente problemas que necesitas resolver. Pero, si estás constantemente nadando en un mar de preocupaciones incontrolables, nunca podrás resolver tus problemas.

Estrategias de afrontamiento no útiles

En este punto, tómate un momento para reflexionar sobre algunas de las estrategias que utilizas regularmente para lidiar con tus pensamientos.

Pregúntate a ti mismo:

- ¿Cuáles son las estrategias que empleo para lidiar con mis pensamientos?
- ¿Qué hago para evitar mis preocupaciones?
- ¿Cuáles son algunas estrategias que he intentado para controlar mis pensamientos?
- ¿Suelo reprimir mis pensamientos? Si es así, ¿cómo?
- ¿Suelo intentar distraerme de mis preocupaciones con frecuencia? En ese caso, ¿de qué maneras específicas?
- ¿Cómo suelo manejar mis preocupaciones?

- ¿De qué manera específica me ayudan todas estas estrategias de afrontamiento?
- ¿Cómo me lastiman estas estrategias de afrontamiento?
- ¿Cuáles son algunas formas mejores de manejar mis preocupaciones?

Obtener claridad sobre las estrategias comunes que sueles utilizar para manejar tus preocupaciones te ayudará a obtener comentarios valiosos que puedes utilizar de manera efectiva para controlar tus preocupaciones en el futuro.

Prepárate para entrenar tu cerebro para establecer una relación saludable con tus pensamientos.

Tus pensamientos son definitivamente diferentes de la realidad. Sin embargo, tus pensamientos pueden tener un fuerte impacto en tu vida real, dependiendo de cómo los percibas.

Descarta la idea de que eres tus pensamientos. En cambio, busca formas de establecer una conexión con tus pensamientos y mantener una relación saludable con ellos.

Si observas que un pensamiento en particular sigue apareciendo en tu mente, puedes hacerte estas preguntas:

- ¿Percibo este pensamiento como simplemente una construcción mental o creo que es la realidad?

- ¿Estos pensamientos me mantienen despierto toda la noche, o simplemente los dejo ir?
- ¿Acepto los pensamientos tal y como vienen o intento cambiarlos?
- ¿Estoy abierto/a a otros pensamientos o simplemente me cierro a ellos?
- ¿Qué pensamientos despierta este pensamiento en mí?

Después de plantear tales preguntas, espera a que aparezcan las respuestas, aunque las respuestas no sean obvias al principio, plantear tales preguntas es muy importante. Gradualmente, podrás relacionarte con tus pensamientos.

Puedes simplemente preguntar, "¿Pero es esto verdad?"

El mejor tipo de relación que puedes establecer con tus pensamientos es aquella que está llena de aceptación y a la vez una medida de distancia saludable. Esto significa que estás abierto a cualquier pensamiento y no intentas actuar como si no existieran; sin embargo, también puedes intentar en la medida de lo posible no dejar que te arrastren hacia abajo.

Por ejemplo, si tuviste una mala experiencia con un cajero pésimo, puedes empezar a pensar que las cosas podrían estar mejor si sólo hubieras ido a otra caja, pero no necesitas creer en esas interpretaciones mentales porque son solo suposiciones y no la realidad final. ¿Cuáles son las posibilidades? Probablemente esta persona en particular es un cajero maravilloso que simplemente está teniendo un mal día y tal vez si hubieras elegido la otra línea seguirías en la cola. Estos pensamientos te mantienen abiertos a las posibilidades.

Cuando te felicitas a ti mismo o reconoces que te sientes satisfecho con lo que has hecho, tiendes a disfrutar de esos sentimientos. Por ejemplo, cuando te dices a ti mismo: "¡Bien hecho yo! ¡Llevé al equipo hasta la cima!" Sin embargo, esto no significa que tu desempeño en el próximo juego será el mismo. Tampoco te convierte en una "mejor persona" porque tu valía no está ligada a lo bien que puedas liderar un equipo.

Siempre desafía tus pensamientos. Aprende a identificar y detener cualquier pensamiento adicional.

Capítulo 4: Enfoque en la resolución activa de problemas.

Formas activas de resolver problemas son una de las habilidades más valiosas que necesitamos pero raramente pensamos en ellas en nuestras ajetreadas vidas diarias. En cambio, a menudo centramos nuestra atención en tratar de abordar las diversas emociones difíciles que enfrentamos. Es cierto que también necesitamos habilidades para afrontar con el fin de limitar el exceso de pensamientos, pero es igualmente importante que nos armemos con habilidades que podamos utilizar para manejar o lidiar con problemas que causan exceso de pensamientos. Este es el papel que desempeñan las habilidades activas de resolución de problemas.

Tenemos que entender que hay ciertas circunstancias que están más allá de nuestro poder y que no podemos cambiar. Por lo tanto, preocuparse demasiado por este tipo de circunstancias no tiene beneficio alguno. Sin embargo, no tienes que dejar de buscar formas de resolver otros problemas simplemente porque no puedas ver una solución obvia.

Necesitamos entender la diferencia entre habilidades productivas de resolución de problemas y el sobre-pensamiento. Algunas de las características del sobre-pensamiento incluyen lo siguiente:

- Te hace repetir los mismos pensamientos una y otra vez.

- Te hace seguir buscando "soluciones" a problemas que sabes que no tienes el poder de cambiar.

- Te hace enfocar tu atención en cambiar cosas que ya ocurrieron en el pasado.

Sin embargo, las habilidades para resolver problemas tienen las siguientes características:

- No te hace pensar en lo mismo una y otra vez.

- Termina por producir soluciones alternativas, la mayoría de las cuales están dentro de tu capacidad de ejecutar.

- Te hace sentir positivo, y sentir que estás logrando algo valioso incluso antes de encontrar una solución.

¿Qué es la resolución activa de problemas?

A menudo es más efectivo y beneficioso concentrarse en intentar resolver el problema en cuestión que tratar de controlar cómo te sientes acerca del problema. Enfrentar tus problemas directamente te ayudará a tomar el control de tu vida con menos estrés. Este proceso de manejar problemas se conoce como resolución activa de problemas. Se enfoca en hacer esfuerzos activos para resolver el problema desde la raíz, en lugar de pasar por alto el problema.

Sin embargo, este proceso no es tan fácil como parece. Enfrentar nuestros problemas directamente puede ser muy difícil en ocasiones. Esto se debe a que tienes que confrontar tus miedos, abordar conflictos o, a veces, salir de tu zona de confort hasta que se resuelva el problema. Pero la resolución activa de problemas en realidad tiene beneficios a largo plazo porque ayuda a reducir el malestar futuro, ya que el problema ya no está perturbando tu mente.

Preguntas que debes hacerte

Hay varias razones por las que necesitas hacerte estas preguntas. Puede ser que tengas dudas sobre los movimientos comerciales que planeas tomar, o que estés enfrentando algunos desafíos en tu relación; encontrar respuestas a estas preguntas te ayudará a saber si eres del tipo que piensa demasiado o del tipo que resuelve problemas.

- ¿Siempre me enfoco en el problema o busco una solución? Considerar diversas formas de salir de deudas puede ser útil. Pero enfocar tu atención o preocuparte por lo que sucederá si eventualmente te quedas sin hogar debido a tu situación financiera no es el camino a seguir.

- ¿Existe una solución a este problema? Es bueno aceptar el hecho de que no todos los problemas se pueden resolver. Por ejemplo, un ser querido con una enfermedad terminal, o un error que ya cometiste en el pasado no se pueden deshacer. Sin embargo, aún puedes controlar cómo respondes a tales situaciones. La resolución de problemas puede implicar aprender a sanar tus emociones o un procedimiento real para resolver el problema. Pero pensar demasiado, por otro lado, implica volver a pensar en cosas que ya sucedieron o desear que las cosas fueran diferentes.

- ¿Qué lograré pensando en esto? Suponiendo que estás repasando un evento pasado para obtener nuevas ideas o aprender de él, esto podría ser útil. Pero si todo lo que estás haciendo es repetir tus errores, repasar una conversación pasada o simplemente imaginando todas las cosas que puedan salir mal, entonces estás pensando demasiado.

¿Cuándo es efectiva la resolución activa de problemas?

En la vida, hay algunas situaciones que no podemos controlar. En este tipo de situación, ningún plan activo de resolución de problemas puede cambiar las cosas. Todo lo que tenemos que hacer es aguantar y luego seguir adelante.

No puedes resolver un problema que no tienes control sobre. La mayoría de estos problemas tienen que ver con las decisiones de otras personas. Por ejemplo, tu hermana acaba de tomar la decisión de casarse con su amor de toda la vida y tú, en cambio, estás en contra de la decisión. Ahora, la decisión no es tuya para tomar, por lo tanto, no puedes controlar la situación. Por lo tanto, no puedes resolverla.

Mirando otro escenario, donde la calefacción de tu casa no

funciona y eso ha causado un problema entre tú y tu arrendador. Esta situación puede resolverse mediante la resolución activa de problemas porque está bajo tu control, o puedes decidir soportar la casa fría usando habilidades centradas en la emoción.

Cómo usar la resolución activa de problemas

Evaluar la situación. Ciertas cosas nos afectan diariamente; algunas personas se obsesionan tanto con ellas que les roba la alegría y la felicidad. Cuando nos encontramos con problemas como estos, primero debemos evaluar la situación. Antes de abordar cualquier problema, tendrás que evaluar el problema en cuestión. Considera si puedes controlar el resultado de los eventos, si el problema se puede resolver o soportar. Si se puede resolver, ¿cómo puedes hacerlo? Todo esto, tenido en consideración, te ayudará a manejar situaciones o problemas de manera más eficaz.

Determina el curso de acción más efectivo. Después de la primera etapa, donde evalúas la situación y te das cuenta de que puede ser resuelta. La siguiente etapa es elegir la medida más apropiada para abordar el problema.

Tomando la ilustración del problema del arrendador y el inquilino mencionado anteriormente, hay diferentes maneras de resolver ese problema. Una forma de abordarlo es gritarle al arrendador y asegurarse de que su vida sea un infierno hasta que arregle la calefacción. La otra opción puede ser escribir una carta a tu arrendador, explicando el problema que estás enfrentando con la calefacción, luego documentas una copia para ti. Sin embargo, esto debe hacerse en base a los derechos del inquilino en tu provincia. Ahora, hay dos opciones que pueden solucionar el problema, pero ¿cuál es la más apropiada?

La primera opción puede parecer más fácil y rápida, pero piensa en las consecuencias. Ningún arrendador estará contento con esa reacción y esto podría crear más problemas para ti. Sin embargo, esta última es la medida más efectiva a tomar.

Puede ser difícil tomar decisiones solo, especialmente cuando hay emociones involucradas. Por lo tanto, busca el consejo de buenos amigos o terapeutas que puedan ayudarte a ver mejores opciones.

Convierte el pensamiento excesivo en resolución de problemas. ¿Para qué sobre pensar cuando puedes resolver el problema? El pensar demasiado no te sirve de nada, más bien consume la energía que podrías haber usado para resolver el problema y lograr un propósito. Sé muy consciente para detenerte cada vez que te veas obligado a sobre pensar. Por lo tanto, en lugar de perder tu tiempo y energía preocupándote, úsalo para resolver problemas de manera activa. Esto no solo te dará paz mental, sino que también podrás deshacerte de algunos problemas.

Conoce la diferencia entre resolver problemas y preocuparse.

Capítulo 5: Considera el Peor Escenario Posible.

Parece un poco impráctico, ¿verdad? Cuando estás totalmente asustado y abrumado por el estrés, lo último que querrás hacer es pensar en el peor escenario posible. ¿Verdad?

Nuestra mente nos cuenta historias convincentes. Nuestros pensamientos son lo suficientemente poderosos como para decidir qué hacemos o no hacemos. Un método para controlar el exceso de pensamiento es imaginar el peor escenario posible.

Si estás pensando demasiado, habrá un aumento en tu esfuerzo mental y esto influirá negativamente en tu rendimiento. Hacer planes para una situación difícil asegura que estés preparado para cualquier sensación desagradable durante el curso del evento, por lo que te estás preparando para maximizar todo tu potencial.

Para redirigir tus pensamientos hacia pensamientos más positivos, aquí hay tres afirmaciones personales cortas. Al usar una o más de ellas, puedes lograr la calma y continuar.

"No está ocurriendo actualmente. Seguro, es definitivamente posible que ocurra un evento desafortunado, pero no está ocurriendo actualmente. Esta afirmación podría ayudarte a darte cuenta de que, actualmente, estás a salvo."

"No importa lo que pase, puedo manejarlo." Esta frase te hace consciente de tus recursos internos y te motiva a superar los problemas de la vida. Esta idea proviene de la tradición de la Terapia Cognitivo Conductual.

Soy responsable de mis problemas. ¿Puedo poner fin a esto? La primera sección de esta frase se originó a partir de las Cuatro Nobles Verdades del Budismo. A veces, me digo a mí mismo "¡Soy responsable de mis problemas! ¡Otra vez!" Uso esta frase tan a menudo que ahora la he acortado a "responsable de mis propios problemas." Esto me ayuda a ahorrar tiempo.

La segunda parte de la frase, "¿Puedo ponerle fin?", tiene su origen en estudios motivacionales que aconsejan que es más probable que te sientas motivado al hacerte una pregunta, en lugar de decir, "Puedo ponerle fin a esto", o de manera crítica - "Evita causarte más problemas" - esto solo crea problemas adicionales. La simple pregunta, "¿Puedo ponerle fin a esto?" te hace consciente de que depende de ti tomar esa decisión. Definitivamente, si hay un evento desafortunado que podría suceder, tal vez una muerte en la familia, un divorcio, o un desastre natural, lo ideal sería preguntarte, "¿Cuál es la mejor manera de prepararse en caso de que esto suceda alguna vez?". Hacer preparativos para tu plan de acción puede ser un alivio para la preocupación.

Si eres responsable de tus propios problemas al hacerte preguntas "¿y si...?", reconoce esos pensamientos, consuélate con una de esas afirmaciones mencionadas anteriormente, y luego sigue adelante. Si descubres que tus pensamientos se desvían hacia tus pensamientos trágicos favoritos, no te desanimes. Hacer cambios en tus hábitos de pensamiento puede ser difícil y es normal cometer errores. De hecho, controlar los pensamientos trágicos es un proyecto que puede durar toda la vida. Sin embargo, las autoafirmaciones positivas pueden ayudarte a superar los "¿y si...?" muy rápidamente, para que puedas concentrar tus pensamientos en las cosas que son importantes para ti.

Qué hacer cuando se está considerando el peor de los casos.

Dado que soy un verdadero hijo de mi madre, pensar en el peor escenario posible me resulta natural. ¿Cómo podemos prevenir esto, ya que ese tipo de pensamiento está arraigado en nuestro ADN?

Entonces....

- Ten en cuenta que tu peor momento, es solo tu peor momento. Lo que consideras como tu escenario más desfavorable posible se basa exclusivamente en tus experiencias personales y conocimientos. Estrictamente hablando, siempre hay alguien que está enfrentando una situación más terrible. Entonces, tu peor momento podría ni siquiera ser el peor escenario posible.

- Sepa que no sabe lo peor. No crea que sabe lo peor. Hace mucho tiempo, mi madre me dijo que ella creó el peor escenario posible que puede suceder. Y como le dije a mi madre, es difícil pensar en TODAS las posibilidades. Deje de intentarlo, es simplemente imposible.

- Reenfoca tu energía. Puede ser muy agotador pensar

en todos los peores escenarios posibles. Si gastas tanta energía en pensar, no queda energía para tomar realmente medidas. Así que canaliza tu energía de "¿Y si?" en concentrarte en tomar pasos.

- Llega a un acuerdo con lo peor. Lo peor puede suceder y puede ser terriblemente horrible. No estás aprendiendo si no estás herido. Entonces, si se da el peor de los casos, llega a un acuerdo con él y aprende de él.

Por qué deberías considerar el peor escenario posible

A veces, cuando llegamos a la raíz de nuestro mayor miedo, nos damos cuenta de que no es tan aterrador. Si te ves obligado a volverte innovador, tu sufrimiento puede producir resultados positivos, crear una solución y ayudarte a superar tus desafíos.

Hay algunas razones por las que esto es efectivo para mucha gente:

- Te permite regresar al momento presente. La mayoría de las veces cuando nos sentimos asustados, es porque permitimos que nuestra mente se descontrole con todos los posibles escenarios. Pensar en la peor posibilidad y llegar a acuerdos con ella ayuda a traerte de vuelta al momento presente.
- Crea el espacio necesario para evaluar tus pensamientos y sopesar las posibilidades. Cuando evaluamos aquellas cosas que son muy importantes para nosotros, podemos proporcionar una explicación al miedo haciéndonos la pregunta, "¿Cuáles son las posibilidades de que esta cosa de la que tengo miedo realmente ocurra?" También puedes evaluar tus pensamientos a fondo con algunas preguntas básicas.
- Con el tiempo, te permite procesar, seguro de que incluso si lo peor sucede, seguirás bien. Para muchos "si," simplemente queremos saber que el próximo paso que damos no nos llevará a las partes más oscuras de la Tierra. Cuando evaluamos la peor posibilidad, tomar ese próximo paso será más fácil.

Eventualmente, todos estamos haciendo intentos para garantizar nuestra seguridad y nuestra respuesta fisiológica al estrés es una herramienta excelente. Sin embargo, es importante evaluar el estrés para asegurarse de que la peor posibilidad sea realmente la peor y lo mejor que se puede hacer al enfrentar problemas es buscar soluciones.

Aprende a moverte según la corriente, rendirse al viento, girar hacia un lado y tomar el mando.

Capítulo 6: Programa Tiempo para Pensar.

Pensar y darle muchas vueltas son dos cosas diferentes. Pensar es el proceso de considerar ideas, acciones y similares. Es un proceso de examinar y reflexionar sobre posibles reacciones, acciones o ideas. Este acto es muy importante y esencial antes de tomar decisiones. Puede que no sea tan fácil controlar cómo, cuándo y en qué pensar, pero esto es muy posible a través de la práctica constante. La práctica siempre hará al maestro.

Tan importante como pensar es, aún debemos tener control sobre en qué pensamos, cuándo lo hacemos y con qué frecuencia. Dejar que nuestra mente elija los momentos para pensar por nosotros puede no ser tan saludable, ya que pensaríamos de manera aleatoria. Una forma de prevenir esto es programar nuestro tiempo de pensamiento en un periodo más cómodo y ceñirnos a él.

El proceso de pensamiento es más adecuado durante el día que por la noche. Esto se debe a que nuestras mentes necesitan descansar, y el momento perfecto para descansar la mente es por la noche, mientras dormimos. Por lo tanto, en lugar de mantener la mente ocupada por la noche, úsela durante el día para pensar y resolver ciertos problemas. Esto te ayudará a tener un descanso nocturno perfecto. Sin embargo, cuando se trata de fantasear con algo, el momento más adecuado para hacerlo es por la noche y no durante las horas de trabajo cuando necesitas concentrarte.

Pensar demasiado es un hábito formado con el tiempo y cambiarlo puede llevar un tiempo. Es un proceso multifacético que requiere mucho más que simplemente decir palabras de determinación. Debes ser determinado en tus acciones y programar tiempo para pensar es una de esas acciones que puedes tomar.

Los pasos para "Programar Tiempo de Reflexión".

Agendar tiempo para pensar puede parecer muy abstracto para los principiantes, pero mejora con la consistencia. Hay pasos involucrados en hacer esto. A continuación se muestran los pasos o pautas que debes seguir. No importa lo tontos que parezcan los siguientes pasos, no detengas el ejercicio.

Selecciona un proceso de reflexión que se ajuste a tus preferencias. Hay muchas maneras en las que podemos reflexionar sobre las cosas, algunas de estas formas son: tener un diario, abrirte a alguien en quien confíes, salir a caminar, y muchas más. Si un método no parece alcanzable, entonces prueba con otro pero tómate tiempo para meditar. Cuando tenemos problemas, no deberíamos ignorarlos con conversaciones interminables sobre deportes, noticias y moda. Hablar sobre estas cosas no está mal, pero cuando ocupan nuestro tiempo de reflexión, se convierte en un problema.

2. Programa tiempo para pensar cada día durante una semana. Forma el hábito de pensar a la misma hora todos los días

durante al menos una semana. Para empezar, puede ser un mínimo de 15 minutos, generalmente por la mañana o durante el día. Tu tiempo de pensar no debe ser por la noche justo antes de dormir. Esto se debe a que te mantendrá despierto y no obtendrás suficiente descanso necesario para el cuerpo.

3. Empieza poco a poco. Como principiante, no tienes que forzarte con una hora de tiempo de reflexión si no puedes mantenerlo. Programar tiempo para pensar es un proceso. Una cosa es programar tiempo para pensar, otra cosa es mantenerlo. Por lo tanto, empieza poco a poco, puede ser 10 minutos o menos, siempre y cuando puedas mantenerte en el tiempo.

4. No planifiques sobre lo que vas a pensar. Deja que esta cita contigo mismo sea totalmente improvisada. No reserves exactamente sobre qué vas a pensar y no programes tu tiempo para que coincida con los días o periodos en los que tienes mucho trabajo por hacer. No debería haber una agenda para esta reunión, deja que sea un tiempo de sorpresa para ti y tus pensamientos.

5. Durante esa ventana de 15-30 minutos, anota todos los pensamientos que tengas. Antes de tu tiempo de reflexión diario, determina que no vas a preocuparte ni darle muchas vueltas a los pensamientos que estás a punto de tener, hasta la próxima sesión de reflexión. Esto te ayudará a mantener tus pensamientos bajo control incluso después del tiempo de reflexión.

A veces, puede que no sepamos qué nos está molestando, pero con este paso, esas cosas serán reveladas. Es aconsejable que durante nuestras horas de reflexión, intentemos anotar los pensamientos que tuvimos. Esto nos ayudará a tener una visión más clara de qué es lo que nos molesta y qué no. Antes de que finalice tu tiempo de reflexión, si tu mente te lleva a posibles soluciones a tus problemas, entonces está bien, pero si no, no pienses en el problema fuera de tu ventana de reflexión.

6. Entre tiempos de reflexión. No pienses en tus pensamientos durante el último tiempo de reflexión hasta el próximo. Esto significa que no debes preocuparte por tus problemas o las soluciones a ellos fuera de tu tiempo de reflexión. No es tan fácil como parece, requerirá acciones deliberadas para detenerte de preocuparte por ciertos temas al azar. Determina firmemente en ti mismo preocuparte solo por tus problemas durante tu tiempo de reflexión programado.

7. Al final de la semana, tómate unos minutos para revisar lo que escribiste durante esa semana. Al final de cada semana, dedica tiempo a mirar tus pensamientos durante la semana. Observa los pensamientos recurrentes, los pensamientos que dejaron de llegar después de un tiempo, los que seguían llegando, los cambios en tus pensamientos, y cada detalle de tus patrones de pensamiento. Medita sobre estos descubrimientos, ya que te ayudarán a escoger los primeros diez de tu lista.

8. Haciendo esto durante una semana, considera intentarlo por otra más. Recuerda que la práctica hace al maestro, un hábito no se forma en un día, pero la consistencia hace que suceda. Practica los pasos anteriores con más frecuencia y te darás cuenta con el tiempo de que tienes el control de tus pensamientos, dónde, cuándo y con qué frecuencia piensas.

El proceso de pensamiento es muy esencial como se mencionó anteriormente; es una de las medidas activas de solución de problemas. Es una de las formas de lidiar con las incertidumbres de la vida. Esta vida está llena de riesgos, no podemos predecir lo que sucederá en los próximos 30 minutos y esto ha hecho que mucha gente tenga que preocuparse por cada pequeña cosa. Sin embargo, en lugar de entregarte a todas las causas de preocupación en la vida, puedes pensar en las que puedes resolver y dejar ir aquellas que no puedes.

Entrena tu mente para mantenerse calmada y en paz ante las situaciones.

Capítulo 7: Pensar de forma útil.

La mayoría de nosotros tenemos la tendencia a pensar demasiado en situaciones sobre las cuales realmente no podemos hacer nada. Para ser honesto, es totalmente inútil seguir pensando en estas cosas. Te recomendaría encarecidamente que comiences a pensar de manera efectiva.

Por ejemplo, has estado esperando una promoción en el trabajo. Tienes que recordar que conseguir esa promoción está TOTALMENTE en manos de tu empleador, sin importar las calificaciones adicionales que añadas a tu currículum. Pensar inútilmente, en este caso, es una pérdida de tiempo y energía mental preguntándote si te ascenderá o no.

Por el contrario, tu pensamiento debería centrarse en lo que necesitas hacer para calificar para un ascenso. Puede que necesites mejorar tus habilidades, obtener otro certificado, o incluso mostrar más dedicación a tu trabajo. Sea cual sea el caso, ¡piensa en producir resultados, no en lamentarte!

Estoy de acuerdo en que no es fácil romper algunos hábitos de pensamiento, pero liberarte de estos patrones puede desbloquear la ingeniosidad en ti y aquí tengo varias formas de ayudarte a liberarte de estos patrones de pensamiento.

Probar teorías. Hay suposiciones esenciales para cada nuevo

caso. Deberías probar estas teorías para una mayor variedad de oportunidades y perspectivas.

Presumes que no puedes permitirte comprar una casa o incluso hacer un depósito, por lo que no compras la casa basándote en esta suposición. Pon a prueba esa teoría evaluando tus activos para ver si su valor puede conseguirte esa casa a cambio. Quiero decir, es posible que no tengas el dinero en efectivo o en tu cuenta pero no tomes una gran acción basada en una suposición. Pregúntate qué puedes hacer para conseguir el dinero y tal vez no parecerá tan imposible.

Parafrasea el problema. Puede que te sorprendas al descubrir que te vuelves innovador cuando lo dices de manera diferente. Solo puedes lograr esto con una mente abierta y mirando el problema desde diferentes perspectivas. Intenta verlo desde afuera, sin sentimientos, para poder abordar el problema de manera lógica. Hazte todas las preguntas difíciles pero importantes y será más fácil idear nuevos planes para solucionar los problemas.

En la mitad de los años 50, las empresas que poseían envíos perdieron su carga en vagones. A pesar de que luego intentaron enfocarse en una construcción y desarrollo más rápidos, y en barcos más eficaces, aún no lograron solucionar los problemas. Pronto, un especialista cambió la descripción del problema, hablando de él de una forma completamente distinta. Sugirió que la nueva preocupación debería ser encontrar maneras de reducir los costos en la industria. Esta nueva dirección abrió puertas a nuevas estrategias. Se consideró cada área, sin excluir los envíos y almacenamientos. Finalmente, el resultado de este nuevo enfoque fue lo que se conoce como un barco portacontenedores y vagón/caja rodante.

Invierte tus pensamientos. Cuando te quedas atascado y no

puedes superar un problema, intenta invertirlo o darle la vuelta. Piensa desde el otro extremo. Considera cómo crear el problema y empeorar la situación, en lugar de reflexionar sobre cómo solucionarlo. Esta estrategia de reversión creará nuevos consejos sobre cómo abordar el caso. Cuando luego vuelvas a colocar el asunto en posición vertical, es posible que obtengas claridad.

Usa diversas formas de comunicación. No siempre tenemos que utilizar nuestro medio lógico verbal frente a un problema, lo cual es bastante típico de nosotros. Somos demasiado inteligentes para limitar nuestras capacidades de razonamiento. Utiliza otros métodos para articular los problemas. En este punto, no te preocupes demasiado por resolver el asunto. Simplemente articula. Diversas personas con diversos medios de articulación pueden llegar a muchas nuevas formas de pensamiento para generar nuevas ideas.

Conecta los puntos. Parece que la mayoría de las ideas más efectivas nunca son planificadas, simplemente suceden. Puede ser algo aleatorio que viste u escuchaste que te inspira lo suficiente como para dar a luz a esa idea inteligente. Hay muchos ejemplos que respaldan esto - Apple, Newton, y así sucesivamente.

Tal vez te preguntes por qué estamos afectados por la aleatoriedad de esta manera, es porque estas cosas impredecibles activan nuestros cerebros hacia nuevos patrones de pensamiento. Por lo tanto, puedes usar esto a tu favor y vincular los segmentos desconectados.

Busque deliberadamente un impulso incluso en lugares sorprendentes e intente vincular las piezas desconectadas del caso y el impulso. Las formas de construir la red son:

Usa consejos no relacionados. ¿Qué tal si eliges al azar una palabra del diccionario e intentas crear una conexión entre tu problema y la palabra?

Asocie las ideas probables. Coloque una palabra en particular en la página, escriba todo lo que le venga a la mente en esa misma página. Luego intente crear una red entre ellos.

Puedes tomar una foto al azar, por ejemplo, y ver cómo puedes vincularla al caso.

Coge algo, cualquier cosa, y considera cómo puede contribuir positivamente a tu caso haciéndote preguntas vitales para descubrir qué característica tiene el objeto que puede ayudar a cambiar la situación.

Cambia tu perspectiva. Si deseas ideas nuevas, es posible que necesites cambiar la forma en que ves la situación porque con el tiempo, tener un punto de vista particular solo resultará en las mismas ideas asociadas.

Pide la opinión de otra persona. Las personas son tan distintas, todos tenemos diferentes formas de abordar una situación. Por lo tanto, pídele a otras personas sus opiniones y su línea de acción preferida en el caso. Puede ser un niño, un amigo, un cliente, tu pareja o incluso un extraño con un estilo de vida totalmente distinto y quizás una perspectiva completamente diferente de la vida.

Consientete en un juego. Puedes intentar ver las cosas desde el punto de vista de un millonario, por ejemplo, o preguntarte qué haría Obama si fueras él.

Cualquier persona notable que elijas tiene un carácter distintivo, por lo tanto, considera estos atributos y úsalos para abordar el problema desde otro ángulo. Por ejemplo, si adoptas el papel de millonario, entonces tendrás que mostrar también sus atributos al planificar estrategias. Atributos como la extravagancia y lo aventurero en los negocios. Alguien como Tiger Woods, por otro lado, es más probable que muestre perfeccionismo, tenacidad y una observación minuciosa de cada detalle del caso.

No solo necesitarás planificar un diseño facultativo, sino que también querrás poner en práctica todos los consejos mencionados anteriormente. El diseño facultativo que elabores puede ayudar a generar una sensación optimista, lo que a su vez mejora tu pensamiento innovador.

Cada vez que te sientas en modo de sobrepensamiento, dirige tus pensamientos hacia un pensamiento efectivo y elimina cualquier pensamiento que no sea productivo.

Capítulo 8: Establecer Límites de Tiempo para Tomar Decisiones.

Todo sobre nosotros es debido a nuestras decisiones. Las amistades, la salud, o incluso nuestra vocación y cualquier otra cosa que nos define hoy en día son nuestra capacidad o incapacidad para tomar decisiones, y las elecciones que ya hemos hecho. Dicho esto, es lamentable que muchas personas aún encuentren difícil tomar decisiones. Incluso si todo lo demás parece ir bien para nosotros, cuando las cosas se complican y es el momento de tomar esa decisión importante, nos echamos para atrás. Simplemente parece tan difícil decidir sobre algo y mantenernos firmes en esa decisión.

Cada día, vivimos por las innumerables decisiones que tenemos que tomar, ya sean pequeñas o enormes. De eso se trata la vida. El progreso será más alcanzable si podemos desglosar esas decisiones enormes en decisiones pequeñas.

La afirmación de que la mejor decisión es no decidir en absoluto, casi siempre es inexacta. Las personas indecisas son más propensas a ser controladas por sus vidas en lugar de lo contrario. Sin control sobre tu vida como resultado de la indecisión, es posible que no seas tan autosuficiente como desearías, por lo tanto, necesitas aprender a ser decisivo y tomar el control de tu vida.

La mejor manera de instigar tu hábito de pensar demasiado es tener una decisión que tomar con la necesidad de hacerlo bien y más que suficiente tiempo para decidir. Todo el proceso de contemplar el mejor paso a seguir, considerando todas tus opciones mientras te tomas tu tiempo, es simplemente una invitación a pensar demasiado las cosas. Establecer un límite de tiempo para ti mismo es realmente la forma más efectiva de frenar ese hábito. Es recomendable establecer un límite con la duración basada en la severidad o magnitud de la decisión. Asegúrate de detener toda evaluación adicional una vez alcanzado el límite y simplemente elige una opción, actúa sobre ella y sigue adelante.

El propósito de este consejo es eliminar cualquier posibilidad de darle vueltas a las cosas en la cabeza y fomentar la acción a través de su límite de tiempo establecido. Es bastante fácil: simplemente comience a cronometrarse al empezar el proceso de análisis para tomar una decisión. Debido a su conciencia del tiempo, su análisis de las ventajas y desventajas será más conciso. De hecho, esta técnica es tan fácil y factible.

Si te tomas demasiado tiempo para tomar decisiones, entonces este consejo es justo lo que necesitas. Puedes establecer el tiempo tan corto como 1 minuto, o tan largo como 5 minutos, o cualquier número intermedio.

Cómo establecer límites de tiempo para tus decisiones.

- Establece un límite en tu número de opciones. Al intentar tomar una decisión, reduce tus opciones a un máximo de 3 cosas, en lugar de dejar tus opciones amplias, vastas e ilimitadas.

- Ley de Parkinson (pon un límite a tu tiempo). Cuando estableces un límite de tiempo, te hace trabajar menos y estresar menos tu cerebro y simplemente no habrá suficiente tiempo para lograr trabajar tu cerebro. El trabajo solo se moverá para ocupar el tiempo disponible.

- Mantén tus opiniones al mínimo. Tres personas que ofrezcan sus opiniones son suficientes para ayudarte con tu análisis. No te causes confusión a ti mismo, la gente es diferente, cuantas menos opiniones contradictorias obtengas, más fácil será llegar a una conclusión.

Recordatorio: si encuentras que persistentemente pides la opinión de otros, entonces podría indicar que quizás no estás tan seguro de lo que quieres, o simplemente no lo quieres en absoluto. Obtener una segunda o tercera opinión de vez en cuando puede ayudarte a verificar una decisión que probablemente ya hayas tomado.

- Técnica del servilleta. Debido a que no se puede hacer mucho en una servilleta, es mejor dibujar tu plan en una servilleta primero y descubrirás que solo se dibujarán las cosas más importantes.

- Sé positivo. Cuando aprendas a ver la positividad en cada opción y decisión, entonces podrás aceptar las consecuencias de cualquier manera, sin arrepentirte. Tú tomas la decisión y luego aprendes de ella.

- Técnica de caminar por la tabla. Hazte la promesa de

hacer algo que odias o preferirías no hacer si no tomas una decisión dentro de tu tiempo estipulado. O lo haces completamente o no lo haces en absoluto.

Establece un límite al número de decisiones que tomas por día.

Para frenar el exceso de pensamientos, dale a tu cerebro el tiempo y espacio suficiente cuando tengas decisiones cruciales que tomar, reduciendo al mínimo las decisiones menos importantes. Es fácil equivocarse al pensar que reducir las decisiones es similar a reducir los gastos, pero en realidad estás lejos de la verdad. La verdad es que el tiempo, por corto que parezca, para tomar esas decisiones menos cruciales puede estresar tu cerebro antes de que abordes las más críticas, reduciendo la capacidad mental de tu cerebro en ese momento. Por lo tanto, es mejor delegar esas pequeñas decisiones mientras ahorras esa energía mental para las decisiones crucialidades. ¡Así que ahorra a tu cerebro el estrés!

Esto se refiere especialmente a esas pequeñas tareas diarias que necesitas decidir, pero que no son particularmente cruciales.

Es un hecho conocido que Steve Jobs repetía la misma ropa todos los días solo para no tener que pensar en qué ponerse a diario. Para evitar preguntarse qué comer cada mañana, Tim Ferris desayuna el mismo tipo de desayuno, aunque saludable, todas las mañanas. El Presidente Obama también limitaba sus respuestas por correo electrónico a "de acuerdo", "en desacuerdo" o "discutir" para desvincular su energía mental de estas pequeñas decisiones.

Por lo tanto, a partir de ahora, al considerar las tareas a asignar, asegúrese de evaluar bien la energía mental que requieren. Por lo tanto, podemos decir con seguridad que menos pensamiento excesivo se traduce en un mayor crecimiento y desarrollo personal.

Reducir el peso de tus decisiones siempre te beneficiará, independientemente de cómo decidas abordarlo. Puedes contratar a un asistente virtual para encargarse de todas tus tareas gerenciales, o contratar a un freelancer para ocuparse de una o dos cosas según surjan las necesidades, sin embargo, la delegación vale la pena.

Ponle fecha límite a tus pensamientos. Limita tu número de decisiones diarias y establece límites de tiempo cortos para las decisiones.

Capítulo 9: Considera el panorama general.

Pensar demasiado solo magnifica las cosas triviales tanto que causa pánico, y el mundo ya es lo suficientemente aterrador como está. Además, el pensar demasiado convierte un pequeño problema en un gran problema innecesario.

Cada día, pasamos por una prueba u otra y con el tiempo, nuestras malas experiencias generan miedo. Miedo a la pérdida de seres queridos o de objetos de valor, miedo a la insatisfacción y descontento en la vida, miedo a fracasar en una entrevista y perder un trabajo que ni siquiera has conseguido aún, o miedo a arruinar esa primera cita.

No te dejes limitar ni detener por el miedo. No permitas que el miedo te impida alcanzar las alturas que deseas.

No todo saldrá como se planeó, pero no te desanimes porque los contratiempos suelen ser indicadores de una grandeza aún por desplegarse. Por lo tanto, al hacer tus planes, necesitas aprender a relajarte y confiar en el proceso. La relación entre la intención y el miedo es la tendencia a tener menos miedo cuando estamos más dispuestos a creer en nuestras intenciones y dejar de lado toda negatividad para enfocarnos en las posibilidades de obtener buenos resultados finales.

Pensar demasiado es tan fácil. Es tan fácil permitirte caer en ese modo sobreanalítico cada día, pero necesitas aprender a pausar y ver la visión general.

Tenemos que entender que la mayoría de estas cosas que parecen ser muy importantes ahora probablemente no serán significativas en unos meses, o unos años, o a veces ni siquiera en unas semanas.

El momento en que te das cuenta de que lo que parece ser un gran problema es solo una pequeña mota en comparación con la vista más amplia, entonces tal vez dejarás de magnificarlo.

A continuación se presentan algunos consejos para aclarar las cosas y ayudarlo a mirar más allá de sus miedos para ver el panorama general:

- Pausa y reflexiona. Inmediatamente cuando empieces a sentir que estás pensando demasiado, simplemente haz una pausa por un momento para meditar sobre las cosas. Luego, hacerse preguntas simples pero importantes podría ayudar a poner las cosas en perspectiva. Pregúntate cuál es precisamente el problema. Identificar el problema específico con el que estás teniendo dificultades puede ayudarte a hacer los ajustes correctos. Pregúntate cómo te hace sentir toda la situación. Si te sientes inquieto por ello, entonces probablemente no obtendrás claridad. Ahora pregúntate el por qué. ¿Por qué respondiste de la manera en que lo hiciste? ¿Fue adecuada tu reacción? Estarás de acuerdo conmigo en que tendemos a perder el control y tener un arrebato frente a una situación volátil. Hacer una pausa para considerar estas cosas puede ayudar a aclarar los problemas.
- **Come to terms with the things you can do nothing about.** It is pointless and enraging to overthink things that you can't change and it can cause you to have a mixed up view of life. It can be hard but with the tips below, you can learn to just let go of things you can't control.

- Identifica tu parte y tu tarea. ¿Puedes hacer algo al respecto? ¿O está totalmente fuera de tu control?

- Sé optimista. Una de las pocas formas de manejar un caso sobre el que no tienes control es encontrar algo bueno al respecto y mantener el optimismo.

- **Progress.** Retrace your steps when you find that you are going around in a circle, getting the same outcome. Assess your actions to consider other options.

- Deja de compararte con otras personas. Comparar tu ocupación, apariencia, habilidad e ingenio con los de otros es totalmente injustificado. La vida influencia y moldea a las personas de diferentes maneras y nadie tiene la misma vida. Estas comparaciones solo establecen metas inalcanzables para ti mismo. Nadie más ha vivido tu vida excepto tú y nunca podrás vivir la vida de otra persona. Nunca olvides que eres único.

- Aprende de experiencias pasadas. No importa con qué estés luchando, reflexiona sobre eventos pasados en relación con el problema en cuestión y verás que te preocuparás menos. Así que reflexiona sobre las lecciones que se pueden aprender de estos eventos históricos y observa cómo pueden ayudar a resolver el problema en cuestión.

- Concéntrate en las cosas que puedes cambiar. Es más difícil hacer cambios en un caso que consideras imposible. Por lo tanto, comienza intentando cambiar las cosas más pequeñas que están bajo tu control para no sentirte totalmente inútil. Por ejemplo, cuando la búsqueda de empleo parece inútil, intenta averiguar qué debes hacer para comenzar o acelerar el proceso. Pronto encontrarás más trabajos para los que aplicar o simplemente completar un formulario de solicitud para comenzar el proceso.

- Ten esperanzas en el futuro. Otra cosa que hace el pensar demasiado, es que te hace ver el futuro sombrío. Puede que sientas que no hay nada por qué esperar. Necesitas aprender a separar lo que está ocurriendo actualmente en el presente de lo desconocido en el futuro. Tu pesimismo en el presente no tiene por qué quitar la esperanza del futuro, pase lo que pase. En lugar de decir cosas como "nunca podré completar este trabajo", di "¿cómo puedo lograr este objetivo y completar mi trabajo?" Visualízate terminando el proyecto y espera con ansias la satisfacción.

- Señala tus sentimientos. Tu tendencia hacia el optimismo tristemente puede depender de cómo te ven otras personas. Preocúpate por cómo te ves a ti mismo, y quién eres para ti en lugar de preocuparte por la perspectiva de todos sobre ti. Por ejemplo, sé más rápido en preguntarte qué te gusta de ti mismo en lugar de lo que a ellos les pueda gustar o no sobre ti.

- Nunca olvides que las cosas cambian. La vida es variable. Los tiempos y las estaciones cambian. Quienes son más felices y a veces viven más son aquellos que han aprendido a adaptarse a esos cambios. Para una comprensión más clara, una forma en la que puedes aprender a adaptarte es buscando fotos antiguas y notando cuánto has crecido. Quizás puedas comenzar de nuevo tomando fotos de ti mismo ahora como una medida contra el cambio que deseas. Mirar la foto "base" de vez en cuando puede inspirarte y ayudarte a trabajar en el presente.

- Visualiza tu entorno. Debes sentirte reconfortado sabiendo que en este vasto mundo, muy probablemente, al menos hay otras 2 personas que tienen un problema similar al tuyo. ¡No estás solo! Deja de intentar resolver cada problema, la verdad es que eres solo un ser, no puedes ganarlos todos por ti mismo.

- Plantear objetivos prácticos. Establecer metas alcanzables puede realmente ayudar a mantener la claridad. Al fijar tus metas, mantente alejado de metas poco realistas, aquellas que parecen imposibles de lograr. Por ejemplo, puedes establecer una meta donde pierdas unos cuantos kilos por mes si tu objetivo a largo plazo es estar 100 libras más delgado. En lugar de intentar perderlo todo en los primeros meses, divídelo en unidades.

Pon las cosas en una perspectiva más amplia. Pregúntate cuánto tiempo esto va a importar. ¿Importará esto en 5 años? ¿O incluso en 5 semanas? Imagina un final feliz.

Capítulo 10: Vive el Momento.

La vida es como un tren en movimiento; no espera a que estés seguro sobre tu futuro antes de unirte al viaje, ni espera a que superes tu pasado. La vida está compuesta por el pasado, el presente y el futuro, pero se nos regala un precioso regalo del presente cada día. El pasado está ahí solo para recordarnos de dónde venimos y el futuro, para recordarnos hacia dónde vamos, pero el presente es la vida que ya estamos viviendo. Atascarse con nuestro pasado puede hacernos olvidar la vida que se supone que debemos vivir, haciendo que el tiempo pase desapercibido. La vida es preciosa, solo podemos vivirla en el presente, no en el pasado ni en el futuro.

No es raro enfrentar desafíos, distracciones, heridas y otras cosas negativas de tal manera que preferimos escondernos en la sombra de nuestro pasado en lugar de enfrentar la realidad. De todas formas, esto no va a ayudar a nadie. La mayoría de las personas simplemente existen sin vivir, siguen sus horarios como títeres sin realmente tener tiempo para disfrutar el presente. Lo hacen con caras sonrientes pero ojos infelices solo porque están estresados y evidentemente necesitan un descanso, un descanso para irse de vacaciones, sentarse sin hacer nada, simplemente ser libres.

A pesar de nuestros horarios ajustados, siempre debemos tratar de vivir el momento, esto también es conocido como mindfulness. Mindfulness es el estado de estar totalmente consciente del presente. Ser consciente es aceptar tus pensamientos tal como son sin preocuparte demasiado por ellos. Es ser consciente de que la vida debe ser vivida, no solo existir. Una persona consciente siempre vivirá no basada en sus pensamientos y esto es en quien debes ser.

¿Por qué es importante estar presente?

Vivir en el presente te ayuda a apreciar más la vida. Te impide quedarte en el pasado o darle demasiadas vueltas al futuro. Vivir en el presente es una habilidad que debes adquirir para ayudarte a vivir una vida más emocionante.

A continuación se encuentran algunas de las cosas importantes sobre vivir en el momento.

- Menos preocupaciones y pensamientos excesivos. Vivir en el momento o estar presente te mantiene completamente consciente del ahora. Te impide preocuparte y darle demasiadas vueltas al futuro, y quedarte en el pasado.

- Puedes apreciar el mundo un poco más. Cuando vives en el momento, tiendes a apreciar el mundo que te rodea. No te estarás preocupando por el pasado y temiendo por el futuro.

- Puedes descubrir fácilmente qué es lo que te está molestando. A veces, es posible que no sepas qué es lo que te está molestando, pero vivir en el momento presente te ayudará a darte cuenta cuando no estás bien, emocional, física y emocionalmente.

- Puede empezar a sentirse más relajado. Estar en el presente le permite tener control de su vida y esto le ayudará a sentirse más relajado. Una vez que sienta que tiene control, no se preocupará demasiado por la vida.

Pasos prácticos para vivir en el presente.

Algunas personas viven sus vidas en el pasado, mientras que otros viven las suyas en el futuro. Sin embargo, el pasado ha pasado, el futuro está por venir, el único momento verdadero que tenemos es el presente. Así que siempre vive en el presente porque es ahí donde realmente podemos vivir.

1. Elimina las posesiones innecesarias. Deshacerte de algunos objetos que te recuerdan tu pasado puede ayudarte a seguir adelante y podrás vivir en el presente. Deshazte de todo aquello que te siga recordando el pasado.

2. Sonríe. Simplemente sonríe. No solo ilumina tu día, sino también el de los demás. Cada nuevo día es un regalo y siempre debemos recibirlo con una sonrisa. La vida puede estar llena de incertidumbres, pero tú puedes controlar lo que te sucede. Así que, mantén una actitud positiva hacia la vida.

3. Aprecia plenamente el momento de hoy. Cada día es una bendición, así que haz recuerdos, aprecia la naturaleza, nota cada detalle del día, no permitas que pase desapercibido ningún momento.

4. Perdona las heridas pasadas. Guardar rencor no lastima a nadie más que a ti. Intenta perdonar a todos aquellos que te han hecho daño en el pasado. No tengas ninguna razón para que el pasado te atormente, deja ir todo dolor al perdonar.

5. Ama tu trabajo. No tienes que seguir haciendo lo que odias

durante 5 días de la semana. Este es el mayor nivel de desperdicio de tiempo y debe detenerse. Puedes renunciar por completo al trabajo antiguo y buscar algo más que ames o puedes enfocarte en un área en particular en el trabajo antiguo que te apasione y puedas hacer con alegría.

6. Trabaja duro hoy, pero no dejes de soñar en el futuro. No dejes que soñar en el futuro tome el control de vivir en el presente. No vivas en un sueño y te olvides de tu realidad. Soñar en el futuro, tener metas y aspiraciones no es suficiente para darte un futuro dorado. Debes trabajar duro ahora para alcanzar estas metas.

7. Deja de obsesionarte con los logros del pasado. Si te encuentras obsesionado o hablando demasiado de tus logros pasados, entonces es como resultado de tener pocos o ningun logro en el presente.

8. Reconoce y observa tus preocupaciones. No trates de pasar por alto tus preocupaciones, ni siquiera intentes controlarlas. Sin embargo, reconoce tus preocupaciones, considéralas desde el punto de vista de un extraño sin necesidad de responder a ellas.

Deja ir tus preocupaciones. Cuando no te detienes en tus preocupaciones, se irán tan rápido como vinieron. Aprende a soltar tus preocupaciones, no te enfoques en ellas.

10. Mantente enfocado en el presente. Nuestras emociones, pensamientos y sentimientos cambian constantemente. Por lo tanto, asegúrate de que estás fluyendo con el cambio, una vez que te des cuenta de que estás pensando en algo por demasiado tiempo, llévate de vuelta al presente. Conscientemente, siempre intenta vivir en el momento presente.

11. Piense más allá de las soluciones antiguas a los problemas. Nuestro mundo está cambiando constantemente; las reglas están

cambiando y también lo están las soluciones a los problemas. No se acostumbre a las formas antiguas de hacer las cosas, esté abierto al cambio y acéptelo. El enfoque que uses para resolver un problema hoy podría no funcionar para el mismo problema mañana. No permita que ningún tiempo o momento pase desapercibido. Esto te permitirá vivir siempre en el presente.

Invierte más tiempo en el momento presente. Ve más despacio. Dite a ti mismo: Ahora estoy... Disrupte y vuelve a conectar.

Capítulo 11: Meditar

Pensar demasiado no despejará tu mente, ni te ayudará a encontrar una solución práctica. En cambio, resulta en pensamientos resentidos, redundantes y obsesivos. Es probable que el proceso de pensamiento lógico se vea oscurecido por una mente que sobrepiensa. Eres consciente de que es imposible cambiar el pasado y nadie conoce el futuro. Aun así, la mente está atrapada en un entramado de pensamientos. No olvides que hay una línea delgada entre comprender tus errores pasados y obsesionarse con ellos.

Observar a un niño puede ayudarte a descubrir que en la mente de un niño, solo existe el 'hoy'. No hay pensamientos sobre el futuro, o el pasado, ellos simplemente disfrutan de lo que está sucediendo en este momento. Una vez fuimos niños. Y tenemos la capacidad de vivir en el presente y evitar el estrés de pensar demasiado. ¿Cómo? Puedes preguntar. No solo la meditación te ayuda a dejar de pensar demasiado, sino que también te lleva de vuelta a los tiempos en que todo era simple.

La meditación es una excelente manera de prevenir absolutamente el exceso de pensamientos. Toma asiento en un lugar tranquilo, concéntrate en tu respiración y considera eliminar cualquier pensamiento de tu mente. Cuando un pensamiento llegue a tu mente, obsérvalo sin implicarte emocionalmente, sé consciente del pensamiento pero no permitas que te afecte.

4 formas en las que la meditación ayuda a detener el exceso de pensamiento

Reorienta tus objetivos. Tu mente puede verse abrumada con ideas y pensamientos redundantes cuando te excedes en la reflexión. Puedes estar estresado por arrepentimientos, sospechas, dudas, realidades distorsionadas y alusiones. Todo esto no te ayudará a vivir feliz o tranquilo. Te das cuenta de que tus pensamientos están sesgados y constructivos. Si estás preparado para saber más, podrás juntarlo todo para llevar a cabo las misiones más grandes en la vida.

Luchas contra los pensamientos negativos. La mayoría de las veces, culpamos a los demás de todos los problemas en nuestra vida. Al menos, lidiar con los problemas es más sencillo cuando hay otra persona a quien culpar. La meditación te ayuda a luchar contra hábitos poco saludables, como culpar a los demás y encontrar fallas. Prueba la meditación consciente. Es altamente efectiva para evitar que te preocupes demasiado. En este espacio de conciencia, podrás buscar verdades reales y deshacerte de los pensamientos tóxicos. Así, te ayuda a concentrarte en acciones y pensamientos positivos.

Despeja tu mente. Pensar demasiado es una señal clave de que algo te está consumiendo. Llega a la raíz de tu aprensión y resuélvelo directamente. Uno de los efectos beneficiosos de la meditación es que despeja tu mente. Eres capaz de trazar estrategias, organizar y hacer análisis efectivos en tu mente. Tan pronto como entiendas el problema, puedes empezar a pensar en cómo lidiar con él. Esto ayuda a prevenir pensamientos vagos, que pueden ser innecesarios y tóxicos.

Te desvincula del apego. La sobre-pensación es una expresión de todo a lo que estás atado: tus pensamientos, palabras, ideas y acciones. Hay demasiado apego entre nosotros y otras personas, o nosotros y las relaciones, esto difumina nuestro pensamiento y juicio, haciéndonos sobreanalíticos y demasiado críticos.

Sin embargo, esto es lo que necesitas saber sobre la meditación, no hay una única forma de hacerlo, no hay una manera incorrecta o correcta. En las etapas iniciales, meditar se siente raro. Seguro. Tu mente te proporcionará una larga lista de cómo es una pérdida de tiempo. ¿Cuál es el punto de sentarse allí sin pensar en nada? Te retorcerás. Te pondrás enojado. Persevera a través de todo ello. Se vuelve más fácil.

Cómo Meditar en 9 Sencillos Pasos

Dedica 5-30 minutos cada día. Como principiante, comienza con cinco minutos. Para mucha gente, cinco minutos son ideales, y de hecho, cinco minutos de meditación pueden tener efectos positivos. En cuanto a la frecuencia, se cree que la meditación debería ser una meta diaria, como lavarse los dientes.

2. Eliminar las distracciones. Elija un período del día en el que tenga una cantidad mínima de distracciones. Quizás, durante las primeras horas del día.

3. Relájate y ponte cómodo. Antes de meditar, algunas personas disfrutan estirarse porque ayuda a relajar y aflojar tus músculos. Estar sentado quieto puede ser difícil para un principiante; sin embargo, estirarse y relajarse te da una ventaja inicial.

4. Selecciona tu posición. No importa si estás sentado o acostado,

tu posición es una decisión personal. Para algunas personas estar acostado es cómodo, para otras, estar sentado lo es. Lo importante aquí es estar cómodo, es decir, no encorvado, y con la columna recta. Si estás sentado, relájate y coloca tus manos sobre tu regazo. Puedes sentarte con las piernas cruzadas en el suelo con el apoyo de un cojín, o en una silla con los pies en el suelo. No es obligatorio que contorsiones tu cuerpo en posición de loto si te resulta incómodo.

5. Concentra tus pensamientos. Prepárate para el vagar de tu mente. El secreto de la meditación es enfocar tu mente en lo que está sucediendo en el momento presente y no en lo que ha sucedido, o en lo que sucederá en una hora. Ahora, debes estar quieto, relajado, y simplemente sanarte a ti mismo. Tan pronto como hayas elegido el período ideal y estés relajado y cómodo, estarás preparado para concentar tu mente en tu respiración. Es una decisión personal si prefieres meditar con los ojos cerrados o abiertos. A veces, la música relajante puede ayudarte a meditar de manera efectiva. Si disfrutas meditando mientras escuchas música, eso es aceptable. Existe una variedad de música para escuchar.

6. Toma respiraciones lentas y profundas. Cierra suavemente los ojos. Comience respirando lentamente y profundamente - inhale por la nariz y exhale por la boca. Evite respirar con fuerza. Permite que sea natural. Las primeras inhalaciones pueden ser superficiales, pero a medida que dejas que tus pulmones se llenen de aire cada vez, tu respiración se volverá más completa y profunda progresivamente. Puedes tomarte todo el tiempo que necesites para respirar profundamente y lentamente. Después de un rato, las respiraciones profundas empezarán a hacerte sentir más relajado y en paz.

Cuando tu mente se desvíe, concéntrate de nuevo en tu respiración. Se espera que tu mente divague. Intenta suavemente volver a centrarla en el presente, es decir, tu respiración. Tus pensamientos pueden dispersarse tanto como cada cinco segundos. Esto está perfectamente bien. Una vez que comiences a practicar la meditación con frecuencia, habrá una reducción en el divagar de tu mente y tu cuerpo y mente realmente se relajarán. Sentarse en silencio y concentrarse en tu respiración es difícil, pero haz ese sutil esfuerzo deliberado para enfocar tu mente en el presente. Este es el concepto de la meditación: enfocar tu conciencia en lo que está sucediendo en este momento. Además, si crees que puedes quedarte dormido, cambia de posición.

8. Finalizando tu meditación. Tan pronto como estés listo para finalizar tu meditación, abre los ojos y levántate suavemente. ¡Gran trabajo! ¡Lo has logrado!

9. La práctica constante te hace perfecto. No es una competencia. Tal vez sólo puedas meditar durante tres minutos actualmente. Eventualmente, habrá un aumento en este tiempo, por lo tanto, un aumento en todos los efectos beneficiosos de la meditación. Existe una diferencia significativa con el tiempo. Empezarás a experimentar una sensación de felicidad, paz y calma. Continúa con ello, puede ser desalentador al principio pero está bien. Soy una mamá ocupada y multitarea en mi carrera, así que ha sido muy beneficioso para mí. Más beneficioso de lo que imaginaba.

Puedes deshacerte por completo del mal hábito de pensar demasiado meditando durante 10 minutos cada día.

Capítulo 12: Crear una lista de tareas.

Aunque tu mente puede ser tu arma más fuerte; sin embargo, si se descuida, tu mente también puede impedirte alcanzar tus metas. Tu mente tiende a exagerar la verdadera naturaleza de las cosas, haciéndolas parecer más grandes de lo que realmente son.

Por ejemplo, si tienes que terminar un par de tareas en un día, tu mente podría hacer que parezca una hazaña imposible completarlas en un día.

Se presentan múltiples razones por las cuales la finalización de la tarea será imposible. El secreto para evitar este tipo de pensamiento excesivo es crear una lista de cosas por hacer.

Por ejemplo, si tienes que crear una presentación, completar un informe, recoger a tu hermana del aeropuerto, o tienes una reunión con un cliente, tu mente podría hacer que parezca inimaginable completar todo esto en un solo día.

Hacer una lista de tareas te ayuda a asignar una duración definida para cada actividad, lo que facilita completarlas.

Aquí hay algunas formas de dividir estas actividades en una lista práctica, luego cancelar cada actividad una vez que esté completa.

La manera correcta de crear y completar una lista de tareas

- Seleccione un método. Existen varias variedades de una lista de tareas pendientes, por lo que esto depende de lo que sea efectivo para una persona en particular. Algunos estudios sugieren que escribir la información a mano ayuda a recordarla de manera efectiva; sin embargo, si la última vez que usó un bolígrafo fue en 1995, no se preocupe; también es posible hacer una lista de tareas personales con la amplia gama de aplicaciones digitales disponibles.

- Haga varias notas. Haga algunas listas de tareas a completar. Debe haber una copia principal que tenga cada tarea que desee completar a largo plazo. Por ejemplo, comenzar una clase de idiomas, limpiar el armario, y así sucesivamente. También puede crear una lista de proyectos semanales que tenga todas las tareas que deben completarse dentro de una semana. Luego, debería crearse una tercera lista de HIT, es decir, lista de Tareas de Alto Impacto; esta tiene una lista de todas las cosas que deben hacerse hoy: por ejemplo, completar esa presentación de trabajo, llamar al tío Tom por su aniversario, recoger la ropa. Cada día, las tareas de la lista general y la lista de tareas semanales se moverán a la lista de HIT, según corresponda.

- Manténlo simple. Nada es más aterrador que una larga lista de tareas por hacer. En realidad, es imposible completar un número tan grande de tareas en 24 horas. Un consejo para simplificar la lista de tareas es crear una lista de las tareas que se deben completar hoy y dividirla en dos. El número de tareas en la lista debe ser alrededor de 10, las otras tareas se pueden mover a la lista principal o a la lista de tareas semanales.

- Comience con las tareas simples. Antes de tus MIT's, incluye algunas tareas básicas en la lista: "Ducharse, lavar los platos del desayuno y doblar la ropa" son excelentes ejemplos. Completar y cancelar las tareas tontas puede ayudarte a empezar tu día con una sensación de positividad.

- Completa tus MITs. MIT significa "tareas más importantes". La parte superior de tu lista debe comenzar con un mínimo de dos elementos que deben completarse urgentemente hoy, esto es para asegurarte de que completes tu informe de proyecto que debe ser presentado mañana, en lugar de aspirar. Aunque las demás tareas de la lista puedan no completarse, las tareas muy significativas sí serán completadas.

- Dividirse en tareas más pequeñas. Tareas como "trabajar en el proyecto de tesis" parecen demasiado imprecisas y presionantes, lo que implica que podríamos estar demasiado abrumados para empezar de verdad. Una excelente manera de disminuir el miedo y hacer que el objetivo parezca más realista es dividir las tareas en proyectos más pequeños. En lugar de decir "trabajar en la tesis", sé más específico, di algo como "completar la primera mitad del capítulo dos" el domingo y "escribir la segunda mitad del capítulo dos" el lunes.

- Sé específico. Las cualidades comunes de todas tus listas de tareas pendientes deben ser: deben ser una tarea que solo pueda ser completada por el creador de la lista de tareas, son tareas físicas, pueden completarse de una sola vez. Para las tareas generales que necesitan mucho tiempo o ayuda de otras personas, haz una lista de los pasos específicos que pueden ayudarte a lograr tu objetivo. En lugar de "rescatar a los animales", prueba con "crear una carta de presentación para una pasantía en el Fondo Mundial para la Naturaleza".

- Inclúyelo todo. Para todas las cosas que deben hacerse en la lista, sé lo más expresivo posible, escribe todo lo relacionado con ello para que no haya excusas si el trabajo no se completa. Por ejemplo, si la tarea tiene que ver con llamar a un amigo, escribe el número de esa persona en la lista para que no necesites buscarlo más tarde.

- Tiempo. Desde que has creado la lista y la has revisado dos veces, ahora establece un límite de tiempo junto a cada tarea. Convertir la lista de pendientes en una lista de citas podría ser útil. Por ejemplo, limpiar la bandeja de entrada de 7 a 8 p.m. en Dominos en la Quinta Avenida, ir a la tintorería de 8 a 9 p.m. en Clean Aces. Una vez que haya pasado el tiempo establecido, ha pasado; pasar siete horas recogiendo la ropa de la tintorería es innecesario.

- Evita estresarte. La mayoría de las listas de tareas tienen uno o dos cosas que hemos tenido la intención de completar durante días, semanas, o incluso años pero no hemos logrado hacerlo. Trata de identificar las razones de esto para que puedas comprender los pasos necesarios para completar realmente las tareas. ¿Evitas llamar a la tía Jessie por las largas horas que podrían pasar hablando por teléfono? Sustituye "Llamar a la tía Jessie" por "encontrar una forma de terminar la llamada a la tía Jessie". Esto reducirá el alcance variable de la tarea, haciéndola más fácil de completar.

- Compártelo con las personas. Algunas veces, la mejor manera de permanecer obligado a hacer algo es tener a alguien que nos supervise. Puedes hacer tu lista de pendientes pública, ya sea colocándola en el refrigerador o creando un calendario digital que pueda ser visto por tu colega.

- Fije un horario para programar. Sentarse a crear una lista de tareas real puede ser uno de los aspectos más difíciles al hacer la lista. Elija un horario diario, tal vez por la mañana antes de que todos se levanten, o a la hora del almuerzo, o incluso antes de ir a dormir, cuando le resulte fácil organizar todo lo que necesita hacer y averiguar qué aún está por hacer.

- Inicia con lo viejo. Recordarte acerca de la productividad del día anterior es una excelente manera de mejorar la productividad. Esto lleva consigo una lista documentada de todas las cosas que lograste el día anterior, incluidas las tareas tontas.

- Haz una nueva lista. Crea una lista fresca diariamente, para que las tareas antiguas constantes no sobrepoblen la lista. Además, es una forma beneficiosa de asegurar que realmente logremos una tarea cada 24 horas y no perder el tiempo embelleciendo la lista con marcadores de colores.

- Sé flexible. Útil truco: Asegúrate de apartar 15 minutos de "tiempo de compensación" entre tareas en el calendario o lista de cosas por hacer en caso de una emergencia no planificada; por ejemplo, si se apaga tu computadora o si hay un cortocircuito eléctrico. Y si no ocurre ningún evento desafortunado, lo más importante es recordar detenerse y respirar. Si ya has completado al menos una tarea importante – podrás completar el resto.

Capítulo 13: Abrazar la Positividad.

Lo triste de la vida es que está llena de eventos negativos. Estos eventos a menudo se difunden por todo el mundo a través de las noticias, las plataformas sociales y similares. Por patético que sea, nadie puede controlar o prevenir que estas cosas sucedan. Por lo tanto, permitir que estos eventos negativos nos abrumen no sirve de nada porque no podemos resolver los problemas. Sin embargo, la mentalidad de la mayoría de las personas se ha visto afectada negativamente por los acontecimientos desafortunados a su alrededor. Terminan pensando demasiado en todo, no importa cuán insignificante pueda parecer.

No estás en control de lo que sucede a tu alrededor, pero sí estás en control de cómo reaccionas ante ello o cómo te sientes al respecto. La mayoría de las personas permiten que su mentalidad se incline hacia el lado negativo debido a lo que ven u escuchan todos los días. Cuando surgen situaciones, tenemos dos opciones; ver los aspectos negativos alrededor de las situaciones o ver los aspectos positivos en ellas. Lamentablemente, la mayoría de las personas sucumben a lo primero. Estamos en control de nuestros sentimientos, así que puedes alimentarlos con pensamientos positivos o negativos.

Haz una elección consciente de ser optimista sobre la vida. Abraza la positividad. Deshazte de todo aquello que te hará infeliz y amenace tu paz mental. Pensar demasiado genera dudas y, como resultado, conduce a mentalidades negativas. Por lo tanto, deja de pensar demasiado y ten confianza en que puedes superar cualquier tormenta que se interponga en tu camino.

Conscientemente trata de proteger tu paz mental. No puedes hacer esto si no te amas lo suficiente, si piensas que no mereces la felicidad. Una cosa es segura, todos merecemos amor, todos tenemos derecho a ser felices y, por lo que vale, tu felicidad es tu responsabilidad. Crea felicidad donde esté ausente, siempre date una razón para ser feliz porque te lo mereces.

Cuida tu mentalidad constantemente con pensamientos positivos. A pesar de los desafíos que puedas enfrentar, desde los diversos sentimientos de dolor, miedo, enojo, desánimo y otros, nunca dejes de pensar de forma positiva.

A continuación, algunos consejos para ayudarte a abrazar la positividad;

- Empieza con buen pie. Despiértate todos los días sintiendo agradecimiento. Agradece por todo, piensa en las cosas buenas que te sucedieron el día anterior, incluso puedes anotarlas. Al hacer esto, te das a ti mismo una buena razón para ser confiado, tener esperanza y ser feliz. Esta energía positiva al comienzo de un nuevo día es suficiente para mantenerte durante todo el día. Además de las reflexiones diarias, también puedes intentarlo semanal o mensualmente, esto te ayudará a mantener una mentalidad positiva.

- Ten en cuenta a las personas con las que pasas más tiempo. La negatividad es contagiosa, así que ten cuidado con las personas con las que pasas la mayor parte de tu tiempo. Si siempre ven lo peor en todo, entonces deberías reconsiderar pasar tiempo con ellos. Esto no es porque los odies o los estés juzgando, simplemente estás protegiendo tu mente.

- Habla palabras positivas. Al igual que nuestras acciones son importantes, nuestras palabras también lo son. De hecho, las palabras que hablamos, con el tiempo, se convierten en nuestras acciones y se convierten en nuestra realidad. Observa las cosas que dices; las palabras negativas engendrarán energía negativa y eventualmente resultarán en cosas negativas. Nuestra mente subconsciente nos escucha, presta atención a lo que decimos y hacemos. Después de un tiempo, comienza a responder a las palabras que escuchó, ya sean negativas o positivas. Por lo tanto, siempre haz declaraciones positivas.

- Refresca tu memoria. Anteriormente mencionamos vivir en el presente y dejar ir el pasado, pero hay algunos recuerdos del pasado que no debemos olvidar, como recuerdos de una infancia feliz, un feliz recuerdo de la playa y otros momentos felices. Estos recuerdos nos dan la fuerza para vivir en el presente. Por lo tanto, crea recuerdos felices siempre que se te presente la oportunidad.

- Comienza a cultivar la esperanza de formas pequeñas. Crea esperanza incluso en las formas más pequeñas. Puede ser al ver una sonrisa en el rostro de un extraño, al planear lograr una meta o al reflexionar sobre las cosas buenas que te han sucedido.

- Cambia tu enfoque. Deja de tratar de controlar todo. Relájate un poco, cambia tu enfoque lejos de las cosas que no están funcionando y concéntrate en las que sí lo están.

- Desactiva los pensamientos negativos. Cuando notes que estás empezando a tener pensamientos negativos, no los alimentes sino cámbialos. Cuando ocurre un evento negativo, ya sea un problema con los padres o hermanos o incluso un problema de peso, no pienses demasiado en ello. Conscientemente evita que tus pensamientos se desvíen hacia eventos negativos; concéntrate más en los positivos.

- Vuelve a lo básico. No es demasiado tarde para cambiar tu mentalidad; vino como resultado del pensamiento. Entonces, comienza a tener pensamientos positivos.

- Sé curioso. No asumas que lo sabes todo. Piensa en los posibles resultados de los eventos.

- Piensa en un momento en el que lograste algo y lo que hiciste. Nunca olvides tus logros, la técnica que usaste y cómo la aplicaste. Puede que necesites usar el mismo procedimiento para lograr algo aún mayor.

- Sigue hablando del cuerpo. No te enfoques tanto en la mente que olvides el cuerpo. Cuando nuestros cuerpos están sanos, nuestras mentes también estarán sanas. El estado de nuestros cuerpos afectará nuestras mentes, el cuerpo físico controla las actividades de la mente hasta cierto punto. Todos necesitamos un nivel de motivación cada día y sin el ejercicio adecuado del cuerpo, es posible que no podamos obtener la energía positiva que necesitamos. Cuando estamos físicamente sanos, podremos tener una actitud positiva hacia la vida.

- Comienza un diario de evidencias con pruebas de que la vida está funcionando para ti. Registra todas las cosas buenas que la vida te ha ofrecido, en lugar de las cosas que no te ha ofrecido o las cosas negativas que te ha brindado.

- Piensa en alguien cuya vida parezca estar yendo bien. ¿Tienes a alguien a quien desees parecerte? ¿O admiras la vida de una persona? Entonces haz que sean tu modelo a seguir, haz preguntas sobre lo que hacen y cómo lo hacen para tener éxito.

- Errar es humano. En un intento de abrazar la positividad, no seas demasiado duro contigo mismo. Mantener una mentalidad positiva puede ser difícil. Somos humanos y es probable que cometamos errores, que tengamos dudas y sentimientos negativos, pero cuando lleguen, contrólalos. No permitas que te consuman, recuerda que los sentimientos y pensamientos no duran mucho, pasarán solo si no los alimentas.

Cambia tu forma de pensar y pasa más tiempo con personas positivas que no se obsesionen con las cosas.

Capítulo 14: Utilizando afirmaciones para aprovechar el pensamiento positivo.

La mayoría de las personas que piensan de manera negativa son aquellas que a menudo se obsesionan con pensamientos negativos. Si permites que esto continúe, pronto todo en ti se vuelve negativo y pesimista: tu autoestima, tu perspectiva y tus emociones.

Lo curioso de la negatividad es cómo parecen casi siempre cumplirse. Estos pensamientos negativos deprimen tu espíritu, tus relaciones con las personas a tu alrededor y tu personalidad. De alguna manera, te has convencido de que nunca serás suficiente y está comenzando a gobernar tu vida.

Sé intencional, en lugar de ser todo lo que no es negativo; sé optimista y esperanzador. Piensa y habla palabras buenas contigo mismo y descubrirás que es muy potente y beneficioso.

Finalmente, haz esfuerzos para frenar tus hábitos de pensar demasiado al pensar deliberadamente de manera más positiva sobre la vida.

¿Qué son las afirmaciones y funcionan?

Una afirmación es una declaración, un comentario optimista que realmente ayuda a inhibir la negatividad y el auto daño. Cuanto más declares estas palabras, más creerás en ellas, y por lo tanto, más positividad podrás irradiar realmente.

Reiterar constantemente estas palabras puede ayudar tanto a nuestro estado mental que reforma nuestras cadenas de pensamiento para hacernos comenzar a pensar y comportarnos de manera positiva.

Por ejemplo, hay pruebas de que las afirmaciones ayudan en tu desempeño laboral de manera positiva. Cuando te sientas un poco nervioso/a en anticipación de una importante reunión de negocios, puedes tomarte un tiempo para enfocarte en todas tus grandes cualidades y esto te ayudará a tranquilizar tus nervios, mejorar tu autoestima, evitar que te conviertas en un desastre nervioso/a, y aumentar las posibilidades de que seas productivo/a.

La autoafirmación también puede mejorar los efectos terribles de la ansiedad y el estrés.

Incluso mejor, las afirmaciones han sido una terapia mental para las personas que sufren de depresión, baja autoestima y una multitud de otros trastornos mentales. También se ha demostrado que las afirmaciones estimulan ciertos aspectos de nuestro cerebro que activan la alta posibilidad de ser más conscientes y dirigidos hacia la positividad en lo que respecta a nuestra salud. Cuando tienes un alto concepto de ti mismo, te preocupas más por mejorar tu salud en general. Por lo tanto, si piensas que comes demasiado, por ejemplo, y necesitas empezar a hacer ejercicio, entonces las afirmaciones pueden ser utilizadas para ayudarte a recordar tu valía y, de esa manera, alentarte a hacer algunos cambios en tu estilo de vida.

Cómo usar afirmaciones positivas

Las afirmaciones no tienen restricciones, puedes usarlas siempre que quieras hacer cambios positivos en tu vida. Puedes usarlas cuando desees:

- Mejora tu autoestima antes de reuniones y presentaciones cruciales.
- Comanda tus emociones, poniendo una rienda a cualquier sentimiento pesimista como la ira, la decepción y la irritabilidad fácil.
- Revitaliza tu autoconfianza.
- Termina con éxito los proyectos que has comenzado.
- Mejora tu eficiencia
- Vencer los malos hábitos.

Las afirmaciones funcionan mejor con metas establecidas y pensamientos más optimistas.

La visualización complementa las afirmaciones bastante bien. Así que, no solo visualices ese gran cambio, háblalo contigo mismo, escríbelo hasta que lo creas. Afirmate positivamente.

Las afirmaciones también son muy valiosas cuando estás determinando nuevos objetivos y metas. En el momento en que especifiques exactamente lo que deseas lograr, la autoafirmación y los comentarios afirmativos pueden ayudar a impulsarte constantemente hacia el éxito.

Decir esas afirmaciones positivas a ti mismo una y otra vez es realmente la clave para la potencia. Pégalas en tu pared, o configúralas como una alarma, pero asegúrate de repetir esas palabras a ti mismo tan a menudo como sea posible cada día. Aún más importante es la necesidad de que repitas esas palabras cuando te encuentres pensando demasiado de nuevo, o haciendo esos hábitos que has estado tratando de romper.

Cómo Escribir una Declaración de Afirmación

Tu declaración de afirmación debe estar dirigida a un aspecto o hábito en particular que estás tratando de romper. Puedes personalizar tu declaración de afirmación según tus necesidades utilizando los consejos a continuación.

- Considera ese hábito del que estás tratando de deshacerte. El comportamiento en el que quieres mejorar. Puede ser tu mal genio, tu fácil irritabilidad, tus habilidades de comunicación deficientes o tu productividad casi nula en el trabajo.
- A continuación, anote aquellos aspectos de su vida en los que le gustaría hacer cambios y asegúrese de que se alineen con sus valores clave y con todo lo demás

que sea importante para usted. Si no alinea estos cambios con sus valores, es posible que no se sienta verdaderamente inspirado para alcanzar esas metas.

- No intentes hacer afirmaciones imposibles e poco confiables, sé realista y práctico al respecto. Por ejemplo, si no estás satisfecho con el salario que recibes cada mes, puedes comenzar a reiterar afirmaciones a ti mismo para aumentar tu confianza lo suficiente como para solicitar un aumento.

- Sin embargo, lo mejor es no convencerte de que definitivamente obtendrás un aumento del doble de tu salario anterior porque generalmente es fuera de lo común que los empleadores dupliquen tu salario así como así. ¡Sé pragmático y razonable! No es como si las afirmaciones fueran encantamientos. Lo que necesitas es creer, de lo contrario, esas palabras podrían tener poca o ninguna potencia en tu vida.

- Cambia la negatividad y abraza la positividad. Si eres aficionado/a al autorrechazo y al daño personal en general, aprende a observar los pensamientos o ideas particulares que afectan tu mente. Luego crea una afirmación que contradiga completamente esa línea de pensamiento.

- Imaginemos que con frecuencia te dices a ti mismo que no eres lo suficientemente hábil ni talentoso como para avanzar en tu carrera, puedes cambiar esto por completo escribiendo una afirmación como, "Soy lo suficientemente bueno y soy un experto talentoso en lo que hago".

- Sé específico al escribir en presente como muestra de

creencia de que lo que estás diciendo ya está sucediendo. Es la única manera para que realmente creas y veas que sucede de verdad. Por ejemplo, un buen ejemplo de una afirmación efectiva es: "Estoy listo para esta presentación, conozco bien este tema porque me he preparado bien para ello y va a ser una presentación maravillosa." Dite esto a ti mismo cuando empieces a sentir los nervios y la ansiedad por hablar en público.

- Dilo como si lo significaras. Traer emociones a tu afirmación realmente puede ayudarte a hacer que las palabras sean más productivas. Si realmente lo deseas, actúa como si lo hicieras diciéndolo con voluntad. Dilo como si tuviera sentido para ti y significara algo para ti. Por ejemplo, si tienes problemas para calmarte los nervios con respecto a un nuevo proyecto que te dieron, entonces intenta decirte algo como, "Estoy deseando este nuevo desafío. No puedo esperar para enfrentarlo".

Ejemplos de Afirmaciones

Por supuesto, tu afirmación es exclusiva para ti, así que déjala especificar exactamente lo que buscas lograr y todos los cambios que deseas hacer. Sin embargo, a continuación hay algunos ejemplos que pueden ayudarte a comenzar:

- Mis innovaciones para este nuevo desafío son innumerables.
- Mi jefe y todos mis colegas apreciarán mi trabajo cuando haya terminado.

- ¡Tengo la capacidad de lograr esto!
- Mi opinión es invaluable para mi equipo.
- Soy triunfante y victorioso.
- La franqueza es mi lema.
- Soy consciente del tiempo en cada tarea.
- Agradezco este trabajo y no lo doy por sentado.
- Me encanta lograr un buen trabajo con mi equipo.
- Soy excepcional en todo lo que intento.
- Soy magnánimo.
- Estoy satisfecho.
- Estableceré el ritmo en esta empresa.

Las afirmaciones son declaraciones de positividad que ayudan a vencer la autodestrucción y la negatividad en general.

Capítulo 15: Convertirse en una persona orientada a la acción.

No puedes simplemente decidir dejar de pensar demasiado, sino que debes tomar acción deliberadamente para asegurarte de que estás libre del hábito. No pienses demasiado en tomar la decisión correcta, a menudo aprendemos de nuestros errores. De hecho, las mejores lecciones son las aprendidas de un error.

Siempre esté listo para tomar medidas, sin importar lo inciertas que puedan parecer. Pensar demasiado trae dudas y estas dudas nos restringen de actuar donde deberíamos. Uno nunca puede ser demasiado seguro en la vida. Nuestras vidas serán mucho mejores si podemos hacer la mayoría de las cosas que hemos tenido en mente hacer.

Sin embargo, cuando hablo de tomar acción, me refiero a una acción dirigida. Antes de tomar cualquier acción, primero debes considerarla con la situación presente, la acción debe tomarse de manera prudente y no basada en emociones.

Consejos para Actuar en la Superación del Pensamiento Obsesivo

1. Reconoce el resultado de la indecisión. La forma más efectiva de deshacerte del exceso de pensamiento es identificar las consecuencias de la indecisión. En cada situación, compara la consecuencia de tomar una decisión con la consecuencia de no tomar ninguna. Si el resultado de esta última es más favorable, entonces simplemente debes seguir adelante.
2. Tira una moneda. Cuando parece que no puedes sacarte de la cabeza un problema, puede ser tu instinto tratando de advertirte que la situación no está bajo tu control o que no es necesario darle vueltas al asunto. Lo único que necesitas hacer en casos como este es abrir el siguiente capítulo y seguir adelante.
3. Escribe 750 palabras. Escribir es una forma en la que puedes utilizar para despejar tu mente. Te ayuda a ver claramente cuáles son los problemas y a idear formas de resolverlos.
4. Decide dos veces. Siempre prueba la fuerza de tus decisiones intentando decidir sobre ese problema dos veces antes de actuar. Después de tomar una decisión sobre un tema, escríbela y después de 24 horas, reflexiona sobre ese mismo

tema pero esta vez en un lugar diferente. Luego responde las mismas preguntas que te hiciste y toma una nueva decisión. Ahora, observa si corresponde a la primera decisión.

5. Confía en tu primer instinto. Como se dijo antes, pensar demasiado trae dudas. Nos impide tomar decisiones rápidamente, nos hace perder fe o confianza en nosotros mismos. Por lo tanto, siempre aprende a confiar en tu primer instinto.

6. Limita las decisiones que tomas. No tienes que decidir sobre todo. Aprende a seguir estándares. Esto limitará la cantidad de decisiones que tendrás que tomar en un día y aumentará aún más tu capacidad para tomar decisiones mejores en asuntos más serios.

7. Siempre puedes cambiar de opinión. ¿Qué nos dio la impresión de que las decisiones deben ser muy rígidas, dominantes y severas? Las decisiones pueden cambiar, uno puede cambiar de opinión en cualquier momento, esto es lo que necesitas saber. Puedes decidir ahora comprar una nueva propiedad y luego decidir no hacerlo, todo es tu elección y no le debes explicaciones a nadie. Tus amigos solo están ahí para influir en tu decisión y no tomarla por ti. Solo pueden intentar convencerte de algo pero al final del día, tú decides. Los buenos amigos siempre aceptarán tus decisiones y te apoyarán en todo momento. Sin embargo, al tomar decisiones, elige actividades emocionantes, cosas que te hagan feliz. Recuerda que tu felicidad es tu responsabilidad.

Hay algo conocido como parálisis por análisis. Esta es una condición causada por pensar demasiado. Es una situación en la cual no se toma ninguna decisión sobre un tema porque ha sido sobreanalizado.

No pienses demasiado en los problemas, solo los prolongará, en cambio, sé un hombre de acción.

Capítulo 16: Superando tu miedo.

Dejar que los sentimientos nos abrumen y nos hagan pensar demasiado es parte de la naturaleza humana. ¿Quién se adentrará voluntariamente en una situación probablemente dolorosa? Simplemente al esquivar constantemente el "fantasma" interior, te convertirás en prisionero del monstruo.

Un sentimiento muy fuerte es el miedo. Tiene un impacto poderoso en la mente y en tu apariencia física. Puede provocar reacciones poderosas cuando estamos en situaciones alarmantes, por ejemplo, cuando hay un incendio o somos agredidos.

Por lo general, esto incluye un intento de combatir cualquier factor estresante que pueda llevar a la angustia y la participación en interrupciones ilimitadas. Sin embargo, estás combatiendo situaciones posibles que te traerán desarrollo y felicidad. Además, conseguirás luchar contra el miedo para siempre. El miedo atacará sin importar cuánto intentes prevenirlo. Y probablemente atacará en un momento en el que necesites compostura emocional.

También puede atacar cuando te enfrentas a situaciones que no ponen en peligro la vida, como citas, exámenes, nuevo empleo, una fiesta o enfrentarte a una multitud. El miedo es la respuesta habitual a una advertencia que puede ser percibida o evidente.

Estas son algunas recomendaciones para combatir el pensamiento excesivo si te estás enfrentando a él:

- Permítete sentarte con tu miedo durante 2-3 minutos a la vez. Inhala y exhala con el miedo y afirma que, "Está bien, parece muy malo pero los sentimientos son similares al mar - las mareas suben y bajan." Asegúrate de tener una actividad edificante planeada para tu sesión posterior a sentarte: contacta a ese confidente que quiere saber cómo te fue; sumérgete en una actividad que encuentres placentera e intrigante.

- Escribe las cosas por las que estás agradecido. Mira lo que has escrito cuando te encuentres de mal humor. Haz la lista más larga.

- Recuerda que tu ansiedad es un almacén de sabiduría. Redacta una nota: "Querida ansiedad, ya no te tengo miedo, ¿qué puedo aprender de ti?"

- Usa el humor para desinflar tus peores miedos. Por ejemplo, ¿cuáles son las escenas más graciosas que podrían ocurrir si aceptaras una invitación para hablar ante una audiencia de 500 personas? Me meo en los pantalones en el escenario. Podría ser detenido por dar el discurso más horrible en la historia de la humanidad, y mi ex se encontraría en la congregación para ridiculizarme.

- Aprecia tu valentía. Cada vez que haces algo que te da miedo, a pesar del miedo, te has vuelto mucho más poderoso y es probable que el próximo ataque de miedo no te haga renunciar.

- Recompénsate a ti mismo. Por ejemplo, cuando llamas a esa persona con la que realmente no quieres hablar, refuerza tu logro dándote algo agradable como un tratamiento de spa, comer fuera, comprarte un libro, dar un paseo, darte algo que te llene de alegría.

- Cambia tu punto de vista sobre el miedo. Si tienes miedo como resultado de un fracaso pasado, o si simplemente tienes miedo de hacer algo más, o si piensas que el hecho de que hayas fracasado antes significa que fracasarás en otras cosas, no olvides que el hecho de que hayas fallado antes no garantiza que fallarás cada vez. Ten en cuenta que cada momento es un nuevo comienzo, una oportunidad para empezar de nuevo.

No te dejes llevar por miedos inciertos.

Capítulo 17: Confía en ti mismo.

Sentirse inseguro de uno mismo suele resultar en ansiedad y en darle demasiadas vueltas a las cosas concernientes al mañana. Te das cuenta de que te falta la autoconfianza para realmente manejar situaciones específicas y ser decidido. La sobrethinking surge porque te sientes deficiente y tienes dudas sobre tus propias elecciones. Realmente, el problema con el sobrethinking es cuánto control ejercen tus pensamientos sobre ti. Con el tiempo, empiezas a ser escéptico sobre tu habilidad para tomar decisiones sabias y, en última instancia, pierdes la confianza en tus habilidades de toma de decisiones.

Varias personas viven en la indecisión porque les cuesta tomar las riendas de sus vidas, reconocer y enfrentar las consecuencias de sus acciones. Saltas ante cada oportunidad de culpar a alguien más por la decisión final que tomaron en tu nombre si los eventos toman un giro equivocado. Sin embargo, la verdad es que cualquier decisión tomada sobre tu vida siempre vuelve a ti, especialmente si actuaste en base a ella. Porque, como adulto, hay cosas concernientes a tu vida que no puedes ignorar como tácticas manipuladoras de alguien sobre ti. Te digo, eso no se mantendrá en un tribunal. ¡Eres responsable de tu propia vida! Por lo tanto, es sabio aprender a tener en cuenta cada decisión, paso y acción que tomas.

En realidad, nadie puede obligarte a hacer nada. No importa cuán autoritarios y controladores sean, tú eliges si quieres seguir esa línea o no. Tus acciones o inacciones siguen siendo tu responsabilidad, independientemente de de quién fuera la idea.

En lugar de distribuir tus problemas para que otras personas decidan por ti, puedes tomar el control de tu vida tomando tus propias decisiones por ti mismo. Pronto, comenzarás a sentir una sensación de satisfacción y confianza en tus juicios y en los resultados potenciales. Necesitas aprender a tener confianza en tu capacidad de manejar situaciones específicas. Nadie puede creer en ti como lo harás tú mismo.

Si no quieres ser rehén de tu sobre pensamiento, entonces debes levantarte y hacer las cosas en tu vida. Solo estarás engañándote a ti mismo y perdiendo oportunidades de crecimiento y desarrollo personal.

Por suerte para ti, todo lo que necesitas para manejar con éxito cada problema que encuentres en tu vida es confianza en tus habilidades.

Confía en que tienes la capacidad de enfrentar cualquier cosa que la vida te presente con el enfoque adecuado. En el momento en que comienzas a creer en tus habilidades, empiezas a pensar menos y te vuelves más decisivo.

Te daré los consejos sobre qué hacer para aprender a creer en tus habilidades:

- Trata de no darle muchas vueltas al resultado final de tu juicio. El mundo, en general, es variable y los seres humanos son difíciles de predecir; por lo tanto, sería absurdo pensar que puedes estimar fácilmente las consecuencias inminentes. Como resultado, podemos decir que tomar decisiones es casi siempre un tiro al aire. Sin embargo, confiar en ti mismo y en tu capacidad de tomar buenas decisiones sigue siendo muy beneficioso, pero debes saber que no puedes controlar el resultado final de tus decisiones. En resumen, darle muchas vueltas es inútil.

- Trata de no hacer cosas sin pensar. Las personas tienden a ser impulsivas instantáneamente porque encuentran que pensar en el resultado probable es una tarea ardua. Por lo tanto, les resulta difícil pasar por el proceso de deliberación. Tomar una decisión impulsiva no es una idea terrible, de hecho, en lugar de la indecisión, es una idea increíble. Sin embargo, con la experiencia pasada de malos juicios, tomar un poco de tiempo para pensar en tu decisión es sabio.

- Enfrenta tus miedos. Las personas que no tienen confianza en sí mismas suelen ser las que buscan rutas aparentemente libres de problemas. Como resultado de esta falta de fe, se asustan de fracasar y, en consecuencia, toman malas decisiones. Ante la toma de decisiones, intenta elegir la opción de la que más miedo tienes, ya que esa es tu ruta más probable hacia el crecimiento.

- Crea un equilibrio entre prestar atención a tu sentido del razonamiento y confiar en tu instinto. Tu mejor oportunidad de tomar la mayoría de tus decisiones de forma acertada es aprender a lograr un equilibrio entre la razón y los presentimientos. Prestar atención solo al sentido y la racionalidad podría persuadirte a optar por la opción más prudente en lugar de seguir tu instinto. Incluso podrías decirte a ti mismo que necesitas esperar por más información en esa área antes de tomar cualquier decisión, ¡y esto puede resultar en no tomar ninguna decisión en absoluto! Por el contrario, seguir tu instinto puede llevarte a tomar decisiones descuidadas. Por lo tanto, prestar atención a todo tu ser es crucial para tomar la decisión correcta, especialmente en lo que respecta a decisiones importantes. Como dicen, "no olvides llevar tu cerebro contigo mientras escuchas a tu corazón."

- Enfócate más en tus buenas decisiones del pasado y los escenarios que las rodean. Pregúntate cómo te sentiste al tomar esa decisión durante y después de hacerlo, y qué hiciste para llegar a ese veredicto. Considera qué la convirtió en una buena elección en comparación con cuál era la otra opción. Reflexionar sobre tus buenas decisiones pasadas te ayudará a construir confianza en tus habilidades para tomar decisiones, sabiendo ahora que tienes esas capacidades. Posteriormente, podrás descubrir fácilmente el plan de juego más adecuado para tu toma de decisiones. Personalmente, he descubierto que una señal de que estoy tomando una buena decisión es cuando no dudo al tomarla. Cuando confío en mi decisión es cuando me siento más organizado y centrado.

- Haz la elección que te brinde la mayor cantidad de alternativas. A todos les gustarán las opciones con muchas opciones entre las cuales elegir. Sin embargo, hay elecciones que te restringen a un conjunto no diverso de opciones que solo serán una carga para ti más adelante. Realmente no tienes que pasar por el estrés, así que asegúrate de optar por la opción que eventualmente será la más rentable, por más difícil que sea elegir. Deja que tu anticipación del resultado de tus habilidades supere el miedo al fracaso.

- Detente por un momento cuando te enfrentes a una decisión difícil y pregúntate: "¿y si ocurriera un milagro de la nada y mi vida entera cambiara positivamente?" Esto puede aliviar la carga de los "y si.." y ayudarte a ver la posibilidad de resultados buenos, por lo tanto, guiándote hacia la mejor elección.

La racionalidad nos persuade a tomarnos nuestro tiempo y obtener más información antes de considerarnos listos para tomar una decisión. Esto suele ser el resultado de nuestra tendencia a pensar demasiado las cosas y temer tomar decisiones equivocadas. Puede dejarnos en un aprieto y con una falta de voluntad para tomar cualquier medida. Debes saber que la indecisión en sí misma ya es una decisión tomada, por lo que es esencial simplemente lanzarse con un poco de racionalidad y un poco de valentía para equilibrarlo. En el momento en que prestes más atención a esa voz interna que surge de vez en cuando para decirte lo que realmente deseas, el sentido común y la racionalidad pueden actuar de tal manera que te beneficien a largo plazo.

No tengas miedo de cometer errores porque la verdad es que muchas veces, el miedo produce los mejores resultados especialmente cuando eliges la opción de la que más tienes miedo. Hay una alta probabilidad de tomar la decisión correcta que buscas cuando es realmente difícil. Aunque la vida es impredecible, al menos debes tener la dignidad suficiente para ser tu propio tomador de decisiones.

Accede a tus neuronas naturales, confía en tus instintos, sigue tus corazonadas.

Capítulo 18: Deja de esperar el momento perfecto.

Estás condenado a seguir dando vueltas y vueltas en un bucle de negatividad si te dejas llevar por la sobrethinking. Es deprimente y sin sentido seguir insistiendo en los mismos pensamientos. Ni siquiera mejora, ya que la sobrethinking puede influenciarte negativamente emocional y mentalmente. Lamentablemente, varias personas están atrapadas con tal idealismo que han perdido por completo el contacto con la realidad.

Pensar demasiado te da una apariencia de necesidad de perfección, pero en realidad, solo te hace perder el tiempo en asuntos importantes.

Por ejemplo, en lugar de simplemente comenzar tu negocio, el exceso de pensamiento te pondrá en pausa mientras inventas eventos irreales en tu cabeza con preguntas como ¿qué pasa si no tengo suficientes fondos para comenzar? ¿Qué pasa si se acaba el tiempo antes de que pueda empezar adecuadamente? ¿Qué pasa si nadie quiere hacer negocios conmigo? Antes de que te des cuenta, empiezas a cuestionar tu preparación.

Al final del día, puede que descubras que nunca empezaste el negocio.

Sin embargo, ¿qué tan seguros estamos de que el futuro será más brillante? ¿Dónde está la prueba? ¿Realmente podemos depender de nuestra esperanza en el futuro?

¡En este momento, este momento exacto, esta experiencia presente es lo que es cierto, nada más! ¡La única certeza es el presente! Afrontémoslo, la probabilidad de obtener satisfacción de un momento futuro impredecible es bastante baja, especialmente si hasta ahora, no has tenido un momento satisfactorio que realmente sacie tus deseos insaciables, incluso después de tu gran anticipación. Así que mucho por la prueba de un futuro más brillante.

Nos ocupamos demasiado del pasado y del futuro desconocido pero esperado. Cuando nuestra esperanza en el futuro de riqueza y prosperidad nos falla, entonces recurrimos al pasado con sentimientos sobre cómo eran las cosas antes.

En nuestras mentes, es un lugar eufórico, en algún lugar con valor, un futuro más brillante, en cualquier lugar que no sea donde estamos en ese momento y de alguna manera, creemos en este lugar del cual nos hemos convencido de que nos traerá realización y dirección.

Sin embargo, esta utopía es solo un producto de nuestra imaginación.

En realidad, los desengaños y contratiempos son lo que realmente sucede. Con el tiempo, a medida que la vida se demuestra a sí misma como incapaz de cumplir con nuestra ilusión dichosa de una utopía que, honestamente, está siendo promovida por todo tipo de medios de comunicación, nos volvemos inquietos.

Cada día, nos volvemos más insatisfechos con la vida a medida que ganamos y adquirimos más, sin embargo, nuestros deseos reales no se cumplen. Pronto, empezamos a sentirnos más melancólicos y desanimados, inquietos y aprensivos como si hubiera una tensión sobre nosotros y, posteriormente, comenzamos a actuar irracionalmente porque sentimos que el universo nos ha fallado. Esto no ayuda a nuestras amistades y relaciones con las personas que nos rodean. La mayoría de las veces, un hombre deprimido pierde conexión con todo lo que es real.

Es una tortura mental seguir manteniendo tu vida como rehén en anticipación de un momento surrealista en el que deseas estar en cualquier lugar menos donde estás en este momento, o ser cualquier persona que no seas en este momento. Parece que estamos atrapados en fantasías que hemos creado, todas las cuales dependen de la esperanza única de que hay algo que podemos y debemos hacer para sentirnos contentos en la vida.

¿Qué tal si hacemos una pausa de todo y consideramos que podemos encontrar felicidad total y completa en el presente?

Puedo garantizar una cosa; si estás dispuesto a detenerte con la rapacidad, entonces comenzarás a darte cuenta de que el aquí y el ahora es justo donde necesitas estar para finalmente sentirte satisfecho.

La verdad es que, a pesar de las pruebas que enfrentas en la vida todos los días, cada momento es precioso y es como debería ser. Necesitas empezar a considerar la vida tal como es.

La vida es una efemeridad integral y cada segundo, cada instante es solo una pieza de ella. El tiempo verdaderamente no espera a nadie y la naturaleza no le importa. Todo lo que tenemos son cadenas de segundos espléndidos y experiencias que forman nuestra entidad. Debes darte cuenta de que solo puedes vivir una vez, por lo que estos instantes compartidos no pueden ser más que simples momentos, así que vive en ellos, sé consciente de ellos.

Para aquellos que todavía no están lo suficientemente inspirados para dejar de darle vueltas innecesariamente a lo que el futuro realmente trae consigo, ¿debo recordarles que llegará un día en el que simplemente no tendrán la capacidad de preocuparse? Ya sea que lo acepten o no, la dura verdad es que la muerte probablemente los arrebatará antes de que esa ilusión que han creado tan perfectamente se materialice.

¡Nunca podrás recuperar esos segundos que lamentaste o evitaste! ¡Ese tiempo se fue para siempre! ¡Aprecia cada instante, aprovecha el día, demuéstrate un poco de amor, demuestra amor a las personas que te rodean y ama la Tierra, después de todo es tu planeta!

Asegúrate de encontrar la satisfacción y la felicidad en cada momento, especialmente en el aquí y ahora, no las ignores. Cómo reacciones a este momento presente influirá enormemente en el siguiente momento y en los momentos posteriores. Esto tiene un efecto en la cantidad de oportunidades que obtienes en la vida y en cuánta riqueza acumulas en última instancia.

Por lo tanto, vive en el momento, ya sea que estés disfrutando o no disfrutando de cada segundo, vive en cada momento en lugar de desear que algo espectacular te suceda.

Si sigues esperando a ser feliz dependiendo de que algo específico suceda, es posible que nunca puedas llenar el vacío de insatisfacción que has cavado en tu propio corazón. Si nada nuevo ha logrado satisfacerte durante mucho tiempo, entonces sabes que hablo la verdad. Después de un tiempo, ese nuevo producto ya no te satisface, tampoco ese logro o nueva cita. Sigues sintiéndote vacío e insatisfecho. Pronto te encuentras en un ciclo en el que te pones otro objetivo nuevo y acabas sintiéndote de la misma manera.

Necesitas empezar a decirte a ti mismo que la satisfacción y la alegría no te están esperando en algún futuro lejano ni te han pasado por alto. Está justo a tu alcance en el aquí y el ahora, en cada momento que pasa. Es hora de vivir el momento y apreciar la belleza en cada segundo, es hora de empezar a vivir plenamente. ¡Es esto! ¡Ya está ocurriendo, toma lo que es tuyo!

No hay momento más perfecto que este aquí, en este momento. No hay momento absoluto. Este está sucediendo tal como debería. Vívelo ahora.

Capítulo 19: Deja de configurar tu día para el estrés y la sobrethinking.

Escapar por completo de días abrumadores y excesivamente estresantes no es posible, pero puedes reducir la cantidad de estos días por mes o anualmente, comenzando bien tu día y no preparándote para el estrés irrelevante, la agonía y la sobrethinking.

Tres puntos que ayudarán con esto son:

Empieza bien. La forma en que comienzas tu día, la mayoría de las veces, marca el ritmo con el que transcurrirá tu día. Un día difícil será resultado de una mañana estresante. Recibir malas noticias en tu camino al trabajo te hará tener pensamientos negativos todo el día.

Mientras tanto, si lees un artículo enriquecedor durante el desayuno, hacer un poco de ejercicio y luego comenzar tu día con tu tarea más crucial crea un buen estado de ánimo para tu día y asegura que seas optimista todo el día.

Realiza una sola tarea y toma descansos regulares. Esto ayuda a mantener un enfoque agudo durante todo el día y a realizar las tareas más cruciales. Al mismo tiempo, crea espacio para la relajación y la rejuvenecimiento, para que no te quedes vacío.

Este tipo de actitud relajada con un enfoque agudo te hará pensar con claridad y precisión, evitará el cansancio y el exceso de pensamientos.

Minimiza tu entrada diaria. El exceso de noticias, revisar continuamente tu bandeja de entrada y cuentas de redes sociales, o el progreso de tu blog o sitio web causa una entrada excesiva y congestiona tu mente a medida que avanza el día.

Por lo tanto, es más difícil contemplar fácilmente y con claridad, no será difícil caer de nuevo en el conocido comportamiento de sobre pensar.

Administra tus picos. Tan pronto como aprendas a localizar las tareas importantes, puedes planificar cómo lograr el máximo logro. Esta es la parte donde reunimos nuestra fuerza innata.

Somos muy conscientes de que una vez que el trabajo avanza de manera constante, las distracciones se disipan, nuestra concentración está en su punto máximo y nuestro trabajo nos deja maravillados; esto es perfecto. Ciertamente no podemos descuidar las tareas vitales (a veces repetitivas) que sirven como mantenimiento para nuestras empresas, pero podemos notar cuando estamos funcionando en tiempo utilizado en lugar de tiempo no utilizado.

Si estamos absortos y luchando con tareas cruciales en nuestras horas máximas, vamos a querer trabajar por más tiempo y sentirnos menos cansados a medida que pasa el tiempo. Reducir nuestro tiempo no utilizado también puede maximizar nuestra fuerza y motivación, y ayudar nuestra concentración en un buen pensamiento crucial en lugar de un mal pensamiento innecesario. Una vez que hayas identificado tus períodos de máximo rendimiento, estás listo para aprovechar esas valiosas horas.

Empieza bien. Realiza una sola tarea y toma descansos regulares. Minimiza tu carga diaria.

Capítulo 20: Aceptando Todo lo que Sucede.

Esto se obtiene de una de las lecciones de la filosofía estoica. El enfoque de esto es que debemos aceptar lo que ocurra, ya sea malo o bueno, y creer que sucede para un bien mayor incluso si no parece así en este momento.

La mayoría de las veces, la sobrethinking ocurre como resultado de pensar en cosas que ocurrieron en el pasado. Comenzamos a imaginar cómo habrían sido las circunstancias si las cosas no hubieran ocurrido de la manera en que lo hicieron. La depresión a menudo ocurre a medida que continuamos reexaminando y sobreanalizando las situaciones en nuestras mentes.

Los problemas del hombre son resultado de sus pensamientos que él mismo crea. El significado de algo se obtiene del significado que le das. Tu cerebro le da sentido a los eventos de la vida para poder entender lo que está sucediendo.

El significado que asignas a tus experiencias cambiará continuamente tus sentimientos; además, la calidad de tu vida proviene de las emociones que sientes.

El significado que asignas a una situación puede estar equivocado si se ve a través de una lente distorsionada. Como ejemplo, la falta de confianza será la base que asignes a todas las relaciones futuras si te engañaron en una relación pasada. Esta es solo una parte de la imagen y no puede ser catalogada como incorrecta o correcta.

Tu felicidad depende de que mires hacia atrás en los eventos que han ocurrido y aceptes lo que es, dejando ir todo aquello que no puedes controlar.

La forma en que pensamos es lo que nos impide alcanzar la felicidad, no las casas de lujo, una cuenta bancaria llena de dinero o coches elegantes. Aunque estas cosas son buenas de tener, tienden a desgastarse con el tiempo y se vuelven insignificantes si no puedes sentir contentamiento y paz en el interior.

Pensar demasiado no te ayuda a mejorar, tampoco te permite experimentar la belleza de la vida. De hecho, es seguro que comenzarás a cargar emociones tóxicas.

Como enseñan los principios estoicos, preocuparse no tiene ningún efecto en los eventos que ya han ocurrido ya que no pueden ser cambiados.

Acepta y cree que todo lo que sucedió fue para tu mayor bien en lugar de culparte por lo que ocurrió.

Formas de dejar ir las heridas del pasado

Crear espacio para la felicidad y la nueva alegría en tu vida es la única manera en que puedes aceptarlas. No hay forma de permitir que algo nuevo entre en tu corazón si ya está lleno de dolor y sufrimiento.

1. Toma la decisión de dejarlo ir. Las cosas no desaparecen por sí solas. Necesitas comprometerte a dejarlas ir. El autosabotaje puede surgir, impidiendo que avances si no decides conscientemente dejar atrás el dolor del pasado.

Necesitas poder entender que es tu elección dejarlo ir cuando decides hacerlo conscientemente. Deja de pensar en el dolor del pasado. Deja de revivir los recuerdos, relacionados con los eventos en tu cabeza, cada vez que recuerdes a la otra persona (después de haber terminado con el segundo paso a continuación). Esto empodera a la mayoría de las personas a medida que se dan cuenta de que tienen la capacidad de seguir sintiendo el dolor o vivir una vida libre del dolor.

2. Expresa tu dolor y responsabilidad. Dale voz al dolor que sentiste por el daño, ya sea directamente a la otra persona involucrada, o a través de sacarlo de tu sistema (escribiendo en un diario, desahogándote con un amigo, o incluso escribiéndolo en una carta que nunca entregarás a la otra persona involucrada). Asegúrate de sacarlo de tu sistema. Esto te ayudará a saber exactamente qué causó que te sintieras herido.

Vivimos en un mundo de gris, aunque a veces parezca que vivimos en un mundo de blanco y negro. Sin embargo, la cantidad de responsabilidad por el dolor que sentiste puede no ser la misma, es posible que seas parcialmente responsable de ello. ¿Qué otra opción o paso podrías haber tomado? ¿Estabas participando activamente en tu propia vida o simplemente eras una víctima? ¿Permitirás que tu dolor defina quién eres? ¿O te convertirás en alguien más complejo y con más profundidad que eso?

3. Deja de actuar como la víctima. Aunque se siente bien ser una víctima, similar a pertenecer a un equipo ganador contra todas

las demás personas. ¿Pero sabes qué? El mundo simplemente no le importa, así que necesitas reconsiderarlo. Es verdad, eres único. Es verdad, tus sentimientos cuentan. Pero no confundas "tus sentimientos cuentan" con "tus sentimientos por encima de todo y nada más importa". Esta cosa llamada vida es una mezcla de cosas complejas, caóticas e interconectadas y tus emociones son solo una parte de ella.

En todos los pasos de tu vida, tienes la opción de continuar permitiendo que las acciones de otra persona te hagan sentir bien o mal. ¿Por qué permitirás que alguien que te ha hecho daño en el pasado siga teniendo el poder de lastimarte en el presente?

Los problemas en una relación no se pueden resolver continuando rumiando o analizándolo en exceso. Nunca. No en toda la historia de este mundo. Entonces, ¿por qué elegirías pensar y gastar tanta energía en la persona que sentiste que te lastimó?

4. Concéntrate en el presente, en el aquí y el ahora, y la alegría. Ahora es momento de soltar. Deja de pensar en tu pasado y déjalo ir. Deja de pintar un cuadro en el que eres el protagonista y siempre la víctima de las acciones hirientes de la otra persona. No puedes cambiar lo que ha sucedido en el pasado, solo puedes asegurarte de que hoy sea el mejor día de tu vida.

Cuando te enfocas en el presente, no tienes tiempo para pensar en el pasado. Cada vez que recuerdes eventos pasados (lo cual sucederá de vez en cuando), permítelo solo por un breve periodo de tiempo. Luego llámate a ti mismo gentilmente de regreso al presente. La mayoría de las personas son capaces de hacer esto con la ayuda de una señal consciente, como decirse a sí mismos "está bien. Eso sucedió en el pasado y ahora me estoy concentrando en mi felicidad".

No olvides que no habrá espacio para cosas positivas si seguimos llenando nuestras vidas y mentes con sentimientos de dolor. Tendrás que elegir entre seguir sintiendo el dolor o permitir la alegría en tu vida.

5. Perdónalos a ellos y a ti mismo. Básicamente, todo el mundo tiene derecho a nuestro perdón, aunque tal vez no podamos olvidar sus malos comportamientos. La mayoría de las veces, no podemos superar nuestra terquedad y nuestro dolor, y no podemos imaginar otorgar el perdón. Perdonar no significa "estoy de acuerdo con lo que has hecho", en cambio significa "te perdono a pesar de no estar de acuerdo con tus acciones".

El perdón no significa ser débil. En realidad, representa "Soy una buena persona, tú también eres una buena persona, tus acciones me han causado dolor pero deseo seguir adelante con mi vida y permitir la alegría en ella, y no puedo hacerlo hasta que deje ir esto".

El perdón es un método para soltar algo de manera tangible. También es un medio para sentir empatía por la otra persona e intentar ponerte en los zapatos de la otra persona.

¿Cómo vivirás contigo mismo en futura felicidad y paz, si no eres capaz de perdonarte?

La clave para disfrutar de la felicidad y detener el exceso de pensamientos es la aceptación.

Capítulo 21: Da lo mejor de ti y olvida el resto.

Es bastante típico que te sientas incapaz de poder manejar ciertos casos cuando surge la necesidad. Es humano preocuparse por tu capacidad para enfrentar realmente el problema de manera adecuada. Puedes decir que no tienes suficiente dinero, o recursos, o suficiente determinación, no suficiente compromiso, no suficiente fuerza, o inteligencia para ello.

A veces, todo parece estar sucediendo al mismo tiempo y no puedes mantenerte al día, y caes en otro episodio de excesivo pensamiento, lo cual irónicamente solo empeorará la situación en lugar de ayudarte a manejarla, a pesar de que incluso puedes estar preparado para ello. El exceso de pensamiento nos agota debido a todas las expectativas que ponemos en nosotros mismos y a la necesidad continua de perfección.

¿Alguna vez has considerado que simplemente dar lo mejor de ti es suficiente y no tienes que preocuparte por las cosas que están más allá de tu control? Está bien ser diferente, ser peculiar. No tiene que parecerse a la vida de otra persona. Se te permite tener una historia completamente diferente que contar.

Preocúpate más por dar tu mejor esfuerzo en lugar de preocuparte por lo que pueda suceder después. Ante ciertas situaciones, las cosas que están fuera de tu control pueden ser los factores determinantes del resultado final. Por esta razón, preocuparte no te servirá de nada, así que simplemente da lo mejor que tienes para ofrecer y deja que todo descanse.

Te garantizo que no tienes que hacer nada extra, tu mejor es tu mejor y siempre se verá recompensado de una u otra manera. Esfuérzate por dar lo mejor de ti porque, simplemente piénsalo, tu mejor es todo lo que puedes hacer en relación con ese tema. Para recibir algunos consejos sobre cómo seguir dando lo mejor de ti para una mayor efectividad:

- Vierte tanto amor en ti mismo. Amarte a ti mismo es sinceramente el núcleo de la vida misma. A partir de ese pozo profundo de amor propio, la inspiración para dar lo mejor de ti sin importar qué puede surgir realmente. Te vuelves más amable, más benevolente, afectuoso, decidido y cualquier otra cualidad que siempre has deseado para ti mismo cuando comienzas a amarte a ti mismo.

- Detente con toda la búsqueda de fallas e idealismo. Es bueno establecer altos estándares para nosotros mismos hasta que comencemos a caer en la depresión porque resultan inalcanzables. Sé que dicen apuntar a las estrellas y si caes al menos caerás entre las nubes, pero no te dispares en el pie por eso. Establece un objetivo, haz tu mejor esfuerzo pero no te castigues por no resultar exactamente como quieres. Confía en el proceso y ten fe en el universo. ¡No, el universo no está en tu contra!

- Sé consciente de tu entorno. La mejor manera de ser lo mejor que puedas ser es estar atento y consciente de lo que está sucediendo a tu alrededor. Además, cuidado con tus reacciones ante cada suceso. Considera tus próximas acciones, si es lo que deberías estar haciendo y si te beneficiará a largo plazo. Pregúntate si lo que estás haciendo en este mismo momento te ayudará a llegar a donde quieres estar en la vida. No necesitas un entrenador de vida cuando puedes responder estas preguntas a diario.

- Sé coherente pero también sé fluido. Como se mencionó anteriormente, clarifica tus deseos y tus necesidades y especifica lo que te trae alegría. La certeza ayuda a la fluidez en la vida. Asegúrate de no darle muchas vueltas, deja que fluya.

- No olvides que la vida es un proceso. No intentes apresurarte a través de la vida. Llegarás a tu destino, simplemente aprecia el proceso, incluidos los desafíos y los triunfos. Vive en el presente y aprecia cada momento y cada respiración que tomas.

- No lo pienses demasiado. Deja de tener miedo de fallar cuando has dejado lo demás. Los pensamientos negativos permanecen más tiempo y son dolorosos. Solo te hará pensar demasiado en eventos pasados y en el futuro desconocido. Más que nada, sabes que la mayoría de las historias que tejes en tu cabeza son falsas e infundadas. ¡Déjalas ir!

- **No estoy diciendo que será fácil despejar tu mente todo el tiempo, pero nunca dejes que la negatividad se enraíce en tu mente. Puedes elegir no reaccionar de la forma en que quiere que lo hagas, permitiendo lentamente que pase sobre ti con certeza. ¡Sí, puedes elegir no verse afectado por esos pensamientos! ¡Déjalos ir! Cuando te resulte difícil borrarlos, teje una historia real en tu mente para reemplazar las falacias que la negatividad presenta.**

- Deja de ser juicioso. Cuando tienes algo que decir sobre básicamente todo lo que sucede a tu alrededor, tienes la desagradable oportunidad de analizar demasiado las cosas. Reduce tus opiniones y tu tendencia a juzgar. Esto te ayuda a realmente dejar descansar cuando has hecho lo mejor. No tienes que formar una opinión sobre ese incidente que realmente no es asunto tuyo, ni sobre esa persona. Estarás gastando energía mental útil y solo te desgastarás a ti mismo. Das un respiro a tu cerebro cuando ignoras la tentación de opinar o juzgar cosas triviales.

No tiene que ser difícil.

La gente tiende a pensar que si algo no es difícil o doloroso, entonces no es el verdadero trato. Todo puede ser fácil dependiendo de cómo lo veamos o lo abordemos. Permite que la naturaleza te moldee y te de forma. Somete a cambio y amor. Permítete ser amado completamente y recupera tu vida de las garras del miedo.

Aprende a amar. Estúdialo a fondo. Dedica tiempo para entenderlo. Deja que el amor te encuentre, te forme y te moldee en una persona que nunca ha conocido piezas, en alguien cuyo único recuerdo es de integridad. Por esto vives y respiras. Éste es el meollo de la vida; el amor. Todo lo demás es solamente una adición. Cree en ti mismo y sé inquisitivo. ¡Toma el control de tu vida por completo!

No te apresures, tómate tu tiempo. Gana algo, pierde algo, levántate, cae, pero levántate de nuevo... y no te olvides de reír fuerte, y llorar fuerte también. Canta, haz música con tu corazón. Armoniza con las melodías de aquellos que pueden escuchar tu canción. Sé todo esto con fe y gracia.

Hay tanto por hacer y pensar, simplemente haz lo que puedas hacer y deja el resto.

Capítulo 22: No te presiones para manejarlo.

Sin saberlo, muchos de nosotros nos ponemos más estrés adicional cuando ya enfrentamos estrés diariamente.

El exceso de presión, acumulado con el tiempo, la mayoría de las veces causará una detonación. Por supuesto, no explotarás realmente, pero tendrás un colapso emocional, una pelea explosiva con alguien querido, o te deprimirás cuando estés bajo presión autoimpuesta o presión social.

Evita ponerte bajo presión excesiva si deseas prevenir dilemas físicos y psicológicos. Aunque se diga que es fácil, puedes estar decidido a dejar ir algunas situaciones. Ten en cuenta que no puedes transformarte de repente, pero, conociéndote bien, puedes aprender a intentar no ser siempre perfecto.

Saber cuándo eres la causa de una presión innecesaria es el primer paso para reducir la presión sobre ti mismo. No te castigues por este comportamiento general, en cambio, descubre cosas que hacer para dejar de destruirte a ti mismo y convertirte en tu aliado más poderoso para eliminar el estrés.

Ahora, ¿cómo podemos encontrar y liberar puntos de presión? Te exijo que:

- Determina tus "puntos de presión". Preguntas como, "¿Cómo me he estado presionando en diferentes aspectos de mi vida (específicamente en mi vida amorosa)?" te ayudarán mucho.

- También pregúntate esto, ¿Cuál es el efecto de mis puntos de presión en mis interacciones con las personas y en mi vida en general?

- Ahora intenta localizar el origen de los puntos de presión. La pregunta, ¿De dónde proviene esta presión? Sé minucioso y sinceramente honesto contigo mismo.

Estos son algunos de los mejores métodos para maximizar tu vida y reducir el estrés autoimpuesto como resultado de pensar demasiado.

Cometer errores está bien. Aunque a nadie le gusten los errores, es algo que suele ocurrir con frecuencia. ¿De qué otra manera se supone que vamos a aprender?

Deja de darte principios imprácticos. Todos cometemos errores y estos errores nos moldean en las personas que somos en este momento.

No tengas miedo de deshonrarte o arruinar las cosas. Sin errores, no sabremos las cosas que son adecuadas para nosotros y las que no lo son. Extrañamente, los errores son eventualmente positivos.

Aprovecha oportunidades, comete errores, desordena las cosas. Cuando finalmente superes el temor, la prueba y el conocimiento adquirido te alegrarán.

Piensa como un realista optimista en lugar de un pesimista. Mucha gente tiene miedo de pensar de forma positiva, lo comparan con un juego mental en el que se ignoran los problemas relevantes o pistas beneficiosas que la vida ofrece y terminan cometiendo errores que causarán estrés adicional.

Un método optimista que puedes usar es el pensamiento positivo, es una forma de pensar que te permite concentrarte en los logros que aumentan tu autoestima y te permiten dar lo mejor de ti en el futuro.

Deja de compararte con los demás. No hay otra persona como tú. Esto debería darte placer. Deja de medirte con otras personas, especialmente según estándares poco prácticos. No hay otra persona como tú ni como la persona con la que te estás midiendo.

¡Reconoce quién eres y presúmelo! El hecho de que no te parezcas a otra persona no debería hacerte sentir inferior. Compararte constantemente con los demás solo te obliga a concentrarte en lo desfavorable.

Agradece por tus características especiales. Son únicas solo para ti. Agradece por cómo has sido tratado. Concéntrate en las cosas increíbles acerca de ti. Cuando eres capaz de apreciarte adecuadamente, ser optimista se vuelve fácil y puedes desechar los pensamientos pesimistas que intentan colarse en tu mente.

Una de las cosas más difíciles que podemos hacer es olvidar. Pero si puedes olvidar las cosas que te agobian, ser optimista en la vida se logra fácilmente. Llevar a cabo estos procesos ayudará a eliminar la presión y te permitirá vivir libre y ser feliz.

Date cuenta de que nada es tan importante. ¿Es esa presentación de PowerPoint para tu jefe o preparar las invitaciones para el cumpleaños de tu primer hijo? En el gran esquema, nada es lo suficientemente relevante como para hacerte sentir agotado, molesto o triste.

Nada merece la pena perder tu descanso nocturno. No te preocupes tanto que te enfermes. En lugar de eso, inhala, exhala, luego obtén respuestas a las preguntas mencionadas anteriormente. Esto ayudará a poner las cosas en orden.

No te presiones demasiado. Nada debe tomarse muy en serio.

Capítulo 23: Diario para sacar los pensamientos de tu cabeza.

Hay varias razones por las que escribir un diario es una herramienta altamente recomendada para la gestión del pensamiento. Muchos tipos de investigaciones han demostrado la efectividad de escribir un diario para la felicidad, la salud y la gestión del estrés. Es una técnica simple y placentera. Hay diferentes formas de escribir un diario, y todos tienen la oportunidad de beneficiarse de ello. El hábito de escribir un diario debería añadirse a su vida, puede escribir un diario diariamente, semanalmente, o tanto como necesite en caso de que el estrés se vuelva demasiado intenso.

Una forma en la que escribir un diario detiene el exceso de pensamiento es ayudándote a pasar por tus pensamientos. Esto se debe a que el exceso de pensamiento puede causar rumiación y estrés mental si no se controla, aunque algunas razones para tu exceso de pensamientos pueden reducirse a través de un poco de examen centrado. Escribir un diario puede ser una excelente manera de cambiar y trasladar los pensamientos de rumiativos y ansiosos a pensamientos orientados a la acción y empoderadores.

Cómo Empezar

Puedes salir de un área de estrés y sentirte aliviado en unos minutos siguiendo el plan que se indica a continuación. ¿Estás listo? ¡Coge un bolígrafo o abre un documento y empecemos!

Comience por escribir en un diario durante 5 a 15 minutos. Anote sus pensamientos y aquellas cosas que le perturban:

- Escribe tus preocupaciones y continúa haciéndolo hasta que sientas que has expresado las cosas que necesitaban ser dichas sin caer en la rumiación. Puedes desear usar un diario, computadora, o incluso papel y pluma. Si utilizas papel, procura dejar una línea o dos para cada línea utilizada, ya que esto será útil más adelante.

- Explica lo que está sucediendo en ese momento y los eventos que actualmente están causando dificultades. No olvides que con demasiado pensamiento, no siempre es lo que está sucediendo actualmente lo que causa estrés, sino tus preocupaciones sobre lo que puede suceder en el futuro. Si esto es así para ti, está bien; puedes anotar lo que está sucediendo actualmente e indicar que la única parte que realmente es estresante es lo que sucederá a continuación. (Esto, de hecho, puede llevar al alivio del propio estrés).

- A continuación, escribe tus miedos y preocupaciones y ponlos en orden de tiempo, desde el más temprano hasta el más reciente. Esto significa que comienzas con una de las cosas que te causan estrés en el presente y piensas en lo que puede llevar a cabo. Luego, escribe tus miedos sobre lo que ocurrirá después.
- Escribe su efecto en ti.

Una vez que tus pensamientos estén en orden, busca qué puedes hacer para reducir algo de la ansiedad y el estrés dentro de ti.

Escribir un diario para llegar a un mejor estado mental

Poner tus miedos y preocupaciones en papel ayuda mucho a sacar esos pensamientos de tu cabeza y llevarlos a la luz. Luego, vuelve a leer y reflexiona sobre lo que has escrito.

Examinar tus distorsiones cognitivas te ayuda a ver el beneficio de cambiar el hábito de los patrones de pensamiento que inducen estrés.

- Una vez que hayas observado lo que te preocupa en este momento, busca tus otras opciones. ¿Es posible que haya cambios en este momento? ¿Hay cosas que puedes hacer para cambiar los eventos o tus pensamientos sobre los problemas?

- Cuando escribas lo que temes que suceda a continuación, piensa lógicamente e intenta argumentar contigo mismo. Escribe todo lo que te hace cuestionar si realmente es una preocupación o no. ¿Qué tan posible es que esto ocurra y cómo sabes que sucederá? ¿Qué tan seguro estás? Si tus preocupaciones realmente ocurren, ¿es posible que no sea tan negativo como esperabas que fuera? ¿Es posible que se convierta en algo neutral o incluso en un evento positivo? ¿Es posible que puedas usar tus circunstancias para obtener un mejor resultado para ti, aprovechando las cosas disponibles para ti y los posibles cambios que pueden ocurrir? ¿Qué mejor cambio puedes crear?

Ahora entiendes. Enfrentar tus miedos usualmente te ayuda a aliviar la ansiedad. Comienzas a darte cuenta de que las cosas son poco probables de ocurrir una vez que piensas que son tan malas o no tan malas como crees que pueden ser.

- Por cada preocupación o miedo que tengas, trata de escribir al menos una o dos formas en las que puedas verlo de manera diferente. Crea una nueva historia para ti mismo, un nuevo conjunto de posibles acontecimientos, y anótalo en papel junto con los miedos en los que estás pensando.

- Examinar tus distorsiones cognitivas también puede ayudarte a ver el beneficio de cambiar el hábito de los patrones de pensamiento que inducen estrés.

Puede ser bastante útil procesar lo que sientes en papel. Escríbelo, prepárate para lo peor, y espera lo mejor.

Capítulo 24: Cambiar de Canal.

Nunca te dejes aburrirte con la vida, siempre mantente ocupado con cualquier cosa que te interese. Participa en cualquier actividad que te emocione y también pueda apartar tu mente de las preocupaciones. Todos enfrentamos diferentes desafíos en la vida pero no deberíamos concentrarnos en ellos. Sin embargo, una mente ociosa no tiene otra opción que preocuparse y darle vueltas a los problemas que rodean la vida. Cuanto menos ocupado estés, más tiempo tendrás para preocuparte. Por lo tanto, es muy necesario que te busques alguna forma de distracción, algo que pueda ocupar tu mente y alejar las ansiedades.

Ten en cuenta que la mayor parte del tiempo, cuando te estás involucrando en algo que te da alegría, tu mente parece estar libre de pensamientos, simplemente absorbiendo el momento y es en ese momento cuando puedes decir "Lo pasé bien". Cuando estás ocupado viviendo cada segundo de tu vida haciendo esto (involucrándote en cada actividad que te emociona), tiendes a olvidarte de tus preocupaciones, aliviando así tu mente del estrés.

Distraete con actividades como deportes, plantar, ver una película, incluso conversar con seres queridos. Sea lo que sea que elijas para distraerte debe ser algo que ames y que sea capaz de apartar tu atención de las ansiedades. Tu distracción también debe ser algo que se pueda hacer de forma regular. Si tienes muchas horas libres, incluso puedes considerar ofrecer servicios voluntarios a niños, personas mayores, incluso animales. Ayudar a otras personas es otra forma de distraerte de tus propios problemas y concentrarte en los demás. También te ayuda a sentirte útil, en lugar de preocuparte por cosas sobre las que no tienes control.

Encontrar una distracción es como tratar de sanar un corazón roto. Es una forma de ayudarte a seguir adelante del dolor y el sufrimiento, te ayuda a reconsiderar los hechos y apreciar más la vida. Las distracciones son como buenos amigos que constantemente nos ayudan a encontrarnos a nosotros mismos cuando estamos perdidos.

Esta habilidad (habilidad de distracción) se utiliza frecuentemente en el campo médico para calmar a los pacientes y distraerlos del dolor u cualquier otra forma de incomodidad. Esto muestra que esta habilidad o arte es muy necesario para todos los ámbitos de la vida. El objetivo de distraernos es brindarnos la oportunidad de experimentar otras cosas por las que podemos estar agradecidos. Nos abre los ojos para ver el mundo que nos rodea y apreciarlo.

Una vez que comiences a involucrarte más con la vida, sin crear espacio para sentimientos de ansiedad y preocupaciones, notarás la mentalidad positiva que viene con la tranquilidad mental.

Hay infinitas listas de distracciones en las que puedes involucrarte, pero a continuación se enumeran algunas;

- La costumbre de escuchar música relajante
- Consigue una mascota con la que puedas acurrucarte

- Tomar té o disfrutar de tu mejor merienda.
- Opta por largas caminatas
- Ejercicio
- Participar en deportes
- Leer un libro
- Puedes escribir
- Quédate quieto por un rato o echa una siesta.
- Limpiar la casa
- Salir de compras, encontrarse con amigos o simplemente pasear.
- Dibujar
- Recita rimas o el abecedario.

Lo que sea que hagas, solo consigue un hobbie. Distraete para salir del ciclo.

Capítulo 25: Tomarse un Descanso.

Puedes ser arrastrado por problemas cuando simplemente estás tratando de concentrarte en el trabajo presente o solo quieres divertirte.

Cuando estés experimentando una situación que está más allá de tu control, buscar una actividad positiva en la que involucrarte es una opción saludable. Busca una distracción, algo que te traiga placer o consuelo, o que te haga sentir mejor.

Relajarse en la naturaleza es refrescante, calmante y un gran alivio del estrés y la preocupación. Cada vez que te encuentres abrumado por pensamientos que corren desenfrenados en tu mente, sal a dar un paseo por la playa, junto al río o en el parque.

El objetivo es conectar contigo mismo. Concéntrate en los sonidos, vistas y olores de tu entorno. Tomarte un descanso alejará tu mente de tus preocupaciones, te hará sentir tranquilo y reconfortado.

Descanso para obtener resultados

Crear tiempo para descansos físicos y mentales refrescantes es fácil. Busca una actividad que disfrutes. Elige entre estas opciones para probar durante tu próximo descanso.

Estiramiento. Si eres como muchas personas que pasan mucho tiempo sentadas frente a una computadora o un escritorio, levántate de tu silla al menos una vez cada hora para moverte y estirar las piernas y los brazos. Además, apartar regularmente la vista de la pantalla hace que tus ojos se cansen menos.

Caminar. Los movimientos al caminar aceleran la circulación, haciendo que seas más activo y reduciendo la tensión en tus músculos. Además, un cambio de ambiente podría darte una nueva solución o punto de vista a un problema persistente.

Respirar. Inhalar lentamente, respiraciones profundas a través de la nariz y exhalar por la boca es una forma de ejercicio para controlar la respiración. Este es un gran método para refrescar la mente, aliviar la tensión y mejorar la alerta. Puedes practicar estos ejercicios de respiración acostado o sentado en una silla. Para obtener resultados efectivos, intenta hacer hasta 8 repeticiones dos o tres veces al día.

Ejercicio. Cuando puedas, haz ese paseo en bicicleta o esa caminata de 20 minutos. Los cortos periodos de ejercicio aumentan tu ritmo cardíaco y mejoran la circulación, te hacen más alerta, mantienen tu peso bajo control, mejoran tu apetito y te hacen sentir menos cansado.

Visualización. Una estrategia para obtener los efectos positivos de un entorno sereno cuando no puedes estar presente allí, en la realidad, es mediante la Visualización. Por ejemplo, si estás teniendo un día difícil en el trabajo, puedes acostarte o sentarte en una silla por unos minutos e imaginar estar en tu lugar de vacaciones favorito o sentado en un reconfortante jacuzzi que está haciendo que todo el estrés se desvanezca. Visualiza tantos detalles emocionantes como puedas: olores, sonidos y vistas. Esto transmite impulsos a tu cerebro, diciéndole que se tranquilice.

Lee un libro. Un poco de distracción es todo lo que se necesita para escapar del encierro. Olvida el Internet y lee un libro. Sumérgete en una historia romántica o lee algo que te transporte a un lugar y tiempo diferentes. Si es imposible quitarte las preocupaciones, aléjate de ellas.

Ayuda a alguien más. Deja de ser egoísta. Piensa en otras personas. Conviértete en voluntario local, dona a una buena causa, haz bocadillos para las personas sin hogar en tu área. La forma más fácil de dejar de pensar en ti mismo es pensar en otra persona.

Muchas de esas cosas que nos agobian y nos quitan el sueño pueden solucionarse con unas horas de diversión, placer o distracción, en lugar de otro día estresante lleno de preocupaciones y ansiedad.

Al adoptar estas estrategias, sigue las indicaciones de tu cuerpo y no permitas que una rutina estricta dicte tus descansos. Cuando tus descansos se convierten en otra tarea más en tu lista de pendientes, será difícil obtener los beneficios deseados. Así que, tómate ese descanso cuando más lo desees.

Tu estado de ánimo, junto con tu perspectiva, mejorará. Todo, incluso los desafíos imposibles de la vida, parece ser más fácil cuando te tomas un descanso de todo el estrés. Un poco de espacio para respirar puede preservar tu perspectiva y ayudarte a explorar otras opciones para un cambio positivo.

Consolida todos tus problemas en lugar de dejar que interrumpan tu vida diaria.

Capítulo 26: Ejercitarse.

Tu salud, así como tus actividades diarias, pueden ser negativamente afectadas por pensar demasiado. Como ya sabes, el proceso de pensar demasiado es tedioso, ocupa una gran parte de tu tiempo y te impide participar en actividades rentables.

Tienes tendencia a considerar cada situación como demasiado compleja y tu cerebro se estresa por sobreanalizar. Por lo tanto, es muy difícil desplegar tus habilidades para resolver problemas y analíticas. La mayoría de las veces, te sientes molesto y decepcionado contigo mismo. Eventualmente, esto resulta en ansiedad y depresión. Las pequeñas cosas comienzan a aterrorizarte o irritarte, incluso podrías llorar. Además, hay una aceleración en el proceso de envejecimiento, hay un cambio en tu patrón de sueño y podrías experimentar un trastorno alimentario.

No solo hacer ejercicio ayuda a limitar el exceso de pensamientos, sino que también reduce el estrés interno y la ansiedad.

Como sabemos, no hay forma de apagar tu cerebro si no quieres pensar. El proceso es difícil, pero es inofensivo intentarlo y también puedes mejorar la calidad de tu vida mientras lo haces.

Necesitas una gran cantidad de concentración mental para participar en un entrenamiento intenso, esto implica que toda tu concentración estará en el ejercicio, en lugar de las diversas imaginaciones que pasan por tu mente.

Además, las endorfinas se liberan en tu cerebro cuando haces ejercicio, lo que lleva a una sensación general de bienestar y positividad. Esto reduce el riesgo de pensar pensamientos perturbadores o negativos.

Cómo el ejercicio promueve el bienestar positivo.

Las personas que se sienten mentalmente sanas también pueden mejorar su salud mediante el ejercicio. Participar en actividad física se ha descubierto que estimula un sueño de calidad, mejora los estados de ánimo y aumenta los niveles de energía.

Los beneficios de la actividad física para la salud mental son numerosos, incluyen:

Las hormonas del estrés se reducen al hacer ejercicio. Las hormonas del estrés, como el cortisol, se reducen cuando haces ejercicio. Las endorfinas, tu hormona de la positividad, también se liberan cuando haces ejercicio y esto ayuda a mejorar tu estado de ánimo.

La actividad física desvía tu atención de emociones y pensamientos negativos. La actividad física te distrae de tus problemas, enfoca tu mente en la actividad presente o te lleva a un estado de calma.

Hacer ejercicio aumenta la confianza. Hacer ejercicio ayuda a tonificar tus músculos, perder peso y lograr una sonrisa y radiante saludable. Es posible que experimentes una mejora leve pero significativa en tu estado de ánimo, tu ropa te quede mejor y emanes un aura de confianza renovada.

El ejercicio puede ser una excelente fuente de apoyo social. Hay beneficios probados del apoyo social y muchas actividades físicas también pueden ser consideradas como actividades sociales. Por lo tanto, no importa si juegas softbol en una liga o te conviertes en miembro de una clase de ejercicio, hacer ejercicio en grupo puede proporcionar los beneficios adicionales de aliviar el estrés.

Una mejor salud física equivale a una mejor salud mental. Aunque el estrés resulta en enfermedad, la enfermedad también puede resultar en estrés. Mejorar tu bienestar general y longevidad mediante el ejercicio puede prevenir mucho estrés a corto plazo, al aumentar tu inmunidad a la gripe, resfriados y otras enfermedades menores. Y a largo plazo al mejorar tu salud por mucho tiempo, ayudándote a sacar lo mejor de la vida.

Hacer ejercicio te protege del estrés. Podría haber una relación entre la actividad física y la reducción de la respuesta fisiológica al estrés. En términos más simples, el estrés tiene un efecto reducido en las personas que hacen ejercicio activamente. Además de otros beneficios, el ejercicio podría hacerte inmune al estrés potencial y puede ayudarte a manejar el estrés actualmente.

Tipos de ejercicios para superar la sobrethinking.

Estos tres ejercicios que te ayudarán a vencer la práctica de sobreanalizar y sobre pensar. Sigue este patrón increíble y cambia tu vida.

Experimenta con el yoga. Una gran manera de reducir la presión en tu cerebro y aliviar el estrés es practicando yoga. El yoga ayuda a canalizar tu atención y concentración de cosas insignificantes a tu respiración y cuerpo al entrar en un estado de meditación.

Experimenta con la Postura Fácil en el Yoga. Contrario a lo que su nombre insinúa, no es fácil. Te sientas con los huesos de la cadera aplanados en el suelo y extiendes tu columna vertebral. Relaja tus hombros y afloja tu rostro a un estado de tranquilidad. Deja caer tus brazos sobre tus rodillas y respira profundamente durante al menos un minuto. Esto eliminará todas tus preocupaciones y el estrés mental.

"Rodillas al Pecho" es otro excelente ejercicio. Lo único que necesitas hacer es recostarte y abrazar tus rodillas cerca de tu pecho. Realiza movimientos de balanceo de un lado a otro y respira profundamente durante un mínimo de 40 segundos.

Ejercicios cardiovasculares de rutina. Esta es una gran método de relajación. Las endorfinas son analgésicos naturales que se liberan durante períodos prolongados de aumento de la frecuencia cardíaca. No solo el ejercicio regular disminuye el nivel de estrés en tu cuerpo, sino que también puede ayudar con la pérdida de peso, aumentando tu confianza. Si eres principiante, prueba estos ejercicios relativamente simples.

Comienza dando un paseo por las colinas. Puedes incluir pesas en los tobillos o usar correas en las muñecas o pesas para aumentar tu ritmo cardíaco. De lo contrario, usa una cinta de correr; enciende tu música preferida para evitar que tu cerebro se distraiga con cosas insignificantes. El ciclismo es otra gran opción si no disfrutas caminar.

Usar las escaleras es otra opción. Corre o camina en las escaleras, dos a la vez durante unos 10-15 segundos, de lo contrario, experimenta con el Stairmaster en el gimnasio.

Participa en la relajación muscular progresiva. Este es un proceso de dos etapas. En primer lugar, contraes y luego relajas varios músculos de tu cuerpo. Esto ayuda a neutralizar el estrés y los músculos tensos en tu cuerpo. Un cuerpo relajado equivale a una mente relajada. Ten en cuenta preguntar a tu médico sobre cualquier historial de dolor de espalda o muscular antes de hacer esto para que puedas evitar la exacerbación de una lesión subyacente.

Puedes comenzar con tu pie derecho. Aprieta fuertemente durante 10 segundos, luego permite que se relaje. Haz lo mismo con tu pie izquierdo y sube de la misma manera. Recuerda tomar respiraciones profundas y lentas en todo momento.

El estrés disminuye al participar en actividad física habitual.

Capítulo 27: Tener un hobby.

Hacer algo que amamos nos da felicidad y mejora nuestras vidas. Esta es una buena forma de abandonar el hábito de pensar en exceso. Ten una constante escapada artística que ames. Cualquier cosa productiva como programar, diseñar gráficos, música, dibujo y pintura, estar involucrado en un deporte, y otros.

El mejor método para comenzar un nuevo pasatiempo es intentar algo diferente. Hay actividades increíbles y divertidas en todo el mundo en las que podemos sumergirnos y convertir en nuestras. Proporciona algo interesante que hacer cuando estamos libres y nos da la libertad de adquirir habilidades adicionales. Tu pasatiempo puede ser jugar videojuegos.

Todos somos específicos y diferentes, por lo tanto, nuestros pasatiempos y pasiones difieren. Y tan pronto como encontramos un pasatiempo que amamos y que realmente nos interesa, nos quedamos pegados a él. Se convierte en un aspecto integral de nuestras vidas y nos fascina personalmente. Si tus pensamientos se vuelven abrumadores, realiza tu pasatiempo y sumérgete en él. Síguelo hasta que te sientas revitalizado.

Hay numerosas razones por las que todos deberíamos adoptar un pasatiempo, pero estos son algunos de los principales beneficios:

- Te hace más interesante. Tener hobbies te abre a encuentros diversos, así que tendrás un montón de historias que contar. Son especialistas en ese tema, así que pueden dar conferencias a cualquiera que esté interesado en sus temas.

- Ayuda a aliviar el estrés al mantenerte ocupado en algo que disfrutas. Los pasatiempos son salidas para escapar del estrés de la vida diaria. Te permiten descansar y encontrar alegría en actividades que no están relacionadas con el trabajo ni con otras obligaciones.

- Los hobbies te ayudan a ser más paciente. Para adquirir un nuevo hobby, tienes que estar tranquilo para aprender a hacer algo que nunca has hecho antes. Es probable que haya un período de aprendizaje y se necesitará paciencia para perfeccionar tus habilidades.

- Tener un pasatiempo puede ayudar a tu vida social y crear un vínculo con otros. Un pasatiempo es una actividad que disfrutas constantemente con otros. Si eres parte de un club, participas en una liga, o simplemente ayudas a otros con el resultado de tu trabajo, un pasatiempo es una excelente forma de conocer y conectar con personas que están apasionadas por las mismas cosas que tú.

- Te ayuda a desarrollar nuevas habilidades: Dedicar y dar tu tiempo a un hobby te lleva a desarrollar nuevas habilidades. Continúas mejorando en un hobby a medida que aumenta el tiempo que le dedicas.

- Ayuda a prevenir malos hábitos y perder el tiempo: El dicho "manos ociosas son el taller del diablo" nunca pasa de moda. Tener buenos hobbies para hacer durante tu tiempo libre garantiza que no pases ese tiempo libre en actividades negativas o desperdiciadas.

- Aumenta tu confianza y autoestima: Lo más probable es que disfrutar de una actividad garantice que serás bueno en ella. Sobresalir en cualquier actividad te ayuda a desarrollar orgullo en tus logros y fortalecer tu confianza.

- Aumenta tu conocimiento: Desarrollar tu hobby no solo garantiza construir nuevas habilidades, sino que también asegura que obtengas nuevos conocimientos.

- Te desafía: Al participar en un nuevo pasatiempo, comienzas a involucrarte en actividades que son nuevas y desafiantes. Si no es desafiante para ti, tu pasatiempo será menos placentero y es posible que no lo encuentres atractivo.

- Los pasatiempos ayudan a reducir o erradicar el aburrimiento: Los pasatiempos aseguran que tengas algo que hacer en tu tiempo libre. También garantizan que tengas algo por lo que emocionarte y algo por lo que esperar.

- Enriquece tu vida y te da una perspectiva diferente sobre las cosas: Es cierto que tendrás acceso a nuevas ideas sin importar el pasatiempo que elijas. Los hobbies también te ayudan al permitirte crecer de varias maneras, incluyendo darte nuevas formas de ver la vida y darte nuevas opiniones.

Tu enfoque se desplaza de pensar demasiado hacia la actividad presente cuando te involucras en tu pasatiempo. Esto ayuda a mostrar tu creatividad y mejora tu coordinación y función cognitiva.

Capítulo 28: No seas demasiado duro contigo mismo.

A menudo, piensas demasiado como resultado de ser muy duro contigo mismo. Tu deseo de fortuna es tanto que te revuelcas en la angustia si tus planes no se llevan a cabo. Todavía estás enojado contigo mismo por tu fracaso reciente.

Dado que todos deseamos un mejor mañana, solemos preocuparnos y pensar demasiado en cómo será nuestro mañana. Te preocupa perder tu empleo, que tu empresa se vaya a pique, que un divorcio sea inminente, y muchas otras cosas.

¡Detente! Porque ser molestado no cambiará nada.

En un sentido real, arruina tu momento presente. Acepta el hecho de que no puedes hacer nada acerca de tu mañana y deja de preocuparte por ello.

Si a menudo eres demasiado duro contigo mismo, eliminar tu comportamiento de sobre pensar se convierte en un problema. En realidad, la vida nunca va como se planea.

A veces, las cosas no saldrán bien y no hay nada de malo en eso. Prepárate para dejar ir la culpa cuando las cosas no salgan como se había planeado. A menudo, tú no eres la causa.

¿Por qué preocuparse por una situación sobre la que no puedes hacer nada?

Inmediatamente cuando dejas de ser duro contigo mismo, el fracaso no provocará miedo en ti, lo que conduce a menos pensamientos excesivos.

Reconoce que tu mañana se cumplirá como estaba destinado y dirige tu fuerza a actividades que te darán placer y satisfacción.

Cómo dejar de ser demasiado duro contigo mismo

Es crucial ser tolerante y apreciarte a ti mismo para dejar de ser duro contigo mismo. En lugar de perder el tiempo en autoreproches, enséñate a hacer que la vida sea mejor para ti.

- Ten expectativas realistas. Eres solo humano, así que entiende que no hay nada malo en cometer errores. No hay persona perfecta y la vida no es perfecta. Cometer errores te ayudará a adquirir conocimiento y desarrollarte, y lo que deseas en la vida no siempre es lo que obtienes. Acepta el curso de tu vida, dedícate a adquirir conocimiento y a mejorar como persona. Concéntrate solo en las cosas que realmente puedes influenciar.

- Busca las lecciones en todo. En lugar de castigarte a ti mismo cuando se comete un error, acepta la equivocación y busca las moralejas en ella. Está bien ser criticado pero asegúrate de que los críticos sean útiles y tengan importancia relativa. Tener poca autoconfianza está estrechamente asociado con ser demasiado exigente contigo mismo. Determinate a no ser duro contigo mismo. Cuestiónate sobre qué puedes hacer mejor en el futuro basado en lo que aprendiste. Mira estos encuentros como una oportunidad para progresar.

- Desafía a tu crítico interno negativo. Las cosas que dices y piensas son importantes y ser pesimista deformará tu existencia. Cuestionarte repetidamente no te aportará nada. Deja de vivir en tus errores. Es un mal uso de la fuerza, no es útil y te mantiene estancado. Combate el pesimismo y concéntrate en el progreso.

- Céntrate en los aspectos positivos. Hay "bueno" en todas partes, pero es muy probable que no los notes si eres duro contigo mismo. Busca deliberadamente los aspectos positivos. Cuestiónate sobre las cosas que hiciste correctamente, lo que aprecias de ti y de tu existencia. Tener un diario y escribirlo es útil.

- Pon las cosas en perspectiva. ¿Son los errores que cometiste y tu vida tan trágicos como te lo imaginas? ¿En unos 10 años, seguirá siendo importante? Puedes hablar con una persona de confianza al respecto.

- Usa afirmaciones. Por ejemplo "Puede que no sea el mejor, pero estoy adquiriendo conocimiento y progresando" o "lo que hice entonces fue lo mejor que pude con mi conocimiento".

- Trátate como a un mejor amigo. Acéptate como alguien con defectos, trátate con ternura y date amor. Permítete hacer cosas nuevas, cometer errores, encontrar soluciones y progresar. Quiérete y conoce tu completo valor.

El progreso se detiene cuando eres demasiado duro contigo mismo. Pero puedes dejar de ser tan exigente contigo mismo. Requiere determinación y fuerza, pero vale la pena. Si tienes algún problema o crees que siempre estás estancado, no dudes en pedir ayuda. Deja de ser duro contigo mismo, cultiva la autoconfianza y construye la vida que deseas.

No tienes que estar a cargo. Acepta que no puedes hacer nada acerca del mañana y no tienes poder sobre todo.

Deja de ser un idealista

Capítulo 29: Obtener Suficiente Calidad de Sueño.

Al mantener una actitud beneficiosa y no dejarse llevar por una mentalidad adversa, el sueño es un factor mayormente olvidado. Cuando no duermes lo suficiente, te vuelves propenso a molestarte y tener pensamientos negativos, no meditas con tu claridad habitual y te dejas llevar por los diversos pensamientos que giran en tu mente mientras sobrepiensas.

Para adquirir y retener conocimientos, para ser innovador, se requiere un cerebro brillante y atento. Por el contrario, se cometen más errores y hay una reducción en la creatividad en nuestras actividades cuando no se duerme lo suficiente.

Un sueño adecuado garantiza que tengamos el estado mental correcto para obtener información en nuestras actividades diarias. Además, el sueño adecuado es necesario para refinar y memorizar esa información durante un largo período de tiempo. El sueño provoca alteraciones en el cerebro que consolidan la red de refuerzo del pensamiento entre las células cerebrales y envían información a través de los hemisferios cerebrales.

Beneficios de Dormir

- Afila tu atención. Habrás observado que es difícil concentrarte en las cosas cuando tienes demasiados pensamientos dando vueltas en tu cabeza. Es difícil aprender muchas cosas nuevas cuando piensas demasiado. Si estás adecuadamente relajado, tendrás más claridad y un enfoque agudo.

- El sueño mejora tu salud mental. Ve a dormir a tiempo para tu salud intelectual. El sueño reduce los signos de depresión. La falta de sueño puede causar ansiedad y aumentar el estrés. Cuando estás demasiado tenso para dormir, puedes levantarte de la cama, intentar meditar o escribir en un diario para ayudar a calmar tu mente y facilitar el sueño.

- Mejora tu memoria. Hacer una memoria tiene tres fases. La primera fase es la adquisición, aquí es donde traes datos a tu mente. La segunda fase es la consolidación; aquí, la información se solidifica. Por último, el recuerdo: y es simplemente lo que piensas, podemos regresar a la información guardada. Las fases uno y tres ocurren durante nuestras horas de vigilia y la fase dos ocurre durante nuestras horas de sueño. Durante el sueño, el cerebro consolida y organiza nuestros pensamientos, esto ayuda a recordar el conocimiento adquirido anteriormente.

- Disminuye tu estrés. Cuando no duermes lo suficiente, ¿has observado cómo cosas sin importancia te preocupan? Pensar demasiado te hace irritable y reaccionar de forma negativa ante pequeñas molestias e interferencias. Dormir ayuda a reducir el estrés.

- Ayuda en la toma de decisiones. Tu sueño afecta tus decisiones. Tener un tiempo de pensamiento inerte, como el sueño, ayuda a tomar buenas decisiones. ¿Conoces a alguien que quiera tomar una decisión que cambie su vida estando cansado?

- Te ayuda a enfocarte en tus tareas. Si no estás durmiendo bien por ti mismo, duerme bien por tus deberes. La investigación nos dice que dormir te ayudará a mantenerte consciente y atento durante todo el día, permitiendo que tu horario funcione mejor de lo que sería si no durmieras. Las siestas cortas también pueden agudizar tu concentración. La adquisición de conocimientos y habilidades tácticas se mejora con el sueño.

- El sueño limpia tu mente físicamente. Así como limpias la basura de tu casa, deja que el sueño saque la basura de tu cabeza. Las toxinas que se acumulan con el tiempo son eliminadas por el cerebro cuando duermes. Probablemente por eso te sientes muy bien cuando te levantas de un buen sueño.

Cómo obtener el máximo provecho de tu sueño

- Aprende cuánto tiempo tardas en dormirte. Si deseas dormir durante un período de tiempo definido, en realidad debes considerar la cantidad de tiempo que empleas en conciliar el sueño. Una aplicación móvil de seguimiento del sueño puede ayudarte con esto. Una vez que hayas estimado esto, tenlo en cuenta al pensar en tu hora de dormir.

- Mantén la calma. Entrar en un dormitorio acogedor está bien al principio. Sin embargo, me di cuenta de que duermo más cómodamente, en paz y con menos pesadillas en una habitación fría.

- Mantenga los tapones para los oídos cerca. Si eres como yo, te despiertas al menor ruido, entonces los simples tapones para los oídos son lo mejor. Estos materiales de bajo costo han ayudado a mi buen descanso nocturno y me han ayudado a dormir, incluso si hay gatos ruidosos, roncadores y cualquier otra interrupción.

- No intentes forzarte a dormir. No te metas en la cama y te obligues a dormir, cuando no sientes sueño. Por experiencia, hacer esto lleva a dar vueltas en la cama durante más de una hora. Lo mejor que puedes hacer en una situación así es relajarte durante unos 20-30 minutos en el sofá, leyendo o haciendo algo que te resulte adecuado. Hacer esto logra que duerma mucho más rápido y finalmente logre un sueño adecuado.

- No duermas demasiado tiempo. Lo que inicialmente me hizo odiar tomar una siesta fue dormir la cantidad incorrecta de tiempo. Lo que está mal con esto es que te puede causar tener pereza al dormir, la sensación de aturdimiento y debilidad que sentías antes de ir a dormir.

Como el flujo sanguíneo y la temperatura del cerebro son más bajos durante el sueño, despertarse repentinamente y un aumento en el nivel de función cerebral es inquietante.

Dormir por más de 90 minutos no es útil porque comenzarás otro ciclo de sueño. Además, una siesta al final del día estará compuesta por un exceso de sueño de ondas lentas.

Restringe tu siesta a 15 minutos. 30 minutos pueden causar inercia del sueño, o desaceleración del córtex prefrontal del cerebro que se encarga del juicio. Para reiniciar esto se necesitan alrededor de 30 minutos.

El acuerdo general común a todos los estudios que investigué es optar por una siesta corta de 15 a 20 minutos, posiblemente tomando café antes, para levantarse con más energía (pero estaré asombrado si puedes lograrlo), o dormir un ciclo completo de 90 minutos y despertarse antes del inicio del próximo ciclo.

- Elige el momento adecuado del día. Dormir la siesta cuando tus niveles de energía están habitualmente bajos puede ayudar a prevenir la sensación de la temida hora interminable cuando el día sigue lentamente mientras luchas contra el sueño. Para aquellos que trabajan en el horario habitual de 9 a 5, este momento suele ser después del almuerzo: debido al ciclo innato de nuestro ritmo circadiano, estamos cansados dos veces en 24 horas. La mitad de la noche es uno de los puntos más altos de somnolencia y el otro aproximadamente 12 horas más tarde es justo a media tarde.

Si no dormiste adecuadamente la noche anterior, el descenso en los pensamientos se sentirá con más fuerza, por lo que querrás tomar una siesta. En lugar de combatir esta sensación con café y bebidas energéticas, puedes tomar una siesta breve para refrescar tu cerebro antes de enfrentarte a la tarde.

- Práctica. Para mejorar la siesta, la práctica es importante. Encontrar lo que es específico para ti puede llevar tiempo, así que sigue intentando en varios momentos del día, varias duraciones de siesta y diversos métodos de despertar.

Asegúrate de que tu entorno para dormir tenga poca luz. Ten una manta a mano para mantenerte caliente mientras duermes.

Obtén un sueño de calidad adecuada. Mantenlo fresco. Mantén los tapones para los oídos cerca. No te fuerces a dormir.

Conclusión.

Necesitas entrenarte para dejar de pensar demasiado y hacer un esfuerzo consciente para practicar esto diariamente hasta que se convierta en un hábito. Controlar tus sentimientos y pensamientos requiere práctica seria y compromiso.

Por sí mismos, tus pensamientos pueden derivar aleatoriamente de una idea a otra, pueden ir por el camino de los recuerdos, perseguir pensamientos salvajes, o avivar ideas amargas o resentimiento y enojo. Alternativamente, tu mente puede sumergirse en un mar de ensoñaciones y un mundo de fantasía, si no se tiene cuidado, tu vida puede ser controlada por tales pensamientos aleatorios de tal manera que cada decisión o acción que tomes se vuelve impredecible. Tales pensamientos intrusivos que puedas experimentar durante el día son evidencia de que la mayoría de las funciones de la mente probablemente estén más allá del control consciente. Además, nuestros pensamientos pueden sentirse tan poderosos y reales que pueden afectar la forma en que percibimos el mundo exterior.

Tómate un momento para desechar la suposición de que tus pensamientos espontáneos son insignificantes y totalmente inofensivos. En verdad, tales pensamientos pueden ser sin sentido en ese momento, pueden ser el producto de recuerdos pasados o emociones pero en el momento presente, es posible que no reflejen la realidad.

La mayoría de nuestros pensamientos están bajo el control de nuestra mente subconsciente y nuestra mente subconsciente nunca nos concederá un control total sobre nuestros pensamientos. Sin embargo, aún tienes la capacidad de controlar algunos de tus pensamientos. Además, puedes cambiar algunos de tus hábitos y cómo reaccionas a ellos para tener más control sobre tus emociones.

A medida que recorriste este libro, has encontrado una variada selección de ideas y herramientas que pueden ayudarte a despejar tu mente para que puedas silenciar todas las voces negativas en tu cabeza, reducir el estrés y tener más paz mental.

Hacer esfuerzos conscientes para evitar pensar demasiado es una acción gratificante que impactará significativamente la calidad de tu vida. Al pasar menos tiempo revisando pensamientos intrusivos y negativos "en tu mente", tendrás más tiempo para disfrutar del momento presente y de cada otro momento.

Técnicas Secretas de Manipulación:

The 7 most powerful techniques to influence people, persuasion, mind control, reading people, NLP. How to analyze people and body language.

© Derechos de autor 2024 por Robert Clear - Todos los derechos reservados.

Este libro se proporciona con el único propósito de brindar información relevante sobre un tema específico para el cual se ha hecho todo esfuerzo razonable para asegurar que sea preciso y razonable. Sin embargo, al adquirir este libro, usted acepta el hecho de que ni el autor ni el editor son de ninguna manera expertos en los temas contenidos aquí, independientemente de cualquier afirmación que se pueda hacer al respecto. Por lo tanto, cualquier sugerencia o recomendación que se haga aquí se hace puramente con fines de entretenimiento. Se recomienda que consulte siempre a un profesional antes de seguir cualquier consejo o técnica discutida aquí.

Esta es una declaración legalmente vinculante que es considerada válida y justa tanto por el Comité de la Asociación de Editores como por la Asociación Americana de Abogados y debe ser considerada como legalmente vinculante dentro de los Estados Unidos.

La reproducción, transmisión y duplicación de cualquier contenido encontrado aquí, incluyendo información específica o extendida, se considerará un acto ilegal sin importar la forma final que tome la información. Esto incluye versiones copiadas del trabajo tanto físicas, digitales y de audio a menos que se cuente con el consentimiento expreso del Editor con antelación. Todos los derechos adicionales reservados.

Además, la información que se puede encontrar dentro de las páginas descritas a continuación se considerará tanto exacta como veraz cuando se trate de relatar hechos. Como tal, cualquier uso, correcto o incorrecto, de la información proporcionada eximirá al Editor de responsabilidad en cuanto a las acciones tomadas fuera de su ámbito directo. Sin embargo, no hay escenarios en los que el autor original o el Editor puedan considerarse responsables de ninguna manera por los daños o dificultades que puedan resultar de cualquiera de la información discutida en este documento.

Además, la información en las páginas siguientes está destinada únicamente con fines informativos y, por lo tanto, se debe considerar universal. De acuerdo con su naturaleza, se presenta sin garantía con respecto a su validez prolongada o calidad interina. Las marcas comerciales que se mencionan se hacen sin consentimiento por escrito y de ninguna manera pueden considerarse un respaldo por parte del titular de la marca comercial.

Introducción

Alguna vez has imaginado cómo algunas personas siempre pueden hacer que otros hagan lo que quieren, independientemente de si la otra persona quiere hacerlo o no. Existe una cualidad casi hipnótica no verbal que hace que las personas tomen la acción prevista. Pueden ser sus palabras, lenguaje corporal, voz, estrategias astutas o una combinación de todo. Lo que importa es que siempre tienen a las personas comiendo de su mano y haciendo lo que quieren que hagan. Aunque todos hemos manipulado a personas de una u otra manera en diferentes grados a lo largo de nuestra vida, algunas personas han perfeccionado el arte de manipular, influenciar y persuadir a las personas para que tomen la acción deseada.

Si bien las cosas parecen tener un color de rosa y hermosas por fuera, incluso con una crianza ideal, una gran educación y una carrera estelar, todos hemos sido víctimas de tácticas desagradables utilizadas por personas para salirse con la suya aprovechándose de nuestros sentimientos, autoestima y emociones. Todos hemos sido parte de relaciones manipuladoras donde los hilos de nuestros sentimientos y emociones eran controlados astutamente por otra persona para satisfacer sus necesidades.

Si bien los humanos en general prosperan con el amor, la amabilidad y la gratitud, no se puede negar que somos una especie egoísta. ¡Sí, somos egoístas por naturaleza! Aunque es posible que no consideres que ser egoísta o centrado en uno mismo sea una característica negativa. ¿Por qué no deberíamos pensar en nosotros mismos? Sin embargo, algunas personas llevan este egoísmo demasiado lejos. En su intento de satisfacer sus necesidades, pisotean los sentimientos y emociones de los demás.

Cuando las personas comienzan a recurrir a técnicas intencionales, calculadas y astutas para salirse con la suya es lo que lo hace malvado. La intensidad de esto puede variar de una persona a otra dependiendo de su crianza, entorno, personalidad, experiencias, educación y varios otros factores.

Todos somos culpables de usar la manipulación en algún momento, a menudo sin siquiera percatarnos. De la misma manera, a menudo somos manipulados por personas cercanas a nosotros sin darnos cuenta de que somos víctimas de la manipulación. Y esto es precisamente lo que la hace tan siniestra y insidiosa. Se nos hace pensar, sentir y actuar de una manera específica para satisfacer las necesidades de otra persona sin tener en cuenta nuestras emociones.

Por ejemplo, es posible que te hagan sentir culpable por trabajar duro o por pasar largas horas trabajando, incluso si lo estás haciendo para construir un futuro para tus seres queridos. O te harán sentir como si fueras una persona irresponsable por tomarte un descanso de las tareas del hogar y relajarte con amigos.

La cruda realidad sobre la manipulación es que proviene de personas que están luchando con problemas relacionados con la seguridad, la autoconfianza y la comodidad. Intentan aprovechar su suerte en un intento por mantener a otras personas abajo por miedo a perderlas. Los manipuladores operan desde un profundo sentido de inseguridad. Irónicamente, lo que no se dan cuenta es que en su intento por mantener a la gente abajo debido al miedo a perderlos, terminan haciendo justamente eso. ¡Perder a las personas!

Otras veces, los manipuladores simplemente buscan aprovecharse de las personas para servir a sus propósitos egoístas y despiadados. Son fríos, calculadores y despiadados en sus acciones. No tienen consideración por los sentimientos y emociones de sus víctimas. Según ellos, es un mundo de "el más fuerte se come al más débil" y para sobrevivir creen que tienen que utilizar a otras personas.

Los manipuladores operan con la creencia de que deben alcanzar su objetivo a través de cualquier medio necesario, y si termina lastimando a algunas personas en el camino, así sea. Estas son personas a las que se debe vigilar activamente y evitar.

El propósito de este libro es hacerte consciente de los trucos astutos que las personas usan para manipular a otros. Su objetivo es descubrir cómo las personas utilizan la manipulación emocional, el control mental y la persuasión para satisfacer sus propias necesidades.

Cuando eres capaz de identificar técnicas manipuladoras astutas, se vuelve más fácil protegerte contra ellas. Aprenderás a reconocer las señales de advertencia de la manipulación y utilizar técnicas prácticas para salvaguardar tus emociones y autoconfianza, logrando así una inmunidad completa contra las tácticas astutas de las personas.

La manipulación es completamente diferente de la persuasión. Mientras que la persuasión otorga a la otra persona el derecho de seleccionar su respuesta a una situación particular, la manipulación no da a la víctima el derecho de elección. La manipulación solo tiene un camino, el camino que tu manipulador quiere que tomes. Solo hay una única 'elección correcta': la elección del manipulador. No hay ningún respeto o preocupación por tus deseos, elecciones y emociones. Pagas con infierno si no eliges la opción que quieren que elijas.

Típicas tácticas manipuladoras incluyen

Quejándose

Jugando a ser víctima

Induciendo culpa

Comparando

Ofreciendo excusas y justificando

Fingir ignorancia

Chantaje emocional

Evasión

Demostrando una preocupación falsa

Minando a las personas

- Culpar a los demás y usar defensas de "¿yo?".

-Mintiendo

Negación

Falsa adulación.

Intimidación

Dando la ilusión de desinterés

-Shaming - Avergonzar

Usando técnicas de meter el pie en la puerta

y más

¿Alguna vez te has preguntado cómo algunas personas pueden hacer que otros hagan exactamente lo que quieren? ¿O cómo atraen a una gran cantidad de personas que están más que dispuestas a estar de acuerdo con ellos o seguir sus instrucciones? ¿Cuáles son las habilidades secretas de vida que estas personas utilizan en el mundo real para influir en las personas y lograr que estén de acuerdo con las cosas?

Dominar el arte fino de ganar e influenciar a las personas es un activo para toda la vida. Te permite sacar lo mejor de los demás, los anima a ver las cosas desde tu perspectiva y, en última instancia, los ayuda a hacer exactamente lo que deseas.

Es importante entender que ninguna de las técnicas descritas en el libro entra en las estrategias de arte oscuro para persuadir a las personas. Influenciar a las personas no se trata de destruir su autoestima para sentirse bien consigo mismo.

Al contrario, se trata de construirlos animándolos e inspirándolos. Hay múltiples estrategias psicológicas para influir en las personas sin hacer que se sientan miserables consigo mismas. Tomamos un enfoque enormemente positivo y constructivo cuando se trata de ser un influenciador increíble e influenciar a las personas en la dirección correcta.

¿Te has preguntado por qué algunos influyentes inspiran a seguidores que harían cualquier cosa para complacerlos, mientras que otros apenas logran que la gente reconozca sus instrucciones? Se trata de construir una conexión que lleve a las personas en la dirección correcta. Aunque los escritores de psicología popular no quieran que creas esto, influir en las personas va más allá de un montón de trucos psicológicos. Se adentra en las emociones de las personas, sus mentes subconscientes y sus motivadores más convincentes.

Según una leyenda que circula, Benjamin Franklin una vez quiso complacer a un hombre que no le caía muy bien. Siguió adelante y le pidió al hombre que le prestara (a Franklin) una publicación rara. Cuando Franklin la recibió, siguió adelante y agradeció al hombre con gracia. El resultado: los dos se convirtieron en grandes amigos.

En palabras de Franklin, "Aquel que ha hecho una bondad una vez estará más dispuesto a hacerte otra que aquel a quien tú mismo has obligado." Actos aparentemente pequeños como (decir gracias o ser amable) son de gran ayuda para forjar lazos donde la gente realmente te aprecia y te escucha.

¿Has oído hablar de la hipnosis de conversación? El

término ha ganado mucho impulso recientemente y no es más que una serie de técnicas utilizadas para influir subconscientemente en el comportamiento de un individuo o grupo de tal manera que crean que su opinión ha cambiado con su propia voluntad.

Por supuesto, esta área de persuadir/influir en las personas se encuentra en la zona gris. Influenciar a las personas haciéndoles creer que es a través de su voluntad puede ser engañoso. Es responsabilidad de cada individuo determinar si quieren utilizar estos trucos éticamente o no. Sin embargo, hay muchas técnicas probadas de sombrero blanco para comenzar a hablar y comportarse de una manera que haga que la gente se siente y tome nota.

La comunicación efectiva forma la base de ambos, tus encuentros personales y profesionales. Las palabras, acciones y gestos que utilizas para conectar con las personas les ayudan a entenderte y facilitan que puedas influir en sus acciones a tu favor.

Influir en las personas de manera sutil se trata de ser un comunicador poderoso, un influenciador carismático y una persona persuasiva. Hay muchas formas de lograr que las personas estén de acuerdo contigo sin ser argumentativo o negativo. Este libro te dice cómo. Te ayuda a entender cómo reacciona la gente a diferentes estímulos, qué los impulsa a hacer lo que hacen y cómo animar/inspirarlos de manera positiva. Empecemos de inmediato.

Ahora que eres bastante competente en identificar tácticas de manipulación emocional y encubierta, veamos qué lleva a las personas a manipular a otros. Esto puede ayudarte a tratar con ellos de manera más eficiente.

Todos hemos sido víctimas de todo, desde la mentira patológica hasta hacernos sentir inadecuados, pasando por terribles campañas de difamación. Están más allá de los estándares razonables de comportamiento humano. ¿Qué hace que las personas se conviertan en manipuladores siniestros? ¿Qué lleva a los manipuladores a usar las tácticas que utilizan? ¿Qué los hace desafiar las normas de comportamiento humano y recurrir a técnicas desleales para salirse con la suya con las personas?

La manipulación es una espada de doble filo con connotaciones mayormente negativas. Sin embargo, en ciertas circunstancias, también puede ser usada para lograr un propósito positivo cuando ninguna otra táctica directa es efectiva. Este manual de manipulación no solo te dará un tesoro de consejos de manipulación y persuasión, sino también consejos para lidiar con manipuladores en la vida diaria y especialmente en relaciones interpersonales. He tomado una visión comprehensiva de la manipulación como un martillo que puede ser usado para destruir cosas o clavar un clavo en la pared. Piénsalo como una herramienta poderosa - puedes usarla para construir algo o destruirlo. Cómo uses la manipulación está en tus manos. Mientras por un lado te ofrecen un montón de técnicas de manipulación para influenciar a las personas, por el otro, también hay consejos para protegerte contra la manipulación siniestra o negativa.

Sigue leyendo para obtener ideas más profundas sobre lo que hace que las personas manipulen a otros de maneras que nunca imaginaste.

¿Por qué la gente manipula?

Los manipuladores viven constantemente bajo el miedo e inseguridad. ¿Y si esto no sucede? ¿Y si mi pareja me deja por otra persona? ¿Y si alguien me gana la ventaja? Quieren ganar y controlar todo el tiempo para combatir un sentido inherente de miedo.

¿De dónde proviene este miedo? Proviene de un profundo sentido de indignidad. Esto simplemente se traduce como que ciertamente no soy digno de las cosas buenas y las personas en la vida, por lo tanto, estas cosas y personas me abandonarán. Para evitar que me abandonen, debo recurrir a algunas técnicas soeces que me darán un control absoluto sobre las personas y cosas que creo que no merezco. En resumen, el mensaje subyacente es - ¡No merezco a las personas y cosas!

Miedo

¿Por qué una persona usa la manipulación para cumplir su propia agenda? ¡Simple, miedo!

Es obvio que los manipuladores temen que nunca podrán lograr el resultado deseado por sus propias habilidades. Que si actúan éticamente, las personas y la vida no los recompensarán positivamente. Operan desde la perspectiva de que las personas y la vida están en su contra. Los manipuladores temen a todos como enemigos y creen que la vida no necesariamente les será favorable si actúan de manera favorable.

Existe el temor de que los recursos sean limitados y si no obtienen algo, otros lo harán. Piensan que es un universo donde impera la ley del más fuerte y las personas deben ser controladas para ayudarles a lograr el resultado deseado. Este control puede darse en cualquier forma - emocional, psicológica, financiera o práctica. Quieren controlar a las personas para lograr su agenda deseada y disipar sus miedos.

Baja o nula conciencia

La falta de conciencia es otra razón fundamental para la manipulación. Cuando una persona no se da cuenta de que es responsable de su propia realidad, hay una mayor tendencia a actuar sin conciencia. Los manipuladores no creen que exista un sistema justo. Además, han dejado de evolucionar. No aprenden de experiencias anteriores ni intentan lograr un estado de congruencia entre las emociones internas y la vida externa.

La manipulación de la vista como un mundo seguro para

obtener el resultado deseado, a pesar de que estos resultados no les han traído satisfacción en el pasado. Emocional y psicológicamente vuelven una y otra vez al punto de partida de vez en cuando, sin aprender nunca la lección. Para evitar esta lección, crearán otra razón para manipular. Así, quedan atrapados en un círculo vicioso de falta de valía o insatisfacción y luego creando otra necesidad de manipulación.

La manipulación no tiene beneficios más allá de la solución inicial breve, ya que la acción manipulativa no es auténtica, equilibrada o efectiva. Es una reacción defensiva ante una percepción de dolor, falta de valía, miedo o inseguridad. Al ser manipulador, la persona intenta contrarrestar estas emociones.

La manipulación es un acto deliberado que no está alineado con la conciencia de una persona o el bien mayor. La persona no opera con un entendimiento de "somos uno", lo que significa que busca obtener a través de la manipulación mediante la autenticidad en lugar de la no autenticidad. Cualquier cosa ganada a través de la no autenticidad solo lleva a victorias estrechas, problemas continuos, vacío o miedo, y falta de valía. Esto crea un sentido aún mayor de falta de valía. Nuevamente, la falta de valía es el miedo a no ser digno del amor y la aceptación de los demás.

Las personas manipuladoras no aprenden, evolucionan ni se dan cuenta del poder de la autenticidad. La falta de comprensión del verdadero poder de la autenticidad y la valía proviene de saber que uno es apreciado y aceptado por lo que realmente es. En esencia, un sentimiento de falta de valía suele ser el núcleo de la manipulación.

No quieren pagar el precio asociado para alcanzar sus metas.

La gente a menudo manipula para satisfacer sus necesidades porque no quieren pagar el precio asociado a su objetivo. A menudo luchan por lograr el objetivo o servir su propósito sin querer devolver o pagar el precio a cambio.

Por ejemplo, si no quieres que tu pareja te deje, la relación requerirá trabajo. Tendrás que darle a tu pareja amor, compasión, entendimiento, tiempo, lealtad, ánimo, inspiración, un futuro seguro y mucho más.

Un manipulador puede no querer que su pareja lo/la abandone, pero no quiere pagar el precio de mantener una relación feliz, segura y saludable, donde la pareja nunca lo/la dejará. Puede que no quiera ser leal o pasar mucho tiempo con su pareja, y aún así esperar que se quede. Cuando las personas no están dispuestas a pagar el precio para lograr lo que quieren, pueden recurrir a la manipulación o técnicas desleales para alcanzar esos objetivos sin pagar el precio que conllevan.

Del mismo modo, si una persona manipuladora quiere ser promovida en su lugar de trabajo, en lugar de trabajar duro, quedarse más horas después del trabajo, mejorar sus habilidades o obtener un título, simplemente manipulará su camino hacia el puesto. La persona no está dispuesta a pagar el precio o hacer lo que sea necesario para ser promovida.

A veces, está profundamente arraigado en la psique de una persona que los deseos son malos o que no debería tener ningún deseo ya que los hace parecer egoístas. La manipulación entonces se convierte en una forma de obtener lo que desean o necesitan sin siquiera pedirlo.

Los manipuladores se dan cuenta de que hay un precio adjunto a todo. Una persona no les hará un favor sin esperar un favor a cambio. No seguirán obteniendo cosas si no demuestran amabilidad y gratitud. Una persona no los amará ni tendrá relaciones sexuales con ellos sin obtener compromiso, lealtad y amor a cambio. Los manipuladores intentan aprovecharse intentando conseguir algo sin pagar el precio adjunto a ello. A menudo es un camino fácil.

Ellos piensan que no serán atrapados

Otra razón por la que las personas manipulan es que piensan que pueden salirse con la suya con sus actos astutos y que las víctimas no se darán cuenta de que están siendo manipuladas. También están seguros de que la víctima no puede hacer nada aunque se descubra su manipulación.

¿Qué les da a los manipuladores la sensación de que no

serán atrapados? Algunas personas dan la impresión de ser inherentemente tontas, vulnerables, inseguras e ingenuas. Estos son el tipo de personas en las que los manipuladores se aprovechan. Ellos creen que una persona que tiene poca confianza, un bajo sentido de autoestima o es tonta acerca de las formas del mundo es menos probable que se dé cuenta de que está siendo manipulado.

Además, los manipuladores saben que en caso de que se descubra su manipulación, la víctima no podrá hacer mucho. Inteligentemente eligen objetivos que tienen poca confianza, autoaceptación, imagen corporal o sentido de autovaloración. Es más fácil aprovecharse de las vulnerabilidades de estas personas que de personas asertivas y seguras de sí mismas que no permitirán que se aprovechen de ellos.

Por ejemplo, digamos que una persona tiene poca conciencia de la dinámica social, no entiende fácilmente los chistes, no identifica una broma rápidamente, no puede diferenciar entre cortesía genuina y avances sexuales, no puede decir cuándo alguien está genuinamente atraído por ellos o simplemente quiere ir a la cama con ellos y otras dinámicas sociales e interpersonales similares son más susceptibles de ser manipuladas.

Los manipuladores saben muy bien que sus víctimas no pueden hacer nada si ni siquiera se dan cuenta de que sus debilidades están siendo aprovechadas. A menudo se aprovechan de la falta de conocimiento de sus víctimas diciendo que se están imaginando cosas o inventando algo. Una persona que ya es ingenua y dudosa es menos probable que cuestione esta idea. Cuando ya te encuentras tambaleando bajo sentimientos de inseguridad, confusión y vulnerabilidad, ¿qué tan difícil es para el manipulador aprovecharse de estos sentimientos al reforzarlos aún más? Los manipuladores

Los manipuladores manipulan porque piensan que pueden dañar o molestar a sus victimas más de lo que las victimas pueden dañar o molestarlos a ellos. Casi siempre elegirán como blanco a personas que parecen amables y vulnerables. Cuando la gente es ajena a la deshonestidad que existe en las relaciones sociales, realmente no están acostumbrados a alianzas deshonestas. Esto no les proporciona los medios para enfrentar o contrarrestar la deshonestidad, lo que los hace menos conscientes de que están siendo manipulados.

No pueden aceptar sus deficiencias.

Cuando las personas no pueden aceptar sus deficiencias o no asumen la responsabilidad o la culpabilidad por los errores, existe una necesidad inherente de hacer que otros se sientan inferiores a ellos.

Si los manipuladores no son lo suficientemente buenos o se sienten miserables consigo mismos, hay un deseo de hacer que otros se sientan igual de inútiles o miserables consigo mismos. Cuando una persona cree que no es digna de alguien, manipulará a la persona para que también se sienta indigna para así poder tener control sobre su percepción de que necesitan al manipulador en su vida para sentirse valiosos. Al menospreciar a otros o tomar control sobre ellos, experimentan una forma de pseudo superioridad. Si no pueden ser lo suficientemente buenos para otros, hagamos que otros sientan que tampoco son lo suficientemente buenos para retener control sobre ellos.

De hecho, los manipuladores no quieren que sus víctimas se den cuenta de que ellos (los manipuladores) no son lo suficientemente buenos o no merecen a sus víctimas. Por lo tanto, el manipulador cultivará cuidadosamente un sentimiento de impotencia y falta de valía dentro de la víctima para mantenerla enganchada a él/ella. Si una persona se da cuenta de que es más atractiva, inteligente, rica, capaz, eficiente, autosuficiente, etcétera, mayores serán sus posibilidades de dejar al manipulador. Por otro lado, si el manipulador inculca un sentimiento de que ellos no son 'completos', necesitarán a alguien para 'completarlos'.

Los manipuladores no son capaces de aceptar sus limitaciones o lidiar con críticas. A menudo luchan con problemas psicológicos profundos o inseguridades. Al manipular a otros, no tienen que enfrentar sus propias inseguridades para sentirse superiores a los demás. Para alguien que opera con una perspectiva tan estrecha, incluso una pequeña corrección, retroalimentación o crítica puede parecer una gran derrota.

Las personas que manipulan no saben cómo lidiar con la derrota. Cuando dudas en dar retroalimentación porque la persona se pondrá a la defensiva, exagerará las cosas o no tomará las cosas de buena manera, puede ser una señal de que estás tratando con alguien que no puede aceptar críticas.

Observa cómo los manipuladores rara vez expresarán sentimientos de gratitud o agradecimiento. Encuentran difícil mostrar gratitud hacia otros porque en su opinión al hacerlo están aumentando su sensación de estar obligados con otra persona, lo cual no les da ventaja en ninguna relación.

Por ejemplo, si haces un gran favor a alguien, se sienten obligados a devolver ese favor, lo cual te coloca por encima de ellos en la dinámica de la relación hasta que devuelven el favor. Los manipuladores no quieren darte la ventaja al sentirse obligados contigo. Por lo tanto, demostrarán un agradecimiento mínimo para que no creas que has hecho algo enorme por ellos o que están en deuda contigo. La idea es siempre estar un paso por delante tuyo y esta sensación de deberles no les hace sentir superiores.

Evitando aceptar tus defectos

Cuando las personas no pueden llegar a aceptar sus defectos o no asumen la responsabilidad o la culpabilidad por los errores, surge una necesidad inherente de hacer que los demás se sientan inferiores a ellos.

Si los manipuladores no son lo suficientemente buenos o se sienten miserables consigo mismos, hay un deseo de hacer que otros se sientan igual de inútiles o miserables consigo mismos. Cuando una persona cree que no es digna de alguien, manipulará a la persona para que también se sienta indigna para que luego puedan tener control sobre su percepción de que necesitan al manipulador en su vida para sentirse dignos. Al menospreciar a los demás o tener control sobre ellos, experimentan una forma de pseudo superioridad. Si no pueden ser lo suficientemente buenos para los demás, hagamos que los demás sientan que tampoco son lo suficientemente buenos para retener el control sobre ellos.

De hecho, los manipuladores no quieren que sus víctimas se den cuenta de que ellos (los manipuladores) no son lo suficientemente buenos o no son dignos de ellos (las víctimas). Por lo tanto, el manipulador cultivará cuidadosamente un sentimiento de impotencia y falta de valía dentro de la víctima para mantenerlos enganchados a él/ella. Si una persona se da cuenta de que es más atractiva, inteligente, rica, capaz, eficiente, autosuficiente, etc., mayor será su probabilidad de dejar al manipulador. Por otro lado, si el manipulador inyecta un sentimiento de que ellos no son 'completos', necesitarán a alguien para 'completarlos'.

Los manipuladores no pueden aceptar sus fallos o enfrentarse a críticas. A menudo luchan con problemas psicológicos profundos o inseguridades. Al manipular a otros, no tienen que confrontar sus propias inseguridades para sentirse superiores a los demás. Para alguien que opera con una perspectiva tan estrecha, incluso una pequeña corrección, retroalimentación o crítica puede parecer una gran derrota.

Las personas que manipulan no saben cómo lidiar con la derrota. Cuando dudas en dar retroalimentación porque la persona se pondrá a la defensiva o exagerará las cosas o no tomará las cosas en el espíritu correcto, puede ser una señal de que estás tratando con alguien que no puede aceptar la crítica.

Observa cómo los manipuladores rara vez expresarán sentimientos de gratitud o agradecimiento. Encuentran difícil ser agradecidos con los demás porque en su opinión, al hacerlo están aumentando su sentido de obligación hacia otra persona, lo cual no les da ventaja alguna en ninguna relación.

Por ejemplo, si haces un gran favor a alguien, se sienten obligados a devolver ese favor, lo cual te coloca por encima de ellos en la dinámica de la relación hasta que devuelvan el favor. Los manipuladores no quieren darte la ventaja al sentirse obligados contigo. Por lo tanto, demostrarán un mínimo de gratitud para que no creas que has hecho algo enorme por ellos o que están obligados contigo. La idea es siempre estar un paso adelante de ti y esta sensación de estar en deuda contigo no les hace sentir superior.

Capítulo Uno: Manipulación Emocional

Si bien todos somos culpables de utilizar la manipulación (consciente o inconscientemente) en algún momento, lo que hace diferente a los manipuladores emocionales es que habitualmente pisotean las emociones y sentimientos de las personas para satisfacer sus propias necesidades egoístas. Para algunas personas, es una forma de vida utilizar los sentimientos de los demás con el fin de aumentar su dominio psicológico o superioridad sobre la persona.

1. Juega con los miedos de las personas. Los manipuladores emocionales tienden a exagerar los hechos y resaltar solo puntos específicos en un intento de infundir miedo en ti. Por ejemplo, un hombre que no quiere que su esposa persiga una carrera a tiempo completo fuera de la casa puede decirle algo como "investigaciones revelan que el 60 por ciento de todos los divorcios ocurren cuando ambos socios están involucrados en carreras a tiempo completo", ocultando

astutamente el hecho de que puede haber otras razones además de la carrera o trabajo de la mujer. Esto está construido de manera inteligente para aprovechar el miedo de la mujer a perder la relación si cede a sus ambiciones.

2. Las acciones y palabras no deberían coincidir. Los manipuladores emocionales te dicen exactamente lo que creen que quieres escuchar pero rara vez lo respaldarán con acciones. Prometerán compromiso y apoyo. Sin embargo, cuando se trata de actuar según su compromiso, te harán sentir culpable por plantear demandas poco razonables.

En un momento te dirán lo afortunados que son de conocer a una persona como tú, y al siguiente te criticarán por ser una carga. Esta es una táctica astuta para socavar la creencia de una persona sobre su cordura. Los manipuladores emocionales seguirán diciendo cosas que les convengan y de repente moldearán una percepción contraria al hacer lo opuesto a lo que dijeron para desequilibrar la cordura.

Esto también tiene un precio, que reclamarán sigilosamente en el futuro. Como manipulador emocional, constantemente estás recordando a las personas cómo las ayudaste y utilizas eso como ventaja para hacerlas sentir obligadas contigo. Si les recuerdas perpetuamente un favor que hiciste voluntariamente por ellos, lo cual hace que la otra persona sienta que te deben algo, hay altas posibilidades de que estés siendo manipulado emocionalmente.

3. Conviértanse en maestros en distribuir la culpa. Pocas personas aprovechan el poder de la culpa como los manipuladores practicados. Los manipuladores emocionales inducen culpa en otras personas para servir a sus necesidades. Si alguien menciona un problema que les ha estado molestando para discutirlo, los manipuladores les hacen sentir culpables por sentirse de esa manera, sin importar cuán justificados puedan parecer esos sentimientos. Los manipuladores emocionales hacen sentir a la gente culpable por mencionar el problema. Cuando alguien no menciona el problema, te hacen sentir miserable por no ser abierto y hablar de ello.

Sigue cocinando la culpa en ti, independientemente de la dirección de los pensamientos y acciones de la otra persona. De una forma u otra, encuentra razones para hacerte sentir culpable. Cualquier cosa que elijan hacer está mal. Independientemente de los problemas que la otra persona pueda estar teniendo colectivamente, un manipulador emocional siempre hará que sientan que es solo tu culpa. Los manipuladores culpan a las personas por todo lo desafortunado que sucede en su vida y construyen un fuerte sentido de culpa dentro de ellos. Si quieres que la gente haga lo que quieres que hagan, induce un sentido de culpa y arrepentimiento. La culpa es una de las fuerzas de manipulación más fuertes que impulsa a las personas a sumergirse profundamente y ceder a lo que quieres que hagan.

Los manipuladores emocionales se aprovechan de sus víctimas haciéndose pasar por víctimas. Llevan a sus víctimas a creer que siempre es su culpa, independientemente de si son verdaderamente responsables o no. La culpa siempre se asigna a la víctima con el manipulador haciéndose pasar por la víctima. Esto se hace con el objetivo de transferir la responsabilidad de las deficiencias del manipulador a culpar a la víctima, lo cual se hace con la intención de inducirles culpabilidad. Cuando una víctima siente un sentido de culpa o autoinculpación por la situación desagradable, se vuelve más fácil para el manipulador hacer que tomen la acción deseada.

Los manipuladores se centran en cómo la otra persona los llevó a hacer algo o en cómo es culpa de la otra persona por la cual ellos (los manipuladores) están sufriendo. Siempre es la otra persona la que hace enojar, herir y molestar al manipulador. Como manipulador, rara vez aceptas responsabilidad por tus propias acciones.

Consideremos un ejemplo aquí para ilustrar esta estrategia de manipulación emocional de manera aún más efectiva. Tu pareja está molesta contigo por olvidar vuestro aniversario. Lo razonable en tal escenario sería disculparse por el error y compensarles más tarde dándoles una sorpresa o un bonito regalo. Sin embargo, los manipuladores recurren a jugar juegos de culpa. La culpa se invierte en dirección de la otra persona. Haces que la otra persona se sienta culpable por hacerte sentir tan mal por olvidar un aniversario. Existe la tendencia de introducir un sentimiento de culpa para que la otra persona haga lo que quieres que hagan.

Así que para justificar olvidar tu aniversario a tu pareja e inducir un sentido de culpa, puedes hablar sobre lo estresado, cansado, ocupado y agotado que has estado, y lo insensible que es de su parte culparte por olvidar un aniversario cuando has estado trabajando muy duro en un proyecto últimamente. De hecho, hemos hecho que la otra persona se sienta culpable por una expectativa razonable. Se les está volviendo en su contra para evitar asumir la culpa de olvidar el aniversario.

Los manipuladores hardcore no se detendrán ahí, sin embargo, y en cambio irán un paso más allá, y repasarán todas las ocasiones en que la otra persona ha olvidado ocasiones importantes en un intento de justificar su propio olvido. Haces sentir a la otra persona como si fuera realmente su culpa esperar que recuerdes todas las fechas cuando estás estresado con el trabajo. Actúa como una especie de justificación para tu olvido. Los manipuladores maestros saben cómo tejer un sentido de culpa dentro de la conciencia de la otra persona para llevarlos a tomar la acción prevista. Usan la culpa y el reproche generosamente para satisfacer sus necesidades.

Por ejemplo, vamos a suponer que una persona saca a colación algo que le preocupa desde hace mucho tiempo.

Los manipuladores probablemente harán que sienta como si estuviera haciendo una montaña de un grano de arena, y que no es gran cosa. Hacen que la otra persona se sienta culpable por hacer un problema de algo que aparentemente no es importante. En lugar de aceptar sus problemas y comprometerse a trabajar en ellos, las tornas se vuelven en contra de la otra persona para hacer que se sienta culpable por mencionar el problema o sus verdaderos sentimientos. Esta técnica de manipulación se utiliza principalmente en relaciones personales cuando una persona se abre al otro/a pareja, y este/a último/a se vuelve atrás y lo/a culpa por sacar algo tan trivial.

Haces que la otra persona se sienta culpable por todo lo que hace. Si permanecen en silencio, puedes acusarlos de no compartir sus sentimientos o de no confiar en ti para resolver sus problemas. Si llegan a compartir sus sentimientos, los culpas de crear problemas donde no los hay. Hay una constante manipulación de la culpa para hacer que la otra persona sienta que siempre tienen la culpa para cumplir con tu propia agenda.

Todas las acciones de la otra persona se le atribuyen a él/ella o se presentan/posicionan como su culpa hasta que se adapten a tu agenda. Al mismo tiempo, tú adoptas el papel de la víctima desafortunada. Inducir un sentido de culpa es, de hecho, una de las estrategias de manipulación más poderosas para hacer que alguien te obedezca. Esto se vuelve aún más efectivo en personas que sufren de baja autoestima o niveles reducidos de confianza en sí mismos.

Por ejemplo, si quieres que alguien realice la acción deseada, enérgicamente menciona una lista de favores que has hecho por ellos o todas las ocasiones en las que te has esforzado por ayudarlos. Luego, sigue esto por cómo te has sentido decepcionado cada vez que esperabas algo de ellos. Te conviertes en una víctima proyectada que hizo todas las cosas maravillosas para ayudarles en su momento de necesidad, y ellos se convierten en seres ingratos que no responden a tus necesidades cuando es necesario. Esto sutilmente juega en las mentes de las víctimas para hacerles pensar que no están devolviendo el favor o siendo ingratas.

Los manipuladores a menudo consiguen que la otra persona haga lo que quieren diciendo algo como, "Está bien, Roger, no puedo esperar nada más de ti. Es realmente mi culpa por seguir esperando mucho de ti y de nuestra relación." Esto induce un sentido de culpa en la otra persona como si estuviera decepcionando al manipulador, lo cual puede ser o no cierto. Les estás diciendo que siempre los están decepcionando y que no puedes esperar más de ellos.

¿Alguna vez has observado cómo jugamos juegos de manipulación e introducimos un sentido de culpa dentro de nuestras relaciones personales muchas veces? Observa cómo los ancianos hacen que sus hijos experimenten un sentido de culpa al mencionar que estos nunca tienen suficiente tiempo para ellos.

Cuando los adolescentes piden permiso a sus padres para salidas nocturnas y plazos de fiestas tarde y se les niega, seguirán diciendo que los padres no les permiten vivir su vida o parecen demasiado sofocantes, sobreprotectores y autoritarios. Hablarán de cómo necesitan negociar el mundo que les rodea tarde o temprano sin que sus padres estén constantemente protegiéndolos.

Todos conocemos a esa persona que siempre está culpando a los demás o a las circunstancias por sus fallas. Estratégicamente utilizarán su sentido de impotencia para que la otra persona tome la acción deseada. Los manipuladores dan la impresión a los demás de que ellos (la otra persona) han decidido su (del manipulador) destino a través de sus acciones y decisiones, a menudo de manera negativa. Luego harán que la víctima sienta que son responsables de las desgracias del manipulador ahora, y que deben reparar el daño.

Los victimas comienzan a aceptar la noción de que son responsables de una situación negativa creada por el manipulador y a menudo responden afirmativamente a la petición del manipulador de reparar lo que aparentemente han hecho mal. El manipulador se posiciona como alguien que necesita ayuda y está condenado si no recibe ayuda a tiempo. La otra persona se siente terrible y termina haciendo lo que quieres que hagan porque sienten en cierta medida responsabilidad por tu indefensión o situación desafortunada.

4. Juega a ser la víctima. Cuando se trata de manipulación emocional, nada de lo que sucede es nunca tu error. Independientemente de tus acciones, siempre culpas a otra persona por sus fracasos.

Te empeñas en cómo te hicieron hacer algo. Si se enojan o se lastiman, eres responsable de crear expectativas irrazonables. Si se enojan o se molestan, eres responsable de lastimarlos. No hay responsabilidad por ninguna acción.

Por ejemplo, si una persona olvida el cumpleaños de su pareja, y la pareja se molesta por ello, en general se disculpará y prometerá compensarlo en el futuro. Sin embargo, una persona manipuladora emocional no solo negará que sea su culpa; también hará que su pareja se sienta miserable por culparlos.

Se quitarán el estrés que han tenido últimamente debido a algo que la pareja ha hecho que les resulta imposible recordar. El manipulador irá un paso más allá y te recordará casos en los que has olvidado algo importante para justificar su error.

5. Los manipuladores emocionales esperan demasiado, demasiado pronto. Desde una relación interpersonal hasta una asociación comercial, los manipuladores emocionales siempre están tomando el camino rápido, pasando por alto algunos pasos en el camino. Pueden

compartir demasiado pronto en una relación y esperar que la otra persona haga lo mismo.

Su vulnerabilidad, transparencia y sensibilidad son un astuto engaño. Esta es una farsa "especial" para hacerte sentir parte de su círculo íntimo. Lentamente e insidiosamente, no solo sentirás lástima por sus sentimientos, sino que también te sentirás responsable de ellos.

6. Los manipuladores emocionales menosprecian tu fe en entender la realidad. Estas personas, hay que reconocerlo, son mentirosos y tramposos excepcionalmente hábiles. Insistirán con confianza en que algo sucedió cuando no lo hizo y negarán que sucedió cuando sí ocurrió. Lo hacen de una manera tan astuta y deshonesta que empiezas a cuestionar tu propia cordura.

Por ejemplo, si sospechas que tu pareja está engañándote y les enfrentas al respecto, la pareja emocionalmente manipulativa lo negará rotundamente (aunque sea la verdad), y a su vez te hará sentir como una persona insana y sospechosa que no tiene el control sobre la realidad.

Aunque tu sospecha no sea infundada, te harán sentir culpable por espiar y desconfiar de tu pareja. Llegará un punto en el que comenzarás a cuestionar tu propia naturaleza sospechosa y cordura. ¡Estoy seguro de que muchos de ustedes están asintiendo con la cabeza en acuerdo a esto!

Ya sé que a estas alturas probablemente ya has identificado a esas personas y relaciones, y lo más seguro es que ni siquiera estábamos conscientes de estas tácticas mordaces e insidiosas mientras estábamos siendo manipulados.

7. Todos deben sentirse como lo hacen. Wow, esta es otra técnica de manipulación emocional astuta utilizada para arrastrar a otras personas a su estado emocional. El manipulador emocional quiere que todos sientan lo mismo que ellos están sintiendo. Si están de mal humor, todos a su alrededor deberían ser conscientes de ello.

Sin embargo, no termina ahí. No solo todos deberían saber cómo se sienten, sino que también deberían ser absorbidos por el estado emocional del manipulador. Cualquier otra persona que esté sintiendo o experimentando algo debería desaparecer y deberían igualar instantáneamente la frecuencia emocional del manipulador. Esto hace que las personas a su alrededor sientan que son responsables de los sentimientos del manipulador emocional, y que solo ellos deberían arreglarlo.

8. La ansia por ayudar se convierte en una carga más tarde. Los manipuladores emocionales se ofrecerán a ayudar inicialmente (y bastante ansiosamente por cierto) solo para hacerse parecer mártires más tarde. Actuarán como si lo que inicialmente acordaron hacer fuera una gran carga.

Si les recuerdas que se comprometieron con la tarea, darán la vuelta y te harán sentir como una persona paranoica a pesar de que parezcan ansiosos por ayudar. ¿El objetivo? Inducir un sentimiento de culpa, sentirse obligado hacia ellos y posiblemente incluso cuestionar tu cordura!

9. Juegos de competencia. Independientemente de la intensidad de tus problemas y desafíos, siempre harán parecer que sus problemas son mucho peores. Intentarán socavar la autenticidad de tus problemas al reforzar constantemente lo grandes que son sus problemas o desafíos.

Te harán sentir culpable por quejarte de cosas 'triviales' cuando ellos enfrentan problemas serios. ¿La meta? No tener motivo alguno para quejarte de tus problemas 'poco serios', mientras ellos tienen todo el derecho de recordarte constantemente sus problemas 'serios'. En otras palabras, quieren que te calles y dejes de quejarte de tus problemas, y siempre tener la ventaja en cada situación.

10. Ellos conocen tus botones emocionales y cómo presionarlos a voluntad. Todos tenemos puntos débiles emocionales. Los manipuladores emocionales son conscientes ingeniosamente de tus puntos débiles y no dudan en utilizarlos para servir a sus propios objetivos siniestros. Utilizarán el conocimiento de tus puntos débiles en tu contra.

Por ejemplo, si te sientes inseguro acerca de tu apariencia, harán comentarios sarcásticos sobre todo, desde tu ropa hasta tu peso. De nuevo, si estás preocupado por un próximo discurso, se aprovecharán de tus miedos diciéndote lo exigente, crítico y juzgador que es el público. Utilizan el conocimiento de tus emociones no para hacerte sentir mejor, sino para manipularte y hacerte sentir peor.

11. Los manipuladores emocionales usan el humor para hacer una burla de tus debilidades percibidas para desempoderarte o hacerte sentir inadecuado. Observa cómo algunas personas constantemente hacen comentarios críticos o irónicos sobre su pareja o amigo, a menudo bajo la apariencia de humor. La idea es hacer que la otra persona se sienta inadecuada, inferior o insegura.

Los manipuladores emocionales intentan desempoderar a la persona jugando con sus debilidades percibidas. Los comentarios abarcan desde la apariencia de la persona hasta su viejo teléfono y sus habilidades. Hacen comentarios sarcásticos y aparentemente graciosos sobre todo, incluyendo el hecho de que entraste 30 segundos tarde.

La idea es hacerte quedar mal y sentirte peor contigo mismo. De esta manera, el manipulador intenta conseguir dominio psicológico sobre ti, desafortunadamente sin que siquiera te des cuenta (¿ahora sí te das cuenta, verdad?). Desacreditarte hace que te percibas a ti mismo como inferior, lo que automáticamente les otorga la tan necesaria superioridad psicológica.

12. Los manipuladores emocionales te juzgan y critican constantemente para hacerte sentir inferior. En el ejemplo anterior, vimos cómo los manipuladores utilizan técnicas encubiertas para debilitarte al disfrazar sus comentarios sarcásticos como humor. Sin embargo, aquí el manipulador emocional directamente te desestima, marginaliza, critica y ridiculiza en un intento por mantener la superioridad psicológica sobre ti.

Su premisa es si te hacen sentir inferior y desequilibrado, sus posibilidades de lograr que hagas lo que quieran aumentan. Dejarás de creer en tus habilidades, cordura y valía, lo que les ayudará a ejercer un mayor control sobre tus pensamientos, emociones y acciones.

El agresor emocional fomentará intencionalmente la sensación de que algo no está bien contigo, y por más que lo intentes, no serás lo suficientemente bueno. Significativamente, el manipulador emocional destacará las debilidades sin ofrecer soluciones constructivas o positivas, o ayudarte de manera significativa a superar los aspectos negativos.

13. Los manipuladores emocionales te darán el tratamiento del silencio. Otro arte que los manipuladores emocionales han dominado es el arte de darle a las personas el tratamiento del silencio para presionarlas a

hacer lo que el manipulador quiere. Intencionalmente te harán esperar y sembrarán semillas de duda, inseguridad e incertidumbre en tu mente. Los manipuladores emocionales utilizan el silencio como palanca para que hagas lo que quieren manteniéndote emocionalmente privado o inseguro.

Estar en el extremo receptor del tratamiento silencioso es una señal de advertencia de que estás lidiando con un manipulador emocional. Es un tipo de abuso emocional a través del cual se demuestra desprecio a través de actos no verbales como permanecer en silencio o retirar toda comunicación.

El tratamiento silencioso se utiliza como una herramienta para incitar a sus víctimas a hacer algo específico o hacer que se sientan inadecuados al negarse a reconocer su presencia. Si tus acciones no coinciden con lo que el manipulador quiere que hagas, utilizarán el tratamiento silencioso para comunicar su decepción y castigar a sus víctimas.

14. Juego de pretendencia. Sí, también pueden hacerse los tontos cuando sea necesario. Harán como si no entendieran exactamente lo que quieres o lo que deseas de ellos. Este es uno de los trucos astutos de la agresión pasiva, donde lo que debería ser su responsabilidad, se convierte en la tuya. Así que la carga de lo que es esencialmente su responsabilidad se arroja sobre tus hombros. Esto es frecuentemente utilizado por personas que intentan esconder algo o evitar una obligación.

15. Levantar la voz y demostrar emociones negativas. Algunos manipuladores emocionales saben cómo usar el poder de su voz y lenguaje corporal para obligarte a cumplir sus exigencias.

A menudo elevarán su voz como un tipo de manipulación agresiva con la creencia de que si suenan lo suficientemente intimidantes con su voz, tono y lenguaje corporal, inevitablemente te someterás a sus demandas. La voz tipo agresor a menudo se combina con un lenguaje corporal intimidante como gestos exagerados y estar de pie para aumentar el efecto de sus acciones manipuladoras agresivas.

16. Sorpresas negativas como norma. ¡Vaya! ¿Acaso estas personas no saben cómo desequilibrarte con sus sorpresas negativas en un intento evidente de ganar una ventaja psicológica sobre ti? De repente, aparecerán con alguna información sobre no poder hacer algo o cumplir un compromiso como se prometió.

Por lo general, la información negativa se te arroja sin previo aviso para pillarte desprevenido. Te quedas sin tiempo para idear un contraataque. Los manipuladores emocionales son lobos con piel de cordero y no dejarán pasar ninguna oportunidad para causarte incomodidad, dolor o daño si te interpones en su camino.

Capítulo Dos: Técnicas de Manipulación Encubierta

Reconocer las tácticas de manipulación encubierta es complicado porque a diferencia de la manipulación abierta, éstas no son obvias ni evidentes. A menudo son técnicas ocultas para tratar de obtener control sobre los pensamientos, sentimientos y decisiones de la víctima. Está dirigido a disminuir la autoestima de una persona y destruir su creencia en sus percepciones. Cuando aprendes el juego del manipulador, puedes jugarlo mejor que ellos.

La manipulación socava la capacidad de la víctima para tomar decisiones conscientes y actuar de acuerdo con sus intereses. En cambio, se convierten en meras marionetas en manos de otra persona. Los manipuladores no valoran los valores personales, deseos y límites de las personas. En pocas palabras, te harán hacer algo que normalmente no harías.

Entonces, ¿cuáles son las tácticas de manipulación encubierta más ampliamente utilizadas y cómo puedes detectarlas en tu vida diaria? Sigue leyendo para desenmascarar los juegos de manipulación encubierta de las personas. Si bien se pueden utilizar como estrategias de manipulación para que las personas hagan lo que tú quieres, asegúrate de no abusar de ellas o tratar de darles el mayor giro positivo posible.

1. Crear una falsa sensación de intimidad. ¿Notas cómo las personas comparten constantemente información íntima sobre sí mismas en las primeras etapas de una relación? Hablarán sobre su familia, antecedentes y vidas (a menudo representándose a sí mismos como víctimas de circunstancias) en un intento por ganar tu simpatía, al mismo tiempo que crean una ilusión de intimidad.

2. Presentar a otras personas en la imagen en un intento de hacerte sentir inseguro. Una vez más, algunas personas siempre tratan de crear un sentido de inseguridad o incomodidad en sus víctimas al introducir a otras personas en la imagen. Por ejemplo, tu pareja podría hablar de encontrarse con una ex novia/ex novio o buen amigo para hacerte sentir inseguro.

Por supuesto, no todas las personas que se encuentran con amigos o ex parejas están siendo manipulativas. Sin embargo, los manipuladores encubiertos están constantemente utilizando esta táctica de introducir a otras personas en la situación para desestabilizar a su pareja. Cuando una persona intenta enfrentarte a otras personas para hacerte sentir inadecuado, puedes estar seguro de que es una táctica de manipulación encubierta.

3. Otra técnica de manipulación encubierta es 'pie en la puerta', que es bastante fácil de reconocer. Consiste en hacer una pequeña solicitud a la que la víctima acepta, seguida posteriormente por la solicitud que realmente se pretendía. Es más difícil de rechazar una vez que la víctima acepta la solicitud inicial.

La técnica del pie en la puerta, como su nombre sugiere, el objetivo aquí es lograr que su pie entre por la puerta hasta que esté cómodamente posicionado o ubicado para pedirle a la otra persona lo que desea que haga. Se puede remontar al tiempo en que los vendedores puerta a puerta colocaron su pie en la puerta para evitar que los posibles compradores les cerraran la puerta en la cara. Colocar su pie en la puerta les ofreció más tiempo para mantener la conversación y, finalmente, hacer una venta. Esta ingeniosa estrategia de manipulación se usa de manera efectiva en diversos contextos incluso hoy en día.

¿Cómo se puede utilizar de manera efectiva la estrategia de la manipulación de pie en la puerta en el escenario actual?

Es tan simple y eficiente, solo que ahora estás avanzando hacia la mente de una persona en lugar de a su puerta. Comienza construyendo una relación con la persona. Intenta romper el hielo haciendo una pequeña solicitud. Recuerda, la clave es hacer una pequeña solicitud, que la otra persona pueda cumplir fácilmente. Lo que estás haciendo en realidad es meter el pie en la puerta para desarrollar una relación con la persona y lograr que acceda a una demanda más grande o la demanda real más tarde. Si pides directamente lo que realmente quieres que hagan por ti, pueden rechazar. Empieza con una solicitud que no sea demasiado desafiante de cumplir para la otra persona. Ve hacia el objetivo gradual y constante. Muévete hacia la solicitud real lentamente y sutilmente.

Estás tratando de hacer que la persona diga una serie de 'sí' en secuencia antes de pasar al ataque real. Esto reducirá psicológicamente las posibilidades de que la persona rompa el patrón y diga que no a la solicitud final o real. Es precisamente por esto que psicólogos y expertos en comportamiento instan a los vendedores a hacer varias preguntas a sus clientes potenciales que resulten en un 'sí'. Según la investigación en el campo de la psicología y ciencia del comportamiento, si un cliente potencial responde afirmativamente a seis preguntas en secuencia, hay mayores posibilidades de que compren tu producto/servicio o tomen la acción deseada.

Utilice esta información a su favor haciendo seis preguntas en serie a las personas, donde es más probable que respondan afirmativamente. La estrategia funciona a nivel subconsciente y vale la pena intentarlo.

Lanzamos una secuencia de respuestas positivas que hacen que sea casi imposible para la mente subconsciente de la otra persona rechazar nuestra solicitud final. Una vez que una persona comienza un ciclo de responder a tus peticiones de manera positiva, subconscientemente se vuelve difícil romper el patrón y de repente ofrecer una respuesta negativa.

Esto es exactamente lo que los vendedores en tiempos anteriores hacían. Colocaban su pie en la puerta y se ofrecían ellos mismos un extra de 3-4 minutos con los prospectos para construir el impulso del discurso de ventas, desarrollar empatía y cerrar una venta. Ahora pensemos en la misma estrategia en el entorno actual. ¿Cómo te das esa pequeña apertura que eventualmente puedes aprovechar al hacer que las personas hagan lo que deseas?

Tomemos un ejemplo para entender cómo esta manipulación o persuasión puede ser aplicada en el escenario de hoy en día. Jane está terminando el proyecto que requiere que ella construya un modelo de los nueve planetas. Ella le pide a su madre que la ayude creando un modelo aproximado para el proyecto de los nueve planetas. Por supuesto, su madre hace el boceto aproximado, recolecta todos los materiales requeridos para construir el modelo y prepara todo para que Jane haga su proyecto. Luego, Jane le pide a su madre que junte todas las piezas. Ella lo hace como se le pidió. Finalmente, la madre de Jane termina haciendo toda la tarea completa sin ninguna contribución o esfuerzo de Jane. Jane utilizó la estrategia de la puerta en la cara para manipular a su madre para que hiciera su proyecto en lugar de pedirle directamente que lo hiciera desde el principio. Si Jane le hubiera pedido directamente a su madre que completara el proyecto, ella se habría negado rotundamente. Sin embargo, consiguió que su madre dijera una serie de "sí" con pequeñas peticiones que eventualmente terminaron con su madre completando todo el proyecto.

¡Esta técnica de manipulación y persuasión fue estudiada por primera vez por Fraser y Freeman durante el siglo XX! El objetivo es lograr que las personas respondan o estén de acuerdo con una solicitud pequeña y simple que lleve a un 'sí' más grande. El dúo de psicólogos se dio cuenta de que una vez que las personas aceptan una solicitud aparentemente pequeña, las posibilidades de que respondan afirmativamente a peticiones más grandes aumentan. En este ejemplo, Jane logró que su mamá terminara toda la tarea juntando varias piezas del trabajo y haciendo que aceptara cada una de estas tareas o solicitudes más pequeñas. Una vez que se acordó la solicitud inicial de crear un boceto para el modelo, Jane pudo lograr que su madre cumpliera con su solicitud más grande. Esto no habría sido posible si le hubiera pedido a su madre que completara todo el proyecto desde el principio.

Al utilizar la estrategia del pie en la puerta, asegúrate de que la solicitud sea lo suficientemente pequeña para que las personas no respondan de manera negativa. Al mismo tiempo, debe ser lo suficientemente importante para darle a la otra persona la sensación de que han hecho una buena acción al responder positivamente a tu solicitud. Mantén la solicitud positiva para que otras personas no piensen que no vale la pena cumplirla. Asegúrate de que la solicitud sea algo que una persona esté dispuesta a hacer sin muchas influencias externas como recompensas o presiones.

Si alguien se niega a la solicitud real, parecerán estar de acuerdo con algo que en realidad no pretenden hacer. Cuando se oponen a la solicitud real, rápidamente cambian las tornas para parecer la parte agraviada. Deja de tratarse de tus demandas, ya que ahora son los perjudicados. El enfoque se desplaza hacia tus quejas y ellos quedan a la defensiva ahora. A veces, advertencias y preocupaciones sobre su bienestar están hábilmente ocultas como una preocupación. Los manipuladores siempre intentan socavar las elecciones y decisiones de la otra persona en un intento de socavar su autoconfianza o autoestima. Nuevamente, esta técnica de manipulación debe ser utilizada con suficiente precaución y cuidado.

4. "Serpientes en trajes" - En su publicación Serpientes en Trajes, Robert Hare y Paul Babiak aconsejan cómo las personas deben protegerse contra los manipuladores que ofrecen cumplidos fuera de lugar y excesivos. Es una gran bandera roja de manipulación. Enfoque de cerca en lo que sigue. Sigue preguntándote a ti mismo, ¿qué es exactamente lo que esta persona quiere de mí?

5. Creación de equipos forzados. ¿Has notado cómo algunas personas siempre están creando un sentido forzado de espíritu de equipo o propósito compartido donde no existe ninguno? Frases típicas usadas por ellos incluyen, "somos un equipo", "¿cómo manejamos esto

como equipo?", "ya lo hemos hecho" etc. Supuestamente intentan retratar que ambos están involucrados en algo como equipo.

En tal situación, ¿cómo puedes saber si la persona está siendo genuinamente útil o simplemente está tratando de manipularte? ¿Sientes una extraña sensación de incomodidad al aceptar su ayuda? ¿Son sus palabras congruentes con su lenguaje corporal? (más sobre lenguaje corporal más adelante) ¿Te está dando la opción de rechazar la ayuda? ¿Está tomando tu rechazo de la manera correcta? Si no, es posible que estés tratando con un manipulador encubierto, que está tratando de manipularte bajo la apariencia de ofrecerte ayuda.

6. Halagadora primera impresión. Los manipuladores practicados a menudo causan una impresión inicial estelar. Utilizan una serie de características atractivas como modales impecables, apariencia atractiva, sonrisa carismática y cortesía para desconcertar a sus víctimas sobre sus verdaderas intenciones. Sí, existen más allá de las películas, donde se muestra a estafadores como estos personajes estereotípicos con una personalidad deslumbrante y una lengua elocuente.

Con los manipuladores, lo que aparece en la superficie no es la verdad. Sin embargo, con el tiempo y la observación, notarás las grietas en sus máscaras hábilmente puestas. Cuando se vuelve realmente sadístico, el silencio se utiliza para torturar a sus víctimas. Por ejemplo, un compañero de trabajo habla con todos en el trabajo pero te ignora a ti o se niega a tener cualquier conversación contigo.

7. Los manipuladores encubiertos parecerán desinteresados al mantener sus verdaderas intenciones, ambiciones, metas y agendas hábilmente ocultas. Sus verdaderas intenciones están escondidas bajo la apariencia de una causa desinteresada. Este es difícil de identificar. Estas son las personas que actuarán como si estuvieran trabajando arduamente en nombre de otra persona mientras ocultan su verdadera ambición por el poder y la dominación sobre los demás.

Por ejemplo, un manipulador encubierto hará que su gerente tenga la impresión de que están dispuestos a trabajar horas extras cuando el gerente está de vacaciones, solo para cumplir su ambición de eventualmente asumir el puesto del gerente.

8. Iluminación a gas. El término iluminación a gas como técnica de manipulación encubierta proviene de la obra del mismo nombre que luego fue adaptada en películas. También se ha utilizado en la literatura e investigación psicológica.

Utilizando la técnica de iluminación a gas, un manipulador torcerá la realidad para cumplir sus objetivos. Independientemente de la verdad, tienen trucos bajo la manga para hacerte pensar que realmente es tu culpa no ser capaz de percibir las cosas correctamente. Está tan arraigado en tu mente que dejas de confiar en tus percepciones y en su lugar aceptas la versión tergiversada de la verdad del manipulador. La técnica está diseñada para hacerte sentir tan mentalmente incompetente que dejas de confiar en tu versión de la realidad. Llega un punto en el que si alguien intenta desafiar tus percepciones, desconfías de ellos.

9. Racionalización. La racionalización es una técnica a través de la cual un manipulador ofrece alguna forma de justificación por una acción hiriente, ofensiva o inapropiada. Lo que hace que la técnica sea tan difícil de detectar es que la explicación dada a menudo tiene suficiente sentido para que cualquier persona razonable la acepte.

La racionalización cumple tres propósitos fundamentales, incluyendo la eliminación de la resistencia que los manipuladores puedan tener acerca de sus acciones inapropiadas, evitando que otros les señalen con el dedo y ayudando al manipulador a justificar sus acciones ante los ojos de la víctima.

Los manipuladores que utilizan la racionalización típicamente se comportarán de manera muy cariñosa en ocasiones y luego actuarán de repente distantes o fríos. Cuando la víctima se canse de su comportamiento y los confronte o los evite, es muy probable que griten o lloren y mencionen cómo han estado deprimidos o molestos últimamente y cómo eres una mala persona por enfrentarlos sobre su comportamiento aparentemente inapropiado cuando eres tú quien está actuando insensiblemente.

Te harán llorar con lo estresante que es su vida, incluso se disculparán por ello a veces. Sin embargo, en los próximos días, repetirán el patrón. Los manipuladores son artistas notables. Pueden interpretar el papel de víctima con facilidad. Pueden fingir emociones, llorar a voluntad, reír cuando lo deseen y pretender estar tristes o felices a solicitud. Examina cuidadosamente los actos de las personas que te "aman" o que siempre intentan ganar simpatía.

10. Picar punto por punto y mover el arco de gol. La diferencia entre la crítica positiva y la crítica negativa/destructiva es que un manipulador establecerá estándares casi impracticables y realizará ataques personales. Estos críticos auto-proclamados pretenden ayudar en tu desarrollo, cuando en realidad, no quieren verte mejorar. Simplemente operan con la intención de picar punto por punto en ti, derribarte y hacerte un chivo expiatorio de todas las maneras posibles.

Los manipuladores encubiertos son maestros en el arte de 'mover los metas' para asegurarse de nunca quedarse sin razones para estar decepcionados contigo. Incluso cuando presentas evidencia para validar tu postura o actúas para cumplir con su solicitud, encontrarán otra expectativa elevada para que cumplas o pedirán más pruebas para validar tu argumento. Sí, ¿quién dijo que tratar con manipuladores era fácil?

Por ejemplo, pueden comenzar criticándote por no tener una carrera exitosa. Cuando tengas una carrera exitosa, te cuestionarán por no ser aún multimillonario. Cuando esa expectativa se cumpla, exigirán por qué tu vida personal y laboral nunca está equilibrada. Las metas seguirán cambiando y las expectativas aumentarán para hacerte sentir incompetente de alguna manera u otra.

Una de las formas más fáciles de identificar a un manipulador es observar si constantemente te están inculcando un sentimiento de falta de valía o haciéndote sentir que nunca es suficiente lo que haces. Una persona genuina o constructiva nunca inducirá un sentimiento de falta de valía en ti. Ellos señalarán tus limitaciones de manera gentil y a menudo sugerirán formas de superarlas. Por otro lado, los manipuladores nunca ofrecerán sugerencias para ayudarte a superar tus limitaciones.

Si una persona te está criticando constantemente sin ayudarte a superar el problema o limitaciones de manera significativa, es muy probable que seas víctima de manipulación encubierta. Presentarán hábilmente la crítica como constructiva, incluso si solo están buscando defectos sin ofrecer soluciones.

Si una persona sigue exigiendo más pruebas para validar tu argumento o sigue elevando sus expectativas, su objetivo obviamente no es entenderte mejor. Están tratando de provocarte para que experimentes una sensación de insuficiencia o que tengas que seguir demostrándote a ti mismo todo el tiempo.

11. Retención de disculpas. Los manipuladores encubiertos rara vez se disculparán por sus acciones. En cambio, negarán, mentirán o atribuirán la culpa a otros para evitar aceptar la responsabilidad por su acto. Esté atento a esta técnica de manipulación encubierta examinando si la persona se disculpa y acepta la responsabilidad por sus errores.

Si una persona constantemente te hace sentir como si estuvieras exagerando las cosas o reaccionando de más en lugar de disculparse, es muy probable que estés tratando con un manipulador encubierto. Los manipuladores sienten una fuerte necesidad de tener la razón incluso a costa de reparar una relación. Retener una disculpa es solo otro mecanismo de control para ellos.

12. Socavando tu éxito. Una vez tuve un amigo que constantemente se sentía culpable por ser exitoso debido a su pareja. Él estaba creando un futuro prometedor para ellos y sus futuros hijos, pero ella constantemente lo hacía sentir terrible por el hecho de que trabajaba tan duro y apenas tenía tiempo para ella. Lo acusaba de ser egoísta y de solo pensar en sus metas cuando, de hecho, estaba construyendo un futuro para su familia.

Cuando le cuentas a tu pareja o a un amigo cercano sobre una promoción o una nueva oferta de trabajo, ¿cómo deberían reaccionar por lo general? Deberían estar encantados de que estás progresando en la vida. Aquellos que verdaderamente se preocupan por ti querrán verte triunfar. Los manipuladores constantemente tratarán de minimizar y socavar tu éxito. Siempre encontrarán alguna manera de sembrar negatividad en cualquier forma relacionada con tu historia de éxito. Esto surge de un evidente sentido de inseguridad de que ahora te estás volviendo más autosuficiente y ya no los necesitarás.

El sentimiento de que cuanto más exitoso te vuelvas, menos podrán controlarte los lleva a comportarse de manera irracional. Por lo tanto, te harán sentir miserable acerca de tu éxito. A veces, incluso se enojarán sin razón aparente. Una de sus mayores preocupaciones es que la independencia financiera te dará la capacidad de sobrevivir sin su ayuda. Esta perspectiva puede ser amenazante para una persona acostumbrada a que su amigo o pareja dependa excesivamente de él/ella.

13. Ciclo de Miedo- Alivio o usar miedo seguido de alivio. Esta es otra estrategia de manipulación encubierta que se utiliza en una variedad de entornos, popularmente usada por anunciantes, gerentes de marcas y especialistas en marketing para persuadir a su grupo de consumidores objetivo a tomar la acción deseada a favor de sus productos o servicios. ¿Cómo funciona la cadena de miedo y alivio? Básicamente actúa a nivel psicológico haciendo que todo el proceso sea efectivo.

Esta técnica de manipulación encubierta consiste en jugar

con los miedos de la otra persona para obtener que realicen la acción requerida a tu favor. Introduces un sentido de miedo y los haces pensar en lo peor que puede pasar en una situación particular. Esto es seguido rápidamente por ofrecer un sentido de alivio. La persona experimentará un gran alivio y positividad que los ayuda a tomar una decisión rápida para cumplir con tu agenda.

Veamos un ejemplo. Comienzas diciendo algo así, "Cuando llevaba puestos tus pendientes en la fiesta de la otra noche, escuché un sonido de clic. Estaba segura de que el pendiente se rompió. Más tarde, me di cuenta de que mi hermana en realidad estaba viendo un video en su tableta. ¿No es gracioso? Eso me recuerda, ¿puedo tomar prestados esos pendientes hermosos nuevamente para un evento próximo?

¿Qué acabas de hacer? Llevaste a la persona a través de una curva de miedo seguida de alivio para provocar un cambio rápido en sus emociones a nivel psicológico y ayudarles a tomar acción en la dirección deseada. La otra persona siente un enorme sentido de alivio al ver que en realidad no pasó nada a sus pendientes y que están en perfectas condiciones. Entran en un estado de ánimo más receptivo, flexible y positivo, lo cual hace más fácil que puedas hacer que hagan lo que deseas.

Comience sembrando semillas de inseguridad y miedo en la otra persona. Haga que imaginen lo peor que pueda ocurrir dentro de la situación dada. Luego, hábilmente siga esto proporcionando una solución o adentrándose en una narrativa sobre cómo las cosas no eran tan malas como la otra persona pensaba o imaginaba. Una vez que la persona se dé cuenta de que las cosas en realidad no son tan desafortunadas como habían imaginado, será más fácil hacer que adopten un estado mental más receptivo y conciliador. El rápido torbellino de emociones tipo montaña rusa facilita que la otra persona entre en un estado mental más positivo una vez que se ofrece algo de esperanza para combatir su miedo. Esta actitud positiva puede ser utilizada para hacer que hagan lo que usted quiere.

Piensa en cómo afecta a la persona a nivel psicológico. La víctima pasa por un ciclo o patrón de emociones poderosas. El miedo es una emoción enorme que es capaz de hacer que las personas tomen muchas acciones rápidas. Sin embargo, se debe usar con moderación. Más allá de un punto, si las personas se dan cuenta de que simplemente usas el miedo como una herramienta para manipularlos, dejarán de responder a él. El miedo hace que las personas se sientan incómodas y nerviosas. Esto es seguido inmediatamente por positividad, un gran sentido de alivio y esperanza instantánea.

Veamos otro ejemplo para entender cómo un mercado impulsado por el consumismo utiliza esta estrategia de manipulación al máximo cuando se trata de hacer que las personas tomen decisiones relacionadas con compras. Casi todos los vendedores de seguros utilizan el ciclo de miedo-alivio en sus prospectos para hacer que compren seguro de ellos. Introducirán un sentido de miedo, estrés, pánico y ansiedad para informar a los prospectos sobre cómo sus objetos de valor siempre corren el riesgo de perderse o ser destruidos bajo varias circunstancias desafortunadas. Hablarán sobre robos, incendios, robos y otras situaciones desafortunadas donde sus cosas preciosas pueden perderse, destruirse o ser robadas. Esto será seguido por la presentación de una solución: comprar una póliza de seguro para que no sufras ninguna pérdida financiera. Esta técnica de ciclo de miedo-alivio aporta cierto nivel de esperanza, seguridad y alivio en una persona para llevarla a tomar una decisión de compra rápida. Piensan en la póliza como la solución o rayo de esperanza cuando se trata de proteger el valor de sus objetos de valor.

14. Pide mucho y luego reduce la escala. Esto es lo opuesto a la técnica del pie en la puerta. En el argot psicológico, también se le conoce como la técnica del "portazo". Comienza haciendo una solicitud ridículamente irrazonable a alguien (que están garantizados a rechazar). Más tarde, regresas y pides algo mucho más factible y menos ridículo (lo que buscabas desde el principio).

Puede sonar absurdo, pero la idea es hacer que la otra persona se sienta mal por rechazar tu solicitud inicial (aunque obviamente era ridícula). La próxima vez que propongas algo más razonable, la persona se sentirá obligada a cumplir. Es como una compensación por rechazar tu solicitud anterior, y se sienten más obligados a ayudarte que a otra persona. Varias empresas y vendedores utilizan esta técnica para vender a sus clientes.

15 Fingir confianza. Bien, te vistes de manera atractiva, luces muy bien arreglado, llevas los accesorios más elegantes, y aún te preguntas por qué la gente no te escucha, te sigue o se suscribe a tus puntos de vista.

Lo más probable es que te falte el accesorio más vital: la confianza. Sí, debes eliminar el demonio de la baja confianza si realmente quieres inspirar la fe de los demás. La ropa, los accesorios y el arreglo personal solo te pueden llevar hasta cierto punto.

Uno de los principios más fundamentales de la confianza es que puedes fingirlo por completo incluso cuando no lo sientes. Todo se trata de tu lenguaje corporal, voz, expresiones y gestos (que afortunadamente están bajo tu control). Puedes fingir ser una persona muy segura incluso cuando te sientes como un limón por dentro.

Nuestro lenguaje corporal inevitablemente impacta nuestro estado mental y viceversa. Cuando actuamos con confianza durante mucho tiempo, terminamos confundiendo al cerebro haciéndole creer que realmente somos personas muy seguras de nosotras mismas. El cerebro se reprograma automáticamente y dirige al cuerpo a actuar con confianza, pensando que cometió un error en algún lugar. Por lo tanto, lo que comienza como un acto pretencioso en realidad te lleva a transformarte en una persona más segura y segura de ti misma.

Tienes que actuar seguro de ti mismo y confiado si realmente quieres que la otra persona compre lo que estás diciendo. Si no pareces convencido de algo, hay una pequeña posibilidad de que puedas convencer a otras personas al respecto. Por lo tanto, la confianza es uno de los accesorios más vitales para un manipulador.

Capítulo Tres: Técnicas de Manipulación de PNL

¿Qué es la Programación Neurolingüística?

La Programación Neurolingüística o PNL en términos más simples es el lenguaje de programación de tu mente. Todos hemos tenido casos en los que intentamos comunicarnos con alguien que no habla nuestro idioma. ¿El resultado? ¡No nos entendieron!

Vas a un restaurante a bordo y pides un filete elegante pero terminas recibiendo un guiso insípido debido a la mala interpretación del idioma y códigos.

Esto es precisamente lo que sucede cuando tratamos de comunicarnos con nuestra mente subconsciente. Pensamos que le estamos ordenando que nos brinde relaciones más felices, más dinero, un trabajo mejor y otras cosas similares. Sin embargo, si eso no es lo que realmente está apareciendo, algo se está perdiendo en la traducción. La mente subconsciente / inconsciente tiene el poder de ayudarnos a lograr nuestros objetivos solo si la programamos utilizando códigos que reconoce y entiende.

Si le estás pidiendo a tu mente inconsciente un filete y recibes estofado, es hora de hablar su idioma. Piensa en la PNL como un manual de usuario para el cerebro. Cuando las personas dominan la PNL, se vuelven fluidas en el lenguaje de la mente subconsciente, lo cual es excelente cuando se trata de reprogramar sus propios pensamientos, ideas y creencias, así como los de otras personas. Esto les da el poder de influir y persuadir a los demás, y en el lado negativo incluso manipularlos.

La Programación Neurolingüística es un conjunto de técnicas, métodos y herramientas para mejorar la comunicación con las capas más profundas de nuestro cerebro. Es un enfoque que combina el desarrollo personal, la psicoterapia y la comunicación. Sus creadores (John Grinder y Richard Bandler) afirman que existe una fuerte conexión entre el lenguaje, los patrones de comportamiento y los procesos neurológicos, que pueden ser utilizados para mejorar el aprendizaje y el desarrollo personal.

Influencia versus Manipulación

Entonces, ¿crees que un martillo es una herramienta de utilidad o de destrucción? Bueno, ¿depende de cómo lo uses, verdad? ¿O para qué propósito lo uses?

PNL es potente cuando se trata de hacer que las personas hagan lo que quieres. Es el martillo que se puede utilizar para clavar un clavo en la pared o destruir un trozo de madera. De manera similar, la PNL se puede utilizar para construir algo positivo o se puede utilizar con un propósito destructivo (manipulación).

La PNL y la Manipulación tienen prácticamente el mismo significado. Ambas se tratan de generar el efecto deseado en otras personas sin un esfuerzo obvio. Sin embargo, una diferencia clave entre la influencia y la manipulación es que esta última tiene como objetivo influir en otros para que cumplan con los objetivos egoístas del manipulador a través de medios que pueden ser injustos, ilegales, astutos o insidiosos. Las cosas se trampan a través de métodos fraudulentos para que favorezcan al manipulador. Un manipulador a menudo se aprovecha de las inseguridades, miedos y culpa de otras personas. A su vez, las víctimas de la manipulación se sienten insatisfechas, frustradas, atrapadas e infelices.

Por el contrario, la influencia es la capacidad de inspirar a las personas de una manera admirable, carismática y honorable. A menudo somos inspirados por personas influyentes y aspiramos a modelar nuestra vida según la suya. Hay un sentimiento general de positividad relacionado con ellos, y nos sentimos impactados de manera positiva en su compañía. No toda influencia es positiva, por eso usamos términos como "mala influencia" para significar el efecto negativo de una persona en nosotros. Sin embargo, la manipulación nunca se categoriza como buena o mala. Siempre opera con motivos siniestros. Esa es la diferencia principal entre influencia y manipulación.

La influencia es una espada de doble filo que puede ser utilizada de manera positiva y negativa, mientras que la manipulación solo opera con una perspectiva negativa, estrecha y egoísta para cumplir los objetivos del manipulador.

Si bien la manipulación tiene motivaciones egoístas y cuestionables, la influencia también puede ser positiva. En contraste con la manipulación, la influencia tiene connotaciones positivas, ya que considera las necesidades, metas y deseos de otras personas. ¿Acaso como padres no queremos influir en nuestros hijos para que lleven vidas más felices y saludables? De manera similar, como gerentes, queremos influir en nuestro equipo para que pongan su mejor esfuerzo.

Al igual que el martillo discutido anteriormente, las personas pueden usar PNL para influir positiva o negativamente en otras personas para cumplir sus propios objetivos egoístas (manipulación). La PNL es una herramienta de control mental que puede tanto construir como dañar. Las técnicas mencionadas aquí se pueden utilizar para detectar a personas que utilizan PNL para manipularte, o para que puedas manipular a otras personas. Una vez más, tienes una herramienta poderosa en tu posesión que puede ser utilizada de manera constructiva o destructiva.

¿Cómo se utiliza el procesamiento del lenguaje natural para manipular a las personas?

El entrenamiento en PNL se lleva a cabo en una estructura similar a una pirámide, con técnicas sofisticadas reservadas para seminarios de alto nivel. Es un tema complejo (quienquiera que haya dicho que algo relacionado con la mente humana sería fácil). Sin embargo, para simplificar un concepto complicado, los practicantes de PNL prestan mucha atención a las personas con las que trabajan. Observan todo, desde movimientos oculares hasta enrojecimientos de la piel y dilatación de las pupilas para determinar qué tipo de información están procesando las personas.

A través de la observación, los expertos en PNL pueden decir qué lado del cerebro es dominante en una persona. De manera similar, pueden determinar qué sentido es el más activo dentro del cerebro de la persona. Los movimientos oculares pueden determinar cómo su cerebro almacena y utiliza la información. También es fácil descifrar si la persona está expresando hechos (diciendo la verdad) o inventando hechos (mintiendo) observando sus movimientos oculares.

Después de recopilar esta información invaluable, el manipulador de PNL imitará sutilmente a sus víctimas (incluyendo el habla, lenguaje corporal, gestos, patrones lingüísticos verbales y más) para dar la sensación de ser "uno de ellos".

Los NLPers fingirán pistas sociales para llevar a sus víctimas a bajar la guardia y entrar en un estado mental más abierto, receptivo y sugestionable, donde estarán listos para absorber cualquier información con la que se alimente su mente. Los manipuladores utilizarán hábilmente un lenguaje que se enfoque en los sentidos predominantes de una persona.

Por ejemplo, si una persona está enfocada en su sentido visual, es probable que el manipulador de PNL lo use a su favor de manera óptima diciendo algo como, "¿Ves de dónde vengo?", "¿Puedes ver lo que intento decirte?" o "¿Lo ves de esta manera?" De manera similar, si una persona es predominantemente auditiva, el manipulador les hablará usando metáforas auditivas como, "solo escúchame una vez, Tim" o "Te escucho."

Al reflejar el lenguaje corporal y los patrones lingüísticos verbales de su víctima, los expertos en PNL o manipuladores de PNL intentan lograr un objetivo claro - establecer una conexión. Como se discutió anteriormente, los manipuladores también intentan lograr esto compartiendo demasiado pronto o construyendo una intimidad temprana. El objetivo es el mismo: establecer una conexión con sus víctimas, lo que luego facilita que las víctimas bajen la guardia.

Una vez que el manipulador utiliza PNL para crear

rapport y derribar la guardia de la víctima a través del uso inteligente del lenguaje corporal y patrones verbales, la víctima se vuelve más abierta y sugestionable. Se le dan señales sociales falsas a la víctima para hacer que sus mentes sean más maleables.

Una vez que establecen una relación, los programadores neurolingüísticos comenzarán a guiar a la víctima hacia una mayor interacción de manera sublime. Después de haber imitado a la víctima y haber establecido en la mente subconsciente de la víctima que ellos (el manipulador) son uno de ellos (la víctima), el manipulador aumenta sus posibilidades de hacer que la víctima haga lo que el manipulador quiere. Sutilmente cambiarán su comportamiento y lenguaje para influir en las acciones de su víctima.

Las técnicas pueden incluir preguntas sugestivas, patrones de lenguaje sublime y una serie de otras técnicas de PNL para maniobrar la mente de la persona donde quieran. La víctima, por otro lado, a menudo no se da cuenta de lo que está sucediendo. En su opinión, todo está ocurriendo de forma natural o de acuerdo a su consentimiento.

Por supuesto, los manipuladores (por muy hábiles que sean) pueden no ser capaces de utilizar PNL para hacer que las personas actúen de una manera que esté completamente fuera de su carácter. Sin embargo, se puede usar para dirigir las respuestas de las personas en la dirección deseada. Por ejemplo, no se puede convencer a una persona fundamentalmente ética y veraz para que actúe de manera deshonesta. Sin embargo, se puede utilizar para hacer que una persona piense en una dirección específica o en una línea de pensamiento. Los manipuladores utilizan la PNL para provocar respuestas específicas de una persona.

La PNL intenta lograr dos objetivos, la elicitation y el anclaje. La elicitation ocurre cuando los PNLeros utilizan el lenguaje y el liderazgo para llevar a sus víctimas a un estado emocional. Una vez que se logra el estado deseado, el PNLero anclará la emoción con una pista física específica, por ejemplo, tocando su hombro. Esto simplemente significa que un PNLero puede invocar la misma emoción en ti tocando tu hombro.

Por ejemplo, digamos que el manipulador de PNL te hace sentir deprimido o indigno usando el lenguaje, el liderazgo y otras técnicas de PNL. Esto se sigue por golpear la parte posterior de tus manos de una manera específica para crear un anclaje. De esta manera, cada vez que quieran crear una emoción de desilusión, depresión e indignidad en ti, golpearán la parte posterior de tu mano. No es más que condicionarte para sentir de cierta manera con pistas físicas vinculadas.

Ahora que tienes una idea clara de qué es el PNL o cómo los manipuladores pueden usarlo para la sumisión, ¿qué puedes hacer para protegerte contra los manipuladores de PNL?

Aquí hay algunos consejos para evitar que los NLPers utilicen sus trucos sorprendentemente inteligentes pero astutos contigo.

Ten cuidado con las personas que imitan tu lenguaje corporal. De acuerdo, no lo sabías hasta ahora, pero las personas que imitan o copian tu lenguaje corporal son una de las señales más claras de que intentan manipularte, influenciarte o persuadirte para que actúes de la manera deseada. Realmente disfruto probando a estos expertos en PNL usando gestos sutiles con las manos y movimientos de piernas para evaluar si están realmente imitando mi lenguaje corporal para establecer una conexión.

Si siguen el ejemplo, ¡ese es mi indicio para huir! Los expertos en PNL han dominado el arte del reflejo sutil, lo que significa que es posible que ni siquiera te des cuenta de que están imitando tus acciones. Los principiantes en PNL imitarán instantáneamente el mismo movimiento exacto en su entusiasmo por establecer una sensación de unidad, ¡lo cual es una buena manera de descubrir su engaño!

Si estás buscando una forma de manipular a las personas, el reflejo puede hacer maravillas "La imitación es la mejor forma de halago". Para hacer que alguien se sienta atraído instantáneamente hacia ti, sé uno de ellos o mejor aún, igual que ellos. Reflejar las palabras y el comportamiento de alguien es un instinto primordial.

Rápidamente hace que las personas piensen que eres parte del "clan".

¿Has visto cómo los vendedores astutos a menudo repiten las palabras que dices o imitan tus gestos solo para persuadirte suavemente a comprarles? ¿O cómo los influenciadores hablan "el idioma de su gente" solo para ganarse la confianza de sus seguidores? No están haciendo otra cosa que usando la técnica altamente potente del reflejo.

Cuando realmente quieres influir en las personas o conseguir que hagan lo que quieras, observa de cerca su comportamiento, tono y altura de voz, gestos, lenguaje corporal y patrones de habla. Luego, utiliza lo mismo en tus interacciones con ellos para que te encuentren instantáneamente simpático. ¡Funciona como magia!

La investigación ha señalado en la dirección de que las personas que son imitadas son más propensas a responder de manera más positiva ante aquellos que las imitan. La manera en que esto funciona a nivel psicológico es que imitar el patrón de comportamiento o las palabras de alguien les hace sentir una sensación de validación. Esta positividad se transmite directamente a la persona que los validó al reflejar su comportamiento. Llegan a asociar a las personas que los imitan como positivas y simpáticas. ¿No aumenta automáticamente tu autoestima y confianza cuando alguien te imita? Y terminas inevitablemente sintiendo simpatía por las personas que te admiran.

Otro consejo poderoso en la misma línea es parafrasear lo que la gente dice y repetirlo, lo cual también se conoce como escucha reflexiva. Esto demuestra a la otra persona que has estado escuchándola, lo cual valida todo lo que dijeron. Los terapeutas y consejeros utilizan generosamente la escucha reflexiva (por eso a la gente le gusta hablar con ellos).

Esta técnica puede ser aplicable casi en cualquier lugar, desde tus empleados hasta tus amigos hasta tu pareja. Cuando escuchas a las personas atentamente y reformulas lo que dijeron como una pregunta solo para confirmar que están en la misma página, los estás haciendo sentir más cómodos acerca de interactuar contigo. Es más probable que desarrollen sentimientos positivos hacia ti y te escuchen más atentamente porque ya has demostrado que lo que dicen es importante para ti.

2. Confundir con movimientos oculares. Otra forma fantástica de desenmascarar a un manipulador de PNL es notar si están jugando muy cerca de tus ojos o movimientos oculares. Los usuarios de PNL a menudo examinan a su objetivo o víctima muy cuidadosamente. Los movimientos oculares se escrutan para evaluar cómo accedes y almacenas la información.

De hecho, quieren determinar qué partes del cerebro estás utilizando para recopilar pistas sobre tus pensamientos y sentimientos. Te digo que lo hagas moviendo rápidamente los ojos por todos lados.

Muévelos hacia arriba y hacia abajo o de un lado a otro sin un patrón claro. Estás desviando a tu manipulador de PNL de su curso. Haz que parezca natural. Su calibración se irá por el desagüe.

3. Ten cuidado con el contacto de las personas. Como discutimos anteriormente, una de las técnicas que usan los NLPers es el anclaje. Si sabes que una persona practica PNL y estás en una condición emocional especialmente intensa, no les permitas que te toquen de ninguna manera. Simplemente desvíalos del curso riéndote de repente o entrando en un ataque de ira. Básicamente, los estás confundiendo acerca de la emoción que necesitan anclar. Incluso si intentan establecer una pista física para invocar ciertas emociones, se quedarán con una mezcla de risa loca, ira y lo que sea que hayas hecho.

4. Presta atención al lenguaje permisivo. El lenguaje típico utilizado por los PNL incluye "estar relajado", "relájate y disfruta de esto" y otras afirmaciones similares. Ten cuidado con este lenguaje estilo hipnótico de PNL que te induce a un estado de relajación profunda o en trance para hacerte pensar o actuar de una manera específica. Los manipuladores hábiles o encubiertos rara vez dan órdenes de manera directa.

Ellos buscarán astutamente tu permiso para darte la impresión de que estás haciendo lo que quieren que hagas por voluntad propia (uno de sus muchos trucos siniestros). Si observas a hipnotizadores experimentados, nunca te ordenarán directamente que hagas algo, sino que buscarán tu permiso para hacer que parezca que se está haciendo de manera orgánica, con tu consentimiento.

5. Protegerse contra el galimatías

Ten cuidado con el galimatías que simplemente no tiene sentido lógico o con declaraciones enredadas/complicadas que significan poco. Por ejemplo, "A medida que liberas la sensación de estar retenido por tus pensamientos, te encontrarás en alineación con la voz de tu éxito". ¿Tiene sentido esto? Los manipuladores de PNL no dirán nada con propósito, sino que programarán tu estado emocional para llevarlo donde ellos quieren.

Una de las mejores formas de protegerse contra este tipo de manipulación inducida por hipnosis y PNL es instar al manipulador a ser más específico. ¿Puedes ser más claro sobre esto? ¿Puedes especificar exactamente lo que quisiste decir con eso? No solo interrumpirá su técnica astutamente establecida, sino que también obligará a la interacción a utilizar un lenguaje preciso, rompiendo así el trance inducido a través de palabras y frases ambiguas.

6. No aceptes rápidamente nada. Si te encuentras obligado a tomar una decisión instantánea sobre algo importante y sientes que te están guiando en una dirección específica, escapa de la situación. Espera hasta el día siguiente para tomar una decisión. No te dejes arrastrar a tomar una decisión que no quieres tomar por

impulso. Los profesionales de ventas son expertos en manipular a los compradores para que compren algo que no necesitan utilizando tácticas astutas de manipulación y de PNL. Cuando alguien te presiona para que tomes una decisión, debería ser una señal de advertencia para retroceder y esperar hasta que hayas pensado más en la situación.

Capítulo Cuatro: Persuadir e Influenciar a las Personas

La gratitud es otra cualidad de influencer / modelo a seguir enorme. Los manipuladores e influencers eficientes conocen el poder de la simple apreciación para canalizar a las personas en la dirección correcta. Un simple gesto como agradecer a las personas, apreciar el esfuerzo que ponen en un proyecto o elogiar públicamente sus habilidades, tiene un gran impacto en inspirar su lealtad hacia ti.

Siempre elige reconocer el trabajo o esfuerzos de los demás y enfócate en elevarlos como modelos a seguir brillantes para otros. Pocas cosas aumentan la moral de una persona más que ser presentada como un ejemplo brillante. Esto no solo hace que la persona se sienta maravillosa, sino que también te ayuda a reforzar lo que es lo correcto. Todos quieren ser apreciados y valorados, y, por lo tanto, estarán motivados para hacer las cosas como deben ser hechas. Una vez que una persona se da cuenta de que estás agradecido por algo, seguirán haciendo aún más de eso.

Otro consejo que puede convertirte en un excelente manipulador, influenciador y persuasor es la habilidad para ayudar a las personas a salvar la cara en una situación potencialmente embarazosa o incómoda. La persona se sentirá endeudada contigo de por vida. Sentirá un profundo sentido de gratitud por haberlos ayudado en una situación difícil, lo que a su vez inspira lealtad inquebrantable.

Puedes ayudar a desviar la atención del error de la persona. Por ejemplo, si alguien dice algo que no debería haber dicho erróneamente o por accidente, cambia rápidamente de tema antes de que nadie se dé cuenta o finge que no pasó nada importante.

Como influencer o manipulador, estás mostrando a las personas que te importan lo suficiente como para encubrir pequeños errores o delitos. Sin embargo, no permitas que las personas se aprovechen de tu amabilidad. Asegúrate de informarle a la persona de manera asertiva en privado (si es algo potencialmente importante) que no mostrarás la misma indulgencia si es una ofensa habitual.

Entrena y mentorea a las personas en lugar de humillarlas. Si ves un esfuerzo sincero por cambiar, ayúdalos a cambiar. Trabajen juntos en estrategias que puedan ayudarles a alcanzar sus metas.

Estar relajado

Los comportamientos relajados, racionales y firmes tienen más probabilidades de lograr éxito al influenciar a las personas que un enfoque emocional, volátil y exigente. Mantener la calma y la serenidad puede ganarte más seguidores que una actitud irracionalmente dogmática.

Las personas tienden a escucharte de manera más efectiva cuando hablas lentamente de forma tranquila, relajada y segura. Si comienzas a gritar con insultos, seguramente perderás el respeto con el tiempo. Los influenciadores rara vez muestran reacciones emocionales extremas. Desprenden confianza natural que finalmente les ayuda a influenciar a otros sobre sus ideas.

Si realmente quieres que la gente te escuche, evita dar órdenes. Te hace parecer autoritario y irrespetuoso. Por otro lado, cuando demuestras que realmente te importa la opinión de los demás, es más probable que respondan a tu solicitud. Se sentirán menospreciados y harán exactamente lo contrario de lo que les pides.

En su lugar, haga solicitudes educadas y respetuosas. Utilice la palabra "por favor" siempre que pueda. En lugar de ordenar a una persona que haga una visita de venta al aire libre por el día, puede decir algo como, "¿No es un día encantador afuera hoy? ¿No sería un buen día para hacer su visita de venta al aire libre? Pocas posibilidades de que la persona se niegue. Solicite de una manera que la gente encuentre difícil de rechazar.

Ten en cuenta tu lenguaje corporal.

¿Sabías que el lenguaje corporal representa el 55 por ciento del proceso de comunicación? ¿Y que el tono de tu voz contribuye con aproximadamente el 38 por ciento de toda la comunicación? Esto simplemente significa que la comunicación no verbal es más importante que lo que hablas o la comunicación verbal.

No se reduce a lo que dices, sino también a cómo lo dices o la forma en que comunicas algo. Todo, desde tus gestos hasta la postura, las expresiones de los ojos, impacta el mensaje que estás tratando de transmitir. Por ejemplo, cuando una persona tiene una expresión estoica en su rostro y cruza los brazos sobre el pecho, sabes que te están hablando de manera acusatoria. Sin embargo, una voz más calmada, brazos y piernas no cruzados, y un lenguaje corporal generalmente relajado harán que la otra persona se sienta más tranquila. Es probable que estén menos a la defensiva y más receptivos al mensaje.

Aquí tienes algunos consejos para mantener tu lenguaje corporal positivo. Enfrenta a la persona mientras hablas con ella. Mantén contacto visual sin fijar la mirada y haciendo sentir incómoda a la otra persona. Está bien desviar la mirada ocasionalmente. No te inquietes ni tampoco golpees tus dedos/pies. Esto puede darle a tu amigo la impresión de que simplemente no estás interesado en lo que él o ella está diciendo. Uno de los mejores consejos para demostrar tu interés en la otra persona o en lo que está diciendo es inclinarte en su dirección. Mantén tu lenguaje corporal menos rígido, y mantente relajado o cómodo.

El lenguaje corporal es un componente integral de tu persona como manipulador e influenciador. Tu tono de voz, expresiones, gestos, caminar, postura y varios otros indicios no verbales son determinantes cuando se trata de lograr que las personas hagan lo que deseas.

Siempre mantén el tono de tu voz asertivo, firme, decidido y bajo. Estudios han revelado que hablar a las personas en tonos suaves y reconfortantes en realidad los hace más eficientes. Esto de ninguna manera implica que no debas tener una voz fuerte, segura y naturalmente confiada que muestre que vas en serio. Simplemente no vayas por ahí hablando en tonos altos todo el tiempo para afirmar tu autoridad si quieres que te tomen en serio. Siempre habla despacio y haz pausas de manera efectiva para reforzar tu autoridad. Parecerás menos autoritario si hablas rápido sin sazonar tu discurso con pausas impactantes.

Un apretón de manos de un influencer y manipulador es firme sin ser intimidante ni apretado. Tu objetivo debe ser tranquilizar a las personas en lugar de establecer un status quo con tu apretón de manos. No recurras a un apretón de manos flojo usando solo las yemas de los dedos de tu mano. Utiliza toda la mano. Tienes una sola oportunidad para crear una poderosa primera impresión, y tu apretón de manos puede tener un impacto instantáneo.

¿Sabías que las personas te evalúan y forman una opinión sobre ti en los primeros 4 segundos de tu primera interacción con ellos? Haz que cada segundo cuente. Un firme apretón de manos transmite confianza, simpatía y positividad. Simboliza la unión de dos fuerzas que pueden unirse para crear algo formidable. Los influenciadores poderosos siempre se dan la mano de una manera que transmite su fuerza y control.

No utilices gestos aleatorios, distraídos o nerviosos mientras te diriges a tu grupo. Utiliza gestos que complementen la comunicación verbal. Por ejemplo, si estás hablando sobre un trabajo bien hecho o apreciación dirigida hacia tu empresa, utiliza el gesto de pulgar arriba. Estos gestos apoyan tu discurso y crean una impresión memorable en la mente de los seguidores.

Siempre mantén una postura poderosa. Los influencers fuertes comunican confianza, seguridad y fuerza de manera muy sutil a través de su postura. Mantén tu postura extendida y abierta para proyectar transparencia, confianza y poder. Tu cabeza debe estar erguida. Mantén el contacto visual inquebrantable mientras hablas con la gente. No te olvides de sonreír.

Uno de los trucos más limpios antes de presentar una idea (que deseas que la otra persona esté de acuerdo) es practicar posturas frente a un espejo. Invariablemente te sentirás más confiado y transmitirás subconscientemente a tu audiencia que estás totalmente en control, positivo sobre el futuro de la organización y capaz de establecer objetivos poderosos. Cuando estés en el escenario, intenta caminar, hacer una pausa y volver a caminar para lograr un mayor efecto en lugar de realizar movimientos erráticos o permanecer inmóvil. El movimiento representa energía, entusiasmo y compromiso, lo cual puede ser altamente contagioso para los seguidores.

Gestos ansiosos como jalar el cuello de tu camisa o levantar tu cabello indican un montón de energía nerviosa, lo cual no ayuda mucho para tranquilizar a los seguidores en una crisis. Los empleados esperan que los líderes de opinión estén calmados y en control de la situación cuando están nerviosos. Si detectan nerviosismo en tu lenguaje corporal, tienden a perder confianza también. Mantén tu lenguaje corporal tranquilo, sereno y recogido para restablecer la seguridad. Esto reconforta a los seguidores y facilita la colaboración.

Desarrollar un estilo de comunicación impresionante

Todos tienen sus propias preferencias y estilos de comunicación cuando se trata de transmitir sus ideas, pensamientos y conceptos. Si deseas estar en una posición más dominante o quieres que otros te vean como un influenciador, desarrolla un estilo de comunicación único. ¿Cuál es tu medio principal de comunicación? ¿Pones más énfasis en la comunicación verbal o no verbal?

Una vez tuve una entrenadora que me dijo que le encantaba la forma en que usaba mis manos para gesticular mientras hacía una presentación. Agregaba más impacto al mensaje y lo hacía aún más efectivo. Desde entonces, comencé a incorporar conscientemente estos gestos potentes en mis presentaciones para darles más fuerza, lo cual realmente funcionó para mí. ¿Cuál es tu propuesta única de comunicación? Si eres maravilloso con las palabras, úsalo a tu favor. Si tienes un rostro más expresivo o animado, comunícate a través de las expresiones.

Descubre tus propias preferencias de comunicación únicas. Soy alguien que rueda los ojos, por lo que puedo comunicarme fácilmente a través de mis ojos si algo no me agrada. Haz un balance de tus fortalezas personales, debilidades y estilos de comunicación. No siempre tienes que seguir las líneas de otras personas cuando se trata de comunicación. Ponte frente a un espejo y observa tu estilo de comunicación. Presta atención a tus gestos, voz, expresiones, tono - ¿cómo te percibe la otra persona? ¿Cuáles son las palabras y frases que utilizas con frecuencia? ¿Tu estilo de comunicación anima a las personas a escuchar o apagar? ¿Es tu lenguaje positivo o negativo?

Por ejemplo, si alguien no está cumpliendo con tus expectativas, ¿dices "tú eres malo en esto" o "tienes el potencial para hacerlo mucho mejor que esto"? ¿Tu lenguaje une brechas o destruye relaciones? ¿Tus palabras fomentan una conversación adicional? ¿Inspira a tus jefes, compañeros de trabajo o subordinados a proponer ideas? ¿Estás cerrando a las personas por lo que dices? Todo esto es importante cuando se trata de comunicación dentro del lugar de trabajo.

Las personas suelen tener uno de estos tres estilos de comunicación, que pueden variar dependiendo de la situación. Algunas personas tienen estilos de comunicación más autoritarios o dictatoriales, mientras que otros son más sumisos. El tercero es la categoría asertiva, a la que debes aspirar. Lo dogmático o dictatorial dice, "Siempre tengo la razón. Mi palabra es verdad absoluta." La sumisión dice, "Siempre tienes la razón y cedo en todo lo que dices."

Sin embargo, la asertividad dice: "Creo que tengo razón, pero eso no significa que no respete tu opinión o tu derecho a diferir." La asertividad es el respeto tanto por tu punto de vista como por el de la otra persona. Es defenderse a uno mismo sin menospreciar a la otra persona. Es el camino perfecto entre ser dogmático y sumiso. Observa al personal directivo de cualquier organización. La mayoría de las veces, observarás que han dominado el arte de expresar su punto de vista sin ofender a otras personas. Por supuesto, también hay muchas excepciones. ¡Yo he tenido mi parte de jefes infernales! Sin embargo, las personas que saben hablar para que otros los escuchen sin ofenderse han dominado bastante bien el arte de la comunicación empresarial.

Identifica un terreno común sólido

Cuando encuentres personas que se desconectan de una conversación o no responden favorablemente a lo que estás diciendo, cambia de tema. Encuentra un punto en común entre tú y la otra persona para establecer un nivel de comodidad. Las personas en ventas utilizan esta técnica de comunicación todo el tiempo. Están entrenadas en el arte de construir una relación con los clientes potenciales.

Busca pistas hasta que encuentres algo en común. Involucra a la persona en una conversación sobre el tema por un tiempo hasta que se descongelen. Haz que se sientan cómodos, y luego cambia de nuevo al tema inicial. Estarán más receptivos y abiertos a lo que estás diciendo. A menudo, nos damos por vencidos cuando nos damos cuenta de que la otra persona no responde o reacciona favorablemente a lo que estamos diciendo. Sin embargo, los comunicadores eficaces pueden rápidamente encontrar una conexión a través de un hilo común y hacer que la otra persona se relacione con ellos de manera más positiva.

Decir las cosas en el momento adecuado

Este es uno de los puntos más importantes cuando se trata de comunicarse con personas en un entorno profesional. A veces, el problema en la comunicación no surge según cómo se dice algo; simplemente es cuestión de cuándo se dice. Si tienes un problema con alguien en el trabajo, abórdalo directamente en lugar de dejar que todo el lugar de trabajo lo sepa. De manera similar, todos tenemos días y momentos malos. Muestra más empatía hacia las personas al tratar de entenderlas. Todos nos estresamos y tenemos nuestros días improductivos o ineficientes. Está bien acercarse a las personas y hacer concesiones por ellos cuando claramente están pasando por un mal momento.

No debería haber espacio para el drama dentro de un entorno profesional. Asegúrate de elogiar a las personas públicamente cuando han hecho algo maravilloso, y criticarlas en privado. Conozco a una influencer de redes sociales que es extremadamente popular y querida dentro de su comunidad porque elogia abundantemente a las personas en público. Siempre destaca sus aspectos positivos y reconoce públicamente sus fortalezas.

Sin embargo, cuando algo no sale según lo planeado o los resultados no están a la altura, llamará a su personal dentro de la cabina y tendrá una conversación uno a uno con ellos. Nadie se entera de la conversación que comparte con sus asistentes. Esto hace que su aura sea muy positiva e inspiradora. No hace falta decir que la gente toma en serio sus palabras y la escucha.

Del mismo modo, mantén tu lenguaje corporal poderoso y positivo mientras te comunicas con las personas. Por ejemplo, mantén el contacto visual para mostrar que estás interesado en o respetas lo que están diciendo. Sé más consciente y atento de tu lenguaje corporal mientras te comunicas con las personas. Imagina que un compañero de trabajo te está expresando sus preocupaciones y tú colocas tu mentón sobre la mano mientras rodando tus ojos periódicamente mientras los escuchas. ¿Qué señal les estás enviando? Que no te importa en absoluto lo que están diciendo o que estás completamente aburrido.

Siempre utiliza un lenguaje que resuene con tu audiencia. Si estás tratando con un grupo de pasantes, evita usar demasiado argot técnico que no entiendan o con el que no se identifiquen. Es posible que se identifiquen con un lenguaje un poco más informal y propio de la generación del milenio. De manera similar, si te diriges a un grupo de directivos de alta gerencia, es posible que tengas que recurrir a un lenguaje más técnico y profesional que resuene con ellos.

El uso de tecnicismos innecesarios puede complicar o confundir a las personas. Es posible que no puedas transmitir información de manera efectiva o expresar tus ideas de manera impactante. Utiliza un lenguaje que genere mayor participación y discusión. El objetivo principal de la comunicación debe ser comunicar tu punto de vista de manera convincente, no tratar de impresionar.

Utilice la Técnica del Sándwich

La técnica del sándwich puede que no califique realmente como una técnica altamente manipuladora. Sin embargo, es efectiva porque te ayuda a que la otra persona haga lo que quieres mediante el uso de la carta de la diplomacia. Este es uno de los métodos más poderosos cuando se trata de comunicar algo complicado y potencialmente ofensivo a tu pareja. La forma en que funciona es - tú colocas una declaración potencialmente negativa u ofensiva entre un par de declaraciones positivas.

Por ejemplo, "Escucha, Bridget, te adoro mucho y realmente me haces feliz. Sin embargo, estoy teniendo dificultades contigo trabajando todo el día. Si tan solo redujeras un poco tu trabajo, podríamos pasar un buen rato juntos, estaría realmente feliz. Se siente maravilloso cuando estoy contigo." ¿Ves lo que hicimos allí? Usamos una acusación potencial de conflicto (no pasas suficiente tiempo conmigo por tu trabajo) entre dos afirmaciones dulces y melosas que seguramente derretirán el corazón de tu pareja.

No arrojes una bomba a tu pareja lanzándoles acusaciones de la nada. Siempre usa indicadores que les hagan saber que estás advirtiendo sobre algo para que estén preparados en lugar de ser tomados por sorpresa. Si tienes preocupaciones genuinas que quieres que escuchen, comienza la conversación con algo como "Realmente quiero sacar esto de mi pecho" o "Necesito un poco de tranquilidad de que..." De esta manera, tu pareja se dará cuenta de que no los estás acusando realmente, solo necesitas algo de tranquilidad y que te escuchen.

Practicar la escucha activa

Nuevamente, la comunicación tiene que ver tanto o más con escuchar que con hablar. Implica permitir que tu otra mitad sepa que estás 100% atento e interesado en lo que está hablando.

Puede manifestarse en forma de varias pistas verbales y no verbales, como el contacto visual, el reconocimiento de lo que están diciendo, parafrasear lo que dijeron (para demostrar que has estado escuchando atentamente y deseas entenderlos correctamente) y mucho más. No mires tu teléfono o el periódico mientras tu pareja está hablando. Hazle saber que tienes su completa atención.

Resiste la tentación de interrumpir a tu pareja mientras habla. Mantente enfocado, interesado y atento. Conocí a un amigo que solía interrumpir para ofrecerle consejos a su esposa cada vez que ella se quejaba de su trabajo. Muchos hombres hacen esto, y realmente no es culpa suya.

Simplemente están programados para arreglar todo desde tiempos primitivos. Una mujer puede simplemente querer desahogarse para sentirse más ligera. Ella no necesariamente esté buscando consejos, orientación o sugerencias. Sin embargo, el hombre se cree su caballero de brillante armadura y comienza a ofrecer soluciones inmediatas. Esto también puede ser cierto para las mujeres a veces. Resiste la tentación de ofrecer soluciones, y en cambio concéntrate en escuchar a tu pareja.

Después de que terminen de hablar, puedes averiguar si están solicitando consejos. No te adelantes a dar tu opinión mientras todavía están hablando. Permíteles terminar antes de ofrecer consejos.

Mira a tu pareja mientras él o ella está hablando y responde ocasionalmente con un gesto de cabeza o pistas verbales como "ajá", "entiendo" y "mmm". Dedica un tiempo diario para hablar que esté reservado solo para ti y tu pareja. Puede ser durante el desayuno o la cena, o justo antes de acostarse. Respeta la necesidad de la otra persona de hablar o incluso de quedarse en silencio. A veces, la persona puede no querer hablar, lo cual también está bien. Pueden participar en una conversación cuando se sientan más listos o enérgicos para hacerlo.

Incluso si no estás de acuerdo con lo que él o ella está diciendo, mantente firme por un tiempo. Haz de la comunicación honesta y abierta tu principal objetivo para una relación más gratificante y satisfactoria.

Preste atención al mensaje general

Reflexiona sobre el mensaje que tu pareja transmitió a través de sus palabras en lugar de simplemente captar algunas palabras aquí y allá. Verifica con ellos para saber si realmente comprendes sus sentimientos. Puedes hacer una verificación como, "Cariño, lo que entiendo de lo que estás diciendo es" o "Si entiendo esto correctamente, entonces creo que estás sintiendo...".

Esto le dice a tu pareja que te importa lo que están diciendo, y estás sintonizado/a con su mensaje. Estás profundamente comprometido/a en asegurarte de que los entiendes correctamente, y no hay margen para malentendidos o falta de comunicación. Una vez más, esto te ayuda a empatizar con la perspectiva de la otra persona.

Por mucho que lo detestes, conocer e interactuar con desconocidos es una parte integral e inevitable de tu vida. Nos encontramos con personas sobre las que no sabemos nada en nuestra vida cotidiana. La buena noticia es - hay algunos trucos inteligentes disponibles para hacer que los desconocidos te agraden de inmediato.

Aquí están mis consejos favoritos cuando se trata de influenciar y manipular a desconocidos.

Usa su nombre varias veces

Los desconocidos no esperan realmente que uses sus nombres tan pronto como se presentan o te los presentan a través de otra persona. Además, las personas están naturalmente programadas para adorar el dulce sonido de sus nombres (el narcisismo paga). Una vez que sepas el nombre de alguien, úsalo algunas veces durante la conversación de forma natural.

No te excedas o parecerá falso. Siempre me doy cuenta de que cuando me dirijo a los representantes de servicio al cliente con sus nombres varias veces durante la llamada, se muestran aún más deseosos de ayudar. La persona inevitablemente siente un sentido de conexión o amistad hacia ti. Las frías vibraciones de ser extraños se descongelan un poco y él/ella se vuelve más familiar cuando te dirigen por tu nombre.

Además, cuando repites el nombre de una persona más de una vez, las posibilidades de recordarlo aumentan. Esto puede salvarte del bochorno de olvidar nombres (y enterrar permanentemente tus probabilidades de caer bien a la persona).

Sonríe y Mantén Contacto Visual

Este es algo obvio de principio a fin. Sonreír es una expresión universal de conexión o apertura hacia alguien. Ofrece a los desconocidos una sonrisa genuina y cálida para aumentar los sentimientos de familiaridad. Te hace parecer más accesible, amigable y amistoso. Además, establece un tono más positivo para futuras interacciones. El simple acto de sonreír hace que el cerebro libere hormonas químicas que te hacen sentir más feliz como persona. De esta manera, entrarás en una interacción sintiéndote más amigable, feliz y positivo, lo que inevitablemente te hace más agradable.

El contacto visual es una expresión universal o señal de confianza, transparencia, honestidad y autenticidad. Más del 50 por ciento de nuestra comunicación ocurre de manera visual. Por lo tanto, mirar a los ojos de una persona les proporciona un impulso inmediato de familiaridad. ¿Quieres proyectar confianza sin llegar a ser inquietante? Mantén una proporción saludable de 60:40.

Usa la inclinación de cabeza

El título principal es una maravillosa forma no verbal de comunicar tu interés en un desconocido o de lograr que un desconocido te agrade. Simplemente inclinas la cabeza hacia un lado u otro. Esto comunica de manera subconsciente a la otra persona que no eres una amenaza para ellos porque estás exponiendo tu arteria carótida. Es la arteria principal que suministra sangre a tu cerebro, y cualquier daño a esta arteria puede llevar a una muerte instantánea o daño cerebral permanente. Al exponer esta región de tu cuerpo, estás señalando al desconocido que ni ellos son una amenaza para ti ni tú eres una amenaza para ellos. Estás estableciendo de forma no verbal el escenario para una relación sin amenazas.

Utilice declaraciones empáticas

Las declaraciones empáticas ayudan a mantener el enfoque en otra persona, haciéndote parecer más agradable. A la gente generalmente le gusta que el enfoque esté en ellos mismos y no en los demás. Se sienten maravillosos cuando son el centro de atención. No repitas sus declaraciones, ya que podría parecer condescendiente. Reformula lo que han dicho manteniendo el enfoque en ellos. La fórmula estándar para crear declaraciones empáticas debería ser, "Entonces, lo que sientes o estás diciendo es ......"

Esto automáticamente los convierte en el centro de la conversación. Algo como, "Entiendo cómo te sientes." La idea es tener siempre a la otra persona como el foco de tu conversación. Esta fórmula básica rara vez falla cuando se trata de caer bien a los extraños.

Pedir favores

Sé que esto parece entretenido e incluso contraintuitivo. Quiero decir, si le pides a alguien un favor y lo cumplen, ¿te gustaría, verdad? Sin embargo, Ben Franklin notó que cada vez que pedía un favor a sus compañeros de trabajo, le caían mejor que cuando no pedía favores. Esto también puede funcionar con extraños cuando se trata de romper el hielo y abrir a la gente hacia ti. "Oh, trabajas para la Compañía XYZ, realmente esperaba obtener los detalles de contacto del gerente de marketing para una asociación o colaboración de marcas. Sería realmente agradable si pudieras ayudarme con sus datos de contacto."

Cuando alguien hace un favor, se sienten bien consigo mismos, y si le pides un favor a una persona, estás ayudándoles a sentirse maravillosos consigo mismos. Esto ayuda mucho a aumentar tu coeficiente de simpatía.

Hace que la persona que está haciendo el favor sea más importante o centro de atención, lo que les hace sentir bien. Sin embargo, no exageres cuando se trata de pedir favores a la gente solo para que les gustes más. Pedir demasiados favores hará que la gente salga corriendo en dirección opuesta. Por lo tanto, estás manipulando a una persona para que desarrolle sentimientos positivos hacia ti al pedir favores.

Mantén tu lenguaje corporal abierto y acogedor.

¿Sabías que los desconocidos forman una impresión sobre ti en los primeros cuatro segundos de verte o conocerte? Los primeros cuatro segundos son crucialmente importantes cuando se trata de formar una impresión de personas desconocidas. Esto significa que la persona formará una opinión sobre ti incluso antes de que digas algo. La responsabilidad en estos casos recae en tus señales no verbales o lenguaje corporal. Mantén tu lenguaje corporal relajado y abierto.

Por supuesto, las acciones hablan más alto que las palabras. Funcionan a un nivel muy subconsciente y primordial. Mantén tus gestos, postura, expresiones, movimientos de piernas, etc. más accesibles. Esto puede ayudar a determinar a nivel subconsciente si los desconocidos te ven como una persona abierta y receptiva. Tu lenguaje corporal determinará si a una persona le gustas o no, independientemente de lo que digas.

Mantén las palmas y brazos abiertos si quieres mostrar una imagen más accesible y receptiva. Tus piernas deben estar posicionadas más abiertas, y el torso junto con la cabeza deben apuntar en la dirección de la persona con la que estás comunicando. Puntos adicionales por mantener contacto visual. Gesticular implica usar las manos para añadir más significado o expresión a tu mensaje verbal. Por ejemplo, señalar con un dedo para enfatizar una sola palabra o frase.

Esto te hace más simpático para los desconocidos porque das la impresión de ser alguien con mucha energía, expresión y entusiasmo. Te perciben como una persona más expresiva, animada y elocuente. Las personas responden de manera más positiva a quienes son animados en sus gestos.

Ofrece cumplidos sinceros y específicos

Uno de mis consejos para romper el hielo con extraños es hacerles un cumplido genuino y específico. Puede ser un cumplido pequeño, casual y específico que ilumine su día. Me atrevería a preguntarles dónde compraron las cosas. Es una forma increíble de abrir más vías de conversación. Por ejemplo, puedes preguntar a un extraño o a una persona recién presentada de dónde sacaron su hermoso bolso o cartera.

Para esto, ellos pueden responder que lo compraron en Londres mientras estaban de vacaciones allí. ¡Bingo! Esto te da la oportunidad de hablar sobre sus vacaciones en Inglaterra. De esta manera, activas un recuerdo feliz, lo que les hace agradarte. ¿Quién no ama los cumplidos sinceros? Un consejo profesional al ofrecer cumplidos es ser específico para que suene genuino.

En lugar de decirle a alguien lo maravilloso que es su atuendo, puedes decir que el corte les queda excelente o que te encanta cómo se ajusta la ropa. De manera similar, en lugar de decirle a alguien que es un buen orador, elige partes de la conversación que realmente disfrutaste. Otro favorito es, en lugar de decir "eres hermosa" o "tienes unos ojos preciosos", decir algo como "el color de tus ojos es hermoso" o "tienes un par de ojos muy profundos." Comienza con una sonrisa cálida, mantén contacto visual y luego elogia sus ojos. ¡Funciona maravillas!

Apláudalos por el humor que utilizaron en el discurso o su vocabulario poderoso. Hacer el cumplido específico te hace parecer más genuino que una persona que solo halaga. Los cumplidos son una excelente manera de ganarte el favor de desconocidos.

Hacer reír a la gente

Para todos los consejos de comunicación que doy a la gente, este probablemente encabeza la lista cuando se trata de romper el hielo con desconocidos. La gente te adorará si los haces reír. No es un secreto que los vendedores que hacen reír a sus clientes potenciales obtienen altas cifras de ventas o los representantes de atención al cliente que hacen reír a los clientes tienen una alta satisfacción del cliente.

Asegúrate de no contar chistes ofensivos ni recurrir al humor relacionado con temas sensibles como la religión, raza, etc. Mantenlo limpio, inteligente, simple y saludable. Por lo general, las personas están estresadas, exhaustas y aburridas con su rutina diaria. Cuando recurres al humor, alegras su día haciéndolos reír. Les das un respiro de una existencia mundana, lo que te hace agradable para ellos. Si te dicen que están teniendo un día difícil o llegaron tarde al trabajo hoy, dale un giro más alegre. Esto transformará su estado de ánimo sombrío y los hará más receptivos a la conversación.

Algunas de mis personas favoritas en el mundo son aquellas que me hacen reír, y no es muy diferente para la mayoría de la gente.

Evita enojarte.

Había un niño pequeño con un temperamento bastante malo. Su papá le entregó una bolsa de clavos y le pidió que martillara un clavo en la cerca cada vez que el niño perdía la calma. El primer día vio cómo el niño martillaba 37 clavos en la cerca. Gradualmente, la cantidad de clavos martillados en la cerca disminuyó. El niño descubrió que era más fácil simplemente contener su enojo que pasar por todo el proceso de martillar clavos en la cerca.

Un día, el niño no perdió la calma ni una sola vez. Fue y le dijo orgullosamente a su padre. El padre entonces le pidió que quitara un clavo por cada día que tuvo éxito en controlar su temperamento. Pasaron varios días y los clavos ya se habían ido. El padre entonces tomó su mano y lo llevó a la cerca. Él dijo: "Lo lograste, bien hijo. Sin embargo, mira los agujeros que quedaron. La cerca nunca será la misma. Cuando dices cosas enojado, dejan cicatrices permanentes. No importa cuántas veces te sientas o pidas perdón, la herida es para siempre".

No paga ser un Adolf Hitler moderno. Represiones duras pueden hacer que la gente cumpla por miedo a corto plazo. Sin embargo, será menos efectivo a largo plazo, debido al bajo ánimo del equipo, baja motivación y la falta de un propósito superior para lograr el objetivo. Ten paciencia y tolerancia con las debilidades de las personas. En lugar de enojarte, ve cómo puedes ayudarles a superar estas deficiencias para aumentar la productividad.

La famosa cita maquiavélica viene a la mente. "Y aquí surge la pregunta de si es mejor ser amado en lugar de temido o temido en lugar de amado." Si bien un equilibrio de ambos es ideal, el amor puede ayudarte a obtener lealtad feroz, compañerismo y fe. Hace que los seguidores estén intrínsecamente motivados a dar lo mejor de sí mismos para evitar decepcionar a su influenciador. Esto puede ser mucho más poderoso que las recompensas físicas o los castigos.

Puede que creas que el miedo es más potente y estable cuando se trata de realizar tareas. Sin embargo, también puede llevar a la corrupción y a medios sin escrúpulos en los que las personas tratan de torcer el sistema para evitar el castigo. En lugar de actuar con un sentido de lealtad interna, simplemente están haciendo cosas para evitar el castigo o la ira de su influencer, lo que puede llevarlos a medios poco éticos.

Toma Adolf Hitler, por ejemplo. Él fue alguien que lideraba solo por el miedo. Se alzó al poder rápidamente infundiendo un sentido de temor en sus seguidores. La gente tenía poco más remedio que cumplir. ¿Cuáles fueron los resultados? Devastadores, por decir lo menos.

Consuela a las personas cuando cometan errores y construye confianza.

Siempre sé una fuente de consuelo para las personas cuando deseas que realicen una acción específica o piensen de cierta manera. Las personas deberían poder sentirse seguras y reconfortadas en las horas más sombrías. No seas una fuente de depresión, negatividad, miseria y desaliento para tus seguidores. ¿Cómo te comportas en situaciones donde tu cónyuge, empleados, hijos y otros cercanos te decepcionan? ¿Reaccionas inmediatamente y causas aún más daño a la situación ya volátil? Esa puede que no sea la mejor manera de manejar la situación.

Ayuda a reconfortar a las personas cuando cometen errores o te decepcionan, ya que esto solo les hace lamentar el error en lugar de ponerse a la defensiva. Si te lanzas a la ofensiva, prepárate para aceptar un montón de excusas y defensas. En lugar de culpar a las personas o acusarlas, intenta ganarte su confianza hablándoles con sensatez. Los manipuladores saben cómo perdonar a las personas u pasar por alto sus defectos y luego utilizar este perdón como una palanca para construir confianza y lograr que la otra persona tome la acción deseada o piense de cierta manera.

Consideremos un ejemplo. Un empleado normalmente brillante, Rick, ha sido bastante decepcionante en su último proyecto. En lugar de menospreciarlo por descuidado, intenta consolarlo para que entienda qué llevó realmente a esta situación inusual. Pregúntale a Rick si hay algo que puedas hacer para ayudarlo. Intenta averiguar si algo ha cambiado en los últimos días o si su moral está baja.

Acusar y reprender a las personas puede que no te lleve muy lejos. Es posible que no llegues a la raíz del problema. El miedo no fomenta conversaciones constructivas. Supongamos que Rick ha hecho un nuevo grupo de amigos, que beben en el bar local hasta altas horas de la noche todos los días, lo que le ha llevado a no poder dedicar tiempo suficiente al trabajo. Puede que no te lo comparta si encuentra tu enfoque condescendiente y crítico. Una vez que identifiques el problema, pueden trabajar juntos para resolverlo. Sin embargo, para identificar el problema, necesitas ser una influencia accesible, tranquilizadora y reconfortante.

Descarta los rencores y mantente positivo.

Como manipulador o influenciador, es fundamental establecer el ritmo para una cultura organizacional más inclusiva que prospere en el progreso, la positividad y el perdón sobre las habladurías, la venganza y los chismes que pueden obstaculizar la productividad. Dado que los influencers operan en el punto focal de las relaciones humanas, cada movimiento de ellos debe estar dirigido a establecer un ejemplo de generosidad y perdón.

Reflexiona y recuerda que guardar rencor o sentimientos negativos hacia las personas construye negatividad dentro de ti y subconscientemente ayuda a la otra persona a detectarlo. Absorbe tu energía y puede llevar a acciones irracionales o negativas. Aleja el enfoque de metas productivas. Ponte en el lugar de otra persona. Imagínate en su lugar para tratar de entender qué los llevó a comportarse de la manera en que lo hicieron sin juzgar duramente sus acciones. No tienes que respaldar ni estar completamente de acuerdo con sus acciones. Intenta ver de dónde vienen. Una vez que muestres a las personas cierta comprensión inesperada, se sentirán en deuda contigo. Esto puede ser posteriormente explotado para lograr que tomen la acción deseada.

En lugar de guardar rencor y buscar venganza, habla con la persona honestamente sobre cómo te sentiste y déjalo atrás. Te sentirás mejor y menos propenso a guardar rencores después de expresarte. Perdonar y olvidar el acto necesita un cierre. No hables con la gente enojado, a la vez que te liberas de guardar rencores contra ellos. Además, no sirve simplemente hablar con amabilidad a las personas en la cara y guardar rencores contra ellos dentro de ti. Deshazte de todos los malos sentimientos interna y externamente. Muestra compasión, habla con suavidad, intenta entender qué llevó a las personas a comportarse de la manera en que lo hicieron y perdónalos de adentro hacia afuera.

Una de las mejores estrategias para desechar rencores es llegar a algún tipo de entendimiento con una persona o grupo de personas. Asegúrate de que las personas no repetirán sus acciones. Esto te ayudará gradualmente a restablecer la confianza y eliminar los rencores.

El perdón no te hace menos influyente. No implica que no estás operando desde una posición de poder o renunciando a tu papel dominante. Simplemente significa que eres lo suficientemente sabio como para dejar ir las emociones negativas y concentrarte en la positividad para aumentar la productividad de la organización.

Ser positivo es el grupo sanguíneo de todos los influencers. En un tono más serio, todos tienen algunas características positivas y negativas. Si has encontrado el ser perfecto, probablemente existes en otro planeta. Los grandes influencers, persuasores y manipuladores conocen el valor de cultivar una cultura que fomente los errores de los empleados como una forma de aprendizaje y crecimiento. Aunque suene excesivamente optimista, esto lleva a menos errores a la larga. Cada fracaso puede incluir algún aprendizaje.

En lugar de centrarte en las debilidades de tus empleados, trata de destacar sus fortalezas incluso al referirte a sus errores. Esto le da un giro positivo y poderoso al proceso de evaluar su acción. Consideremos un ejemplo. Una empleada llamada Ann carece de habilidades de gestión del tiempo, por lo que se perdió un par de plazos. Sin embargo, es excelente en investigación.

Empieza por decirle lo maravillosamente investigado que está el proyecto y cuánto más aprecio podría haber logrado si se hubiera entregado a tiempo. Esto no hace que los miembros de tu equipo se sienten menospreciados o desmotivados. Estarán más motivados y decididos a aprender de su error en el futuro. Simplemente resaltar lo negativo hace que la moral del empleado toque fondo.

Un consejo sólido para ganarse la lealtad y lealtad incondicional de las personas es ser bueno con ellas cuando menos lo esperan. La gente automáticamente asume reacciones duras de los influyentes cuando cometen errores. Sin embargo, si los tratas con suavidad y compasión resaltando sus aspectos positivos, solo estás aumentando su moral para no repetir el error.

Critiza o amonesta el error, no a la persona. Un influencer maduro no recurre a los insultos ni a los ataques personales. La gente se frustra y se desmoraliza cuando los criticas en lugar de señalar sus acciones. Esto genera resentimiento y rebelión en los seguidores. Las personas no se sentirán muy cómodas discutiendo abiertamente asuntos con un influencer que recurre a criticarlos por sus acciones. Cuando las personas cometen errores, ya se sienten miserables al respecto. Al perdonarles, siempre recordarán el favor. Esto te da una base sólida para lograr que hagan lo que quieres más adelante.

Hablar con dureza es como echar sal en sus heridas existentes. No digas algo como "eres un trabajador tan terrible". En cambio, intenta decir "lo que hiciste no fue lo mejor que podías hacer. En su lugar, podrías haber hecho esto". De esta manera, sigues señalando el error sin parecer personalmente ofensivo. Además, cuando ocurran errores y surjan problemas debido a ellos, elimina el juego de culpas. Sé parte de la solución en lugar de hacer que las personas se sientan terribles por sus errores. Un influencer efectivo se mueve más allá del problema y utiliza un enfoque orientado a la solución. Concéntrate en cómo remediar la situación problemática.

Capítulo Cinco: Abordando la Manipulación en las Relaciones

La manipulación emocional o estar en una relación manipuladora es una de las cosas más desafortunadas que una persona puede experimentar. No solo destruye tu sentido de autoestima, sino que también te impide disfrutar de relaciones satisfactorias y gratificantes en el futuro. La manipulación va en contra del ethos de una relación saludable, feliz, positiva e inspiradora.

Mientras todos de alguna manera estamos manipulando a nuestros seres queridos, se vuelve siniestro cuando afecta las emociones de una persona o su autoestima para cumplir una agenda egoísta. Aquí hay algunos consejos efectivos para lidiar con la manipulación en las relaciones.

Observa detenidamente tus sentimientos después de cada interacción. ¿La mayoría de tus conversaciones o interacciones con tu pareja te hacen sentir confundido, indigno o dominado por la duda? Al hacer una revisión rutinaria de tus sentimientos, podrás identificar una causa clara.

Por ejemplo, si te das cuenta de que siempre te sientes culpable después de una conversación con tu pareja. Retrocede a la conversación y repasa lo que tu pareja dijo después de cada interacción. ¿Cómo empezó? ¿Cuáles son las palabras y frases típicas que usan mientras te hablan? ¿Existe un patrón en lo que dicen y cómo te hacen sentir?

Sería aún mejor si puedes tomar nota de tus sentimientos para identificar fácilmente el patrón emergente.

Dite a ti mismo que el problema son ellos y no tú. Recuerda que simplemente te están engañando para que pienses que es tu culpa o que no eres lo suficientemente bueno. Lo más probable es que el manipulador esté lidiando con graves problemas propios, los cuales son incapaces de manejar de manera efectiva. Esto es solo para ayudarte a establecer un contexto para sus actos, no para hacerte sentir compasión hacia ellos. ¡Ten en cuenta que los manipuladores rara vez merecen compasión!

2. Evalúa tu relación de manera objetiva. Si no puedes determinar si realmente estás en una relación manipuladora o si la persona lo está, verifica la realidad hablando con amigos o personas en las que confíes.

Pídeles una evaluación objetiva de tu relación sinceramente. ¿Creen que tu pareja tiene expectativas poco razonables de ti? ¿Creen que tu pareja se está aprovechando de ti? ¿Piensan que estás siendo emocionalmente vulnerable?

A veces, al hablar con una tercera persona, ganamos una perspectiva que no habíamos considerado antes. Probablemente te dará una nueva forma de mirar las cosas, lo que te permitirá actuar de inmediato si estás siendo manipulado.

3. Enfrenta al manipulador. Considera varios ángulos antes de ir a por todas y enfrentarte a tu manipulador. Lo más probable es que no admitan sus actos manipulativos, especialmente si te oyes inseguro y nervioso.

En lugar de hacer declaraciones generales sobre cómo "te han estado utilizando" o "aprovechándose de ti", entra en detalles. ¿Cómo te hace sentir una acción o palabras en particular? Enumera situaciones específicas en las que sentiste que te estaban aprovechando. Seguidamente, haz una solicitud positiva, amable pero firme para corregir su comportamiento.

Estás comunicándole al manipulador que estás al tanto de sus trucos, lo cual los hace más cautelosos al manipularte. Del mismo modo, también les estás dando la oportunidad de mejorar su actitud. Te llevará un esfuerzo real y compromiso de tu parte salir de una relación emocionalmente manipuladora. Deberás mantener la vigilancia y desarrollar reservas ilimitadas de autoestima y positividad.

4. Golpea fuerte en el centro de su gravedad. Si nada más parece funcionar, golpea duro al manipulador en su

centro de gravedad. A menudo recurren a estrategias maliciosas como hacerse amigo de tus amigos y luego hablar mal de ti o tentarte con una recompensa y luego echarse atrás o no cumplir su compromiso.

Dado que conoces a la persona de arriba abajo, golpéala donde más le duela. Su centro puede ser sus amigos, seguidores o cualquier cosa que crean es fundamental para su existencia. Usa este conocimiento para vencerlos en su propio juego.

5. No encajes con sus ideas. La clave para evitar ser manipulado es reinventarse y tener tus propias ideas sobre las cosas en lugar de suscribirte a las suyas. Los manipuladores te impondrán sus ideas ya que necesitan controlarte para avanzar en su agenda. Ten tus propias opiniones, ideas claras y opiniones sobre varios aspectos de tu vida. Perforar constantemente una idea particular en tu mente es cómo logran confinarte con éxito en una caja.

No intentes encajar, concéntrate en reinventarte. Trabaja duro para destacarte del resto. Sé diferente, único y notable a tu manera. El crecimiento personal y construir tu autoestima es la clave para luchar contra la manipulación.

6. No comprometas. La culpa es una emoción poderosa aprovechada por los manipuladores. Utilizarán tus dudas y sentimientos de culpa a su favor. El objetivo es desequilibrarte y sembrar una sensación de

incertidumbre en ti. Esta incertidumbre eventualmente te obliga a comprometer tus valores, ideales y metas.

Evita sentirte culpable o comprometido. No dudes de ti mismo o de tus habilidades. Aunque estés en una relación con una persona, no les debes nada si no te tratan con respeto. Cada persona merece sentirse maravillosa y positiva consigo misma. Si una persona no te hace sentir bien acerca de ti mismo o de tus logros, puede haber un problema. Ten una firme creencia en tus valores e ideales. No comprometas tus valores, creencias, metas e ideales. Recuerda, mereces sentirte genial acerca de ti mismo y tus logros. Debe haber un fuerte sentido de autoconfianza, seguridad en uno mismo, y confianza en lo que estás haciendo.

Un manipulador se vuelve impotente frente a la alta autoconfianza. Comienzan a perder su influencia una vez que aprendes a actuar con confianza y te niegas a comprometer cualquier cosa que socave tu autorespeto o valores fundamentales.

7. No busques permiso. Esto es como darle al manipulador el pase para manipularte como quiera. El problema es que, desde la infancia, hemos sido condicionados a buscar permiso. Como bebés, buscamos permiso para comer y dormir. Durante toda la escuela, estamos buscando permiso para ir al baño, comer nuestro almuerzo o beber agua.

Una consecuencia directa de esto es que, incluso siendo

adultos, no dejamos de buscar permiso de las personas cercanas a nosotros. En lugar de informarle a tu pareja que planeas encontrarte con un amigo para almorzar, subconscientemente les preguntarás si está bien si planeas algo con tu amigo. Al buscar constantemente y de manera habitual permiso, solo estás entregando el control de tu vida a otra persona, especialmente si es del tipo más manipulador.

No te preocupes demasiado por ser educado o hacer que otros se sientan bien a costa de tu propia comodidad y felicidad. Recuerda, tienes el derecho de vivir tu vida exactamente como quieras. La manipulación emocional consiste en hacerte sentir obligado o esclavizado por alguna regla imaginaria que solo existe en la mente del manipulador. Nunca querrán que te sientas autosuficiente y tomes tus propias decisiones porque eso disminuye su control sobre ti.

No es necesario inclinarse ante sus dictados autoritarios o consultarles antes de hacer cualquier cosa a menos que les afecte de manera importante. Me tocó tener un compañero de trabajo que pedía permiso a su novia incluso antes de tomar un descanso para tomar café o salir a almorzar. Era ridículo la forma en que ella lo trataba y trataba de controlar cada movimiento suyo. Como era de esperar, la relación terminó en una nota amarga.

Sin embargo, nadie puede hacerte sentir miserable sin tu permiso. Y al buscar constantemente permiso, estás dando permiso a tu pareja para que te haga sentir miserable, si eso tiene sentido. Puedes despreciar la obsesión del manipulador por restringirte en cualquier momento viviendo tu vida como tú quieras, sin su interferencia o permiso.

8. Esté abierto a nuevas oportunidades. El manipulador quiere que pongas todos tus huevos en su canasta para que puedan tirar la canasta cuando les plazca. No te encierres con ellos ni te dejes atar por un compromiso que no te sientas cómodo/a haciendo. No te conformes ni aceptes tu vida actual. Si estás en una relación altamente manipulativa o abusiva emocional/físicamente, intenta liberarte y explorar otras relaciones u oportunidades.

Los manipuladores en las relaciones a menudo se aprovechan del hecho de que su pareja está "acostumbrada a ellos", "adicta a ellos", "no puede vivir sin ellos" o "no puede encontrar a alguien mejor". A menudo nos quedamos en relaciones abusivas porque creemos que no merecemos algo mejor o que no encontraremos a nadie mejor. Hay un miedo a la soledad o una falsa sensación de estar en el capullo de una relación.

Libérate de esos patrones de pensamiento autolimitantes y poco saludables. Por supuesto, te mereces algo mejor en la vida o encontrarás a alguien que te trate con respeto y dignidad. Para mantenerte en tu lugar, los manipuladores recurrirán a muchos insultos. Si expresas un deseo, te harán sentir arrogante, egoísta, orgulloso, frío, inhumano y muchos otros adjetivos desfavorables.

Quieren mantenerte dependiente de ellos. Al buscar nuevas oportunidades de trabajo, relaciones, pasatiempos, etc., solo estás debilitando su control sobre ti. Busca nuevas personas, haz nuevos amigos, únete a un club de pasatiempos, haz voluntariado en una ONG. Haz algo con propósito y significativo que te brinde la oportunidad de conocer gente nueva y vivir una vida más intencional. Esta es la única forma de empezar a ser autosuficiente e independiente.

9. No seas un bebé. Si te engañan una o dos veces, eres vulnerable, pero si constantemente permites que la gente se aproveche de ti sin aprender lecciones, eres un completo idiota. Deja de permitir que los manipuladores se aprovechen de tu credulidad. Desarrolla autoconciencia sobre los manipuladores y cómo operan. Ten suficiente autorespeto para rechazar a los manipuladores.

Conozco a muchas personas que caminan por la vida dormidas, permiten que los demás se aprovechen de ellos y luego culpan a otros por su situación. No puedes andar por ahí insensible a los manipuladores que intentan usarte para cumplir su agenda. En lugar de culpar al mal que te rodea, sé astuto y toma el control de tu vida. Sí, la desafortunada verdad sobre la vida es que existen personas negativas y manipuladoras. Se aprovechan de la gente para avanzar en su agenda.

Sin embargo, esto no debería ser tu boleto para cometer los mismos errores una y otra vez y llorar injusticias. Los manipuladores no pueden manipular sin el permiso de sus víctimas. Acepta la responsabilidad de tu éxito y fracaso. Si te superan en astucia o estrategia, no es culpa de otra persona. Aprende de los errores pasados. Estate atento/a a un patrón que pueda revelar tus propias vulnerabilidades. No sigas confiando en las personas equivocadas una y otra vez.

De la misma manera, no sigas dando múltiples oportunidades a una persona crónicamente manipuladora. Libérate de ellos. Elimina a los manipuladores de tu vida. Comprométete a rodearte de personas positivas, alentadoras y afines que no se aprovechen de ti.

Recuerda, tienes un control completo sobre tu vida. Apuesta por ti mismo y no por otras personas. Si apuestas por otros o dependes excesivamente de ellos para tu felicidad, te vuelves más vulnerable a la manipulación.

Una vez más, las víctimas de manipulación no tienen mucha confianza en sus juicios. Aprende a confiar en tus juicios e instintos. Tú sabes lo que es mejor para ti mucho mejor que nadie. No vayas preguntando por ahí cosas como "¿En qué soy bueno?", "¿qué hago?", "quién soy realmente" etc. Simplemente estás abriendo las puertas a la manipulación. No vayas demostrando tu falta de entendimiento sobre ti mismo.

De nuevo, conozco a mucha gente que busca constantemente validación de los demás. Miran a otras personas para definirse a sí mismos. Estas personas ni siquiera comprarán un par de pantalones si no está aprobado por otros. ¿Por qué deberían otros definirte?

¡Defínete a ti mismo y confía en tu juicio! Los ganadores no son personas que tienen una habilidad más evolucionada para escuchar a los demás. Son aquellos que han desarrollado la capacidad de sintonizar con sus creencias y juicios. No dependen de la validación externa o aprobación de sus creencias. Una confianza establecida en tus creencias y juicios hace que los manipuladores sean impotentes. Cuando no buscas validación de los demás, no tienen ventaja en cómo te hacen pensar y sentir. ¡Comienza a confiar en tu instinto y juicio!

10. Manipuladores dependientes. Esto se opone un poco a la imagen estereotipada de un manipulador, pero existen. A diferencia de la mayoría de los manipuladores, un manipulador dependiente constantemente te hará sentir como si fueran impotentes y completamente dependientes de ti. Te otorgan una posición superior en una relación hasta tal punto que te sientes emocionalmente agotado al tratar con ellos.

La forma de manejar este tipo de manipulación es hacer que poco a poco tomen decisiones. Hazles darse cuenta de que son igual de responsables de su bienestar como tú. Colócalos conscientemente en situaciones donde se vean obligados a tomar decisiones. Háblales sobre cómo su falta de responsabilidad en la toma de decisiones te causa estrés. Con el tiempo, podrían disfrutar de asumir la responsabilidad.

Capítulo Seis: Manipulando la Opinión Pública como Orador Público

Si hay algo que distingue a los influencers de los Joes promedio, con todo lo demás siendo igual (talento, conocimiento, habilidades), es la forma en que los influencers hablan. El lenguaje de los influencers no es un lenguaje mágico. Sin embargo, es un lenguaje cotidiano hablado de manera efectiva. Los influencers conocen los secretos de la comunicación impactante, y por lo tanto pueden atraer a una audiencia más grande. Si has pasado algún tiempo estudiando a los influencers, te darás cuenta de que hay algo que los diferencia de los empleados típicos. Desprenden un aura de confianza, un magnetismo indiscutible y claridad al comunicar su mensaje. Su presencia vocal es suficiente para inspirar y animar a las multitudes.

Desde Benjamin Franklin hasta Bill Clinton, los buenos influenciadores son comunicadores excepcionales que han dominado el fino arte de influir en su audiencia a través de su voz y palabras.

Ellos entienden que su carisma radica en hablar de una manera que inspira a las personas a escucharlos. Entonces, ¿qué es "hablar de influencer," preguntas? Aquí hay algunos consejos probados que pueden ayudarte a hablar de esa manera.

1. Desecha esas Muletas Verbales

Las personas suelen hacer puntos fabulosos al dirigirse a un grupo de personas, pero arruinan todo en un instante o disminuyen el impacto/eficacia de sus puntos al incluir frases desechables que no contribuyen a hacer el mensaje más impactante. Por ejemplo, las personas a menudo terminan las oraciones con "y otras cosas", "y así sucesivamente" y "sabes, cosas así". Estos no son más que descuidados deslices lingüísticos que suceden cuando no sabes cómo terminar una oración/argumento con una postura verbal impactante.

Estas muletillas verbales son más prominentes cuando haces una pausa mientras te diriges a un grupo o entregas un discurso/presentación. Los sonidos ininteligibles como "eh", "ehmm" y "aa" pueden ser extremadamente incómodos e ineficaces. Lo mismo ocurre con los gestos de lamerse los labios, movimientos dramáticos de manos y toser constantemente. Todos estos distraen a los oyentes, y afectan seriamente tu credibilidad como orador. El problema principal es que muy pocos de nosotros en realidad nos damos cuenta de que hay un problema en primer lugar.

Una de las mejores maneras de abordar esto es usar una aplicación de teléfono y grabarte hablando sobre un tema aleatorio de manera improvisada durante un par de minutos. Luego, regresa a la grabación y anota la cantidad de veces que has utilizado muletillas verbales. Esta técnica simple te ayudará a volverte menos autoconsciente al hablar.

Una buena narrativa y un lenguaje efectivo implican usar palabras definitivas entregadas con elegancia y humildad. Evite usar términos como "como" y "más o menos." No solo es débil e inefectivo, sino que resulta molesto para la audiencia.

2. Utilice los superlativos con moderación

Cuando utilizas "increíble", "fantástico", "épico" y similares en cada ocasión, empieza a perder significado. El exceso de superlativos lavan su verdadero significado. Cada vez que un influencer o modelo a seguir asigna extraordinariedad a cosas comunes, contribuye a que suenen repetitivas, lo que significa que lo realmente excepcional no destaca.

Así que cada vez que te sientas tentado a decir que la presentación de alguien fue asombrosa o que el proyecto fue manejado de manera "impresionante", tómate unos minutos para reflexionar sobre tu elección de adjetivos en su lugar. Habla sobre cómo el proyecto fue bien investigado, comprensivo y lleno de datos raros. Los elogios o descripciones genéricas no van muy lejos para inspirar a las personas o hacer que te escuchen. "Esto es muy detallado y articulado" puede ser más efectivo que "buen trabajo" para levantar los ánimos de las personas, al mismo tiempo que te hace parecer un comunicador efectivo.

3. Resistir la Tentación de Retroceder

Resistir intentar equivocarse al hablar de temas cruciales o difíciles. Se entiende que hablar sobre cosas no tan agradables requiere un gran coraje verbal y personal, sin embargo, no tiene sentido andarse con rodeos cuando se deben comunicar asuntos importantes al equipo.

Resiste la tentación de usar un lenguaje lento ya que usar un lenguaje claro y conciso solo aumentará tu coraje y te ayudará a conectar/internalizar lo que realmente necesita ser dicho, por desagradable que parezca.

Utiliza frases concretas y correctas para describir la situación. Clarifica tu postura si es necesario. Como influencer, tendrás que aprender a llamar al pan, pan y al vino, vino. Practica hablando frente al espejo si te pones nervioso antes de una presentación o discurso importante. Te darás cuenta de tus gestos, expresiones, lenguaje corporal y, básicamente, sabrás exactamente cuán efectivo pareces ante una audiencia para hacer los cambios necesarios.

4. Simplificar la narrativa

Utilice la antigua narrativa para estructurar su discurso: Introducción, Cuerpo y Conclusión. Cuanto menos complicada sea su narrativa, más fácil será de comprender. Sepa exactamente qué información incluir y qué eliminar para mantenerlo breve pero impactante. A nadie le gusta escuchar a alguien repetir las mismas ideas una y otra vez. Finalmente, el pensamiento pierde su impacto.

Como regla general, evita hablar sobre más de una diapositiva por minuto, y más de cuatro puntos por diapositiva. Si hay más información que cubrir mientras te diriges a un grupo, habla solo sobre lo más destacado, mientras entregas folletos a tu audiencia. Siempre intenta abrir y cerrar la presentación con una diapositiva similar para mantener la uniformidad y una buena simetría. Utiliza gráficos y videos para ayudar a tu narrativa y contar una buena historia.

Además, presta mucha atención a tu entonación durante la narración. Demasiados aspirantes a influencers e influencers suben la entonación al final de su oración, produciendo un efecto de canturreo muy molesto que te hace sonar ineficaz y tímido. Bajar la entonación te hace sonar autoritario y seguro, lo cual es vital cuando se trata de influenciar a las personas.

El hablar con entonación ascendente o subida de tono te da la imagen de una persona que carece de disciplina, confianza y atención plena. Detente ahora mismo si estás haciendo esto.

Los cliff hangers son otra absoluta no-no para un influencer carismático. Muchos presentadores alcanzan un brillante clímax en sus charlas solo para arruinarlo todo al no saber cómo concluir de manera clara y decidida. Esto es especialmente cierto si estás influenciando a las personas para que compren de ti. Necesitas incluir un definitivo "llamado a la acción" o guiar a las personas en la dirección correcta al terminar la presentación de manera persuasiva. Termina con el impacto requerido y deja unos segundos para que la audiencia asimile tus comentarios finales o preguntas.

5. Pasar por alto errores verbales

¿Cuántas veces has observado presentadores interrumpiendo torpemente el impulso de un discurso disculpándose por una omisión que ni siquiera fue notada? Está bien tropezar con algunos términos de vez en cuando al dirigirse a un público o grupo. A menos que sea un error grave con ramificaciones importantes, no hay necesidad de detenerse a mitad de camino para disculparse. Sigue adelante como si no fuera gran cosa.

La mayoría de las personas no notan estos errores hasta que tú los mencionas voluntariamente, lo cual atrae una atención innecesaria y desvía el enfoque de tu mensaje principal. No solo te desconcierta a ti, sino que también desconcierta al público.

6. Crear Momentos Memorables para la Audiencia

La mayoría de los oradores creen erróneamente que la presentación o charla gira en torno a ellos. Nada puede estar más lejos de la verdad. Para que tu charla sea más impactante, haz que se trate de tu audiencia. Es más probable que te escuchen y se dejen influenciar cuando se dan cuenta de que está centrada en ellos.

Reconoce o aprecia a un miembro del público, quizás un bastión que ha estado trabajando incansablemente para la organización y que está próximo a jubilarse. Celebra un logro significativo reciente por parte de un miembro del público. Cuanto más involucres a tu audiencia en el foco de atención al reconocer sus esfuerzos, mayores serán tus posibilidades de aumentar tu propio poder de reconocimiento.

Capítulo Siete: Manipulando con Charlas Casuales

Estudios demuestran que cuando conoces a una persona por primera vez, te juzgan en los primeros 4 segundos de la interacción. Sí, es correcto. Deciden si les caes bien o no en los primeros 4 segundos de conocerte. ¿Aterrador, verdad? ¿Cómo ganarte a personas que acabas de conocer? También tengo una poción mágica para eso: se llama conversación casual.

Aunque parezca insignificante, la charla informal es un brillante rompehielos que elimina elementos de incomodidad y malestar entre las personas. Te hace parecer una persona amigable y agradable, además de ayudarte a desarrollar una sólida relación con la gente y crear una impresión inicial estelar. La charla informal también sienta las bases para una relación gratificante y satisfactoria en el futuro. Crea un ambiente más positivo y beneficioso que puede dar lugar a conversaciones más profundas.

Cuando se trata de romper ese hielo inicial incómodo y establecer el escenario de una relación significativa/provechosa, pocas cosas funcionan tan milagrosamente como la charla informal. Ya sea en una reunión de networking empresarial o en un club de citas, la charla informal es de gran ayuda cuando se trata de manipular e influir en las personas, construir relaciones y ser un persuasor carismático.

Alguna vez te has preguntado cómo algunas personas consistentemente logran que otros compren sus bebidas en el bar o hagan amigos en grupos dondequiera que vayan? ¿Por qué algunas interacciones con ciertas personas quedan grabadas en nuestra memoria para siempre, mientras apenas podemos recordar a otras? La respuesta es, bueno, el pequeño chat. Aquí hay 15 reglas para ganar a las personas usando el poder del pequeño chat.

1. Mantente en temas seguros

Al hablar con personas que acabas de conocer, siempre mantente en temas universales, inofensivos y no tóxicos (especialmente con personas de otra cultura, lugar, raza, religión, etc). Los temas infalibles para una pequeña charla incluyen el clima, películas, economía mundial, noticias de última hora y comida. Un consejo profesional sugerido por los psicólogos sociales es basar tu conversación tanto como sea posible en puntos en común. Identifica el terreno común entre tú y la otra persona y mantente en esos temas.

Es fácil evaluar el nivel de comodidad de una persona

sobre un tema en particular a través de su lenguaje corporal (a menos que lean un montón de libros de autoayuda como usted y hayan aprendido a fingirlo). Si su reacción a un tema específico es positiva y entusiasta, sigue adelante. Siempre estate atento/a a las señales no verbales al mencionar un nuevo tema de conversación. Los manipuladores saben exactamente cómo poner a la otra persona en un estado de ánimo más positivo para lograr que hagan exactamente lo que ellos quieren. Una vez que una persona desarrolla una buena relación contigo y se siente bien en tu compañía, es más probable que haga lo que quieres que haga.

2. Haz preguntas abiertas.

La regla de oro para involucrar a las personas en una conversación o hacer que compartan más en tus interacciones iniciales es hacer más preguntas abiertas. Los influyentes y referentes entienden la importancia de hacer preguntas suaves y genuinas que revelen que están verdaderamente interesados en saber más sobre la otra persona.

Una de las estrategias de manipulación más grandes cuando se trata de establecer una relación con desconocidos o hacer pequeñas charlas es recopilar tanta información sobre ellos como sea posible y aprovechar esta información para lograr que tomen la acción deseada.

Por ejemplo, si acabas de enterarte de que la persona con

la que estás conversando forma parte de una ONG local, haz preguntas abiertas relacionadas con ello. ¿Qué les inspiró a formar parte de la ONG? ¿En cuáles causas han participado?

Aprende a notar por lo que las personas están verdaderamente apasionadas, y crea un flujo de conversación basado en hacer preguntas abiertas relacionadas con ese tema para aprender más sobre ellos. Si alguien está innatamente apasionado por explorar diferentes lugares y culturas, pregúntales sobre sus últimas vacaciones. Mantente alejado de temas controversiales y personales. La persona rápidamente se acercará a ti si suenas genuinamente interesado en saber más sobre sus intereses.

3. Toma con calma el humor

A veces las personas están tan ansiosas por causar una buena impresión al intentar ser ingeniosas y divertidas que terminan incomodando a los demás, especialmente a aquellos cuyos gustos desconocen.

Para evitar que el humor se vuelva en tu contra, sé cuidadoso con las burlas, comentarios sarcásticos o humor irónico. Puede parecerte gracioso, pero la otra persona puede no apreciarlo. Incluso comentarios aparentemente inofensivos transmiten la impresión equivocada sobre ti. Los chistes/comentarios neutrales inteligentes están bien hasta cierto punto, pero no los hagas personales.

Evita tratar de aparentar ser demasiado inteligente o familiar burlándote de la gente sin entender si son capaces de tomárselo en el espíritu correcto. Tómate el tiempo de conocer y entender bien a las personas sin actuar de manera demasiado familiar o amigable extra.

4. Discrepar de manera amigable

Para evitar que tu conversación inicial sea controvertida, expresa tu desacuerdo con diplomacia. En lugar de lanzarte a un ataque acrimonioso o a llamar nombres defensivos (absoluto no-no), intenta un enfoque más políticamente correcto (pero genuino).

Di algo genuino y no controvertido como, "esa es una perspectiva interesantemente diferente de verdad. Ahora tengo curiosidad sobre ese punto de vista. ¿Puedes explicar más?". Estás diciendo que la vista no coincide con la tuya sin preparar el terreno para la Tercera Guerra Mundial.

5. Sé un oyente excepcional

No es un secreto. En un mundo donde todos quieren hablar de sí mismos, los buenos oyentes son muy venerados. Es fácil influir en las personas cuando están convencidas de que realmente estás interesado en lo que tienen que decir.

Las personas creen erróneamente que ser un buen

comunicador se trata únicamente de poseer habilidades de hablar de primera categoría. Eso es solo la mitad, amigos. La otra mitad, probablemente más importante, es escuchar.

Ser un ninja de habilidades sociales no significa que hables sin parar sin dar a los demás la oportunidad de hablar. Los influencers saben cuándo dejar hablar a los demás y responder de manera positiva/alentadora.

Muestra a las personas que estás sinceramente interesado en lo que están hablando a través de pistas verbales y no verbales. Reconoce o parafrasea lo que dicen para que sepan que realmente estás escuchándolos. Asiente, expresa con tus ojos, inclínate hacia adelante y mantén tus brazos/piernas sin doblar (para mostrar que estás abierto a escucharlos) para revelar tu interés en lo que están hablando a través de reacciones no verbales.

A todos les encantan los signos de afirmación de que están siendo escuchados con interés, lo que a su vez los anima a corresponder cuando hablas. Los influenciadores excepcionales, modelos a seguir y líderes entienden el poder de desarrollar habilidades de escucha excelentes para hacerse más agradables a sus seguidores.

6. Revela un hecho interesante sobre ti.

De acuerdo, esto no significa que debas entrar en una sobrecarga personal sobre con quién sales o que tu cuenta bancaria acaba de alcanzar el millón de dólares.

Sin embargo, un hecho divertido, inofensivo e interesante sobre ti mismo te hace instantáneamente simpático a la gente. Serán más propensos a prestar atención a lo que dices cuando se den cuenta de que confías lo suficiente en ellos como para compartir cosas sobre ti mismo. No lo hagas demasiado personal para que sea cómodo, esa es la regla de oro.

Puede ser algo relacionado con tu autor favorito y por qué te encanta su trabajo. ¿Por qué elegiste una vocación o carrera en particular en la universidad? ¿Por qué disfrutaste viajar a un lugar en particular y disfrutaste de su ambiente/cultura? Debería ser como un avance interesante de ti mismo (por qué te encantan los cupcakes o por qué decidiste llamar a tu perro con un nombre en particular) sin sonar personal, presuntuoso o exagerado.

7. Evita los callejones sin salida de la conversación

Habrá esos incómodos momentos de silencio en la conversación que quizás no logres llenar. Lo mejor que puedes hacer en tal situación es mirar a tu alrededor en busca de pistas para reavivar la conversación. Puede ser desde un volante hasta otras personas a tu alrededor o detalles sobre el lugar en el que te encuentras. Hay pistas de conversación casi en todas partes con las que puedes comenzar a construir una conversación estimulante y significativa.

8. El Equilibrio entre Preguntas y Declaraciones Precisas

Mantén un equilibrio fino entre hacer declaraciones y hacer preguntas. Una conversación informal exitosa mezcla brillantemente preguntas y declaraciones para crear un intercambio más completo.

Demasiadas preguntas harán que parezca una interrogación unidireccional. Mientras que demasiadas afirmaciones harán que parezca que la conversación se centra solo en ti, lo cual puede resultar muy molesto para la otra persona.

Los modelos a seguir saben cómo equilibrar la conversación para que la gente escuche. Agrega declaraciones con preguntas reflexivas, como "Realmente me gusta el aeróbic y Zumba, ¿cómo pasas tus horas de ocio?" o "Disfruto mucho viendo ese programa de realidad aunque la mayoría de la gente piensa que está guionado, ¿lo ves tú?

Estás compartiendo tus puntos de vista, pero también estás dando a la otra persona la oportunidad de compartir su opinión. Esta técnica de ida y vuelta te proporciona una conversación agradable y completa.

9. Empatiza con las personas

Empatizar con las personas es una de las formas más

seguras de ganarse su confianza y hacer que les agrades. No confundas la empatía con la simpatía. La empatía no se trata de sentir lástima por alguien o hacer que se sientan dignos de lástima. Se trata de ponerse en el lugar de otra persona e intentar entender cómo se sienten o las emociones por las que pasan.

Decir cosas como, "Realmente entiendo por qué te sientes de esa manera" o "Realmente entiendo cómo te sientes sobre este tema" o "debe haber sido muy difícil para ti pero has mostrado un valor ejemplar" ayuda mucho a construir una relación con la gente. Esto sienta las bases para una ecuación basada en empatía, comodidad y comprensión, lo cual es lo que los influenciadores/modelos a seguir necesitan inspirar en sus seguidores.

Las personas son más propensas a hablar y compartir sus sentimientos contigo cuando se dan cuenta de que entiendes de dónde vienen. Simplemente no seas dramático y finjas llorar lágrimas de cocodrilo en un intento por mostrar que realmente sientes empatía por la otra persona. Eso lo arruinaría por completo.

10. Mantenlo Positivo

Cuando conoces a personas por primera vez, siempre mantén la conversación centrada en temas positivos. Incluso cuando sientas que la otra persona está abordando un terreno negativo o controvertido, hábilmente llévala de vuelta a un territorio de conversación más positivo. Además, mantente en temas sobre los cuales la mayoría de las personas en el grupo tengan un conocimiento decente. Obviamente no vas a tener muchos receptores si empiezas a hablar sobre dinámicas del mercado de valores en una clase o grupo de meditación. Mantén lo positivo para ganarte la confianza de la otra persona antes de conseguir que hagan lo que quieres.

Antes de que tomen la acción deseada o 'compren' de ti, tienen que 'comprar' tu confianza y fe. Esto requiere mantener una actitud positiva desde el principio para construir el factor de confianza.

Mantente en temas que ofrezcan un mínimo margen para el desacuerdo, conflictos y controversias. Mantenlo equilibrado y simple para que sea un punto de conversación exitoso. Si molestas a la otra persona al principio con un montón de temas negativos o controversiales, es probable que se desconecten y desarrollen sentimientos negativos hacia ti, algo que no deseas.

11. El lenguaje corporal habla por sí solo.

El lenguaje corporal o las pistas no verbales probablemente puedan transmitir mucho más que las palabras. Envía las señales adecuadas de lenguaje corporal para crear una impresión más favorable y hacerte más agradable.

Pequeños gestos como sonreír con frecuencia, asentir con entusiasmo, rozar ligeramente el brazo contra la otra persona, mantener contacto visual constante, dar un firme apretón de manos, mantener un tono enérgico/animado y otras señales similares pueden ser de gran ayuda para establecer una personalidad más agradable e influyente. Recuerda - no tienes una segunda oportunidad para causar una primera impresión. Que cada gesto cuente.

12. Haz un poco de excavación

Un poco de trabajo previo va muy lejos en la creación de una impresión inicial impresionante. Ya sea que te dirijas a una fiesta o a un importante evento de networking empresarial, ten algunos temas listos después de investigar el interés predominante del grupo. Por ejemplo, si descubres que el anfitrión o los asociados empresariales están muy metidos en el espiritualismo, viajes o cocina, investiga temas tendencia en esos nichos para iniciar una conversación interesante. Esto te ayudará a encajar en el grupo de manera más natural.

Podrás hacer que la conversación sea más animada y sacar a la gente de su torpeza. Escanea los titulares destacados de los periódicos del día, lee reseñas de libros, revisa reseñas y calificaciones de películas o infórmate sobre la última tendencia en salud que circula en las redes sociales. Estos temas de interés general resuenan con la mayoría de las personas y pueden ayudarte a parecer bien informado y sabio del mundo ante una nueva audiencia.

Si conoces los nombres de las personas que vas a conocer de antemano, puedes rastrear sus huellas en las redes sociales (simplemente no vayas a acosarlos y hacer obvio que estás revisando su perfil cada 2 minutos). Es fácil evaluar los intereses, actitudes y puntos de vista de las personas a través de sus perfiles en redes sociales. Esto te dará una buena indicación sobre sus gustos y disgustos, los cuales luego pueden ser utilizados para entablar una conversación fructífera.

13. Construir sobre Similitudes

Esto es especialmente cierto al interactuar con personas de culturas y antecedentes variados. Encuentra puentes de conexión y construye sobre ellos en cada oportunidad disponible. Encuentra un interés común, una cocina favorita, un libro que ambos disfrutaron especialmente leyendo u otro buen terreno común.

Aunque sea algo aparentemente cursi como usar la misma camisa/vestido o zapatos, siempre menciónalo para establecer una plataforma de similitud. Los humanos instantáneamente se sienten atraídos por las personas que son similares a ellos. Cuando la gente se da cuenta de que tus gustos o preferencias son muy parecidos a los suyos, será más probable que te escuchen o te admiren.

14. No descuides el aseo.

Aunque puedas ser un excelente conversador con un lenguaje corporal impecable, pocas cosas pueden crear una primera impresión negativa como un cuidado descuidado de la apariencia. Aunque esto suene básico, mucha gente lo considera insignificante y se enfoca en las "cosas más importantes".

Nunca asistas a ningún evento social sin ducharte o peinarte de manera ordenada. Mantén una buena higiene y arreglo personal. Usa una fragancia agradable pero que no sea abrumadora. Ten a mano unos cuantos caramelos de menta en tu bolso. Luce un peinado ordenado (que no te distraiga), mantén tus uñas bien arregladas y tus dientes - bien blancos y relucientes.

Usa ropa limpia y planchada. Es sorprendente cuántos pierden simplemente porque no prestan atención a estos aspectos elementales. La ropa y el aseo suman a tu persona incluso antes de que comiences a hablar. Las posibilidades son que, si te presentas mal arreglado, la gente ni siquiera te dará la oportunidad de hablar con ellos. Las personas desorganizadas y desaliñadas rara vez influyen en los demás o actúan como modelos a seguir creando una primera impresión favorable.

15. Olvídate de la incomodidad al saludar.

Saludar a las personas cuando te presentan por primera

vez puede ser naturalmente incómodo, especialmente si pertenecen a una cultura o región diferente. Puedes estar perplejo acerca del saludo apropiado. Algunas personas ni siquiera se sienten cómodas con un ligero beso en la mejilla, mientras que otras pueden no apreciar un apretón de manos prolongado. En tal escenario, es seguro esperar a que la otra persona dé el primer paso. Si no lo hacen, mantén un saludo universal - sonríe lo más brillante que puedas, di hola y ofrece un apretón de manos breve pero firme.

Bono - Consejos para Detectar y Superar la Manipulación y Construir tu Autoestima

Guste o no, el mundo está lleno de lobos con piel de cordero. No puedes hacer mucho contra los manipuladores patológicos y emocionales que están intentando aprovechar tus sentimientos y emociones para satisfacer sus deseos. Sin embargo, puedes vencerlos en su propio juego utilizando un montón de técnicas de astucia. La manipulación, si no se reconoce y se maneja de manera eficiente, puede destruir tu sentido de autoestima y cordura. Al reconocer y hacer frente a la manipulación, estás defendiéndote a ti mismo y no permitiendo que los manipuladores siniestros cumplan su agenda pisoteando tus sentimientos.

Aquí hay algunos trucos inteligentes y efectivos para desafiar a los manipuladores en su propio juego.

1. Pon el foco sobre ellos haciéndoles preguntas penetrantes. Los manipuladores están constantemente exigiendo cosas o haciendo ofertas a sus víctimas. Como víctima, te harán sentir que necesitas demostrar tu valía todo el tiempo. A menudo te esforzarás por cumplir con estas demandas. Detente. Cada vez que los encuentres haciendo una solicitud irrazonable, responde con algunas preguntas penetrantes y cambia el enfoque hacia ellos.

Por ejemplo, ¿te parece una solicitud legítima y razonable?

¿Crees que lo que me has pedido es justo o ético?

¿Tengo el derecho de negarme?

¿Estás solicitando o exigiendo que haga esto?

¿Qué gano al hacer esto?

¿Realmente esperas que haga esto?

¿Estás justificado razonablemente en esperar que yo haga esto?

¿Quién se beneficia más de esto?

Básicamente, tú eres preguntas que les muestran el espejo, donde pueden presenciar su verdadero y siniestro plan. Si el manipulador es consciente de sí mismo o se da cuenta de que has descubierto sus motivos, es muy probable que retire la solicitud.

Los manipuladores tratan de poner el foco en ti como si fueras indigno o 'malo' si no haces algo por ellos. Tienes que devolverles el foco haciéndoles pensar si su petición es realmente justificada o razonable, haciendo que parezcan personas con malas intenciones.

Las preguntas eventualmente obligarán al manipulador a darse cuenta de que estás viendo a través de su juego. La responsabilidad de la acción ahora pasará de ti a ellos.

Por ejemplo, si rechazas la solicitud del manipulador, la responsabilidad de justificar tu acción no recae sobre ti. Al hacer preguntas incisivas, estás pidiendo al manipulador que justifique la razonabilidad de su solicitud. Así que en lugar de sentirte culpable por rechazar algo, estás haciendo que el manipulador se dé cuenta de que es culpable por tener expectativas poco razonables.

También, hazle saber a tu manipulador que no aceptas ser tratado de la misma manera en que te tratan. Hazle entender claramente que no aprecias sus maneras.

Por ejemplo, si ya estás ocupado con algo y el manipulador te pide que hagas algo por ellos, di algo como, "No aprecio cuando ya estoy trabajando en algo y haces otra solicitud antes de que termine la tarea actual."

De manera similar, cuando una persona trata de obligarte a tomar una decisión que les beneficie, di algo como: "Soy capaz de tomar mis propias decisiones y realmente apreciaría si no me intentas forzar a tomar una decisión apresurada." Estás siendo asertivo y poniendo en su lugar a tu manipulador sin ser grosero. Simplemente estás defendiendo tus derechos e informándoles que tienes derecho a tomarte tu tiempo para decidir, y podría salirles el tiro por la culata si te presionan para tomar una decisión.

Tómate tu tiempo para cumplir una solicitud. No solo los manipuladores harán peticiones poco razonables, sino que también te presionarán para que tomes una decisión rápida. Quieren ejercer un control óptimo, influencia y presión sobre ti para que actúes de una manera específica de inmediato. Los manipuladores se dan cuenta de que si te tomas más tiempo, las cosas pueden no salir a su favor.

Haz lo contrario exacto de lo que quieren al tomar más tiempo. Los vendedores siempre están enfocados en cerrar el trato pronto. Aléjate de la persuasión del manipulador y tómate tu tiempo para llegar a una decisión. No tienes que actuar de inmediato, sin importar cuánto la persona intente presionarte.

Toma el control sobre la persona y la situación diciendo algo como, "Me gustaría más tiempo para pensarlo" o "es mi derecho tomar más tiempo para pensar en una decisión tan importante como esta" o "Necesito evaluar los pros y los contras antes de llegar a una decisión".

Puedes utilizar este tiempo para negociar a tu favor.

3. Di que no de forma asertiva pero diplomática. Este es un arte que solo llegará con la práctica. No quieres ofender al manipulador diciendo un no directo. Sin embargo, quieres ser firme y hacerles saber que no les permitirás abusar de ti. Mantén tu postura, a la vez que sigues siendo educado y cortés. No tienes por qué sentirte culpable por tu derecho a rechazar una solicitud irrazonable.

Si no estás dispuesto a algo, di: "Entiendo que quieres que haga esto, pero también siento que no estoy preparado para ello en este momento". Otra forma de articular tus necesidades es decir: "¿Cuál es la mejor opción para mí en este momento es... Uno de los mejores respuestas es enfocarte en tus necesidades por encima de las del manipulador sin sentir culpa.

Uno de los trucos más astutos utilizados por los manipuladores es hacerte sentir culpable cada vez que no cumples con su solicitud. Cuando dejas de sentirte culpable por defenderte a ti mismo o ejercer tu derecho a ser tratado con respeto, los manipuladores quedan indefensos.

4. Conozca sus derechos fundamentales y su valía. La arma más importante cuando se trata con manipuladores

es saber cuándo están siendo violados sus derechos. Tiene el derecho absoluto de defender esos derechos y de protegerse. Tiene el derecho fundamental de ser tratado con respeto y honor.

Nuevamente, tienes el derecho de expresar tus emociones, necesidades y sentimientos. Tienes el derecho de establecer tus prioridades, rechazar algo sin sentirte culpable, el derecho de protegerte/a tus seres queridos de cualquier daño, el derecho de obtener lo que pagas, y el derecho de vivir una vida feliz, sana y satisfactoria.

Estos son tus límites y puedes recordar a las personas que respeten estos derechos. Los manipuladores psicológicos a menudo quieren quitar tus derechos fundamentales en un intento de ejercer un mayor control sobre ti. Sin embargo, el poder y la autoridad para tomar las riendas de tu vida están en ti, y no deberías perder la oportunidad de recordar a tu manipulador que solo tú tienes el control de tu vida. Aléjate de las personas que no respeten estos límites básicos.

5. Mantén tu distancia. Una de las formas más efectivas de reconocer a un manipulador es observar si actúa de manera diferente con diferentes personas o en diversas situaciones. Por supuesto, todos tenemos cierto grado de diferencias sociales, pero si la persona constantemente se comporta de manera extrema y fuera de carácter, podría ser un maestro manipulador.

Piensa en ser antinaturalmente educado con una persona

y al minuto siguiente ser grosero con otra, o actuar de manera vulnerable un momento y luego volverse agresivo al siguiente. Cuando presencies este tipo de comportamiento, mantén tu distancia de la persona. Evita interactuar con estas personas hasta que sea absolutamente necesario. Puedes terminar atrayendo problemas. Hay muchas razones por las que las personas manipulan, y es muy psicológicamente complejo. No intentes arreglar a los manipuladores todo el tiempo. No es tu deber cambiarlos. Simplemente protégete a ti mismo/a y sigue adelante.

6. Evita culparte a ti mismo o la personalización. Uno de los trucos más hábiles utilizados por los manipuladores es hacer que sus víctimas sientan que siempre es su culpa. Independientemente de lo que haga o sepa el manipulador, nunca asumirá la responsabilidad por sus faltas. Siempre culpará a la víctima por todos sus errores.

Como víctima de manipulación, necesitas dejar de personalizar. El problema no está en ti, ya que simplemente te hacen sentir que es tu culpa para que cedas tus derechos al manipulador y te vuelvas impotente.

No te dejes llevar a pensar que eres un problema o que el problema radica en ti. Conocí a una amiga que era constantemente reprendida por su esposo por trabajar duro para mantener a la familia. Nunca desaprovechaba la oportunidad de recordarle que no era una buena esposa o madre porque siempre estaba trabajando. En su mente, trabajaba arduamente para darles un gran futuro a sus hijos (lo cual realmente no la hacía una mala madre).

Sin embargo, en su intento de lograr un control absoluto sobre ella, constantemente la culpaba y la hacía sentir incompetente como esposa y madre. Inicialmente, mi amiga creía todo lo que le decían acerca de ser una mala madre y esposa. Sin embargo, con el paso del tiempo, se dio cuenta de que simplemente la culpaban porque su esposo no podía enfrentar sus propias deficiencias.

Hazte estas preguntas antes de culparte:

¿Estás siendo tratado con respeto?

¿Son razonables las demandas de la persona?

¿Me siento bien conmigo mismo mientras interactúo con esta persona?

Estas son pistas importantes sobre el problema real.

7. Establezca consecuencias para el comportamiento manipulador. Los manipuladores psicológicos y patológicos siempre insistirán en ignorar sus derechos. Rara vez aceptan un no por respuesta, optando por enfadarse o volverse agresivos. Reconozca y establezca claramente las consecuencias si recurren a la agresión como respuesta a su negativa a cumplir con su solicitud irrazonable.

Una consecuencia comunicada y afirmada de manera efectiva se puede usar para pillar a una persona manipuladora, y obligarle a cambiar su postura de violar tus derechos a respetarlos. Al reforzar las consecuencias, estás descubriendo sus agendas ocultas y haciéndoles provocar un cambio en su actitud hacia ti. Básicamente, les estás quitando su poder.

Es importante enfrentarse a las tácticas intimidatorias del manipulador. A menudo intentarán asustarte para que cedas a sus demandas. Los manipuladores afirman aferrarse a tus debilidades para sentirse superiores y poderosos. Si te quedas pasivo y colaboras, aprovecharán más de ti. Enfréntalos y ejerce tus derechos. Dado que los manipuladores son inherentemente cobardes, se retirarán.

La investigación ha demostrado que la manipulación está estrechamente relacionada con una infancia abusiva o ser víctimas de acoso escolar. De ninguna manera esto justifica el acto de un abusador. Sin embargo, al tener esto en cuenta, encontrarás formas más saludables y efectivas de responder al manipulador.

8. Valórate por quien eres. Los manipuladores se alimentan de la baja autoestima de sus víctimas. Siempre atraparán a personas que son vulnerables, inseguras, con poca confianza y que no conocen su verdadero valor.

Rara vez el manipulador irá tras personas con alta

autoestima o sentido de valía personal. Si puedes mantenerte fuerte y enfrentar al manipulador estableciendo tu valía personal, es evidente que no permitirás que nadie te controle.

9. El silencio es oro. A los manipuladores les encanta el drama. A menudo provocarán en ti sentimientos de ira, miedo, tristeza y más para que pienses que han ganado puntos sobre ti. La mejor manera de lidiar con esto es mantener la calma y practicar la respiración profunda. Concéntrate en tu respiración y cómo se siente el cuerpo. Intenta relajar tus músculos y mira al manipulador a los ojos.

Este lenguaje corporal simple de confianza y afirmación puede desconcertarlos. Un manipulador no sabe cómo lidiar con tu calma en esa situación. Están completamente equipados para lidiar con tu enojo y miedo. Sin embargo, no esperan que reacciones con calma. Los enfurece y les dice que el ardid no parece ser efectivo contigo. Aprenderán que las emociones permanecen inalteradas y pasarán a otro objetivo.

No me malinterpretes aquí. Ciertamente no estoy abogando por renunciar a una relación ante el primer signo de manipulación. La manipulación puede surgir lentamente incluso en relaciones felices y satisfactorias, y no necesariamente significa el fin de una relación. Antes de tomar cualquier paso drástico, ten una conversación franca y abierta con tu pareja o la persona que te está manipulando. Reúne el valor para preguntarles por qué te están haciendo esto. Estas respuestas pueden darte pistas vitales sobre su estado mental y tu próximo movimiento.

Si ya has intentado tener una comunicación abierta con tu pareja y no han querido escuchar, puede ser el momento de explorar otras opciones como terapia o asesoramiento. Sin embargo, ambos deben estar comprometidos con la búsqueda de superar la manipulación dentro de la relación.

Si nada más funciona, tendrás que reunir el valor para irte. He visto personas salir de relaciones manipuladoras a través de terapia, y no están llevando vidas más felices y satisfactorias. Así que no es como si la manipulación fuera el callejón sin salida para una relación. Si acaso, úsalo como una oportunidad para identificar las fallas en tu relación y corregir gradualmente esas fallas.

10. Practica el autocuidado. Manejar una relación de manipulación puede ser intensamente agotador y estresante. Asegúrate de practicar el autocuidado para nutrir tu mente, cuerpo y espíritu, y no permitas que la manipulación te afecte. Es común sentirse estresado al final de cada interacción con un manipulador (he estado ahí, lo he experimentado).

Cuando sientas que tu energía mental se agota después de comunicarte con un manipulador, haz meditación, yoga o respiración profunda. Esto infunde una sensación de calma en tu ser. Haz algo agradable y emocionante para evitar que los sentimientos negativos arruinen tu día. Sal a dar un paseo largo en medio de la naturaleza o habla con alguien en quien confíes.

Consejos sólidos para aumentar tu autoestima

El núcleo de ser manipulado es experimentar sentimientos de incompetencia y falta de valía. Raramente verás a personas seguras de sí mismas, con alta autoestima y un alto sentido de valía personal, siendo manipuladas. Los manipuladores psicológicos prosperan haciendo que las personas se sientan indignas y desequilibradas. Al inducir este sentimiento de insuficiencia en sus víctimas, intentan obtener un mayor poder y control sobre ellos, y a su vez utilizan su sensación de impotencia para cumplir agendas egoístas.

Una de las mejores maneras de inmunizarse contra la manipulación es desarrollar una autoestima alta y confianza en uno mismo. Al tener un alto sentido de autovaloración y una opinión positiva de ti mismo, estás evitando que los manipuladores hambrientos te saboteen.

Aquí hay algunos consejos poderosos para aumentar tu autoestima en general y hacerte menos susceptible a la manipulación.

Detén a tu crítico interno. Sí, todos tenemos ese molesto enemigo interno que no deja de recordarnos lo incapaces que somos para hacer algo o lo miserable que es nuestra vida en comparación con otros. Esta voz interna moldea tus pensamientos y opiniones sobre ti mismo.

Minimiza tu voz negativa y reemplázala conscientemente con términos más positivos y constructivos. Por ejemplo, "Soy tan malo en esto" puede ser reemplazado por "Puede que no sea bueno en esto, pero eso no debería impedirme aprender todo lo que pueda al respecto y dominarlo." Acabas de dar un giro positivo a una declaración desesperada. Elige usar palabras más esperanzadoras, positivas e inspiradoras mientras hablas contigo mismo.

Detente enérgicamente cuando encuentres a tu crítico interno mostrando su cabeza monstruosa. También puedes recurrir a un gesto físico como pellizcarte lentamente o morderte los labios cada vez que encuentres a tu crítico interno en modo hiperactivo.

2. Sé más compasivo hacia otras personas o trátalas bien. Una de las mejores formas de elevar tu autoestima es tratar a los demás con mayor compasión. Cuando haces sentir bien a los demás acerca de ellos mismos, automáticamente te sientes genial contigo mismo. Cuando tratas bien a las personas, los inspiras a tratarte bien a cambio.

Practica la amabilidad en tu vida diaria al hacer voluntariado por una causa social (un gran impulso para la autoestima), sostén la puerta para las personas, escucha a alguien desahogarse, deja que la gente pase por tu carril mientras conduces, compra café o golosinas para personas al azar, anima a alguien que se siente desanimado y realiza gestos similares. Estos contribuirán en gran medida a construir tu autoestima.

3. Prueba cosas nuevas. Las personas que constantemente están probando cosas nuevas o reinventándose casi siempre tienen una autoestima alta. Constantemente se desafían a sí mismos al salir de su zona de confort. Prueban de todo y aprecian diversas experiencias, lo que aumenta los sentimientos de competencia.

Cuando sigues aprendiendo cosas nuevas y desarrollando tus habilidades, te sientes maravilloso contigo mismo. Evitas caer en la rutina. Sigue probando una nueva aventura o aprendiendo una nueva habilidad periódicamente. Empújate a ser activo, apasionado y productivo. Pon en marcha tu espíritu y alma de vez en cuando tomando un hobby, aprendiendo una nueva habilidad o leyendo un libro inspirador.

4. Evita las comparaciones. Te estás destruyendo lentamente al compararte constantemente contigo mismo o con tu vida con los demás. ¡No hay victoria en esto, siempre perderás! ¡Es una trampa que solo te hará sentir más inadecuado e indigno.

En cambio, mira hacia atrás a donde estabas hace unos años y qué tan lejos has llegado para lograr lo que eres hoy. Concéntrate en tus logros y éxitos de hoy en comparación con hace unos años.

Albert Einstein dijo famosamente: "Todo el mundo es un genio. Pero si juzgas a un pez por su habilidad para escalar un árbol, pasará toda su vida creyendo que es estúpido." ¡No seas ese pez!

5. Pasa tiempo con personas positivas. Otra gran manera de construir tu autoestima es rodearte de personas que te apoyen, animen e inspiren. Deben ser personas a las que admires y que puedan influir en ti de manera positiva. Puede ser cualquier persona, desde un profesor hasta un mentor, un gerente o un buen amigo.

Evita interactuar con personas que se centran en tus defectos e intentan derribarte en cada oportunidad disponible para sentirse superiores. Estate atento a los cazadores de sueños o personas que se ríen de tus sueños o de tu capacidad para lograr tus metas. La autoestima prospera en un entorno positivo en medio de personas positivas. Rodéate de personas que te hagan sentir bien contigo mismo.

También, ten en cuenta los libros, sitios web y páginas de redes sociales que leas. Permite que carguen tu energía, no que la agoten. No leas revistas que promuevan imágenes corporales poco realistas. Escucha podcasts que sean naturalmente inspiradores y empoderadores la próxima vez que te encuentres con algo de tiempo libre. Mira programas de televisión que eleven tu espíritu.

6. ¡Suda! Innumerables estudios han establecido una alta correlación entre el ejercicio y una autoestima saludable. El ejercicio conduce a una salud mental y física mejorada, lo que a su vez reduce el estrés y te hace sentir bien. También aporta más disciplina a tu vida, lo que aumenta inevitablemente la autoestima.

Hacer ejercicio no tiene por qué ser aburrido. Puedes optar por algo divertido e interesante como bailar, andar en bicicleta, nadar, hacer aeróbicos, kickboxing y más. Cualquier cosa que te haga sudar y te brinde una pequeña sensación de logro al final. La actividad física aumenta la secreción de endorfinas en el cerebro, lo que nos hace "sentir bien". Y todos sabemos cómo sentirnos bien puede tener un efecto positivo en nuestra autoimagen y autoestima.

7. Practica el perdón. ¿Hay algún rencor que has estado guardando por mucho tiempo? Puede estar relacionado con una ex pareja, un miembro de la familia durante tus años de crecimiento, un amigo que te traicionó o incluso contigo mismo. No te aferres al sentimiento de amargura. Supera sentimientos pasados de vergüenza, culpa y arrepentimiento, ya que aferrarte a ellos solo te llevará más profundamente al círculo de negatividad.

Hackeo Mental y Memoria Fotográfica:

Cómo Cambiar tu Mente y Desarrollar una Memoria Fotográfica en 21 Días. Técnicas Secretas para Memorizar Rápidamente Todo

© Derechos de autor 2024 por Robert Clear - Todos los derechos reservados.

El contenido contenido en este libro no puede ser reproducido, duplicado o transmitido sin permiso escrito directo del autor o del editor.

En ningún caso se responsabilizará al editor o autor por cualquier daño, reparación o pérdida monetaria debido a la información contenida en este libro. Ya sea directa o indirectamente.

Aviso legal:

Este libro está protegido por derechos de autor. Este libro es solo para uso personal. No puedes modificar, distribuir, vender, usar, citar o parafrasear ninguna parte, o el contenido dentro de este libro, sin el consentimiento del autor o editor.

Aviso de responsabilidad:

Tenga en cuenta que la información contenida en este documento es solo con fines educativos y de entretenimiento. Se ha realizado todo el esfuerzo para presentar información precisa, actualizada y confiable. No se hacen declaraciones ni implicaciones de ningún tipo. Los lectores reconocen que el autor no está brindando asesoramiento legal, financiero, médico o profesional. El contenido de este libro se ha derivado de diversas fuentes. Por favor, consulte a un profesional con licencia antes de intentar cualquier técnica descrita en este libro.

Al leer este documento, el lector acepta que bajo ninguna circunstancia el autor es responsable de cualquier pérdida, directa o indirecta, que se incurra como resultado del uso de la información contenida en este documento, incluyendo, pero no limitado a, errores, omisiones, o inexactitudes.

Introducción

¿Qué tan buena es tu memoria? ¿Eres capaz de recordar detalles mínimos, o olvidas los nombres y caras de las personas que conoces inmediatamente? Muchas personas no tienen una buena memoria y son incapaces de recordar información básica después de simplemente echar un vistazo a algo por un minuto. Muchos de nosotros deseamos tener una mejor memoria, pero no sabemos por dónde empezar. Estamos tan frustrados con lo que no podemos recordar, aunque tratamos tan duro de recordar las cosas básicas en nuestras vidas. Esa es una de las razones por las que tenemos fotos, para capturar momentos en nuestras vidas y conmemorar las experiencias que tenemos.

Una de las cosas que las personas desean es una memoria fotográfica, la cual es capaz de recordar las cosas con precisión vívida porque cuando intentas recordar algo, puedes asociarlo con una imagen en tu mente automáticamente. Esta es la forma en que pensamos y es la forma en que podemos recordar las cosas. Nuestras memorias se forman por imágenes en nuestra mente para hacer más fácil recordarlas. No podemos olvidar eventos, personas, lugares, números, etc., cuando los hemos codificado en nuestras mentes usando imágenes que nos ayudan a producir un recuerdo de ellos a voluntad. Tener una memoria fotográfica es un paso esencial para ayudar a una persona a recordar todos los diferentes detalles de sus vidas de manera más efectiva. Y no se requiere ser un genio. Todo lo que necesitas es un poco de entrenamiento y disciplina, y también puedes refinar tu memoria para tener una memoria fotográfica.

Este libro va a explicar el proceso de desarrollar tus habilidades para tener una memoria fotográfica utilizando diferentes métodos y trucos que te ayudarán a hacer tu memoria más aguda que nunca. Aunque puedas pensar que requiere mucho talento y don innato, te mostraremos que no es así. En cambio, nuestras memorias son repositorios complejos de conocimiento e información que se desarrollan con el tiempo y siguen expandiéndose y creciendo, mientras eliminan algunas memorias. Nuestros cerebros siempre están desarrollando nuevas memorias que podemos llevar con nosotros el resto de nuestras vidas. Algunas permanecen en nuestra memoria permanente, mientras que otras solo están en nuestras mentes por un corto período y luego son desechadas con el viento.

A medida que leas este libro, descubrirás nueve formas en las que puedes hacer que tu memoria sea más aguda y fotográfica que nunca. Este libro comienza presentándote planes de entrenamiento de memoria que te ayudarán significativamente tu memoria, así como un método militar comprobado para mejorar tu capacidad de recordar información textual. Luego, explicaremos cómo factores como el sueño, la dieta, el ejercicio, la cafeína y otras cosas afectan el desarrollo de tu memoria y su bienestar general. Estos factores deben ser considerados mientras desarrollas un programa de bienestar, el cual potenciará tu memoria.

Agradecemos por acompañarnos en este viaje hacia la imaginación y la memoria. Esperamos que experimentes nuevas ideas sobre cómo recordar las cosas mejor y que te beneficies de cada paso del camino. Nuestros nueve pasos están garantizados para brindarte la mejor memoria fotográfica para recordar prácticamente cualquier cosa que puedas nombrar.

Descubramos juntos los secretos de tener esta habilidad única y sorprendente.

Paso 1: Entrenando tu Memoria General

Todos quieren tener una buena memoria, pero muchos de nosotros luchamos por tener habilidades básicas de memorización. La verdad es que el mundo en el que vivimos prospera de maneras que no nos hacen usar nuestras memorias. Dependemos de la comunicación y de Internet para almacenar la información en la Nube, en diferentes documentos y en otros dispositivos de almacenamiento que están a nuestro alcance, pero no están inmediatamente disponibles en nuestra mente.

Pasamos una gran parte de nuestro tiempo utilizando dispositivos electrónicos que almacenan cantidades masivas de información, en los que confiamos todos los días. No podríamos pensar en funcionar sin Internet o tecnología móvil, porque todo en nuestra vida depende del uso adecuado de esos dispositivos. Como resultado, pasamos muy poco tiempo entrenando nuestra memoria para recordar cosas básicas. Algunas personas son incapaces de recordar números básicos como números de teléfono o contraseñas. La era digital nos ha convertido en personas que confían menos en la memoria y más en las computadoras y dispositivos que usamos todos los días para almacenar nuestros recuerdos.

Pero siempre estamos en constante necesidad de recordar momentos y cosas, y sin embargo, siempre parecemos olvidar los elementos esenciales en nuestras vidas. Los dispositivos que usamos todos los días no pueden almacenar completamente nuestras memorias de forma permanente. Estos dispositivos eventualmente fallarán y no podrán hacer todas las cosas que queremos que hagan. Además, podríamos perder estos dispositivos, o podrían fallar permanentemente y romperse, por lo que no podríamos recuperar la información almacenada en ellos.

Esto nos lleva al punto de la necesidad de almacenar nuestros recuerdos en nuestras mentes. El cerebro humano es uno de los dispositivos más complejos y fascinantes del planeta. Tenemos el poder de ser cientos de computadoras dentro de nuestros cerebros. Nuestras mentes son espacios vacíos que almacenan vastas cantidades de información. Al olvidar ciertas cosas, podemos recordar cosas nuevas.

Crear una memoria visual

Una de las formas esenciales en las que podemos entrenar nuestras memorias para visualizar lo que podemos hacer es recordando a través de señales visuales y espaciales. Podrías intentar memorización mecánica de diferentes cosas sin ninguna contextualización. La memorización mecánica es el acto consistente de repetir algo en tu mente para recordarlo mejor. Puedes ser capaz de recordar esas cosas durante unos segundos, minutos u horas. Pero después de tomar un examen, no podrás recordar nada de lo que habías estudiado o mirado antes. Este es el caso de muchas personas que viven en Asia, donde la memorización mecánica es un concepto educativo crucial que millones de personas hacen todos los días para promover la adquisición de vocabulario. Sin embargo, los profesionales de la educación están activamente en contra de este enfoque y piensan que esto hace más daño que bien al depender únicamente de la memoria a corto plazo, que puede, de hecho, retener vastas cantidades de información. Pero lo que queremos lograr es una memoria a largo plazo, que retenga mucha información que podamos tener por mucho tiempo. Ahí es donde tenemos que entrenar nuestra memoria general.

Estudio de caso

Joshua Foer dio una charla TED en 2012, donde habló sobre su experiencia con el entrenamiento de la memoria, ya que participó en una competencia de memoria (Foer, 2012). Comenzó como periodista, entrevistando a diferentes participantes y viendo cómo les fue en la competencia. Sin embargo, quería realmente adentrarse en las mentes de estos participantes. Su estudio sobre la memoria no fue demasiado emocionante, y quería llevar su investigación a un nivel más profundo. Además, decidió intentar participar en una competencia de memoria en la que pudiera entrenar su memoria audiovisual para recordar cualquier cosa que viniera a su memoria.

En sus entrevistas, Foer habló con diferentes hombres y mujeres que estaban participando en esta competencia. Estaban memorizando números de teléfono, nombres de personas y caras, entre otros datos de información pura. Mientras hablaba con los participantes, reconoció que también tenían memorias promedio. No tenían conocimiento especializado ni habilidad. El entrenamiento de la mente no tiene por qué involucrar ningún talento innato para la memoria. Estas personas, con una memoria promedio, fueron capaces de entrenarse para recordar mucha información en un corto período de tiempo, y demostraron una habilidad adquirida estudiando un método desarrollado por los antiguos griegos hace 2.500 años, del cual hablaré en los siguientes párrafos.

Hace mucho tiempo, durante la época de los antiguos griegos, la gente confiaba en su memoria y cultivaba memorias a largo plazo. Lo hacían sin hacer referencia a otras cosas. Piensa en los poetas griegos, que memorizaban historias y luego las recitaban en voz alta. Gran parte de la información y el conocimiento se transmitían a las personas mediante la tradición oral, que era una forma de entrenar a las personas para recordar cosas que leían, lugares a los que iban y otras cosas. Foer da el ejemplo de Simónides, que era un poeta, y que recitó un poema largo y épico a un grupo de personas durante una reunión. Desafortunadamente, durante la reunión, ocurrió un desastre, y el edificio colapsó, en el que todos murieron, excepto el poeta, Simónides. Diferentes partes del cuerpo estaban dispersas por la habitación, pertenecientes a las personas que estaban allí. Confiando en su memoria audiovisual, Simónides podía recordar dónde se había sentado cada persona en la habitación. Para las personas que estaban lamentando la pérdida de sus seres queridos, Simónides podía dirigirlos al área de la habitación donde habían estado sus seres queridos. Este es un testimonio fantástico de la memoria y de cómo puede funcionar a favor de alguien. Simónides utilizó su memoria visual y espacial para recordar las ubicaciones de las personas en la habitación.

Este antiguo método es uno que fue utilizado en la competencia con diferentes campeones de memoria. Foer habló sobre cómo los competidores fueron sometidos a una resonancia magnética, y sus cerebros fueron comparados con la persona promedio en el mundo. El estudio encontró que estos individuos no tienen cerebros que sean muy diferentes al resto de nosotros. Sin embargo, hubo una diferencia crucial que él señaló. Ellos dependían más de las habilidades espaciales y de navegación dentro de sus cerebros, lo que les permitía recordar más detalles.

Técnicas Utilizadas para la Memoria General: Asociación de Palabras

Foer demostró diferentes métodos para ayudar con la memoria. Una de las técnicas de entrenamiento de memoria más críticas es la asociación de palabras, que es básica pero importante para desarrollar una memoria visual y espacial. Por ejemplo, darle a una persona un nombre para memorizar y ver qué persona puede hacer un mejor trabajo. Digamos, tienes el nombre: Baker, y te dan la tarea de memorizar ese nombre. O te dicen que memorices la palabra, panadero. ¿Qué persona crees que tendrá un tiempo más fácil con la memorización? ¿La que tiene que memorizar el nombre del panadero? Si una persona tuviera que memorizar la palabra, "panadero," sin crear una imagen mental, no podrá recordarla. Sin embargo, si puede pensar en una imagen de un panadero, entonces sin duda tendrá un tiempo más fácil recordando la palabra. Panadero tiene muchas connotaciones a las que podemos conectar nuestra memoria. Cuando escuchamos la palabra, "panadero," podemos asociarla con el muñeco de masa Pillsbury con un sombrero blanco y harina por todas partes en sus manos. Además, podríamos oler el pan de una panadería y cómo podemos visualizar una imagen de una panadería. Si usamos esta pista visual, entonces podríamos recordar fácilmente el nombre de una persona usando la asociación de palabras de panadero.

Aquí tienes otro ejemplo de cómo podemos entrenar nuestro cerebro con asociación de palabras. Toma el nombre: Taylor. Eres el CEO de una empresa de consultoría y ves a cientos de personas todos los días. Y quizás, conoces a diferentes clientes todo el tiempo. Pero hay un problema: no recuerdas nombres y caras. Te cuesta recordar lo más básico de los nombres. Entonces, lo que haces es desarrollar una técnica para recordar los nombres y caras de las personas que conoces todos los días. Tu cliente se llama Michael Taylor. Michael es bastante fácil de recordar, pero el apellido, Taylor, es un poco más difícil de retener. Michael Taylor es un experto en moda, y viene a ti en busca de consejo sobre su negocio de ropa. Ahora puedes recordar su apellido porque Taylor se puede escribir como "tailor," que también tiene que ver con ropa. En tu mente, puedes pintar la imagen de un "sastre" en una tienda con mucha ropa. Y luego, voilá... ahí lo tienes. La imagen está ahí, y ahora puedes recordar el nombre de Michael Taylor porque has creado un espacio visual que puede recordar el nombre, y también puedes asociarlo con una cara. Esa es la proeza de la memoria visual y espacial.

Haciendo que la información sea significativa

El arte de mejorar tu memoria es encontrar formas de conectar ideas en tu cerebro para que coincidan de manera significativa. Las cosas sin un contexto necesitan ser unidas para que tu mente pueda imaginar fácilmente de qué estás hablando. Nuestros cerebros están diseñados para pensar contextualmente. Por lo tanto, es crucial que encontremos formas de conectar ideas para formar un todo. Entonces, podemos visualizar de qué estamos hablando.

Ejemplo

Crear experiencias significativas es esencial para nuestro bienestar físico y espiritual. Cuanto más significado podamos encontrar dentro de nuestras vidas, más experiencias podemos recordar. Recuerda una vez en que fuiste de viaje con tus padres, y te dieron tiempo libre para hacer lo que quisieras. Piensa en la libertad que tus padres te proporcionaron. ¿Qué hiciste con ella? ¿Cómo la utilizaste? Reflexionar sobre estas experiencias las hará más memorables. Cuando reflexionas sobre las experiencias que has tenido, puedes recordarlas de manera más clara y vívida. Es importante crear momentos increíbles que nunca puedas olvidar.

Crear un Palacio de la Memoria

Usando la técnica de los antiguos griegos, te aconsejamos que crees un palacio de la memoria, que es un edificio de tu memoria. Imagina que tu memoria es un gran edificio que contiene recuerdos de diferentes cosas. Visualiza el palacio de tu memoria y los diferentes espacios dentro de él que contienen información vital sobre tu vida. Esto te permite estar orientado espacial y visualmente para que puedas recordar mejor momentos de tu vida. Imagina que eres Cicerón y te invitan a dar una charla TED. Tienes que hacer todo esto de memoria y debes usar la técnica que usaban los griegos. Entonces, ¿cómo vas a hacerlo? Creando ese palacio visual. Veamos un ejemplo a continuación.

Cierra los ojos. Imagina que estás en la puerta de tu casa. Luego, entra en ella. Ves al Monstruo de las Galletas bailando con sus amigos en tu sala de estar. Gira a la derecha, y ves a Britney Spears, escasamente vestida, bailando y cantando "Hit Me Baby One More Time" en tu mesa de centro. También ves a Dorothy, Toto, el Hombre de Hojalata, el León y el Espantapájaros caminando por el Camino de Baldosas Amarillas que sale de la pared. Juntos, cantan "We're Off to See the Wizard." Luego, vas a la cocina donde ves a Martha Stewart cocinando su famosa cena de pavo. Puedes oler el pavo asándose en el horno. Está sofriendo el ajo y las cebollas para hacer su cazuela de verduras. Luego vas a tu dormitorio, donde ves a Snoop Dogg, que está rapeando a toda prisa en tu cama. Finalmente, sales afuera y ves a Katy Perry, quien está cantando su éxito "Firework," con fuegos artificiales estallando en el fondo.

Ahora abre tus ojos. Puede que no hayas podido recordar todas esas imágenes en orden, pero puedes unir las diferentes ideas en tu mente. Con diferentes fragmentos de información, eres capaz de recordar diferentes momentos en los que pensaste en base a las diversas imágenes que estás ensamblando en tu mente, basado en tu conocimiento previo de la información presentada. Esta es una forma crucial en la que funciona el entrenamiento de la memoria. Implica entrenar activamente tu mente para crear imágenes utilizando tu memoria existente y la asociación de esos pensamientos. Entonces, y solo entonces, puedes recordar la historia mejor que antes.

Recuerda usar imágenes.

Básicamente, todo esto nos está diciendo que podemos recordar mejor las cosas si les ponemos una imagen. Aprendemos mejor cuando podemos visualizar de lo que estamos hablando. Esta es la forma primaria en que podemos avanzar en nuestras vidas porque necesitamos un medio esencial para relacionarnos con la información que recibimos todos los días.

¿Cómo va a ayudarte esto en tu vida? Recordar usando imágenes te va a ayudar a recordarlo todo. Han pasado los días en los que olvidarás tus llaves del coche. También puedes encontrar formas de recordar eso. Serás capaz de recordar todo tipo de información, desde números de teléfono hasta barajas de cartas, entre otras cosas. Todo esto te ayudará a lograr un mayor éxito profesional. Serás la persona a la que todos recurran en busca de información crucial porque tu memoria te proporcionará un vasto depósito de la información vital para avanzar. También serás muy respetado por todos en tu empresa o lugar de trabajo.

Si aplicas este método de entrenamiento de tu memoria, podrás recordar muchos tipos diferentes de cosas. Revolucionarás tu vida, porque finalmente serás capaz de recordar todas las cosas que pensaste que habías olvidado, y será un tiempo increíble. Desarrollarás habilidades para la vida que podrás utilizar el resto de tu vida. Piensa en cómo quieres almacenar información crítica en tu mente que nunca quieras olvidar. Piensa en el día de graduación de tu hijo con su título universitario o en tu boda. Son experiencias inolvidables que no quieres olvidar nunca. Pero también quieres retener detalles clave de cada uno de estos eventos importantes para poder guardar los tesoros en tu mente. Demasiada información se vuelve confusa en una masa que puede olvidar fácilmente las cosas. Podemos ser personas increíblemente olvidadizas. Pero si podemos aplicar los principios del desarrollo de la memoria, entonces podemos cambiar la forma en que desarrollamos nuestra memoria y entrenarnos para recordar todos los eventos importantes de la vida.

Paso 2: Utiliza el Método Militar

Nuestros cerebros no pueden capturar completamente cada detalle de nuestras vidas. No son cámaras. Algunas personas nacen con una mejor memoria que otras. Aquellos que tienen un talento extraordinario para la memoria son llamados "eidetikers", pero incluso estas personas pueden tener problemas para recordar información necesaria porque sus cerebros no son completamente fotográficos ("Memoria eidética," s.f.). Puedes pensar, "Oh, soy tan olvidadizo y ni siquiera puedo recordar el camino a mi casa." La buena noticia es que puedes entrenar tu cerebro para recordar los detalles de cualquier cosa. En el capítulo anterior, vimos cómo puedes preparar tu cerebro para pensar en diferentes imágenes y asociaciones de palabras. Esa es una de las mejores formas de entrenamiento general. En este capítulo, vamos a ver cómo utilizar el método militar para obtener buenos resultados.

El ejército está continuamente realizando investigaciones avanzadas y sorprendentes sobre diferentes cosas, incluyendo espías psíquicos, visualización objetiva y memorias fotográficas (Boureston, s.f.). El ejército ha entrenado a millones de soldados en cómo recordar coordenadas, mapas, etc. Entonces, ¿por qué no lo intentamos? Vamos a usar algunas técnicas militares probadas para recordar algunos detalles y ver cómo afecta nuestras habilidades.

Este método te enseñará cómo entrenar tu cerebro para tener

una memoria fotográfica pero también una buena memoria que recuerda muchos detalles útiles. Es un entrenamiento que puedes hacer en casa. Aquí están los pasos que puedes seguir para lograrlo.

Descargo de responsabilidad

Antes de entrar en cómo usar el método militar, es vital que sepas que este método llevará un tiempo prolongado para desarrollarse; no sucederá de la noche a la mañana. Dedícate al menos un mes para hacer este experimento. Debe practicarse todos los días. Si te saltas un día, entonces puede que tengas que empezar de nuevo. Por lo tanto, es crucial que encuentres tiempo para hacer esto todos los días, así que haz tiempo para ello en tu horario.

Pasos para Implementar el Método Militar

Los siguientes pasos describen cómo entrenar con éxito tu memoria utilizando el método militar (Boureston, s.f.).

Paso 1: Encuentra una habitación oscura que no tenga ventanas y donde puedas apagar todas las luces. Necesitas estar en un lugar donde no tengas distracciones. Pero debes tener una lámpara brillante que cuelgue sobre la habitación. Un baño sería un lugar ideal para hacer esto.

Paso 2: Siéntate en una posición donde puedas encender y apagar la luz rápidamente sin tener que levantarte. Luego, encuentra una hoja de papel y recórtale un agujero rectangular del tamaño de un párrafo de un libro.

Paso 3: Toma tu libro o el objeto que estás intentando memorizar y cúbrelo con una hoja de papel que solo te permita ver un párrafo.

Crea una distancia razonable entre tú y el libro para que cuando abras y cierres los ojos, puedas ver y concentrarte en las palabras inmediatamente.

Paso 4: Apaga las luces y permite que tus ojos se acostumbren al entorno oscuro. Luego, enciende la luz por un nanosegundo y después apágala de nuevo. En este punto, tendrás una imagen impresa en tu memoria del material que se colocó frente a tus ojos.

Paso 5: Si la memoria de este texto se está desvaneciendo, entonces enciende la luz de nuevo por un nanosegundo y luego vuelve a mirar el texto.

Paso 6: Continúa haciendo esto hasta que puedas recordar todas las palabras del párrafo en la secuencia correcta.

Si estás siguiendo este paso de la manera correcta, serás capaz de visualizar el texto en tu mente y leer todas las imágenes del texto, como si estuviera justo delante de ti, porque tu memoria ha impreso visualmente estas imágenes en tu mente, muy parecido a una fotografía.

Practica esto una vez al día durante 15 minutos durante un mes.

Debes poder comprometerte a esta práctica una vez al día durante un mes. Intenta hacerlo durante 15 minutos al día, y podrás recordar la información de cualquier texto. Será increíble.

A medida que entrenas tu mente, podrás visualizar diferentes piezas de texto y aplicar este principio a tu vida diaria. Te ayudará mucho más en tu capacidad para hacer todas las cosas de manera efectiva.

Usando el Método Militar para Ayudar con la Memoria—Ejemplo Práctico: Ron White, Dos Veces Campeón de Memoria de EE. UU.

En un video de YouTube, Ron White, Campeón de Memoria en Dos Ocasiones, explicó cómo fue entrenado por un ex Navy SEAL llamado TC Cummings para ayudarlo a lograr la meta que quería alcanzar (Ron White Memory Expert, 2016). Utilizando cinco técnicas militares diferentes, White logró su objetivo y ganó el campeonato, pero lo logró a través de mucho trabajo duro y dedicación para desarrollar su memoria.

Aunque White no era un Navy SEAL, podía aprender mucho de lo que los chicos militares estaban haciendo en su entrenamiento, porque le ayudaron a ganar confianza en sí mismo y en sus habilidades para hacer grandes cosas. Aquí hay algunos aspectos destacados que quería enfatizar mientras entrenas tu memoria militar.

"Cuanto más sudas en tiempos de paz, menos sangras en tiempos de guerra."

Este era un principio que aplicaba a su vida mientras se preparaba para entrenar su memoria porque sabía que tenía que someterse a circunstancias adversas para lograr su objetivo. Cuando te estás preparando para competencias de memoria u otras cosas, es esencial que prepares tu memoria para la guerra, en lugar de para tiempos de paz, porque es probable que tengas que pasar por experiencias traumáticas en tu vida. Nuestras vidas no son fáciles. Tenemos que enfrentar duras realidades que impactan quienes somos como personas. Por lo tanto, es crucial que encontremos formas de entrenarnos en condiciones menos que ideales porque nunca sabes cuándo tu salud empeorará o cuando enfrentarás una situación traumática que cambie tu vida.

White ilustró este punto al decir que iba a entrenar bajo el agua en clima frío en enero con una baraja de cartas y equipo de buceo. Memorizó barajas de cartas mientras nadaba bajo el agua. Fue una tarea difícil, pero pudo hacerlo porque estaba desafiando a los elementos, incluso cuando no era durante un "tiempo de guerra". Por lo tanto, pudo entrenar mucho mejor que si hubiera entrenado en condiciones normales.

2. Desarrollar una mentalidad positiva: Marco mental ganador.

En segundo lugar, si quieres ser bueno memorizando algo, ya sea para un examen o una competencia de memoria, debes tener una mentalidad positiva y adoptar una mentalidad de "ganador" que pueda recordar todas las experiencias que has tenido. Piensa en la competencia de debate del equipo de la escuela secundaria que ganaste, el premio al mejor delegado en comité del modelo ONU que recibiste, u otros logros que tuviste durante tu infancia y juventud. Y luego, motívate para que puedas lograr todo lo que te propongas hacer.

3. Establecer metas pequeñas para tu memorización

Si quieres memorizar 20 mazos de cartas al día, hazlo. Comienza por aprender un texto corto un poco cada día, y verás resultados. Por ejemplo, un hombre podría memorizar un capítulo entero de Moby Dick cada día creando un palacio de la memoria y logró hacerlo muy rápidamente con el tiempo. Pero le llevó entrenamiento y trabajo hacerlo (Vox, 2016).

Paso a paso, podrás alcanzar la meta que te propusiste. Pero tendrás que dedicar tiempo y energía porque nada sucede instantáneamente. Todo requiere una cierta cantidad de paciencia y perseverancia para que funcione.

En círculos cristianos o religiosos, memorizar textos sagrados es una práctica importante. Date unos pocos extractos o versículos para recordar todos los días, y verás cuánto puedes aprender y crecer de esta experiencia. Será fantástico.

Siempre afronta las consecuencias de no alcanzar una meta

Aunque podamos establecer metas que queramos alcanzar, no siempre las lograremos, y cada vez, deberíamos establecer alguna forma de consecuencia para nosotros mismos, porque eso será una parte esencial de nuestro entrenamiento. Perder es una consecuencia que puede ocurrir, pero tenemos que darnos algún tipo de pequeño castigo, como estar bajo agua fría durante dos minutos, especialmente si no nos gusta que nos echen agua fría.

Puede ser fácil pasar por alto el asunto y no hacer nada al respecto, pero necesitamos encontrar formas de enfrentar las consecuencias de nuestras acciones porque cada paso que damos tendrá algún resultado tarde o temprano. Por lo tanto, cuanto antes nos acostumbremos a las consecuencias de no lograr nuestro objetivo, mejor estaremos.

5. Entrena tu memoria todos los días, incluso cuando no te apetezca.

El aspecto crítico del entrenamiento es hacerlo todos los días en preparación para un evento, como un gran examen o una competencia. No puedes dejar de entrenar simplemente porque estás cansado o no tienes ganas. Esa no es la forma en que funciona. Debes entrenar incluso en los días en que no tienes ganas de continuar. Es vital desarrollar la disciplina para hacer las cosas militarmente porque lo harás independientemente de si te sientes bien o no. White tuvo que pasar por esto con su entrenador. Se estaba sintiendo enfermo y le dijo a su entrenador, Cummings, "TC, estoy enfermo. No puedo venir a entrenar." TC le dijo que tenía que entrenar y que de todas formas iba a enseñar. Incluso estando enfermo, White tuvo que completar su entrenamiento. Solo porque estás enfermo o no te sientes bien no significa que puedas saltarte el entrenamiento. Como mencioné en el punto #1, debes "enfrentar la música," incluso cuando no te sientes al 100% con respecto a algo.

En el día de la competencia, White tuvo otro obstáculo

aparentemente imposible. No estaba enfermo, pero no estaba en las condiciones adecuadas para tener éxito en la competencia de memoria. En lugar de estar enfermo esta vez, solo había dormido 45 minutos la noche anterior, por lo que había estado despierto toda la noche. La falta de sueño puede ser un gran problema para algunas personas, y claramente, era algo con lo que White luchaba, dado que no había recibido un descanso adecuado la noche anterior. Pero aquí está la cosa: él había entrenado para esto. Había pasado meses preparándose para este momento, y no iba a dejar que la falta de sueño le impidiera alcanzar sus objetivos. Por lo tanto, se lanzó a por ello con todo lo que tenía. Y fue increíble ver el resultado final.

Paso 3: Mejorando tu dieta para una memoria fotográfica

Tal vez quieras zambullirte en ese gran filete con papas fritas. Pero antes de hacerlo, tienes que examinar el hecho: la dieta puede influir en nuestro bienestar mental y psicológico en general. Cuantos más alimentos no saludables comemos, más probabilidades tenemos de desarrollar enfermedades como la demencia a medida que envejecemos ("Mejora tu memoria", 2012).

El filete que quieres morder es rico en grasas saturadas, las cuales pueden elevar tus niveles de colesterol y darte niveles de colesterol poco saludables. Este colesterol perjudicial no solo se sabe que daña tu corazón y otros órganos vitales, sino que también puede dañar tu cerebro ("Mejora tu memoria", 2012).

¿Cómo está conectada la memoria con la dieta?

La dieta es un aspecto esencial de lo que consumimos cada día. Hay algo de verdad en el dicho: "somos lo que comemos", porque somos el resultado de las cosas que consumimos de día a día. Por lo tanto, es crucial que alimentemos nuestra mente con ideas que sean útiles y beneficiosas para nuestro bienestar general. De lo contrario, terminaremos sintiéndonos débiles y cansados, lo cual no es útil para nuestra salud en general. Las cosas que necesitamos limitar en nuestra dieta incluyen el colesterol, el azúcar en la sangre y los niveles de presión arterial porque son necesarios para proteger nuestra memoria ("Mejora tu memoria", 2012).

También debemos tener en cuenta el almacenamiento de grasas saludables, que nos ayudará a preservar la memoria. Esto incluye grasas mono y poliinsaturadas, que se encuentran en alimentos como el aceite de oliva, el pescado y los frutos secos. Estos alimentos también se sabe que previenen la demencia del Alzheimer y el deterioro cognitivo leve (MCI), que es un tipo de pérdida de memoria que aparece justo antes de la demencia ("Mejora tu memoria," 2012).

Los alimentos de la dieta mediterránea son particularmente útiles para ayudar con la memoria. Aquí tienes algunos ejemplos de ellos: frutas, verduras, granos enteros y aceite de oliva. El pescado también son buenos alimentos para la memoria. Además, el consumo moderado de alcohol puede ayudar a aumentar los niveles de colesterol saludable de lipoproteínas de alta densidad (HDL) y reducir la resistencia a la insulina de una persona. La resistencia a la insulina puede llevar a la demencia ("Potencia tu memoria," 2012).

Dieta de muestra de memoria

Desayuno

● Tostada de grano entero con bayas frescas y almendras; o

- 8 oz. de yogur griego con bayas esparcidas por encima.

Almuerzo

Ensalada griega mediterránea con tiras de pollo a la parrilla; o

Pasta de grano entero con hummus y tomates cherry.

Cena

● Salmón al horno con tomates y aceitunas, espinacas, pasas y peras; o

Pechuga de pollo a la parrilla con ajo y limón, espárragos.

Aunque algunos alimentos han demostrado proteger la memoria, la investigación aún no ha demostrado qué alimentos pueden mejorar nuestras memorias. Sabemos cómo es una dieta saludable para el corazón, pero no sabemos exactamente cómo es una dieta saludable para el cerebro. Sin embargo, los médicos están tratando de encontrar la correlación entre los alimentos para el cerebro y los alimentos saludables para el corazón ("Aumenta tu memoria", 2012). Comer dietas saludables para el corazón bajas en grasas saturadas puede ayudar a disminuir el riesgo de diabetes y obesidad, condiciones que han sido asociadas con la pérdida de memoria.

Una dieta saludable para el corazón puede ser una dieta saludable para el cerebro.

Aquí hay algunos alimentos que deberías considerar agregar a tu dieta para poder obtener los beneficios de una dieta saludable para el corazón, la cual también puede ayudar al desarrollo de tu cerebro.

Frutas y verduras

- Alimentos integrales y pasta

◯ Frijoles y nueces

Aceite de oliva virgen extra (AOVE)

◯ Cantidades limitadas de carne roja

Consumo moderado de alcohol (cerveza o vino)

Las dietas han demostrado impactar significativamente nuestra capacidad para realizar diferentes tareas cognitivas. Por lo tanto, es crucial que encontremos formas de mejorar nuestra dieta, porque eso afectará cómo comemos, cómo vivimos nuestras vidas y cómo obtenemos la nutrición adecuada que es necesaria para llevar un estilo de vida más saludable. Ir a McDonald's cada semana puede parecer una tentación con la que muchos de nosotros nos enfrentamos, y es posible que no pensemos mucho en las consecuencias de nuestras acciones. Sin embargo, es cierto que una dieta rica en grasas insaturadas y aceites poco saludables no ayudará a nuestras mentes a pensar de manera más clara o eficiente. En consecuencia, nuestro pensamiento puede verse afectado por ello. Pero cuando comemos de manera saludable, todo nuestro cuerpo puede sentir la diferencia, incluido nuestro cerebro. Más sangre puede fluir hacia el cerebro, dándole más energía y sustento, lo cual es necesario para sentirnos en nuestro mejor estado. Ya no intentemos cubrir todo con cafeína y subidas de azúcar, lo cual puede hacer que nos estrellemos. Si adoptamos una dieta saludable, podremos rendir mucho mejor y obtener los resultados que deseamos en nuestra vida. Y nuestra memoria mejorará porque estamos cuidando nuestro cuerpo al obtener la nutrición adecuada. Sé que es tentador intentar simplemente tomar una comida por conveniencia, especialmente cuando estamos super ocupados con cosas por hacer. Pero debemos tener en cuenta que nuestras vidas dependen de un cierto nivel de autocuidado que nos permita hacer todas las cosas que queremos hacer por nosotros mismos y mantener nuestros cuerpos en óptima forma.

Los alimentos y bebidas que le recomendamos que pruebe para una mejor memoria.

Puede que te estés preguntando, "¿qué tipos de cosas puedo comer para mejorar mi memoria y ponerme al día con las diversas cosas que debo hacer?" Tenemos algunas ideas para ti aquí.

Café

Muchos de nosotros dependemos de nuestro café matutino para poder pasar el día. Si eres una de esas personas, debes saber que el café es muy bueno para ti. Los dos aspectos principales del café, la cafeína y los antioxidantes, son beneficiosos para tu cerebro. Además, la cafeína en el café puede ayudarnos de varias maneras, como haciéndonos más alerta al bloquear la adenosina, que es una sustancia química que nos hace sentir somnolientos. Además, el café libera químicos que nos hacen sentir bien, como la serotonina. También permite a una persona concentrarse más en lo que está haciendo en ese momento. Además, si se toma café durante un largo período, se reduce el riesgo de enfermedad de Parkinson y Alzheimer (Jennings, 2017). ¿Suena como un buen plan beber tu próxima taza de café, verdad?

El café es una de las mejores creaciones en el planeta. Beber café también ayuda a tu sistema digestivo a procesar varios alimentos. Puede ayudarnos a recordar las cosas más claramente, porque podemos enfocarnos en lo que es importante para nosotros. Por otro lado, también es importante vigilar que nuestro consumo de café no se salga de control. La moderación es siempre la mejor manera de avanzar.

Cúrcuma

La especia amarilla que se encuentra en el curry en polvo tiene muchos beneficios para el cerebro. La cúrcuma puede ingresar directamente al cerebro y hacer cosas buenas para nuestras células cerebrales. Tiene un fuerte poder antioxidante; lo cual los pacientes de Alzheimer pueden beneficiarse. Además, ayuda con la depresión, para que no te sientas demasiado decaído durante el día. También fomenta el crecimiento celular, lo que ayuda con la memoria en personas mayores. Si quieres beneficiarte del uso de la cúrcuma, debes agregarla a diferentes platos o hacer té de cúrcuma (Jennings, 2017).

Brócoli

¿Alguna vez has pensado que el brócoli podría ser muy bueno para ti? Bueno, lo es. Está lleno de antioxidantes. El brócoli tiene un alto contenido de vitamina K, la cual se ha relacionado con tener una mejor memoria. También tiene compuestos que pueden ayudar a proteger el cerebro de daños con el tiempo (Jennings, 2017).

Chocolate negro

El chocolate negro y el cacao en polvo contienen muchos compuestos, incluidos antioxidantes y cafeína, que mejoran la función de tu memoria. Contiene flavonoides, que ayudan al cerebro a aprender y memorizar diferentes piezas de información. En un estudio, los investigadores mostraron que estos compuestos pueden ayudar con el deterioro mental en las personas mayores. El chocolate también mejora nuestro estado de ánimo, porque provoca sentimientos positivos. No está claro por qué hace feliz a la gente, pero quizás tenga que ver con el delicioso sabor (Jennings, 2017).

Naranjas

Las naranjas tienen mucho vitamina C, que ofrece muchos beneficios para la salud, incluida la prevención del deterioro mental en la vejez. Cuando comemos suficientes alimentos que contienen vitamina C, también podemos protegernos contra la enfermedad de Alzheimer. La vitamina C ayuda en la mejora de la salud general de nuestro cerebro (Jennings, 2017).

Huevos

Los huevos contienen varios nutrientes que ayudan a fortalecer nuestro cerebro, incluido la colina, que ayuda con la regulación del estado de ánimo y la memoria. Dos estudios han demostrado que las personas que consumen más colina tienen una memoria mejorada y un funcionamiento cognitivo (Jennings, 2017). Obtener tu dosis de colina puede provenir simplemente de comer la yema del huevo, donde se encuentra la mayor parte de lo saludable.

Té verde

Similar al café, el té verde también tiene cafeína, la cual mejora la alerta, la función cognitiva y la memoria de las personas. Además, les permite a las personas concentrarse mejor en las tareas que tienen que realizar. Uno de los químicos que se encuentra en el té verde es la L-teanina, la cual te hace sentir menos ansioso y más relajado (Jennings, 2017).

Prueba dietas que incluyan más grasa y menos carbohidratos

Hay muchos planes de dieta disponibles, y no todos son útiles, pero si quieres, puedes probar un plan de dieta que te ayudará a alcanzar tus objetivos de pérdida de peso. Por ejemplo, podrías probar la dieta Keto, que es rica en grasas y proteínas pero baja en carbohidratos y azúcar. Los carbohidratos y el azúcar nos pueden dar energía por períodos cortos, pero luego nos agotan de energía y nos causan caer en una profunda somnolencia, lo que hace difícil para nosotros concentrarnos. Cuanto más consumamos estos alimentos, más probable es que experimentemos aumento de peso y otros efectos no deseados. Además, queremos comer alimentos que nos darán energía durante todo el día y no nos harán caer en un bajón. Además, cuando puedes proporcionar a tu cuerpo más grasa, puedes almacenar esa energía e integrar el ayuno intermitente como parte de tu rutina.

Ayuno intermitente

Integrar el ayuno en tu dieta es una forma en la que puedes mejorar tu rendimiento cognitivo, porque puedes concentrarte más en tus estudios, y es fácil de implementar en tu estilo de vida. Si adoptas una dieta que te pueda mantener durante horas, te ayudará a poder empezar el ayuno intermitente, el cual ha demostrado beneficios para la salud. Pruébalo. Verás que puedes desarrollar energía y resistencia haciendo ayuno intermitente, y también mejorar tu rendimiento cognitivo.

Bebida moderada, para que puedas recordar más

El alcohol ha demostrado ayudarnos a olvidar los momentos difíciles y recordar más de los buenos tiempos. Afecta a un gen llamado receptor D2-like, que registra la memoria y la codifica como agradable o desagradable. El alcohol puede hacernos olvidar los momentos incómodos en nuestras vidas y produce un mecanismo de recompensa que podemos experimentar cada vez que bebemos. Sin embargo, también puede hacer que seamos propensos a olvidar las cosas fácilmente (Kekatos, 2018).

Muchas personas, especialmente jóvenes y adultos jóvenes, son propensos a abusar del alcohol de manera bastante destructiva para su salud y memoria. No solo el consumo excesivo de alcohol causa problemas para controlar el comportamiento de uno y tener dificultades en salir a la taberna, sino que también causa problemas de retención de memoria que hacen cada vez más difícil recordar cosas de nuestro pasado. Puede hacer que una persona sea especialmente olvidadiza y pierda su memoria. Piénsalo. Cuando una persona bebe en exceso, es poco probable que pueda recordar nada de lo que sucedió la noche anterior, porque el efecto del alcohol causa problemas para recordar eventos. El consumo excesivo de alcohol es probable que afecte el funcionamiento cognitivo durante un tiempo después de beber en exceso, lo que puede dificultar la función al día siguiente y poder realizar todas las actividades que te propongas.

Estudio de caso

John se dio cuenta de que su dieta no estaba ayudando a su salud en general. Siempre comía fuera y no prestaba atención a las calorías que consumía. En consecuencia, sentía que estaba subiendo de peso todo el tiempo y no podía controlarlo. John sabía que sus hábitos no eran saludables, pero no quería hacer nada al respecto. Entonces, un día, recibió el diagnóstico: diabetes. Se sorprendió por este descubrimiento y sintió que debía hacer algo al respecto. Su médico y nutricionista le dieron algunas herramientas para volver al buen camino. Optó por una dieta constante de frutas y verduras y proteínas, que le ayudarían a mantener un peso saludable. Además, consumiría más grasas y menos carbohidratos. Después de algunas semanas, John notó que sus niveles de energía eran más altos. Además, pudo recordar mejor detalles de su vida. No sentía que estaba perdiendo la razón. Tenía una mejor memoria, lo cual le servía bien en su trabajo como asistente de ventas.

Paso 4: Dormir por el bien de la memoria

El estadounidense promedio está viviendo su vida en privación crónica de sueño. Estamos viviendo una vida de alta velocidad. Nuestras vidas pasan realmente rápido. Estamos trabajando más duro que nunca, tomando menos tiempo de vacaciones que antes, y tratando de ganar más dinero que antes. Y todo parece ser un esfuerzo que queremos para prosperar. Pero ¿qué tal si te dijera que el secreto para vivir una vida más feliz radica en dormir más y consumir menos cafeína y café que mantienen tu mente y cuerpo despiertos a todas horas de la noche? En este capítulo, vamos a explorar las maneras en que dormir bien te ayudará a desarrollar una mejor memoria, una memoria fotográfica.

Por qué es importante dormir bien

Pasamos más de un tercio de nuestras vidas durmiendo. Es posible que no pensemos a menudo en por qué dormimos, pero vemos la manifestación externa de los beneficios de dormir. Nos sentimos más enérgicos y alerta y podemos concentrarnos mejor en las tareas que estamos realizando. Sin dormir, nuestras funciones cognitivas sufren y rendimos menos ("¿Por qué dormimos?", s.f.).

Para que podamos apreciar completamente el sueño, debemos reconocer que el sueño es una función vital de nuestros cuerpos. Deberíamos considerarlo tan importante como comer. Sabemos que necesitamos comida y nutrientes para sobrevivir. No hay forma de que podamos vivir nuestras vidas sin ella. Nos ayuda a crecer, desarrollarnos, reparar tejidos rotos y funcionar bien. Es un proceso físico que requiere que ingiramos las cosas que necesitamos para seguir adelante cada día. Pero tal vez estés pensando, "dormir no es tan importante como comer." Sin embargo, es una parte vital de nuestros procesos corporales.

Un buen sueño nos lleva a un lugar de restauración física y mental de todas las cosas que están afectando nuestro cerebro y causando que se canse, se sobrecargue, entre otras cosas. Dormir permite que nuestras funciones internas del cuerpo se reduzcan, ya que nuestro cuerpo descansa y se recupera de diferentes factores estresantes y situaciones que pueden causar estragos en él. En nuestro mundo moderno, ponemos tanta presión en nuestro cuerpo para hacer cosas que solo puede hacer bien si duerme bien por la noche. Seguimos sin dormir e intentamos funcionar sin demasiado de ello, lo que causa ansiedad, depresión y otras condiciones de salud mental. También nos hace estar más cansados e incapaces de realizar cognitivamente las tareas que debemos hacer durante nuestro día.

Las teorías detrás del sueño

Aunque se sabe mucho sobre los beneficios inherentes para la salud del sueño, se sabe poco sobre por qué dormimos, pero existen algunas teorías. Una de las postulaciones es la teoría de la inactividad, que proviene de un instinto evolutivo donde los animales dormirían para permanecer inmóviles en la naturaleza y protegerse de los depredadores durante el día ("¿Por qué dormimos?", s.f.).

Otra teoría habla de cómo las personas pueden conservar energía y reducir el consumo de energía para que puedan ser guardadas para otro día. Aún otra habla de cómo nuestro cuerpo necesita restaurar ciertos aspectos de lo que se pierde durante el día. Cuando estamos despiertos, los neuronas en el cerebro pueden producir adenosina, lo que puede provocar sensación de fatiga. Este sentimiento se bloquea cuando consumimos cafeína y nos mantenemos alerta. Cuando estamos despiertos, esta hormona sigue acumulándose en nuestro cerebro y se mantiene elevada hasta que se elimina durante el sueño. Cuando dormimos, nuestros cuerpos pueden eliminar la adenosina de la mente. Esto nos permite sentirnos mucho mejor al día siguiente cuando nos despertamos por la mañana. Nuestra mente y cuerpo se sienten renovados por los efectos del sueño ("¿Por qué dormimos?", s.f.).

Dormir es vital para nuestro bienestar porque no podríamos funcionar sin él. Si dejáramos de dormir y no descansáramos adecuadamente todas las noches, dejaríamos de funcionar bien con el tiempo. Con el paso del tiempo, nos volveríamos más fatigados y eventualmente nos desgastaríamos y nos quemaríamos. Los peores escenarios de privación del sueño incluyen enfermedades y agotamiento. Estos requieren una recuperación continua de los periodos intensivos que provocan la privación del sueño, y puede ser extremadamente perjudicial para nuestro bienestar en general no dormir lo suficiente.

¿Qué hace el sueño por la memoria?

Además de su necesidad para que nuestros cuerpos funcionen

correctamente, el sueño funciona de manera significativa para ayudar a nuestras memorias mientras descansamos nuestros cerebros por la noche. La investigación ha demostrado que el sueño puede ayudar a una persona a aprender y retener cosas en su memoria de manera eficiente. Cuando una persona está privada de sueño, no podrá aprender de manera eficiente y será propensa a olvidar cosas. Además, el sueño es responsable de la consolidación de la memoria, lo que permite a una persona aprender nueva información. ("¿Por qué dormimos?", s.f.).

Para que la memoria de una persona funcione correctamente, se deben seguir diferentes pasos. Primero, el cerebro debe adquirir nueva información. Luego, debe consolidar los datos durante los cuales la memoria puede volverse estable. Finalmente, el cerebro debe poder recordar los datos después de que hayan sido almacenados en el cerebro de una persona. Podemos adquirir y recordar las diferentes partes de las cosas en nuestra vigilia. Pero estudios han demostrado que el sueño es el estado en el que ocurre la consolidación de la memoria ("¿Por qué dormimos?", s.f.).

Lo que debemos comprender es que nuestros recuerdos se afianzan en nosotros mientras dormimos. Cuando estudiamos para un examen, confiamos en el almacenamiento de esos recuerdos en nuestro cerebro para poder acceder rápidamente a la información cuando estamos despiertos y tomando el examen. Esto se hace en su mayoría de manera inconsciente, sin que seamos conscientes de ello. Hay mucha sabiduría en descansar adecuadamente antes de hacer algo importante como una presentación, examen o competencia. Si no descansamos lo suficiente, no podremos desempeñarnos bien en estos eventos. Eso no significa que sea imposible hacerlo bien si no descansamos adecuadamente antes del evento. Pero simplemente limita cognitivamente a nuestros cerebros en su capacidad de hacer las cosas bien. Cualquiera puede atiborrar su cerebro con mucha información la noche antes de un gran examen y esperar obtener buenos resultados en la prueba. La memoria a corto plazo es más fácil de acceder, ya que podemos recordar cosas que acabamos de mirar, pero es muy probable que olvidemos por completo la información que hemos atiborrado justo después del examen. Por lo tanto, el método de atiborrarse es muy ineficiente y no permite a las personas obtener los resultados correctos para su memoria. En cambio, divide nuestro conocimiento en fragmentos y facilita mucho más el olvido.

Ejemplo de Corea: Escuelas de Cramming, Memorización Mecánica y la Falta de Sueño

Eres transportado a la moderna ciudad de Seúl, Corea. Es una hermosa ciudad y metrópoli que se asemeja a la ciudad de Nueva York. Muchas personas residen en esta área, al menos 10 millones de personas. Ve a un lugar llamado Gangnam, donde podrías ver un montón de BMW o autos Rolls Royce pasando. Una salida aquí puede costarte 100,000 won ($100 USD) porque estás en la zona lujosa de Seúl. Ahora, ve a un lugar llamado Daechi-dong en Seúl, donde hay cientos de escuelas de inglés en la zona llenas de estudiantes, que están estudiando para los exámenes coreanos SAT, TOEFL y TOEIC. Bienvenido a la cultura educativa de inglés de Corea, un lugar donde muchas personas están estudiando inglés de manera intensiva, pero espera, ¿realmente están aprendiendo inglés, o solo están estudiando de memoria?

Si vas a una academia de inglés (o en coreano: hagwon), encontrarás a miles de estudiantes estudiando intensamente para sus exámenes y memorizando listas de cientos de palabras de vocabulario. Los profesores de inglés coreanos les asignan a sus alumnos 50 palabras por día para estudiar. En otros días, estudian 100 palabras al día o incluso 500 palabras a la semana. Estudian arduamente y memorizan palabras en inglés y coreano. Los exámenes diarios de palabras son comunes, y los estudiantes están continuamente estudiando intensamente y tratando de meter la información en sus cabezas, sin mucho éxito porque sus cerebros adolescentes aún se están desarrollando y solo están consolidando conocimientos fragmentados. La verdad es que este método es ineficiente para ayudar en el desarrollo cognitivo de los adolescentes, ya que atraviesan la etapa de la adolescencia y la adultez temprana. Los niños y adolescentes sufren una intensa angustia al estudiar inglés porque están utilizando un método de memorización mecánica.

Además, los estudiantes en Corea no están durmiendo lo suficiente. Están durmiendo mucho menos cada noche. Están obteniendo 4-5 horas de sueño. Van a la escuela desde la mañana temprano hasta las 3 o 4 de la tarde. Luego, típicamente van a una academia de inglés separada de 4 pm a 10 pm y continúan estudiando hasta la 1 o 2 de la mañana, momento en el cual finalmente se van a dormir. Esta es la vida típica de un adolescente coreano, "estudiando" inglés todo el tiempo, sin dormir. Hay consecuencias graves para la salud mental de los adolescentes coreanos, ya que sufren y no duermen. Las repercusiones son importantes. Incluso después de estudiar tanto, cerca de 14 horas al día, los estudiantes no son capaces de retener la información que se les da. Olvidan todo después del examen. Después de todo el estudio, les queda poco más que un resultado de examen para mostrar después de estudiar durante cientos de horas cada mes. La industria de las escuelas de refuerzo es un negocio lucrativo debido a la naturaleza explotadora tanto de los profesores como de los estudiantes.

¿Qué nos enseña Corea sobre el sueño? Las enormes cantidades de privación de sueño en Corea deberían indicar que el sueño es crucial para el éxito académico. Sin embargo, también muestra que aunque los estudiantes están intensamente enfocados en los exámenes y pueden ser finalmente exitosos en obtener el resultado del examen estudiando interminablemente a todas horas, su desarrollo cognitivo se ve severamente afectado, ya que están memorizando grandes cantidades de información en un corto período de tiempo. En realidad, no están aprendiendo la información, aunque estén constantemente bombardeados con ella. En consecuencia, no pueden procesar completamente todo lo que están estudiando porque su cerebro no tiene tiempo para procesar la información que tienen visiblemente. Pero una de las razones clave es que no están durmiendo durante el proceso, por lo que sus cuerpos se desgastan y se vuelven muy poco saludables. No tienen un cerebro adecuadamente desarrollado, lo que hace que les resulte mucho más difícil aprender cualquier cosa, mucho menos inglés.

La privación del sueño tiene consecuencias graves para nuestra memoria.

Ahora, debemos ser conscientes de que la privación del sueño tendrá consecuencias graves en el desarrollo de nuestra memoria. Si pasamos sin dormir diariamente, perderemos nuestros recuerdos y puede ser difícil recuperarse por completo de estos períodos de nuestras vidas. El descanso tiene un poder restaurador que nos permite funcionar plenamente y recuperarnos de diferentes situaciones en nuestras vidas que causan pérdida de energía. Sin embargo, debemos encontrar formas de recuperar nuestro sueño porque nuestros cuerpos lo necesitan. Nuestra memoria también lo necesita, ya que, para recuperar los recuerdos que están almacenados en lo más profundo de nosotros, debemos dormir y descansar nuestras mentes. Nuestros sueños demuestran mucho de lo que nuestra conciencia puede consolidar, así que cuanto más soñemos, más podemos ver que nuestros cuerpos se están restaurando y llenando nuestros recuerdos con información que puede almacenarse por el resto de nuestras vidas.

¡Cómo mejorar tu memoria y permitirte recordar: ¡Dormir!

Entonces, ¿cuál es nuestra recomendación sobre cómo puedes recuperar tu memoria? ¡Dormir! En serio, ve a descansar ahora. Si te quedas despierto hasta tarde, no lo hagas. Trata de irte a la cama más temprano. No te permitas consumir cafeína y mantenerte despierto a todas horas sin parar. Descansa tu mente, y no hagas nada que requiera mucho esfuerzo. El descanso está subestimado en esta economía. Todo parece ser sobre productividad y cuánto trabajo puedes producir para tu empleador. Pero tenemos que ser conscientes del hecho de que no podemos operar de esta manera. Nuestros cerebros no están destinados a funcionar de esta forma. Necesitan tener sueño para funcionar correctamente, por lo que dormir lo suficiente por la noche te ayudará y mejorará tu capacidad para recordar las cosas. Si constantemente dependes de la cafeína para pasar el día, te saltas el descanso nocturno y duermes 4-5 horas, y llegas a la oficina con un galón de café con una dosis extra de espresso. Pero esta no es la forma de vivir tu vida. Deberías obtener tu dosis diaria de sueño porque eso marcará la diferencia en cómo puedes vivir una vida mejor y tener un mejor equilibrio entre trabajo y vida. Pero también es la clave para desbloquear tu memoria, porque, cuanto más descanses, más podrá tu cerebro consolidar y almacenar el conocimiento que adquiere diariamente, lo cual nos hace soñar por la noche. ¿No quieres tener más sueños por la noche? Te ayudará mucho en tu vida.

Estudio de caso

Jane era una estudiante conscienciosa, aunque no siempre sabía cómo estudiar. Su vida estaba llena de estudiar en el último momento para los exámenes, y a menudo, se quedaba despierta hasta las 3 de la madrugada para hacer su trabajo. Desafortunadamente, no sabía cómo administrar bien su tiempo, por lo que tuvo muchos problemas de concentración en la escuela. Cuando llegaba a clase, estaba exhausta y no podía prestar atención al maestro. Intentaba tomar apuntes de manera automática, pero lo único que quería era poner la cabeza en la mesa y dormir. Sus profesores se dieron cuenta de que estaba teniendo problemas y querían ayudarla. Un profesor le dijo: "Jane, necesitas descansar por la noche. Puedo ver que no estás durmiendo mucho, y eso está afectando tu capacidad de concentración en mi clase. Necesitas adoptar una hora de dormir normal y seguirla religiosamente." Jane no se había dado cuenta de que lo que había estado haciendo estaba afectando cómo podía hacer su tarea. Aunque Jane intentaba estudiar mucho por la noche, terminaba desmayándose debido al estrés de todo. Comenzó a hacer lo que su maestro le dijo, y después de uno o dos meses, pudo concentrarse en clase. Ya no se quedaba dormida en clase como solía hacerlo. Además, pudo sacar mejores notas en sus exámenes, porque podía recordar lo que había estudiado la noche anterior. Fue de mucha ayuda.

Paso 5: Utilizar dispositivos mnemotécnicos para recordar casi cualquier cosa

En este capítulo, discutiré cómo podemos recordar casi cualquier cosa utilizando dispositivos mnemotécnicos, los cuales pueden facilitar una mejor memoria.

Nuestros recuerdos están destinados a ser moldeados por las asociaciones de palabras que formamos con ellos. Debemos desarrollar significado construyendo imágenes que estén conectadas por alguna idea. Una forma en la que podemos hacer esto es mediante el uso de dispositivos mnemotécnicos para recordar cosas en nuestras vidas. A menudo, no recordamos las cosas, porque no entendemos cómo entrenar nuestras mentes para recordar. En consecuencia, olvidamos cosas e intentamos depender de la memorización mecánica. Pero como hemos aprendido, este método es ineficaz y estéril. Lo que necesitamos centrarnos es en cómo podemos aplicar conceptos de memoria a nuestras vidas y poner en práctica nuevas ideas.

Los dispositivos mnemotécnicos son algo que se ha utilizado durante mucho tiempo. Mnemónico proviene de la palabra griega, mnemonikos, que significa "ser consciente" ("Mnemonic," s.f.). Los dispositivos mnemotécnicos permiten que una persona recuerde algo mejor. Te permite codificar algo dentro de tu memoria para que puedas recordar las cosas cuando lo necesites. Los dispositivos mnemotécnicos se han utilizado desde la época de los antiguos griegos, y permitieron que las personas tuvieran una mejor memoria.

Aquí tienes algunos ejemplos de dispositivos mnemotécnicos:

El Método de los Lugares

El Método de Loci es una técnica donde te imaginas en un lugar familiar, como tu casa o un parque. Es similar a la idea del palacio de la memoria. Luego utilizas los lugares habituales para almacenar tus recuerdos. Lees una lista de palabras o conceptos que requieren memorización y luego colocas cada una de estas palabras en los lugares de tu lugar familiar. Te ayudará a memorizar casi cualquier cosa. Entonces, podrás regresar a través de esta información en el futuro ("Memory and Mnemonic Devices," s.f.). Es una idea fantástica.

Acrónimos

La gente ha estado utilizando siglas durante mucho tiempo para recordar diferentes conceptos. Piensa en tu clase de álgebra de la escuela secundaria, donde tenías que recordar PEMDAS para el orden de las operaciones. Entonces, cada vez, pasarías por ello y dirías que el orden de las operaciones en un problema de matemáticas era: Paréntesis, Exponentes, Multiplicación, División, Suma y Resta. Estoy seguro de que después de esa clase de álgebra de la escuela secundaria, nunca has olvidado cómo hacer esas operaciones. Es probable que puedas resolver un problema aritmético simple basado en esta estrategia también. A veces, puedes recordar el nombre de una persona simplemente escribiendo diferentes palabras para describir a esa persona. Por ejemplo, toma el caso de una persona llamada Daniel, podrías construir un significado para ese nombre simplemente escribiendo un poema acróstico sobre esa persona.

● Atrevido

• Increíble

● Navegación

• Inteligente

• Expresivo

● Orientado al lenguaje

Cada una de estas cualidades describe a una persona específica en mente, quien es también un buen amigo mío llamado Daniel. Si utilizo este mismo acrónimo, podré recordar su nombre sin ningún problema. Es mejor que la memorización mecánica y también me permite recordar aspectos de las personas de una manera que me ayuda a conocerlas mejor.

Creando una Clase de Memoria (Para Profesores)

Para los maestros, siempre hay una ansiedad constante en torno a los nombres de los estudiantes en un aula. Los maestros que trabajan en entornos multiculturales también pueden encontrar que aprender los nombres es bastante complicado e imposible de manejar. Sin embargo, ¡no te preocupes! ¡Puedes hacerlo! Recordar los nombres en un aula puede ser divertido y emocionante. Una forma es visualizar dónde está cada estudiante en el aula e identificar dónde se encuentran en la habitación. El uso de un diagrama de asientos puede ayudar en este proceso, ya que podemos visualizar dónde están sentados los estudiantes en un aula en cualquier momento dado. El dispositivo de un diagrama de asientos puede ayudar a las personas a recordar nombres muy rápido y puede aportar una dimensión espacial específica al aprendizaje y memorización de nombres de diferentes estudiantes.

En diferentes culturas: Usar nombres en inglés

Los profesores de inglés en Corea son conocidos por dar a sus estudiantes nombres en inglés porque no pueden pronunciar correctamente los nombres coreanos debido a lo increíblemente complicados que son. Este método es particularmente útil para los profesores de inglés que trabajan en universidades coreanas, donde normalmente enseñas entre 100 y 150 estudiantes por semana en clases y tienes muchas formas diferentes de recordar los nombres. Esta es una de las formas de ayudar a una persona a recordar cien nombres de memoria. O mejor aún, también podrías usar un mapa de asientos y usar nombres en inglés para algunas de las clases, mientras conservas los nombres coreanos para otros cursos. Eso también ayuda. De cualquier manera, te permite desarrollar un fuerte sentido de comprensión de cómo hacer las asociaciones. Otra cosa que un profesor puede hacer es permitir a los estudiantes escribir sus acrósticos, lo que te permitirá entender los diferentes aspectos de las personalidades de los estudiantes.

Rimas

Otro dispositivo mnemotécnico que la gente puede usar es el concepto de la rima, que ayuda a los estudiantes a recordar largas listas. Es comúnmente conocido que Shakespeare utilizaba verso blanco y pentámetro yámbico con rima para hacer que sus versos fueran más fáciles de recordar. Por lo tanto, citar a Shakespeare debería ser factible para la mayoría de la gente en diferentes capacidades. Hay varias formas de rimas que usamos todo el tiempo para tratar de recordar cosas. Veamos varios ejemplos comunes de esto.

En mil cuatrocientos noventa y dos, Colón navegó por el Océano Azul.

Todo está bien cuando termina bien.

Cielo rojo por la mañana, advertencia del pastor.

La poesía, que está destinada a ser leída en voz alta, a menudo incluye un componente rimado, porque el sonido de rimas finales similares permite a las personas recordar las palabras del verso de manera más clara y eficiente. Esto también hace que recitar poesía de memoria sea una forma particularmente útil de memorización.

¿Cómo memorizas ese poema tan largo? Crea una imagen de él en tu mente.

¿Alguna vez te has preguntado cómo la gente memoriza poemas largos que tienen tantas palabras? Bueno, no sucede simplemente mirando la página por mucho tiempo. No, recordar requiere una forma única de visualizar cómo suceden las cosas en la página. Cuando aprendes un poema de memoria, memorizas las vistas y sonidos que salen de la página. Absorbes los cinco sentidos y luego eres capaz de hacerlo bien. Una forma de hacer esto es imaginar la imagen que quieres estudiar usando los cinco sentidos. Por ejemplo, si estás estudiando un poema sobre la nieve, por ejemplo, entonces puedes visualizar cómo sabe la nieve, cómo se ve, cómo huele, cómo se siente y cómo suena. Piensa en todas esas cosas y construye la imagen en tu mente.

Una vez que hayas estudiado las imágenes y las hayas hecho reales en tu mente, entonces podrás comenzar a memorizar el poema. Nuevamente, la estrategia no es la memorización mecánica; en cambio, consiste en crear la imagen, para que sea una imagen real para ti. Si no puedes visualizarla en tu mente, entonces no habrá forma de que puedas recordarla. Simplemente la olvidarás. Lamentablemente, esta es la forma en la que opera la mayoría de las personas. Se quedan mirando un texto durante mucho tiempo y luego intentan reproducirlo en un examen. Pero después, olvidan todo. Es como si la memoria nunca se hubiera formado en sus mentes, y todo eso se debe a que nunca hubo una imagen tangible en primer lugar.

Estudio de caso

Jeremy disfrutaba leyendo poesía en casa. Quería aprender a memorizar varios poemas, porque quería actuar en el próximo slam de poesía de la escuela. Así que trabajó con todas sus fuerzas en memorizar "El Bandolero" de Alfred Noyes. Este era uno de sus poemas favoritos de la escuela secundaria y quería desafiarse a sí mismo para recordar el poema completo, mientras participaba en la competencia. Fue capaz de recordar mucho del poema simplemente recordando los sonidos de las palabras onomatopéyicas que decía en voz alta, mientras practicaba. Aquí tienes un ejemplo de una sección que pudo memorizar perfectamente:

El bandolero llegó cabalgando—Cabalgando—cabalgando—¡Los guardias rojos miraron su munición! Ella se puso de pie, recta y quieta.

Mientras memorizaba estas líneas, comenzó a visualizar todo desde esta escena y recorrió todo el poema. Luego, pudo recrear gráficamente la imagen, mientras leía el poema. Finalmente, pudo recitar todo el poema sin mirar las palabras. Durante el recital de poesía, recitó todo el poema de memoria y recibió un aplauso atronador.

Cómo memorizar líneas para la próxima obra de teatro de la ciudad

¿Alguna vez te has preguntado cómo los actores pueden memorizar líneas de manera eficiente? Recuerda a Linus en Charlie Brown Christmas: "No puedo memorizar estas líneas tan rápido. ¿Por qué tengo que pasar por tanto sufrimiento? " ("Tracy Stratford," s.f.). Puede parecer perturbador al principio intentar memorizar líneas para una obra de teatro o para una película, pero lo cierto es que es bastante simple y fácil. Aprender líneas es algo que se puede hacer rápidamente y de manera fluida, dependiendo de cómo lo hagas. Pero necesitas crear algunas mnemotécnicas para ello, y luego estás listo para empezar. A menudo, los actores visualizan el papel que están a punto de encarnar, y luego lo hacen. Es asombroso cómo pueden lograrlo tan bien. Ayuda que los actores realmente puedan "convertirse" en los roles que están leyendo de un guion. Todo comienza con la lectura, pero luego, mientras actúas en el escenario o en la pantalla, creas el personaje, y eso ayuda a los actores a recordar. Es una experiencia de cuerpo completo, en la que todo es mnemotécnico en diseño para que los actores puedan recordar fácilmente las líneas del guion e encarnar los personajes que nacieron para interpretar.

Estudio de caso: Jemima

Jemima era una aficionada al teatro. Le encantaba poner en escena un espectáculo para la gente. Pero su memoria estaba llena de agujeros que le costaba trabajo memorizar sus líneas en las obras. Se esforzaba, y se esforzaba, y se esforzaba todo el día para estar en el espectáculo. Debido a que su memoria era bastante irregular, los directores no querían darle partes críticas en una obra.

En consecuencia, siempre recibía los papeles de apoyo y a veces incluso los papeles extra. Fue bastante terrible. Se sintió mal. Jemima quería mejorar su memoria, así que necesitaba entrenarse para desarrollarla y poder conseguir un papel principal en una obra local. Después de un tiempo, Jemima comenzó a memorizar dispositivos mnemotécnicos, lo que le permitió recordar la información fácilmente. Incorporó los mnemotécnicos en su rutina diaria para poder recordar fácilmente sus líneas para la obra. Cuando llegó a la siguiente audición, lo clavó. Podía recordar todas sus líneas con total éxito. Fue un día fantástico, ya que se sintió lo suficientemente segura como para poder decir las líneas al revés debido a sus estudios intensivos la semana previa a la audición. Fue una historia fantástica.

Chunking y Organización

Otra forma en que podemos recordar información, como los números de teléfono, es agrupando y ordenando los datos en "trozos," lo que facilita su memorización. Hacemos esto todo el tiempo para poder retener nuestro número de teléfono. Decimos las cosas en grupos de tres o cuatro para poder recordarlas mejor. Los diez dígitos se dividen en tres partes, permitiendo a las personas reconocer la información rápidamente. Nuestros cerebros están diseñados para recordar las cosas en pequeños trozos, no en grandes cantidades. Además, cuanto más alimentamos nuestras mentes con información en fragmentos, más probable es que podamos retener cosas en la punta de nuestra lengua. Nuestra memoria a corto plazo está limitada a siete elementos de información, y a medida que colocamos todo en diferentes agrupaciones, nuestro cerebro tendrá una recuperación más rápida y efectiva de los datos ("Memory and Mnemonic Devices," 2018).

Otra forma de recordar es usar el método de organización para ordenar toda la información en categorías individuales, lo que nos permite recordar todos los detalles. Esta es una forma particularmente útil de hacerlo. Cuando puedes categorizar los datos, entonces puedes colocarlos en diferentes lugares para que puedas hacer todas las cosas que deseas hacer con los datos. Luego, puedes dividirlos en listas que te facilitarán recordarlo todo.

Estudio de caso: Jason

A Jason le encantaba usar su imaginación. Tenía una habilidad única para hacer las cosas creativas, incluida la memorización de historias. De niño, le gustaba memorizar historias de libros como la Biblia y el Corán. Tenía una orientación espiritual y quería hacer lo mejor posible para descubrir diferentes religiones. La técnica que utilizaba para ayudarse a memorizar era agrupar varios textos juntos y luego memorizar cada parte de la historia. En lugar de mirar fijamente un texto durante un cierto período de tiempo, optaba por memorizarlo por partes. Lo que hacía era tomar una historia y dividirla en secciones que pudiera memorizar rápidamente. Escribía una de las historias religiosas, la cortaba en pedazos y luego intentaba juntar todo en orden. Al hacer esto mediante la repetición, eventualmente pudo recordar toda la historia. Fue una hazaña impresionante de la imaginación, y todo se debió a su esfuerzo y talento.

Haz una canción o un baile para recordar bien las cosas.

¿Por qué no intentar hacer una canción o un baile para recordar las cosas? Podrías intentar hacer el "Bone Dance" de Hannah Montana para recordar la anatomía de tus huesos (Robinson, 2008). Es una experiencia de cuerpo entero, donde memorizas las diferentes partes de la anatomía y luego cantas las palabras. Es bastante sorprendente de recordar. Mientras veía este video, podía recordar vívidamente viéndolo cuando era más joven, y mi corazón saltaba de alegría porque conocía el "Bone Dance". La canción se ha quedado en mi memoria, aunque quizás enterrada en las cavernas del tiempo.

Hacer una canción o un baile te brinda una experiencia cinestésica y audiovisual de la memoria que tenías de algo. Se vuelve mucho más real porque recuerdas exactamente como sonaba, como lucía, etc. Y cuando aplicas esto a memorizar, digamos, la Tabla Periódica de los Elementos, entonces puedes hacerlo bien para recordar todo lo que necesitas. Muchas personas han estado haciendo esto desde hace mucho tiempo. Todavía es una forma útil de recordar cosas. Es increíble cuánto puedes recordar porque tu memoria muscular y audiovisual te puede brindar un recuerdo fantástico. Te hace sentir como si fueras un superhumano.

Estudio de caso

Henry siempre quiso hacerlo mejor al memorizar cosas, e intentó memorizar las fórmulas de matemáticas. No era muy bueno en matemáticas, porque tenía problemas con los cálculos. Como resultado, intentó con todas sus fuerzas encontrar formas de recordar sus tablas de multiplicar. Su madre lo ayudó un poco en el camino, pero aún luchaba por recordar cómo multiplicar y dividir números. Pero entonces, se le ocurrió una idea. Él pensó, "¿por qué no invento un jingle que pueda usar para ayudarme a recordar todas las tablas de multiplicar?" Henry era talentoso en música y sabía mucho sobre composición, incluso a una edad muy joven (tenía unos nueve años en ese momento). Como un pequeño Mozart, fue a su teclado y comenzó a componer un jingle, y pudo producir una increíble obra pequeña que luego combinó con sus tablas de multiplicar. Después, comenzó a cantar el jingle y sintió que podía disfrutar más de su vida. Para cuando tuvo otro examen de multiplicación en la escuela, logró obtener un 100%. Fue un logro increíble de la imaginación y su memoria fotográfica y musical.

Paso 6: Técnicas diarias: Utiliza los sentidos

En este capítulo, vamos a hablar sobre cómo puedes usar técnicas comunes para tener éxito en hacer una imagen mental de casi cualquier cosa bajo el sol. Comencemos con el uso de los cinco sentidos y ver cómo eso puede ayudarnos.

Cómo hacer que las cosas sean reales: crear imágenes absurdas para recordar

Uno de los aspectos críticos de aprender algo es hacer asociaciones que sean extrañas y escandalosas para recordar los detalles al respecto. Piensa en algo en estas líneas: bebés llorando y gritando, chapoteando en la nieve, charcos de lluvia, cubos de mantequilla. Estas son asociaciones que utilizan aliteración y los cinco sentidos para despertar tu imaginación. Cuanto más puedas usar tu imaginación, mejor estarás en recordar. Por lo tanto, necesitas pensar en formas de recordar y usar tu imaginación para comenzar.

La imaginación humana es una de las cosas más grandes en el planeta, y nos brinda la profundidad de perspicacia, conocimiento y comprensión de todas las cosas que nos rodean.

Siempre que podamos formar imágenes mentales en nuestra mente, el cielo es el límite cuando se trata de producir modelos mentales que pueden ayudarnos a tener imaginaciones creativas. Hemos sido dotados con una visión que pinta el mundo con posibilidades y nos ilumina con las mejores ideas del futuro. Al mismo tiempo, nuestras imaginaciones pueden llevarnos a lugares lejanos, a donde no queremos ir, y a áreas que son poco saludables y no necesarias. Sin embargo, la imaginación humana puede producir más ideas de las que podemos imaginar, y es porque hemos creado un concepto que nos mantiene avanzando y nos permite encontrar soluciones a los problemas del mundo.

Tener una buena imaginación va a ayudar a tu memoria, especialmente si quieres desarrollar una memoria fotográfica. Leer buenos libros, ver películas y otros medios de comunicación te permitirá cultivar tu imaginación y convertirla en una herramienta útil que producirá buenos resultados. Ahí es donde necesitas entrenar tu imaginación en desarrollar pensamientos que puedan ser beneficiosos y productivos.

Estudio de caso

Emily quería leer de forma más amplia. Buscaba en los clásicos como su fuente de inspiración. Mientras tanto, quería hacer lo mejor en sus estudios. Durante un tiempo, pintaba y usaba su imaginación. Se dio cuenta de que necesitaba pintar las imágenes de las historias en su mente porque no podía recordar todos los pequeños detalles de las cosas que leía en las historias. Así que usó su imaginación más y más, y así creó más. También recurrió a escribir sus pensamientos mientras pintaba. Como resultado, concluyó que podía recordar más detalles de las historias que estaba leyendo porque escribía todo y también pintaba imágenes de pasajes de las lecturas. Esto le ayudó a recordar las cosas más claramente. Fue a través de estas experiencias que pudo recordar las cosas que le venían a la mente de los diversos libros que estaba leyendo. Emily pudo entonces mejorar su memoria en general. Las cosas fueron bien a partir de ese momento.

Transformemos los sonidos de los nombres que aprendemos en imágenes.

Quizás estás aprendiendo nombres en un grupo, y te presentas a un hombre llamado Jacob, y piensas para ti mismo, "¡He olvidado por completo el nombre! ¿Cómo pude hacer eso?" Luego, quizás podrías relacionar a Jacob con un personaje bíblico o con una persona que ya has conocido con ese nombre. Una vez que haces estas conexiones, es más fácil recordar cosas, como en este caso, el nombre de alguien. O tal vez te presentas a una mujer llamada Melanie. Podrías pensar en su nombre y también en las palabras "melón" y "rodilla". A veces, también es útil pensar en imágenes visuales que se conecten con los nombres de las personas que estás tratando de recordar. Por ejemplo, si conoces a un hombre llamado Charlie, puedes recordar su nombre refiriéndote a Charlie Chaplin, Charlie y la Fábrica de Chocolate, o Charlie Brown. Pronto serás todo un profesional en asociación de memoria.

Estudio de caso

El Sr. Park era un maestro de escuela primaria. Trabajaba en una escuela privada en Seúl, Corea del Sur, donde enseñaba inglés a niños de primaria durante dos horas semanales. El Sr. Park luchaba por recordar la mayoría de los nombres de sus estudiantes. Tenía una mala memoria. Pero pudo inventar algunos dispositivos, que le permitieron recordar la mayoría de los nombres que tenía en sus listas de clase. Primero, desarrolló nombres en inglés para todos sus niños para poder recordar una lista de veinte estudiantes en una clase. Luego, retuvo los nombres de algunos de ellos en coreano. Fue capaz de recordar mucho más rápido con este método. Memorizó los nombres de diferentes estudiantes. Por ejemplo, podía recordar a los estudiantes llamados David basándose en los Davids a los que había enseñado antes. Pero también pensaba en algunas personas famosas que se llamaban David. También aprendió los nombres de los estudiantes con los meses del año. Fue capaz de aprender esos nombres y aplicarlos a la memoria rápidamente. El nombre de otro niño era Ellie, así que cuando la miraba, pensaba para sí mismo, "Ellie Goulding". Fue haciendo estas asociaciones que el Sr. Park pudo aprender los nombres de todos los estudiantes de sus clases. Esto le ayudó mucho.

Usa tantos de tus sentidos como sea posible.

En tus esfuerzos por memorizar, debes usar tantos sentidos como sea posible, porque esto te permitirá lograr casi cualquier hazaña. Por ejemplo, si quieres memorizar el nombre de un hombre llamado Mike, puedes visualizar a Mike con un micrófono cantando una canción de karaoke por la noche. O mejor aún, puedes imaginar a Michael Jordan haciendo un mate en un partido de los Chicago Bulls en 1998. Esto puede crear un recuerdo histórico que puedes enclaustrar en tu banco de memoria. Si quieres recordar el nombre de una chica llamada Melanie, puedes recordar a Melanie Hamilton, esa "niña buena" de "Lo que el viento se llevó", que era la rival de Scarlett O'hara y una mujer de corazón puro.

Otro ejemplo: piensa en el nombre, Harry. ¿Cómo recuerdas a un hombre llamado Harry? Piensa en Harry Potter, un mago volando a través del espacio con una varita mágica.

En cuanto a una mujer, piensa en el nombre, Eva. ¿A quién piensas cuando escuchas el nombre, Eva? Tal vez en Eva en el Jardín del Edén, quien fue tentada por la serpiente y pecó junto a Adán. ¿O tal vez piensas en Eva con el homónimo Yves Saint Laurent. Entonces, inmediatamente piensas en la moda y las pasarelas, y en modelos hermosos y guapos, quienes desfilan con la última tendencia de moda.

Cuando se trata de números, use el mismo método.

Los números a menudo nos intimidan, porque pensamos, "No puedo memorizar tantos números. Mi memoria es tan mala." Pero podemos aplicar los mismos principios a los números que a los nombres. Por ejemplo, puedes pensar en el 0 como un agujero de donut. O podrías recordar el 007 para James Bond o 00 para Ozzy Osbourne. Muchas personas recuerdan fechas esenciales como el 9/11 para el 11 de septiembre o el 4 de mayo, May the Fourth be With You, Día de Star Wars. Puedes usar mucha creatividad para hacer que recuerdes diferentes números. No es tan complicado, así que inténtalo.

Estudio de caso

Jericó no era bueno en matemáticas ni en números, por lo tanto. Olvidaba su número de teléfono y el código de acceso para entrar a su casa todos los días. Aunque guardaba la información en su teléfono, aún lograba olvidar toda la información. Mientras estudiaba para sus exámenes, inmediatamente olvidaba todo lo que había estudiado después porque se estaba basando en sus limitadas y defectuosas habilidades de memorización mecánica. Pero luego, empezó a pensar en los patrones que podía formar con los números y las diferentes maneras en que podía recordar diferentes cifras. Al principio fue difícil, pero pronto comenzó a darse cuenta de que podía asignar valores a los distintos números. Por ejemplo, podía pensar en el 7 como el número ideal en diferentes contextos. Jericó también podía recordar diferentes cifras con el 6 porque representa el ideal griego de la perfección.

Otro ejemplo es 747. Si alguna vez veía esta cifra, podía recordarla instantáneamente, porque podía evocar la imagen de un avión 747 en su mente que volaba hacia Nueva Zelanda.

Utiliza tu memoria sensorial para recrear experiencias.

La memoria sensorial es algo que muchos actores utilizan para recrear experiencias que han tenido en el escenario y en la pantalla. Este método se conoce como utilizar la memoria afectiva, que es cómo manipulas tu experiencia para recrear una experiencia emocional en un personaje (Timoney, 2016). Cuando los actores recuerdan sus experiencias, pueden demostrarlas en el personaje que crean en la pantalla. Aquí tienes un ejemplo de una situación que podrías usar con la memoria afectiva:

En esta escena, se te ha pedido que recuerdes un momento en el que rompiste con tu novia o novio. Debido a que la experiencia está fresca en tu mente, tienes un buen gatillo emocional que te ayudará a recordar y luego a recrear la experiencia.

Tan pronto como pienses en un recuerdo específico, puedes revivir la experiencia en tu cabeza y recordar las vistas, sonidos y olores que experimentaste en ese momento. Por ejemplo, puedes recordar el olor del pan de ajo en el restaurante que visitaste hace unos meses, donde de repente experimentaste dolor de estómago. El recuerdo doloroso te permite recordar esa experiencia. Más tarde, cuando te pidan que interpretes una escena, simplemente puedes retroceder al olor del pan de ajo, y entonces todas las sensaciones te traerán de vuelta el recuerdo.

Aunque podemos no ser conscientes de ello, cada memoria que tenemos utiliza uno de los cinco sentidos. Cuando recordamos un evento, a menudo sólo recordamos la vista y el sonido. Pero, si involucramos todos los sentidos, entonces podemos recordar vívidamente cada aspecto de la experiencia.

Estudio de caso

Estás invitado a recordar un recuerdo donde estabas en una relación a larga distancia con alguien. Habían estado saliendo durante mucho tiempo. De vez en cuando te encuentras con tu pareja en la ciudad natal del otro. Digamos que tu nombre es Kelsey y el nombre de tu novio es Taylor. Te encuentras con Taylor en su casa en Tulsa, Oklahoma. Vuelas desde California para encontrarte con él. Taylor está preparado para cenar contigo y está a punto de sacar un anillo de compromiso que no esperabas. No sentías tanto por Taylor y no querías lastimar sus sentimientos, así que simplemente guardaste el anillo, por lo que tampoco le dijiste "sí". En su lugar, le dijiste, "déjame pensarlo primero". El momento ha sido capturado perfectamente en tu mente. Recuerdas el restaurante, el vino tinto, el pan, la ensalada con vinagreta balsámica y el pollo parmigiana, que sabía exquisito. Luego abordaste un avión con destino a San Francisco, y pensaste para ti mismo, "Dios, no tengo ni idea de qué decir. Me siento como una persona terrible. ¿Por qué me hice esto a mí misma? Pensé que amaba a Taylor, pero siento un lugar frío en mi corazón que no puedo explicar. Simplemente no puedo casarme con él. No es posible." Te pusiste muy emocional en el vuelo de regreso, recordando cada momento de esa cena con él y la imagen de tu novio dándote el anillo se repetía continuamente en tu mente. Cuando llegaste a California, lo llamaste y le dijiste: "Hemos terminado. Lo siento, Taylor. No te lo dije antes, pero no podemos seguir así. No quiero lastimarte, pero no puedo casarme contigo. No eres la persona adecuada para mí." Lloraste durante aproximadamente una semana después de eso, recordando constantemente ese momento con tu ahora ex novio.

Este recuerdo fue gráfico, porque recordabas todas las vistas, olores y sabores de la experiencia. Te resultaba fácil volver continuamente al recuerdo, porque fue un momento auténtico. Te sentiste un poco traumatizada por ello, porque no podías creer lo que estaba pasando. La propuesta de tu ex novio fue tan abrumadora que se quedó permanentemente incrustada en tu memoria. No volverás a ser la misma persona. A través de tus cinco sentidos, eres capaz de recordar exactamente lo que sucedió ese día y puedes volver a este recuerdo en cualquier momento.

Por qué funciona la Memoria Sensorial.

Podemos recrear una emoción usando nuestra experiencia pasada y luego expresarla de manera auténtica. Cuando usamos los cinco sentidos, podemos tener una imagen completa de la experiencia. También puede ayudarnos a acceder a un objeto de liberación emocional. Esto podría ser el sonido de un reloj, el olor a cigarrillos en una casa, o la vista de una puesta de sol. Para cada recuerdo, hay un objeto sensorial subconsciente que desbloquea todas las demás partes del recuerdo. Una vez que has accedido al objeto sensorial, entonces cada detalle de ese momento vuelve a tu mente.

La memoria sensorial nos permite recordar experiencias pasadas, pero también puede ser traumática, porque si nos perdemos demasiado en el recuerdo, entonces nos perdemos a nosotros mismos en él. Si la memoria se apodera de nuestras mentes, podría ser mejor depender de un recurso menos potente, nuestra imaginación.

Tan pronto como hayas pasado por los cinco sentidos y encuentres algo con lo que conectar emocionalmente en tu memoria, entonces el recuerdo del momento en particular volverá a ti fácilmente y sin mucha duda.

Cómo utilizar tu memoria sensorial

A medida que entrenas tu memoria para recordar experiencias, piensa en ello como un ejercicio que te permite liberar una emoción cuando quieras. Puede ayudarte a pensar como un actor y sacar los sentimientos, porque sabes cómo acceder a tu objeto de liberación emocional. Ahora hagamos algunos ejercicios para ayudarte a hacer eso.

Siéntate en una silla sin brazos e intenta tensar tu cuerpo y luego déjalo relajarse, de modo que parezcas un cadáver que está tendido en la silla. Si sientes algún estrés, entonces intenta gritar en voz alta.

En el momento en que te sientas relajado, piensa en tu memoria elegida. Pasa por cada sentido, uno a la vez. Continúa reviviendo la memoria e intenta encontrar la emoción que sentiste. Tómate tu tiempo, ya que puede ser un proceso largo. Una vez que hayas descubierto la emoción, permítela invadirte para que puedas recordar cada parte de la reacción emocional.

Para entrenarte, es importante que integres la práctica regular en tu día. Trata de hacer esto todos los días. Cuando hayas dominado tu memoria sensorial, podrás evocar cualquier emoción en cualquier momento. Entonces, podrás deshacerte de la torpeza de crear drama durante la vida cotidiana, o si eres actor, para una audición. Si puedes empatizar con otros, entonces probablemente serás un buen candidato para obtener roles más destacados y hacer crecer tu red.

Por qué esta técnica es para actores y para todos

Esta técnica es útil para los actores, porque les permite producir respuestas emocionales a voluntad, cada vez que están filmando o proyectando. Sin embargo, es posible que te estés preguntando, "¿cómo me sirve esta información si no soy un actor?" Utilizar la memoria sensorial y afectiva te ayudará a relacionarte con las emociones de los demás. Cada vez que puedas traer los recuerdos del pasado, te conviertes en un mejor empático, que puede identificarse con las luchas de las personas que están pasando por momentos difíciles. Por ejemplo, cuando ves que un amigo está pasando por la pérdida de un abuelo, puedes recordar el momento en que perdiste a tu abuelo y cómo se sintió tener a tu madre llorando en tu hombro durante ese tiempo. Es un recuerdo vívido que no se va, pero te permite ponerte en el lugar de otra persona, que está pasando por una experiencia similar.

En una nota más positiva, el uso de la memoria sensorial y afectiva te ayuda a sentir las emociones de alguien que está experimentando una victoria en su vida. Cuando escuchas sobre uno de tus amigos que se ha graduado summa cum laude de su universidad, puedes recordar el día en que recibiste un premio de A en la escuela y eso te hizo sentir increíble. Cuando has visto la victoria en tu vida, entonces puedes celebrar también los éxitos de los demás. Te ayuda a relacionarte con los demás.

Paso 7: Utiliza técnicas que aumenten la actividad cognitiva y añadan a tu memoria

En este capítulo, vamos a adentrarnos en las técnicas que puedes utilizar para desarrollar el poder de tu cerebro para retener información esencial. Explicaremos los métodos que se utilizan para aumentar la actividad cognitiva. Permite que tu mente absorba esta información vital que te ayudará en tu vida.

1. Actividad Física: Haciendo Ejercicio

En diciembre de 2013, investigadores de la Escuela de Medicina de la Universidad de Boston descubrieron que la actividad física proporciona beneficios para la salud del cerebro y la cognición. El estudio de 2013 encontró que las hormonas liberadas durante el ejercicio pueden ayudar a mejorar la memoria de una persona. Los investigadores encontraron similitudes entre los niveles de hormonas y el nivel de aptitud aeróbica de una persona, lo cual estaba relacionado con el nivel de aptitud física en general de una persona. En octubre de 2013, investigadores de la Escuela de Medicina de Harvard llevaron a cabo un estudio que vinculaba el ejercicio con la actividad cerebral en general. El ejercicio te permitirá hacer cosas sorprendentes y obtener los resultados deseados para tu mente. El ejercicio puede aumentar tu cognición en general, lo que ayuda en la memoria general y la retención de información. Esto también se ha demostrado en niños en cuanto a sus habilidades en la escuela. El ejercicio aumentará significativamente la capacidad de una persona para pensar de manera clara y razonable (Bergland, 2014).

Puede que estés pensando, "¿por qué debería ir al gimnasio? ¿Qué va a hacer eso con mi memoria?" Bueno, escúchame esto: hacer ejercicio va a mejorar tu memoria de diferentes formas. Para empezar, es una actividad cinestésica que activa la memoria muscular y otras cosas que te permiten recordar varios aspectos de tu vida. Cuantas más actividades hagas, más tendrá que implicarse tu cerebro en el ejercicio. Además, el ejercicio es útil tanto para la mente como para el cuerpo, ya que estás realizando un entrenamiento de cuerpo entero. Y cuanto más ejercicio hagas, mejores resultados verás en esta área.

Pero la cosa es que no deberías limitarte a ir al gimnasio como la única cosa que puedes hacer. La verdad es que hay tantas opciones disponibles para ti, en cuanto al tipo de ejercicio que puedes hacer. Puedes caminar por la calle y hacer ejercicio diariamente. Mejor aún, usa tu teléfono como un podómetro y ve cuánto puedes caminar cada día. Un día promedio puede ser de alrededor de 10,000 pasos, y una vez que hayas alcanzado ese umbral, lo estás haciendo bien. Pero cómo uses esos pasos depende de ti. Sin embargo, si te esfuerzas por hacer al menos 10,000 pasos al día, entonces estás listo. Verás resultados, independientemente de si eliges correr, caminar o hacer algún otro ejercicio aeróbico. De cualquier manera que lo hagas, puedes beneficiarte de la actividad adicional. Nuestros cuerpos pueden transportarnos a numerosos lugares, así que deberíamos usarlos para llegar a nuestros destinos. No solo corras hacia tu coche y hagas de eso tu medio de transporte preferido. Usa tus piernas y pies; fuiste hecho para moverte, ¡así que hazlo!

Estudio de caso.

La mayoría de los días, Tim era un teleadicto. Prefería pasar el tiempo jugando World of Warcraft en su computadora, y no podía dormir por la noche porque se quedaba despierto hasta las 4 am en su dispositivo. Estaba un poco adicto, por decirlo de alguna manera. Además, estaba empezando a ser el irresponsable Joe de la casa, ya que vivía con sus padres. Ya se había graduado de la universidad y tenía que pagar sus préstamos estudiantiles. Pero estaba desempleado. No podía conseguir un trabajo en su campo de comunicaciones masivas, a pesar de haber estudiado mucho para ello. Tenía una deuda de $30,000 en préstamos estudiantiles que estaba pagando lentamente en el plan mínimo, pero sentía que su vida se estaba estancando. El peso de Tim también aumentaba cada día. Había crecido hasta ser obeso, y visitaba frecuentemente al médico. El doctor le dijo: "Tim, necesitas controlar tu dieta. Tienes 28 años. También quiero que hagas un poco de ejercicio. ¡Entrena! Eso es lo que necesitas hacer." Sintiéndose golpeado por esas palabras, Tim se dio cuenta de que tenía que ponerse en forma lo antes posible. Necesitaba hacer algunos cambios en su vida rápidamente porque estaba volviéndose obeso y se sentía realmente mal consigo mismo. Su autoestima estaba por los suelos. Pensó: ¿Qué estoy haciendo con mi vida? Ojalá pudiera salir de esto.

Un día, Tim fue al gimnasio. Era la primera vez en más de seis años en un gimnasio. Conoció a unos cuantos hombres más, que estaban luchando con su peso, que estaban entrenando duro y lo estaban animando. Tim dijo: "Estoy buscando perder algunos kilos porque tengo sobrepeso. ¿Conoces alguna forma en la que pueda hacerlo?" Jason, que trabajaba en el gimnasio, le dijo: "Claro, amigo. Puedes hacerlo aquí. Podemos darte un plan sobre cómo ponerte en el camino correcto. ¿Quieres apuntarte hoy?" Él aceptó hacerlo, y en seis meses, pudo llegar a un peso saludable. Tim perdió 20 libras y se sintió genial con su cuerpo. Al final, pudo bajar de peso y se sentía mejor.

2. Mantente abierto a nuevas experiencias.

Un estudio de octubre de 2013 descubrió que aprender habilidades nuevas y exigentes es una forma esencial de aumentar la memoria (Bergland, 2014). Actividades menos mentalmente exigentes como escuchar música clásica o hacer crucigramas y sopas de letras no van a proporcionar los beneficios importantes que necesitas. Lo que necesitas para mejorar tu memoria y función cognitiva en general es estar abierto a nuevas experiencias. Cuando haces cosas que están fuera de tu zona de confort, puedes lograr todo lo que te propones, y es increíble. Salir de tu pequeña caja, donde te sientes súper cómodo, es un paso esencial para el crecimiento y la madurez, no solo en términos de tu vida personal sino también para tu vida mental. Necesitamos experimentar desafíos; es la única forma en que podemos avanzar.

Desafiar tu cerebro es una de las cosas más importantes que puedes hacer por ti mismo. Necesitas darle a tu cerebro formas de pensar más profundamente sobre ciertas cosas. Cambiar tu rutina y tomar un camino diferente a casa es una forma en la que puedes desafiar a tu mente a pensar de manera diferente. El cambio es algo que tu cerebro necesita para reorganizar cómo puedes hacer ciertas cosas. Como criaturas de costumbre, a menudo queremos hacer las cosas de la misma manera a la que estamos acostumbrados. Ya sea que nos demos cuenta o no, siempre estamos haciendo esto. Podríamos estar haciendo la carrera de la vida sin pensar, solo notando un pequeño detalle cuando levantamos la vista de nuestro teléfono en el metro o en el coche.

El cambio va a ayudar a desarrollar más tu cerebro. ¿Has estado en el mismo trabajo durante años ahora? ¿No quieres cambiar un poco las cosas? ¿Te sientes demasiado cómodo con lo que haces? Entonces, deberías abrir tu mente para recibir nuevas experiencias. Esto hará mucho para impulsar tu cognición general y tu capacidad para pensar y razonar bien. Cambiar de trabajo o de ciudad te ayudará a llegar a donde quieres estar, no solo porque deseas estar en una posición diferente, sino también porque deseas tener una mentalidad diferente, y esto solo se puede lograr a través de cambios en tu vida que marquen la diferencia en cómo haces las cosas. Tu cerebro pensará con más claridad, y podrás encontrar soluciones a nuevos problemas que puedas tener que enfrentar en el camino. al usar tus habilidades de creatividad, realmente puedes encontrar formas que abrirán tu mente a nuevas posibilidades.

Estudio de caso

Victoria estaba viviendo una vida normal como milenial. Se graduó de la universidad en 2011 con un título en enfermería. Después, pasó tres años en la industria de la salud, pero descubrió que le resultaba agotador, drenante y súper estresante, así que sintió que necesitaba alejarse de eso. Descubrió que su vida se estaba estancando y le resultaba difícil funcionar. Debo agregar que Victoria había vivido en la misma ciudad toda su vida, por lo que no tenía experiencias de otros lugares porque nunca se había mudado a otras ubicaciones o viajado mucho. Por lo tanto, se sentía estancada. Victoria tenía a todos sus amigos; su vida social estaba floreciendo. Y tenía una gran comunidad con su trabajo de enseñanza de ESL que estaba haciendo al margen. Aparte de eso, las cosas eran bastante cómodas. Un día, Victoria se dijo a sí misma: "Sabes qué, necesito hacer algo atrevido y aventurero. No sé qué estoy haciendo con mi vida. ¡Necesito salir y experimentar el mundo!" Así que Victoria buscó en línea diferentes programas donde pudiera enseñar inglés en China. Nunca había estado en China y no hablaba el idioma, pero sabía en su corazón: "¡Tengo que irme!" Además, se inscribió en la bolsa de trabajo de ESL y realizó una docena de entrevistas para encontrar el puesto adecuado. Aterrizó en una posición en una universidad en Shanghái para comenzar en el semestre de otoño.

En agosto, ella abordó un avión y voló a China. Fue un nuevo mundo de experiencias para ella. Sentía que estaba saliendo de su zona de confort. Estaba marcando una gran diferencia en su vida en general. Su memoria y cognición se mejoraban, porque estaba absorbiendo todos los paisajes, sonidos, olores y sabores de un lugar nuevo. Era abrumadoramente hermoso y aterrador al mismo tiempo. Pero Victoria sabía que valía la pena correr este riesgo y aventurarse a enseñar inglés donde no conocía el idioma. Victoria luchó un poco al principio. Se sentía nostálgica y no podía hablar el idioma con nadie. Ella era la única que podía hablar inglés en su comunidad. Pero se sentía vigorizada por la riqueza de nuevas experiencias, que estaban creando un recuerdo visual que llevaría consigo por el resto de su vida.

3. Utiliza tus habilidades artísticas y creativas

A continuación, necesitas utilizar tus habilidades artísticas y creativas que ayudarán a tu cognición y memoria en general. A menudo, recordamos una canción o una pieza musical y podemos recordar instantáneamente cómo era. Bueno, nuestra habilidad musical puede mejorar nuestra memoria también, porque podemos hacer cosas que nos permitirán tener una cognición mejor y más eficiente. Piénsalo. Muchas personas están tocando instrumentos musicales en estos días, y ayuda mucho a pensar con claridad sobre otras cosas en la vida. La formación musical mejora nuestra cognición general de maneras profundas porque permitirá que nuestras mentes se expandan y crezcan.

Tocar un instrumento musical influye en cómo el cerebro puede interpretar y procesar diferentes información sensorial, especialmente en niños menores de siete años. En un estudio de 2013, los neurocientíficos demostraron cómo la formación musical promueve el desarrollo y crecimiento del cerebro en jóvenes (Bergland, 2014).

Estudio de caso

Jamie amaba la música clásica. Lo había estudiado desde que era un niño pequeño. Jamie conocía a todos los compositores famosos y podía citar la música clásica que escuchaba en un día dado en cualquier café. Era un joven increíblemente talentoso, pero durante su infancia luchaba con el desarrollo de la memoria. Había desarrollado epilepsia desde una edad temprana y tendría convulsiones que lo harían temblar incontrolablemente. Se sometió a una resonancia magnética cuando tenía unos nueve años, y fue en ese momento que los médicos determinaron que estaba sufriendo de epilepsia y encontraron rápidamente una cura para ello: tratamiento musical.

Además, Jamie comenzó a tomar lecciones de violín a los 9 años, lo cual pensaba que mejoraría su memoria. Tomaba clases de violín con su maestra, la Dra. Emily Carter, quien le ayudó a construir coraje y resistencia para ser un mejor violinista. Con el tiempo, Jamie aprendió el método Suzuki, que te permite estudiar piezas musicales y memorizar cada movimiento de los libros 1-6.

Porque Jamie tocaba el violín, su memoria muscular se mejoraba. El violín es una actividad cinestésica agradable que implica movimiento, cognición y emoción al mismo tiempo. Es una forma fantástica de ejercicio. Practicaba una y otra vez hasta que podía tocar los pasajes en los que había trabajado. Con el tiempo, Jamie tocaba piezas musicales en recitales de memoria, porque había trabajado duro, pero también, el violín le permitía recordar todo lo que había aprendido. Tocar el violín creaba recuerdos que lo seguirán el resto de su vida. Y hasta el día de hoy, todavía puede visualizar y recordar las piezas que aprendió, porque todas estaban almacenadas en su banco de memoria a largo plazo permanente.

4. Conexiones sociales

Un estudio de febrero de 2014 encontró que hay consecuencias en estar solo durante un tiempo (Bergland, 2014). La soledad puede llevar a un declive psicológico y cognitivo, lo cual puede causar muchos problemas de salud diferentes. Por lo tanto, es crucial que encuentres formas de conectar con otras personas. Esto mejorará tu salud mental y cognitiva en general. Sentirse aislado de los demás puede llevar a una serie de problemas, incluyendo interrupción del sueño, presión arterial alta, estrés y depresión. En general, si te sientes solo, es probable que no estés disfrutando de tu vida y es mejor salir de ese estado de ánimo lo antes posible. Estar solo puede tener algunos de los efectos adversos que fumar o beber pueden tener en tu cuerpo. No estamos destinados a vivir en aislamiento unos de otros. En cambio, estamos destinados a formar conexiones duraderas con los demás. Por lo tanto, es crucial que encontremos formas de relacionarnos con los demás y construir relaciones duraderas que puedan ser un antídoto a nuestra soledad.

Las conexiones sociales son buenas para nuestro cerebro porque pensamos mucho cuando hablamos con otras personas. Formamos relaciones duraderas con la gente porque hay un aspecto visual en ello, lo cual influye en cómo nos sentimos, pensamos y reaccionamos en diferentes situaciones. A medida que seguimos hablando con la gente y pasando tiempo con ellos, mejoramos nuestra memoria en general, porque podemos disfrutar de los momentos que pasamos juntos, y podemos recordar los buenos tiempos y olvidar los malos tiempos.

Estudio de caso: Frank

Frank era un introvertido total. Cuando era adolescente, nunca hablaba con otros chicos. Prefería pasar tiempo solo en lugar de entablar relaciones significativas con sus compañeros. Era extremadamente tímido. No quería admitir su debilidad, porque sentía un orgullo secreto en sus habilidades. Pero lo que Frank no se daba cuenta era lo profundamente deprimido que estaba. No tenía amigos y se sentía muy solo. La gente notaba que no comía y solo bebía agua día tras día. También evitaba cualquier tipo de interacción social. Entonces, un día, Peter se acercó a Frank y le preguntó: "¡Hola, Frank! ¿Cómo estás? ¿Quieres salir a cenar y luego ver una película juntos?" Frank estaba muy nervioso cuando respondió: "Siiii... hmm... claro, no hay problema. Me encantaría". A partir de ese momento, Frank comenzó una amistad con Peter. Salían juntos todos los fines de semana. A veces Frank todavía luchaba con la soledad, porque pensaba que no podía relacionarse con sus compañeros. Pero a medida que crecía en su amistad con Peter, se volvía más seguro. Pronto podía hablar con sus compañeros y invitarlos a su casa, donde les preparaba la cena. Su primera cena fue un paso importante en la vida de Frank, ya que finalmente entró en el mundo social, y también se benefició enormemente de ese tiempo.

A lo largo de este tiempo, Frank vio una mejora notable en sus calificaciones. Comenzó a estudiar con sus compañeros. Formaron un grupo de estudio y solían ir a la biblioteca los miércoles por la noche para estudiar. Debido a esto, Frank pasaba mucho tiempo con sus amigos. Juntos, memorizaron todas las fórmulas de química para su examen de química. ¡Fue un gran trabajo en equipo! Se divirtieron mucho juntos; fue fantástico. Y luego llegó el momento de los exámenes finales. Todos juntos se esforzaron y estudiaron muy duro. Frank clavó el examen con un 95 (lo que significa una A). Estaba tan feliz, porque había memorizado todas las fórmulas de química, y lo había hecho con la ayuda de sus amigos.

5. Atención plena y meditación

En un estudio de 2013 en el hospital de Harvard Beth Israel, los investigadores pudieron descubrir que los cambios cerebrales que vienen con la meditación y el alivio del estrés juegan un papel esencial en la prevención de trastornos como la enfermedad de Alzheimer y la demencia en la vejez (Bergland, 2014). La atención plena puede ayudarte a combatir todas estas cosas porque ayuda a que tu memoria se desarrolle más con el tiempo.

La atención plena es una práctica en la que puedes centrarte en la meditación y permitirte permanecer tranquilo en el momento presente durante un tiempo determinado. Con la meditación, te relajas en la circunstancia actual, sabiendo que eres consciente de tu entorno. Es una forma de relajarse y salir del ajetreo de la vida diaria. Practicar la atención plena es una de las formas más importantes en las que puedes mejorar tu memoria, ya que puedes recordar mucho más cuando no estás estresado o lleno de ansiedad.

A medida que te liberas del estrés, eres capaz de experimentar mayor libertad y autonomía para hacer lo que te gusta. Entonces, no tienes que pensar tanto en tu futuro. Estás tan concentrado en el aquí y el ahora que puedes concentrarte mucho mejor, y no te sientes agobiado por el peso de las cosas en tu vida. Es vital que encuentres formas de practicar la atención plena todos los días para que puedas alcanzar tus metas en la vida y decir no al estrés.

Ha habido una conexión entre el estrés y los trastornos mentales crónicos y el deterioro, por lo que si podemos evitar más de eso, nos sentiremos y estaremos mejor. Es crucial que encontremos formas de reducir nuestro estrés. Aunque es una realidad siempre presente que debemos enfrentar, tenemos que mantener nuestra guardia en alto o de lo contrario caeremos en ansiedad y desesperación, lo cual puede causar un deterioro mental crónico que puede afectarnos por el resto de nuestra vida. Por lo tanto, si quieres mejorar tu memoria y prevenir el deterioro mental más adelante en la vida, es mejor que luches contra el estrés ahora en este momento de tu vida.

Estudio de caso

Kelly estaba crónicamente estresada. Siempre olvidaba sus llaves y a veces sus citas. Su agenda estaba tan ocupada que se volvía cada vez más olvidadiza. Kelly estaba muriendo bajo la ola de estrés que estaba infectando todo su ser. No sabía qué hacer consigo misma. Cuando llegaba al trabajo, a menudo experimentaba sudoración y jadeo (con falta de aire). También estaba fuera de forma y con sobrepeso. Además, luchaba contra sentimientos de baja autoestima. Debido a que Kelly estaba batallando con su peso, también experimentaba episodios depresivos. No sabía qué hacer con su problema de memoria debido a sus frecuentes olvidos. Por lo tanto, fue a ver a su médico para ver qué podía hacer para ayudarla. Él recomendó que fuera a ver a un terapeuta que pudiera ocuparse de su situación. Así que fue a ver al Dr. Fitzgerald, que era un consejero. El consejero inmediatamente recomendó que hiciera meditación guiada todos los días para mejorar su memoria y reducir su estrés. Kelly entonces empezó a meditar durante una hora todos los días. Fue increíble. Pudo sentir los resultados en su mente de inmediato. Practicaba en su habitación todos los días, y podía ver que las cosas iban mejorando. Cada día, se volvía más y más optimista, viendo la luz del día elevarse desde la oscuridad. Fue increíble. Entonces, muy pronto, Kelly comenzó a practicar ejercicios mentales que le recomendó su médico para aumentar su memoria fotográfica. Poco después, nunca más olvidó sus citas. Siempre recordaba dónde había puesto sus llaves. Muy pronto, ya no era la olvidadiza Kelly, sino la atenta Kelly, que estaba continuamente consciente de sus circunstancias presentes. En el trabajo, empezó a sentirse menos estresada y más tranquila. A veces se sentía bajo presión, pero aún así pensaba que era capaz de manejar cualquier cosa que le fuera dada porque creció en confianza y fuerza. Fue un gran testimonio de su curación.

6. Disminuir la ansiedad y el estrés.

Finalmente, una de las cosas más importantes que puedes hacer por ti mismo para aumentar tu memoria es reducir el estrés que está presente en tu vida. Nuestro estrés afecta nuestra capacidad de funcionar y hacer las cosas de manera efectiva. Cuanto más estresados estamos, más propensos somos a enfermarnos y a sentirnos generalmente mal. Ahora bien, es cierto que no podemos deshacernos de la mayoría del estrés en nuestra vida. Continuamente tenemos que luchar contra él en nuestras vidas. Pero lo que podemos hacer es decir "no" a situaciones estresantes que nos están perjudicando y haciéndonos sentir miserables. Necesitamos encontrar maneras de deshacernos de la ansiedad general que impregna nuestra actual sociedad moderna. Demasiado de nuestro mundo está regido por el caos y el desorden. El miedo al otro, que se utiliza en la filosofía moderna, nos hace pensar como Sartre en que "el infierno son los otros", por lo tanto, queremos ser reclusivos y ocultarnos en nuestras cuevas.

Sin embargo, lo que debemos hacer es deshacernos del estrés innecesario que carga nuestras vidas. Nuestras vidas están regidas por el ajetreo, de modo que no podemos hacer todas las cosas que queremos hacer. Llenamos nuestras agendas hasta el tope con actividades, eventos, trabajo, entre muchas otras cosas. Es una lástima que siempre estemos experimentando el dolor y la ansiedad de nuestra vida; sin embargo, no es suficiente seguir adelante. Así que sufrimos y sufrimos aún más.

Lo que me gustaría recomendar a todos aquellos que quieran mejorar su memoria fotográfica es que se detengan. ¡Deténganse! ¡Esperen un momento! No avancen más. Nuestra sociedad nos exige "¡avanza! ¡avanza!". Pero yo quiero que se detengan, que tomen una pausa y respiren profundamente. Inhalen y luego exhalen. Permítanse relajarse y desintoxicarse. Es vital para su bienestar general. Tienen que ser amables consigo mismos y tratar de hacer cosas que les traigan mayor felicidad. Sean amables con ustedes mismos y permítanse estar llenos de alegría.

Mientras te desestresas, te darás cuenta de que estás tomando control sobre la situación actual y podrás respirar más fácilmente. No estarás abrumado por las dificultades y desafíos de tu vida. En cambio, estarás motivado y capacitado para hacer grandes cosas. Y tu memoria se volverá más precisa que nunca porque no tendrás todo ese estrés nublando tu juicio. Finalmente, descubrirás que desestresarte será el mejor paso para ti en tu lucha por salvar tu memoria del deterioro y disfunción cognitiva.

Estudio de caso

María tenía ataques de pánico con frecuencia. Todos los días se sentaba al borde. Como resultado, esperaba que algo malo le sucediera. Vivía con miedo a cometer errores la mayor parte de los días. Y efectivamente, comenzó a cometer un montón de errores en su trabajo, porque estaba excediéndose con la cafeína y no dormía lo suficiente por la noche. Su trabajo le causaba una gran ansiedad. En consecuencia, era incapaz de recordar la mayoría de las cosas en su agenda. Su memoria a corto plazo experimentaba lagunas de modo que no podía utilizar nada más que su memoria de trabajo, la cual expiraba cada día. Afortunadamente, María estaba trabajando en proyectos secundarios que pensaba que podrían sacarla adelante. Pero pronto se dio cuenta de que su trabajo la estaba matando. Le causaba tanto estrés y ansiedad. Además, no le gustaban sus compañeros de trabajo. Eran negativos y le causaban una gran cantidad de aflicción.

Un día, María tuvo una epifanía. Se dio cuenta de algo y se dijo a sí misma: "¿Qué estoy haciendo con mi vida? Parece que todo se está desmoronando. No puedo seguir así en mi trabajo. Necesito perseguir mi sueño, abrir mi propio negocio. Eso es lo que quería hacer antes. Ya he ahorrado suficiente dinero. ¿Por qué no renuncio a mi trabajo y comienzo mi propio negocio? Me ayudará mucho. Me sentiré mucho mejor y me quitaré ese estrés de encima." Eso es exactamente lo que María hizo. Renunció a su trabajo y abrió su propio negocio. Fue una de las experiencias más aterradoras e inolvidables de su vida, pero María sabía que iba a disminuir enormemente su nivel de estrés, así que no tendría que preocuparse por los demás y sus opiniones sobre ella.

Abrir su propio negocio fue una gran decisión para María, porque podía pensar con más claridad en sus metas y estaba menos ansiosa por el futuro. Además, tenía una mejor memoria general de las cosas, lo cual fue una gran ventaja. Porque ya no luchaba contra la ansiedad, podía hacer todas las cosas que planeaba hacer sin preocuparse. Muy pronto, sus habilidades cognitivas en general se vieron impactadas de manera positiva, de modo que podía completar sus tareas y trabajar en su negocio en la comodidad de su propio hogar. Trabajar desde la oficina en casa le permitió concentrarse y hacer más cosas, y podía tener más tiempo flexible para pasar consigo misma. Al final, estaba feliz y sentía que su memoria estaba más clara que antes.

7. Escuchar música clásica o tocar un instrumento

Una de las formas de aumentar la capacidad de nuestra mente para recordar es escuchar música. El género que parece aumentar la actividad cognitiva de nuestro cerebro es la música clásica. Por lo tanto, si estás buscando algo para escuchar, mantén el oído atento a Beethoven, Mozart o Schumann. Permítete sumergirte en los sonidos de los instrumentos, incluyendo cuerdas, metales y percusión. Concéntrate en las diferentes secciones de la pieza musical, y serás capaz de recordar diferentes partes. La música clásica aumenta la concentración de nuestra mente para que podamos completar las tareas que tenemos delante. Cuanto más llenemos nuestra mente con pensamientos positivos y actividad cerebral aumentada, más claramente podemos pensar en las cosas. Y eso nos permite tener una mejor memoria que puede recordar detalles.

Si pensamos en "Los Planetas" de Gustav Holst, podemos imaginarnos transportados a otra época, a una era pasada. Mientras escuchamos "Júpiter", experimentamos una teleportación a una zona donde somos conscientes de las cosas que nos rodean y pensamos en los anillos de Júpiter y la emoción del espacio exterior. Además, escuchamos un famoso himno en medio, que nos recuerda a la Antigua Inglaterra. Hay muchas imágenes que podemos tener mientras escuchamos "Los Planetas" de Holst, lo que nos brinda un recuerdo aún más brillante de las cosas.

Cada vez que escuches música clásica, permítete pintar imágenes de una escena o un concierto en la mente, y reflexiona sobre ello. Luego, cuando vuelvas a escucharla, podrás imaginarte en esa situación. El efecto de la música clásica mejorará significativamente tu imaginación y memoria para que puedas recordar cosas.

Estudio de caso

Durante años, Whitney tocó el violín. Pasó años mejorando su técnica de interpretación. Además, pasó por la Escuela de Violín Suzuki, lo que le permitió aprender de manera más efectiva y memorizar todos los pasajes que tenía que tocar. Al memorizar los pasajes, su memoria aumentó significativamente, y fue capaz de imaginar diferentes cosas sucediendo dentro de eso.

En su propio tiempo, Whitney escuchaba las "Cuatro Estaciones" y memorizó diferentes pasajes del concierto de "Primavera". Escuchaba continuamente la música y la tenía cementada en su mente. Después de un tiempo, fue capaz de tocar la pieza de memoria. La memorizó para una audición en la Escuela de Música Juilliard. Whitney audicionó con el concierto de "Primavera" y fue aceptada en la escuela de música con una beca completa, para que pudiera asistir sin tener que pagar matrícula. Fue una experiencia fantástica.

Paso 8: Tomar medidas para aumentar la alerta mental

En este octavo paso, hablaremos sobre cómo puedes tomar medidas adicionales para aumentar tu alerta mental y tener más poder de memoria para apoyar tu memoria fotográfica (Alban, 2019).

Para tener una mente activa y positiva, necesitamos aumentar nuestra alerta mental, lo cual nos permite estar despiertos todo el tiempo. A menudo, estamos adormilados porque no dormimos lo suficiente, o nos sentimos aturdidos por haber dormido demasiado. Algunas personas no pueden abrir los ojos por la mañana porque han bebido demasiado la noche anterior. En cualquier caso, es esencial que encontremos formas de aumentar nuestra alerta mental, la cual disminuye a medida que envejecemos. Cuando nos hacemos mayores, perdemos la energía vital que teníamos en nuestra juventud y necesitamos más horas de sueño para restaurar nuestros sistemas. Veamos ahora algunas formas de aumentar nuestra fuerza mental y resistencia para poder enfrentar cualquier situación que se nos presente.

1. Hidratación

Porque nuestros cuerpos están compuestos principalmente por agua, necesitamos alimentarlo continuamente con líquidos durante el día. Es crucial que le proporcionemos suficiente agua para mantener un estado de equilibrio y sentir que estamos en nuestro nivel óptimo. Si no bebemos suficiente agua, nos deshidrataremos, y esto afecta no solo a nuestro cuerpo físico sino también a nuestra capacidad cognitiva para funcionar. De hecho, podemos perder la concentración cuando estamos deshidratados y experimentar síntomas que asemejan a la demencia. Puede ser muy peligroso para tu cuerpo cuando no bebes lo suficiente. Podemos pasar largos periodos sin comer, y no es un problema. Pero no podemos sobrevivir más de tres días sin agua. Por lo tanto, debemos mantenernos hidratados en todo momento si queremos estar en el lugar correcto. Esto es especialmente importante si estamos haciendo ejercicio, ya que tenemos que utilizar aproximadamente el 10% de los líquidos de nuestro cuerpo a través de los entrenamientos intensivos. Haz lo posible por beber tanto como sea posible.

Sé que a la mayoría de las personas no les gusta beber agua pura porque es aburrida y no proporciona un sabor refrescante que a la mayoría de las personas les gusta. En su lugar, no tiene sabor pero se siente fresca. Si no quieres beber demasiada agua, entonces prueba un jugo de frutas, una bebida deportiva o té en su lugar. Hay un montón de líquidos que calificarían para reponer tu cuerpo con el líquido necesario que puedes consumir cada día. No necesariamente tiene que ser agua. Aunque el café puede deshidratarte, también puede ser utilizado como un líquido en tu dieta para ayudarte, mientras te refrescas cada día.

Estudio de caso

Leo era un corredor. Le encantaba salir afuera y correr. Pero desafortunadamente, no consumía suficiente agua, por lo que experimentó deshidratación. Un día, casi colapsó. Tenía moretones rojos que aparecieron en su piel en áreas deshidratadas. Casi tuvo que ir a la sala de emergencia para reponer los líquidos de su cuerpo. Fue una vista espeluznante. Leo reconoció después de ese incidente que debía reponer su cuerpo cada día y beber más porque de lo contrario, no podría funcionar cognitivamente. Leo también tenía problemas para concentrarse en la escuela en ese momento, porque no había bebido suficiente agua. En consecuencia, no podía estudiar bien y tenía calificaciones terribles. Después de empezar a beber más agua, Leo sintió que podía concentrarse mucho mejor y sus calificaciones mejoraron. Fue un buen resultado de la hidratación.

2. Observa la cafeína.

Todos nosotros podemos consumir cafeína en un día dado. Es una maravillosa creación de la que nos beneficiamos porque ayuda a mitigar los efectos de una noche de insomnio. La mayoría de la gente en América ama tomarse un par de tazas de café cada mañana. Se ha demostrado que el café puede mejorar nuestro rendimiento cognitivo, así que si tomamos más, veremos mejores resultados. Por el contrario, si tomamos demasiado, experimentaremos más deshidratación, nos sentiremos somnolientos y nos desplomaremos a mitad del día. Además, es vital que tengamos cuidado con la cantidad de cafeína que introducimos en nuestros cuerpos cada día. Puede causar problemas con tu sueño y hacer que sea más difícil conciliar el sueño por la noche.

La cafeína también puede ponernos nerviosos y mantenernos despiertos durante la noche. Piense en cuánta cafeína podría consumir antes de una presentación en una conferencia. Puede ponerse tan nervioso que comienza a temblar y a sudar. La cafeína también puede causar falta de aliento, en cuyo caso no podemos mantener nuestra concentración en situaciones de alto rendimiento. Por lo tanto, debería optar por una botella de agua, así no estará nervioso y no tendrá que correr al baño cada cinco minutos (Alban, 2019).

Además, los efectos cognitivos de la cafeína desaparecen con el tiempo, lo que hace que tengas un bajón a mitad del día. En consecuencia, no puedes concentrarte y sientes la necesidad de tomar una larga siesta para sentirte mejor. Dormir será una de las cosas más importantes que puedes hacer para que tu memoria se sienta en su mejor momento.

Estudio de caso

Un día dado, Sharon tomaba de 5 a 8 tazas de café. Iba a Starbucks al menos tres veces al día y se llenaba de más café durante el día en la oficina. Ella era una "cafetómana". Ella decía, "¡despierta y huele el café, gente! ¡Es un nuevo día! ¡Estoy lista para enfrentar al mundo!" Sharon lograba hacer mucho en el trabajo, porque siempre estaba bebiendo su taza de café, y estaba claro que estaba haciendo mucho. Pero en su interior, siempre temblaba, porque no había dormido lo suficiente la noche anterior. Su adicción estaba afectándola porque colapsaba en casa después de cada día de trabajo. La cafeína se estaba acabando y la hacía caer en un profundo sueño. Y luego despertaba de su siesta y estaba despierta hasta las 3 de la mañana. Esto continuaba intermitentemente por mucho tiempo.

Al principio, no causaba problemas, pero muy pronto comenzó a llegar tarde al trabajo, porque posponía su alarma y se despertaba tarde, y se estaba enfermando, porque su sistema estaba activo, pero no podía parar. Finalmente, su cuerpo no pudo soportarlo más.

Después de enfermarse, Sharon fue a ver a su médico, quien le dijo que necesitaba dejar de beber cafeína durante dos meses. Quería desacostumbrar a su cuerpo de toda esa cafeína que controlaba su mente y cuerpo. Le dijo a Sharon: "Creo que la cafeína ha estado tomando el control, y ya no eres tú quien habla, sino la cafeína. Debes tener cuidado la próxima vez y no excederte. Esto también ayudará a que tu memoria esté en su mejor estado". Así que Sharon lo intentó. El régimen fue agotador para ella. Cada día era una lucha que debía superar, pero lo logró. Luego, después de dos meses, pudo volver a tomar café y limitarse a solo dos tazas al día. Al final, logró restablecer su concentración y productividad en el trabajo.

3. Pierde el GPS y Encuentra Otras Formas de Llegar a Casa

Porque tenemos un sistema GPS en nuestros dispositivos móviles, nos hemos vuelto más perezosos porque todo lo que tenemos que hacer es buscar nuestro destino en nuestros dispositivos y nos guiará hasta allí. Ciertamente, esto nos ha facilitado ir a cualquier lugar en el mundo. Nos volvemos menos propensos a perdernos porque utilizamos el sistema de navegación en nuestro teléfono para ayudarnos a ir a lugares. Al mismo tiempo, hemos perdido nuestro sentido de una brújula humana personal, que puede determinar en qué dirección ir. Han pasado los tiempos en los que confiábamos en un mapa para llevarnos a cualquier lugar. No es necesario memorizar nada porque toda la información está disponible libremente a través de Internet. Sin embargo, con esta constante dependencia de la tecnología GPS, nuestras mentes se vuelven más adormecidas y menos propensas a recordar las cosas. Nuestra memoria espacial-visual queda afectada y puede llevar a la disminución de nuestro cerebro, como resultado de no utilizar los poderes de la imaginación que son responsables de ayudarnos a recordar dónde están las cosas (Alban, 2019).

Si quieres mejorar tu memoria, apaga el GPS y trata de mirar un mapa o señales en el camino para determinar cómo llegar a tu destino. Intenta encontrar una manera alternativa de llegar a casa desde un lugar desconocido. Si haces esto, harás cosas increíbles para tu cerebro, porque estarás utilizando poderes cognitivos de concentración que se enfocan intensamente en los diferentes marcadores que tu mente ha creado para navegar hacia donde se encuentra tu destino. Es muy saludable para ti. Así que, ayuda a tu cerebro y apágalo.

Estudio de caso

A Mark le encantaban los viajes por carretera con sus amigos. Muchas veces, recorría el país para conocer diferentes lugares y destinos. Un verano, él y sus amigos viajaron en coche desde Cleveland, Ohio hasta Seattle, Washington. Les tomó alrededor de 36 horas hacer todo el viaje con paradas en el camino y algunas estancias nocturnas en hoteles. Pero Mark tenía una debilidad. Tenía dificultades para la navegación. Como resultado, no podía leer mapas y tenía que depender mucho de su GPS para llevarlo a donde necesitaba estar. En lugar de disfrutar del paisaje de sus destinos en estos viajes por carretera, se enfocaba en su GPS todo el tiempo.

Los amigos de Mark le dijeron: "¡Tío! Debes deshacerte del GPS. No te está ayudando a conducir de manera más efectiva. Simplemente estás mirando fijamente al GPS. ¿Por qué no usas un mapa o miras los letreros?" Mark decidió escuchar tercamente su consejo, y se deshizo de su GPS. Al principio, le costó encontrar su camino a los lugares, porque se había vuelto dependiente de la tecnología para llevarlo a todas partes. Pero muy pronto, Mark estaba usando su cerebro en lugar de la tecnología. Reconoció que podía encontrar soluciones creativas a sus problemas en lugar de confiar en que el GPS podía hacer todo por él. Al final, llegó a los lugares donde necesitaba estar.

Hasta el día de hoy, Mark no utiliza un GPS. En su lugar, memoriza un mapa y crea un palacio de la memoria en su mente, lo que le permite recordar detalles mientras conduce. Utiliza elementos visuales como señales en la carretera para ayudarle a llegar a su destino. Esto ha hecho una enorme diferencia en su vida.

4. Practica un pasatiempo

Además de perder el GPS, debes buscar algo que te dé alegría y pasión. Encuentra algo que te motive. ¿Qué es lo que te hace levantarte por la mañana y te mantiene en marcha en la vida? Encuentra algo que puedas seguir haciendo durante un período prolongado. La socialización puede estar incluida en eso. Tal vez te gusta pintar. Únete a una clase de pintura. O quizás desees cantar. Únete a un coro. Tal vez disfrutes de la lectura y la escritura, por lo que podrías intentar unirte a un club de lectura o un club de escritores. Haz cosas que te ayuden a mejorar en lo que quieres hacer con tu vida (Alban, 2019).

Encontrar tu pasión te ayudará también con tu memoria, porque cuando amas lo que haces, recordarás las cosas mucho más fácilmente. Si estás haciendo cosas que no te interesan o no te traen alegría, pensarás para ti mismo: "Bueno, olvídalo. Es una basura total". Hacer siempre el mismo trabajo que no aporta beneficios, excepto un cheque de pago, puede drenar tu energía y dejarte sin nada. Por lo tanto, es vital que encuentres formas de liberar tu creatividad y hacer cosas que te hagan más feliz.

Estudio de caso

Annelies trabajaba en una organización de turismo en París. Le encantaba ir en bicicleta al trabajo, algo que muchos holandeses hacían en los Países Bajos. Annelies era muy aficionada a viajar y disfrutaba visitando lugares nuevos y conociendo gente nueva.

Annelies ama las nuevas experiencias y tomar riesgos. Había viajado a casi todos los países de Europa. Su objetivo era visitar todos para el 2020, así que actualmente está trabajando en ello. Todavía no ha visitado los países bálticos, que a menudo son poco visitados por mucha gente. Aunque está soltera y no tiene novio, le encanta socializar con los demás y a veces va a bares de expatriados.

Lo que le ha dado a ella una memoria colectiva de su experiencia es el viaje que ha hecho a lo largo de los años. Vivir en el extranjero como expatriada le ha dado un lugar para vivir lleno de aventuras. Ningún día es igual al otro. Annelies siempre está aprendiendo y creciendo. Ser residente de otro país es difícil, especialmente para una persona que lo está haciendo sola, lo que la convierte en una mujer valiente. Ha soportado muchos desafíos en los últimos años, habiendo perdido a su novio por cáncer y el divorcio de sus padres. Pero Annelies sigue fuerte y firme. No se tambaleará con el viento cuando los tiempos sean difíciles. Sabe que ha pasado por momentos duros, pero puede superar todo lo que la vida le presente porque es resiliente y trabajadora.

Annelies es muy aguda y recuerda detalles vívidos. Habiendo viajado y hablado idiomas extranjeros, ella piensa mucho y su cerebro está constantemente trabajando, lo que le permite perfeccionar sus habilidades. También ayuda con sus habilidades motoras finas. Esto le ayuda a andar en bicicleta de manera efectiva y estar atenta a los vehículos en la carretera.

Annelies ha desarrollado su pasión por viajar. Su hobby la ha llevado a muchos lugares. Está encantada con su vida porque ha descubierto nuevos lugares y personas, y le ha ayudado a recordar todas las experiencias que ha tenido. Aunque su memoria no es perfecta, todavía puede recordar muchas cosas, y eso la ayuda a vivir una vida significativa, llena de relaciones duraderas. Su vida está llena de un hermoso edificio de conocimiento y educación que perdurará toda la vida.

Paso 9: Habilidades de Estudio: En Qué Puedes Trabajar Ahora para Mejorar Tu Memoria Fotográfica

En este capítulo, vamos a discutir varias habilidades de estudio diferentes que puedes aplicar a tu vida para que puedas aumentar tu memoria fotográfica (Leyden, 2019). Estas técnicas te ayudarán mientras estudias para un examen, haces deberes escolares o completas diversas tareas que requieren el uso de tu cerebro. Vamos a sumergirnos.

1. Repetición Espaciada

La mayoría de las personas saben que la memorización mecánica no es la forma de estudiar para tu próximo examen. Mucha gente intenta memorizar palabras en una página simplemente mirando fijamente el papel y luego, cinco minutos después, no pueden recordar lo que ya han aprendido. En lugar de depender únicamente de la memorización mecánica para llegar a donde necesitamos estar, hay otras formas que permiten a los estudiantes recordar las cosas que necesitan saber. Una de estas formas es la repetición espaciada.

La repetición espaciada requiere que el estudiante estudie

continuamente vocabulario y otro contenido durante un período prolongado utilizando fichas, aplicaciones y otras herramientas para ayudar con el estudio. La repetición espaciada ayuda al estudiante a repasar el material que aprendió en clase y dar seguimiento a cada lección. Las personas usan este método todo el tiempo mientras repasan palabras al memorizar. Es un método útil porque puedes actualizar tus conocimientos y seguir estudiando hasta que recuerdes lo aprendido en clase. La repetición espaciada se hace para que puedas reconocer el vocabulario paso a paso y no todo de una vez, como es común en el atracón.

¿Por qué el estudiar de forma intensiva es perjudicial para tu cerebro? Los adolescentes coreanos son conocidos por estudiar y memorizar el material que se les presenta frente a ellos. Estudian, estudian, estudian y luego toman la prueba, y una vez que la terminan, olvidan todo lo que aprendieron. Es casi como si no hubieran aprendido nada en el proceso. Es triste que muchas personas olviden todo lo que aprendieron después de la prueba, como si nunca hubieran aprendido el material en primer lugar. Piensa en las personas que estudian para el GRE, TOEFL, SAT u otras pruebas estandarizadas y después de la prueba olvidan cientos o incluso miles de palabras que "adquirieron" en sus sesiones intensivas. Desafortunadamente, ese es el caso para muchas personas en Estados Unidos también.

En lugar de atiborrar toda esa información en tu cerebro, es útil espaciar las cosas un poco, para que puedas administrar cómo estudias y hacer un poco cada noche. Nuestras mentes solo pueden consolidar tanta información a la vez antes de que se sobrecarguen con información. Como resultado, no pueden almacenar información en un período de tiempo demasiado corto. Nuestra memoria a corto plazo solo puede retener una cierta cantidad de datos antes de que sea imposible retenerla por más tiempo. Por lo tanto, es vital que a veces te des un descanso, para contrarrestar la sobrecarga de información que siempre experimentamos cuando estamos estresados.

Estudio de caso

Adam estaba estudiando para el GRE, y compró un libro de repaso que le permitió revisar todos los materiales que necesitaba repasar. Se dio cuenta de que le faltaban conceptos matemáticos y que necesitaba compensarlo memorizando diferentes fórmulas y problemas. Adam había escuchado sobre la repetición espaciada en un taller en su escuela, donde pudo obtener ideas para mejorar sus habilidades de estudio. Estudió durante tres meses para el GRE, y todos los días practicaba problemas de matemáticas que estarían en el GRE. Estudió problemas de geometría durante una semana, y practicaba resolverlos todos los días. Luego, iba en línea y tomaba pruebas, las cuales se calificaban instantáneamente, así que podía recibir retroalimentación de inmediato. Utilizaba tarjetas didácticas y aplicaciones para ayudarse a recordar los conceptos clave que estaba utilizando para resolver los problemas. Aunque le resultaba difícil, aún así podía resolver todos los problemas todos los días. Además, contrató a un tutor para que le ayudara a cubrir las lagunas en su conocimiento. Su tutor le ayudaba a practicar frecuentemente para que pudiera obtener más retroalimentación y más ayuda al estudiar para el examen. Después de tres meses, Adam se sintió más seguro, porque podía recordar los temas matemáticos que había estudiado con facilidad. Estaban arraigados, no solo en su memoria de trabajo, sino también en su memoria permanente, por lo que era una forma efectiva de estudiar para el examen. Adam usó una variedad de métodos para recordar palabras y fórmulas. Cuando llegó al examen, pudo resolver los problemas sin esfuerzo dentro del tiempo dado, y aprobó el examen.

2. Utilice sus aplicaciones de teléfono inteligente incluyendo Study Blue y Memrise

Lo segundo que debes hacer es usar aplicaciones en tus teléfonos inteligentes, como Study Blue y Memrise. Estas aplicaciones permiten a una persona utilizar la tecnología de repetición espaciada para estudiar en cualquier momento y en cualquier lugar, donde haya conexión a Internet. Puedes descargar las aplicaciones en tu teléfono inteligente o computadora. Las aplicaciones son particularmente útiles si eres profesor y quieres utilizar la tecnología en tu clase. Para muchos cursos, los profesores pueden utilizar la tecnología de repetición espaciada para crear juegos de memorización, en los cuales los estudiantes individuales y grupos pueden practicar memorizando vocabulario. Al utilizar aplicaciones como Study Blue, los estudiantes pueden divertirse conociendo las diferentes palabras que adquieren con el tiempo.

Study Blue y Memrise también se pueden compartir con toda una clase. El profesor puede hacer una lista de palabras y luego compartirla con toda la clase a través de sus teléfonos inteligentes, para que los estudiantes puedan estudiar en casa y hacer toda la memorización en la comodidad de sus dormitorios. Ayudará a los estudiantes a afianzar la información en sus mentes, ya que practican la repetición espaciada en sus dispositivos.

Estudio de caso

William tenía dificultades para memorizar información. No era bueno en la memorización mecánica porque cuando tomaba exámenes de vocabulario durante su clase de inglés, siempre reprobaba. Quería estudiar justo antes, pero al mirar un papel, olvidaba inmediatamente la información presentada, como si nunca hubiera visto las palabras. William habló con su profesor de inglés sobre cómo encontrar maneras de mejorar su vocabulario y desempeñarse bien en los exámenes. Su profesor, el Sr. Kyle, le dijo que necesitaba utilizar ejercicios de repetición espaciada para mejorar su capacidad de memorizar vocabulario. Así que, Kyle lo invitó a Studyblue para ver el mazo de cartas que se utilizaban en clase. El Sr. Kyle se dio cuenta de que estudiantes como William necesitaban herramientas de autoestudio en casa, por lo que las puso a disposición de todos los estudiantes y las distribuyó gratuitamente. Ayudó mucho con la confianza de los estudiantes. Se pusieron en marcha y se divirtieron estudiando. Toda la clase obtenía calificaciones por encima del 90% en los exámenes de vocabulario porque practicaban lo suficiente mientras estudiaban en casa.

3. Para clases de idiomas, tome pruebas de vocabulario en línea para autoestudio.

Por lo general, se encontrará que muchas personas estudian vocabulario en clases de idiomas extranjeros, donde es necesario memorizar muchas palabras. El vocabulario debe ser evaluado continuamente en el aula para asegurar que los estudiantes estén aprendiendo correctamente los textos que están estudiando. Hacerlo en línea es una excelente manera de lograr que los estudiantes estudien con dedicación, ya que pueden verificar su progreso y ver sus resultados inmediatamente. Encontrar los recursos en línea adecuados permitirá que su clase rinda bien en poco tiempo.

Además de los exámenes en línea, deberías intentar usar las palabras o conceptos de tus listas en una oración o en un contexto específico para consolidar todo en tu mente. No es suficiente depender únicamente de la memorización de la palabra sin algún contexto. Rápidamente la olvidarás si no la usas en una oración. Por lo tanto, es crucial que encuentres formas de integrar el estudio de vocabulario de manera práctica para que puedas verlo en acción todo el tiempo.

Estudio de caso

Joyce tuvo dificultades para recordar todo el contenido del vocabulario que había adquirido en su clase de francés, así que quería encontrar una forma de recordarlo mejor. Sabía que estudiar de memoria no era el camino a seguir, pero le costaba encontrar algo que pudiera funcionar para ella. Le pidió a su profesor que la ayudara a encontrar una forma de mejorar su vocabulario. El profesor le dijo que buscara en línea y encontrara cuestionarios de vocabulario que ella misma pudiera diseñar y resolver. Joyce buscó en línea y descubrió una forma de preparar una prueba de vocabulario y luego tomarla después. Esto le ayudó mucho. También mejoró en su desempeño general en clase; así que fue un éxito.

4. Dibuja imágenes de historias y los conceptos que estás estudiando

Una cosa que podrías considerar infantil es dibujar una imagen de las varias historias y conceptos que estudiamos en la escuela. En la escuela primaria, probablemente hicimos esto a menudo. Sin embargo, cuando dibujamos una imagen, podemos echar un vistazo a nuestras imaginaciones. Cuando imaginamos lo que aprendemos, entonces podemos recordar las cosas mucho mejor. ¡No te sientas avergonzado si disfrutas dibujando imágenes. ¡Hazlo por tu memoria! Puedes recordar las historias sobre las que aprendes en clase de literatura si haces un storyboard. Te ayudará a visualizar todo. Y luego, tal vez un mes, un año o tres años después, tendrás el recuerdo de esa imagen para el resto de tu vida. Eso no sucede de la misma manera cada vez, pero podría resultar útil para tu memoria en general.

Estudio de caso

Una artista de oficio, Colleen amaba dibujar imágenes. En la escuela, se aburría fácilmente, así que a menudo dibujaba en su cuaderno. A veces, hacía garabatos de su maestro. Otras veces, dibujaba las diferentes experiencias en su vida. Era hábil en esto, y siempre le gustaba dibujar imágenes únicas de las diferentes cosas que estaba estudiando. Cuando llegaba el momento de hacer trabajo en grupo, Colleen siempre quería sentarse sola y dibujar por su cuenta. Era bastante introvertida, así que el trabajo individual nunca fue un problema para ella. Un día, su maestro le dijo: "Colleen, quiero que compartas tus imágenes con tus amigos. Pueden interpretar tu imagen y ver si corresponde con lo que estamos leyendo. ¿Qué te parece?" Colleen respondió: "Está bien, haré lo que dice el maestro." Colleen nunca se arrepintió de ese momento después de comenzar a hablar con sus amigos. Inmediatamente se sintió emocionada. Sus amigos empezaron a escuchar lo que ella decía acerca de las historias en la clase. Describía cada detalle de la historia, tal como la había dibujado, lo que coincidía con lo que los estudiantes habían estado leyendo. Fue increíble. Colleen estaba orgullosa de sí misma. Sabía que tenía grandes ideas para compartir sobre los textos que la clase estaba revisando, y quería compartirlas con los demás. Esto la hizo crecer como estudiante, y también ayudó a otros estudiantes también.

5. Recitar un Texto para Poetry Slams y Otras Competencias

Para entrenar tu memoria como un profesional, convierte la memorización en algo que puedas disfrutar con competencias, como poesía recitada y concursos de memorización. La recitación puede ser una forma divertida de memorizar con tu clase, grupo de amigos u otro círculo. Mejor aún, puedes ofrecer algún premio o incentivo para hacerlo más motivador y menos temido para todos.

Cuando lees algo en voz alta, involucra tu corazón y mente en el texto que estás leyendo. Puedes memorizar aún mejor cuando conoces el libro de memoria. Recordar tanto la versión escrita como la hablada del texto va a ayudar mucho a tu memoria para que puedas compartir tus ideas con otros. Te va a dar mucha más confianza para lograr tus metas. Además, te instamos a que pruebes esta técnica mientras estás memorizando un guion o poema. Te ayudará a ser más asertivo y dispuesto a enfrentar cualquier desafío que se presente.

6. Usa un gancho mnemotécnico para recordar cosas por lo que riman con ellas.

Si quieres mejorar en memorizar cosas para un examen, intenta hacer que cada palabra rime con un número. Puedes asignar estos números como una especie de código secreto con el que trabajar diariamente. Veamos algunos ejemplos.

1 = hijo.

2 = a través

3 = ver

4 = más

5 = florecer

6 = palitos

7 = Kevin

8 = estado

9 = bien

10 = cuando

Pero ¿cómo harías conexiones al hacer una lista de compras, por ejemplo? Si estuvieras creando una lista para ir a la tienda pero la olvidaste, ¿cómo podrías recordarla? Piensa en maneras de enlazar tu lista utilizando imágenes como estas:

Huevos: Imagina el amanecer sobre un lugar nevado o huevos que se están cocinando al estilo "sunny side up".

Cebollas: Piensa en animales teniendo una guerra entre ellos y usando granadas de cebolla.

Zanahoria: Imagina un rifle disparando balas de zanahoria.

Bacon: Piensa en frutas de tocino en un árbol.

Al visualizar las imágenes en tu lista, entonces puedes recordar lo que pensaste que habías olvidado. Utiliza estos enlaces para retener la mayor cantidad de información posible.

7. Reduce la velocidad del estudio

Cuando estás estudiando para diferentes pruebas, es mejor ralentizar lo más posible y aprender menos cosas. Puede que te sientas tentado a tratar de memorizar tantas palabras como sea posible en un tiempo determinado, pero los estudios han demostrado que menos es más cuando se trata de estudiar. Cuando puedes repasar y aprender más en ese corto período, te ayudará en tu retención general. ¿Quién quiere estudiar tanto cuando puede estudiar solo un poco a la vez? Entonces, pueden recordarlo todo. Echemos un vistazo a un estudio de caso de esta técnica.

Estudio de caso

Kane siempre pensó que tenía que estudiar duro para ingresar a la universidad. Solía estudiar de última hora para cada examen. Fracasó cinco veces de cada diez porque no podía repasar el material y retenerlo. Su cerebro no podía manejar la memorización del contenido. No se dio cuenta de que tenía que hacer un poco cada día para que se le quedara. Kane contrató a un tutor para que lo ayudara a memorizar información. El tutor le dio todo lo que necesitaba saber al respecto. Kane entonces comenzó a tomar 10 palabras cada día y a utilizar diferentes técnicas de estudio para ayudarlo a memorizar para sus pruebas. Luego, añadió un par de palabras más cada día. Poco a poco, aprendió el contenido. Para cuando tuvo que hacer la prueba, lo sabía todo y empezó a sacar el 100% en todas las tareas. Fue fantástico, todo gracias a su tutor, quien lo había ayudado fielmente.

8. Mira un documental sobre el tema que estás estudiando.

Una excelente manera de aprender sobre algo es ver un documental sobre el tema. Los documentales te permitirán ver toda la historia si se trata de historia. Entonces, podrás recordar los detalles clave de la historia, y podrás ver la reconstitución real de la misma. Esta técnica es especialmente útil para los estudiantes que no pueden visualizar situaciones por sí mismos. Cuando puedes depender de la imaginación de otra persona, entonces puedes tener una mejor imagen de las cosas que estudias. Cuando tengas dudas, o cuando te cueste formar una imagen mental de lo que estás estudiando, entra a Youtube y mira un documental sobre eso. Puede darte más motivación para estudiar más duro y de manera más efectiva. Entonces, puedes sacar diez en esa prueba. Puedes mejorar tu memoria de esta manera.

9. Toma descansos de estudio.

Cuando estés estudiando, recuerda que necesitas darte descansos, porque no podrás retener la información en la que estás estudiando después de haberlo hecho durante 1 hora y 30 minutos. Por lo tanto, es crucial que te tomes un descanso después de 45-50 minutos. Hazte un favor, tómate un descanso para tomar café y alejarte del trabajo por un rato. Te despejará la mente y te hará sentir más renovado y listo para conquistar más que nunca. Hazlo por el bien de tu memoria.

Estudio de caso: Tracy

Tracy era una estudiante intensa. Estudiaba duro en la biblioteca. A veces, no podía dejar de repasar para diferentes clases. De alguna manera, era adicta a sus estudios, y era porque le apasionaba el tema. Pero a menudo, estudiaría durante 10 horas seguidas sin descansos en medio. Pronto después de eso, comenzó a experimentar fatiga, lo que causó que se quedara dormida durante la clase. Su agudeza mental no estaba allí de inmediato; tenía que cambiar. Su mentor le recomendó que tomara más descansos y saliera a jugar con sus amigos. Tracy se dio cuenta de que estaba estudiando demasiado, así que intentó segmentar su tiempo, para que pudiera encontrar periodos de descanso con momentos de estudio intensivo. Sabiendo que solo puedes concentrarte en algo durante unos 30 minutos a la vez, Tracy comenzó a tomar descansos después de cada hora. Iba al baño, tomaba un trago de agua, o caminaba por el pasillo de su biblioteca, para que pudiera hacer fluir su sangre.

Después de tomar descansos, Tracy notó que no solo podía estudiar mejor, sino que también podía recordar lo que estaba repasando mucho mejor. Las pausas programadas le daban tiempo para relajarse y experimentar más libertad. Tracy pudo recuperar su concentración, por lo que pudo estudiar más. Gradualmente, Tracy también desarrolló un equilibrio entre el trabajo y la vida, lo que le permitió llevar un estilo de vida más saludable.

10. Encuentra nuevos espacios de estudio

A menudo, cuando estudiamos o hacemos trabajo, pensamos que quedarnos en el mismo lugar cómodo es donde podemos lograr más. Sin embargo, la retención de información puede mejorar cuando cambias la ubicación de donde estás estudiando de vez en cuando. La mayoría de las veces, a los estudiantes les gusta estudiar en casa o en la biblioteca, pero encontrar nuevos espacios de estudio puede ayudar a que tu cerebro se ajuste a nuevas situaciones y aprenda material nuevo más rápidamente y con mayor facilidad. Esto te ayuda a experimentar nuevos avances en tus estudios. Puedes pensar que encontrar ese lugar perfecto para estudiar es lo principal que buscas. Sin embargo, lo que debes darte cuenta es que tu cerebro necesita un descanso de lugares familiares y debes jugar con eso. Darle a tu mente una pausa de lo cotidiano puede mejorar tu memoria general y tu capacidad para retener el material que estás estudiando.

Estudio de caso

Dexter siempre buscaba el mejor lugar para estudiar, pero quería quedarse en la misma área cada vez. Desafortunadamente, se dio cuenta de que se estancaba cada vez que encontraba un buen lugar para estudiar. Entonces, sentía que ya no podía estudiar allí. Como resultado, le costaba concentrarse en su trabajo. Dexter no era un estudiante brillante. Tenía calificaciones decentes, pero nunca recibía A en sus tareas. Pronto sintió que su vida académica se volvía más monótona y menos interesante. Después de hablar con sus amigos, Dexter se dio cuenta de que tenía que cambiar. No podía simplemente quedarse en el mismo lugar de estudio siempre. Tenía que levantarse y mudarse a un lugar nuevo. A veces, podía estudiar en un café o biblioteca, y a veces, simplemente quedarse en su habitación de residencia y relajarse con música de Maroon

5 de fondo. Dexter notó que estudiar se volvía más intrigante cada vez que hacía esto, porque podía adaptar su mente a un nuevo lugar de estudio, y eso afectaba su retención de memoria general de los conceptos que estaba estudiando. Así que Dexter dedicó su tiempo a cambiar su entorno de estudio cada semana. Visitaba al menos tres lugares diferentes. Después de completar este experimento, Dexter notó que recordaba muchos más detalles de sus tareas y cosas que tenía que memorizar. Sus calificaciones mejoraron, y fue un éxito, gracias a su dedicación y trabajo duro.

11. Nunca te quedes despierto toda la noche. Nunca.

Se ha demostrado que las noches en vela son una de las peores cosas que puedes hacer por tu cuerpo y tu mente ("¿Qué tan malo es pasar toda la noche despierto?", s.f.). En la universidad, es común quedarse despierto toda la noche antes de los exámenes finales, estudiando a última hora. Sin embargo, la cuestión es que, si haces esto, es probable que pongas todo en una mentalidad temporal y luego olvides todo el día del examen. Pero también, como hemos demostrado, el sueño es esencial para tu memoria, y si pierdes el sueño la noche anterior a un gran examen, es probable que no recuerdes nada y potencialmente fracases en grande. Aun así, hay excepciones a esta regla. Algunos estudiantes son expertos en noches en vela y pueden permanecer despiertos toda la noche durante toda una semana y luego dormir la semana siguiente. Esta es una práctica abominable. Por lo tanto, debes tratar de alejarte de esta opción, porque no te ayudará a aprender nada. Te hará olvidar tantas cosas. Y tu cuerpo no te lo agradecerá. Te implorará que le des sueño. Consejo del experto: nunca te quedes despierto toda la noche. Nunca es una buena idea. Siempre es mejor dormir. La fiesta loca es para los estudiantes de primer año en su primer semestre de universidad. Para un estudiante graduado o un profesional trabajador, eso nunca es una opción. Además, mi mejor consejo es madurar y dejar de hacer cosas juveniles que no te ayudarán a largo plazo.

Estudio de caso

Daniel K. era un estudiante de ingeniería en una escuela desconocida en Tennessee. Vivía con un estudiante de humanidades. Daniel era muy desordenado y descuidado, mientras que su compañero de cuarto era ordenado y mantenía sus cosas organizadas. Daniel tendía a ser un estudiante muy desorganizado, sin embargo, lograba obtener calificaciones decentes en sus clases de ingeniería. Durante la temporada de exámenes finales, pasaba noches enteras estudiando. Esto molestaba a su compañero de cuarto, que intentaba dormir. Daniel no se dio cuenta hasta más tarde de que esa práctica era inútil y no lo llevaba a ninguna parte. Continuó consumiendo grandes cantidades de cafeína y a veces bebía café hasta las 5 de la mañana. Además, no se duchaba y a veces olía bastante mal, debido a su falta de higiene. Su compañero de cuarto, Jason, le dijo: "Daniel, ¿por qué no te vas a dormir? Yo me voy a dormir. Así que te sugiero que tú también lo hagas. Estoy seguro de que no necesitas quedarte despierto toda la noche estudiando para este examen. Entonces, ¿por qué no te echas una siesta ahora y ves qué pasa?" Daniel le respondió a Jason: "Es una idea. Lo intentaré y veré qué resulta de ello." Daniel dejó de estudiar y se dio cuenta de la importancia del sueño. Gradualmente mejoró su habilidad para estudiar y sus calificaciones subieron. Fue una historia de éxito, comprobada por los métodos probados y testados de Jason. Al final, Daniel logró terminar fuerte en la universidad.

Y eso es todo.

Imagina que tu vida es una película y está capturando cada momento viviente. Piensa en una cámara de CCTV que está encendida todo el tiempo y te está observando mientras te mueves día a día. Eso puede asustarte, pero también puede hacerte darte cuenta de que tu vida está llena de momentos interminables. Tenemos momentos Kodak a diario, y queremos recordarlos siempre. Pero a menudo, nos consumimos con aplicaciones como Instagram, donde nos encanta compartir fotos de esos momentos en nuestra vida. Te pierdes en el proceso de tratar de recordar algo. Lo que tenemos que hacer es aprender a disfrutar de nuestras vidas y crear recuerdos con nuestra imaginación, usando nuestro cerebro y no los dispositivos que contribuyen a nuestras funciones diarias.

Este libro ha demostrado nueve formas diferentes de mejorar tu memoria fotográfica. En primer lugar, hablamos de cómo mejorar tu memoria general. Centrarse en tu memoria general te permite pensar en todas las formas en que creas un recuerdo fotográfico de las cosas en tu vida. Esto incluye cosas como el Palacio de la Memoria, que es una forma comprobada de recordar casi cualquier cosa. El uso del Palacio de la Memoria te ayudará a ubicar espacialmente las cosas en la mente. El segundo paso que demostramos fue cómo usar el Método Militar para entrenarte a recordar mejor. Este fue un método probado por un Navy SEAL que permitió a un hombre lograr lo imposible en una competencia de memoria. Definitivamente no es la única forma de hacerlo, pero es algo que puedes hacer para ejercitar tu mente y realizar tareas asombrosas. En el tercer capítulo, hablamos sobre la dieta y cómo impacta en tus habilidades de pensamiento. La dieta es uno de los factores más importantes que contribuye al desarrollo o declive de nuestra memoria. Al alimentar tu mente con alimentos buenos, puedes aumentar la actividad cerebral y la retención de memoria. Por otro lado, los alimentos no saludables causarán un declive de la memoria, lo que lleva a trastornos como el Alzheimer y la demencia. Estamos seguros de que te gustaría evitar tales casos en la medida de lo posible. El capítulo 4 trató sobre el tema del sueño y cuántas personas no obtienen el descanso que merecen. Dormir es el momento de consolidación de la memoria en el que el cerebro reunirá los recuerdos que ha reunido a lo largo del día y pondrá algunos de los recuerdos en un centro de almacenamiento permanente. Este acto permite al cerebro retener mucha información y realizar todas las actividades para mejorar tu vida.

En el quinto capítulo, hablamos sobre dispositivos mnemotécnicos y cómo pueden ayudarte a recordar muchas cosas basadas en los diferentes patrones que formas en tu mente. Por ejemplo, podrías usar acrónimos u otras pistas útiles que te enseñen a recordar varios conceptos. Los dispositivos mnemotécnicos son especialmente útiles cuando quieres recordar fechas y otros datos históricos. Luego, en el sexto capítulo, analizamos la memoria sensorial y cómo eso le permite a una persona recordar utilizando todos los sentidos. Este tipo de memoria es utilizada por actores, quienes se preparan emocionalmente para los roles, donde deben empatizar y sentir las emociones del personaje para representar la parte en el escenario o en la pantalla. Aunque este método es útil para actores, también es una herramienta ingeniosa para ayudarte a apoyar a otros que están luchando con sus emociones y que están de duelo o celebrando su éxito. En el séptimo capítulo, hablamos sobre todas las formas de aumentar cognitivamente tus habilidades. Examinamos diferentes ejercicios que podrían aumentar la actividad cognitiva y ayudarte a llegar a donde necesitas estar con tu memoria. El octavo capítulo trató sobre cómo hacerte más mentalmente alerta para manejar diferentes desafíos, incluida la hidratación. Debes seguir estos pasos para sentirte en tu mejor momento todos los días. Finalmente, el último capítulo trató sobre varios trucos de estudio que te ayudarán a recordar todas las cosas que necesitas para exámenes, presentaciones y otras tareas que encontrarías en una escuela secundaria, universidad u otro programa académico.

Poniéndolo todo junto, podemos concluir que crear una memoria fotográfica no es una tarea fácil. Requiere una gran inversión de tu tiempo y recursos. Tienes que darlo todo, porque no va a ser fácil para ti. Hay una razón por la cual se llama entrenamiento de la memoria, porque, al igual que hacer ejercicio en un gimnasio, tu mente necesita tener actividades que la ayuden a recordar las cosas que ocurren continuamente. Nuestros cuerpos y mentes están continuamente en un estado de sobrecarga informativa. Experimentamos muchas sensaciones y emociones todos los días, lo que nos hace vulnerables al olvido. Como somos seres finitos, no hay forma de que toda esa información se almacene en nuestros cerebros. Afortunadamente, para nuestro rescate, podemos olvidar muchas cosas, especialmente los recuerdos dañinos y difíciles que tenemos. Hay una bendición en el olvido, pero también hace que sea más difícil para nosotros recordar los buenos tiempos. Es por eso que dependemos de cámaras, tomar notas y grabaciones de audio para ayudarnos a retener la información en un lugar seguro.

Si quieres tener una memoria fotográfica, necesitarás tomarte el tiempo para seguir los pasos que hemos delineado en este libro. Paso a paso puedes llegar a donde necesitas estar. El entrenamiento de la memoria es un proceso, no un destino. Requiere paciencia, pero también requiere repetición espaciada. Como ya sabes, estudiar de golpe no te lleva a ningún lado cuando se trata del desarrollo de la memoria a largo plazo. Si quieres retener todas esas palabras de vocabulario para ese examen, necesitas memorizar un poco cada vez. Además, para todo lo que estudies, debes memorizar utilizando imágenes. Puesto que nuestras mentes están programadas para la memoria espacial y visual, debemos hacer lo necesario para poner la imagen en nuestra mente. De lo contrario, olvidaremos. Permite que todas las sensaciones de la experiencia lleguen a tu mente. Y entonces, recordarás mejor. No te permitas depender de la memorización mecánica. Nunca funciona. En su lugar, intenta memorizar la información utilizando una variedad de técnicas que te ayuden a asimilar los datos en tu mente, para que puedas sacar diez en el examen o simplemente recordar las experiencias cotidianas que encuentras.

Gracias por acompañarnos en este viaje. Tu aventura personal continúa por el resto de tu vida, pero esperamos haber sido capaces de guiarte a través de los caminos que te llevarán a tu desarrollo y realización personal. Tómate hoy tiempo para apreciar las cosas en tu mente. Apaga tu teléfono o computadora, disfruta de la vista y permite que tu cerebro procese cada experiencia que tengas. No te apoyes demasiado en la tecnología que forma parte de tu vida. En su lugar, vive tu vida de manera menos tecnológica, más lenta y espaciada, para que puedas vivir momento a momento con más energía y emoción que nunca antes.

Programa de Aprendizaje Acelerado:

21 Técnicas Avanzadas y Estrategias para Hackear la Mente. Domina la Lectura Rápida, Aumenta el CI y Mejora la Concentración. Crea Hábitos Diarios de Atención Plena.

Derechos de autor Robert Clear 2024 - Todos los derechos reservados.

El contenido contenido en este libro no puede ser reproducido, duplicado o transmitido sin permiso escrito directo del autor o del editor.

En ningún caso se responsabilizará al editor o autor por daños, reparaciones o pérdidas monetarias debido a la información contenida en este libro, ya sea directa o indirectamente.

Aviso Legal:

Este libro está protegido por derechos de autor. Es solo para uso personal. No puedes modificar, distribuir, vender, usar, citar o parafrasear ninguna parte, o el contenido dentro de este libro, sin el consentimiento del autor o editor.

Aviso de responsabilidad:

Por favor, tenga en cuenta que la información contenida en este documento es únicamente para fines educativos y de entretenimiento. Se ha hecho todo el esfuerzo para presentar información precisa, actualizada, confiable y completa. No se declaran ni se implican garantías de ningún tipo. Los lectores reconocen que el autor no está proporcionando asesoramiento legal, financiero, médico o profesional. El contenido de este libro se ha derivado de diversas fuentes. Por favor, consulte a un profesional con licencia antes de intentar cualquier técnica descrita en este libro.

Al leer este documento, el lector acepta que bajo ninguna circunstancia el autor es responsable de cualquier pérdida, directa o indirecta, que se incurra como resultado del uso de la información contenida en este documento, incluyendo, pero no limitado a, errores, omisiones o inexactitudes.

Introducción

Aprender siempre va a ser un proceso de por vida. Como niño, estás condicionado a aprender los principios fundamentales implicados en ser un ser humano funcional. Te enseñan cómo caminar, hablar, correr, saltar, jugar, contar, cantar, bailar, etc. A medida que envejeces, el aprendizaje se vuelve cada vez más complejo y desafiante. Sin embargo, también sabes que no aprender significa no adaptarse. Por eso sigues animándote a hacerlo.

Es algo que debemos incorporar de manera consistente en nuestra vida diaria si queremos seguir creciendo y desarrollándonos como personas. Es vital que hagamos de aprender cosas nuevas cada día un hábito si queremos estar constantemente preparados para los desafíos que se nos presentan. Sin embargo, el aprendizaje no siempre será un proceso fácil para algunos. De hecho, para muchas personas, aprender puede ser una experiencia muy lenta, gradual y agotadora con muchos obstáculos, barreras y desafíos. No todo el mundo estará equipado con las facultades para aprender, y por eso algunas personas terminan quedándose rezagadas.

Sin duda, el mundo moderno en el que vivimos es un mundo despiadado. En cualquier industria, la gente está luchando por llegar a la cima de sus campos respectivos. Hay varios vacíos de poder que solo están esperando ser llenados a derecha e izquierda, y solo aquellos que tienen el conocimiento necesario podrán ocupar esos puestos. Todo se trata de poder equiparse con las herramientas necesarias que puedan necesitar para encontrar éxito en la vida. Eso es exactamente cómo el aprendizaje juega un papel vital en el autodesarrollo y crecimiento.

Charles Darwin lo explicó mejor en su Teoría de la Evolución. Solo los más fuertes y aptos sobreviven mientras que los débiles quedan rezagados. Este es un principio que ha demostrado su autenticidad una y otra vez a lo largo de la historia de la civilización humana. Aquellos de nosotros que somos capaces de adaptarnos a nuestro entorno de manera más rápida y efectiva son los que tienen más probabilidades de encontrar éxito. Mientras tanto, aquellos que se sienten demasiado cómodos quedándose donde están serán los que eventualmente fracasarán. A pesar de cualquier circunstancia que uno pueda tener en la vida, las personas siempre tienen la opción de aprovechar oportunidades para aprender. A pesar de las circunstancias de las personas, estas tienen la opción de buscar oportunidades para aprender. Es un campo de juego nivelado para todos, y todo se reduce a manifestar la voluntad de actuar.

En el estado actual de nuestra sociedad, cada vez es más difícil mantenerse a la vanguardia. Aunque la tecnología nos brinda las herramientas que podríamos necesitar para enfrentar los desafíos cotidianos, también puede convertirse en un gran obstáculo. Puede parecer que la tecnología es algo que facilitaría el aprendizaje y haría que fuera más fácil para las personas adquirir y desarrollar nuevas habilidades. Sin embargo, existe un fenómeno llamado distracción digital. Es probable que todos estemos familiarizados con esto hasta cierto punto. Con la llegada de las tecnologías emergentes, no es descabellado asumir que las personas son propensas a volverse cada vez más distraídas. Sin embargo, la tecnología ha evolucionado hasta convertirse en una distracción. Solía ser que las personas adoptaban gradualmente la tecnología en sus vidas. Pero hoy en día, los seres humanos nacen en sociedades dominadas por la tecnología. Básicamente, son influenciados por la tecnología en sus años formativos, y ahora se está convirtiendo en un aspecto muy integral en la vida de muchos.

Pero ¿cómo afecta la distracción digital a la capacidad de aprender de una persona?

Bueno, necesitas ser capaz de observar cómo los seres humanos perciben la supervivencia y la existencia hoy en día en comparación con cómo lo hacían en los primeros tiempos. En las etapas iniciales de la civilización, los seres humanos se preocupaban principalmente por la caza y la recolección de cosas esenciales como comida, agua, refugio y ropa. Nada más importaba mucho más que esas necesidades básicas.

El mundo ya no es así hoy en día. La sociedad ha evolucionado para volverse mucho más compleja. La nueva era de la civilización ha traído una especie que todavía prioriza la recolección de alimentos, agua, refugio y ropa, pero también hay un componente completamente nuevo que rige la vida de las personas: la información.

Las personas ya no solo se preocupan por la recolección de alimentos. Las personas están priorizando la recolección de información porque entienden la importancia del conocimiento en esta época. Sin embargo, la adquisición de información también se ha vuelto mucho más compleja debido a las complicaciones que traen consigo las distracciones digitales. A pesar de que la tecnología sirve principalmente como una herramienta para que los seres humanos sean más productivos y realicen el trabajo de manera más eficiente, también se ha convertido en una de las muchas distracciones potenciales que nos impiden concentrarnos en lo que debemos hacer.

Por eso, en esta era de la información, es muy importante que podamos reevaluar continuamente la forma en que abordamos el aprendizaje y la adquisición de conocimientos. No es suficiente con tener las herramientas necesarias para recopilar información valiosa. Es esencial que seamos capaces de optimizar la manera en que procesamos, retenemos y aplicamos todo lo que aprendemos.

Este eBook será una contribución a ese esfuerzo. De hecho, hay muchas maneras en las que las personas pueden optimizar la forma en que aprenden y afilan los procesos en los que adquieren información. Sin embargo, irónicamente, no muchas personas van a estar al tanto de estas técnicas. Esto es bastante triste, especialmente en este día y edad. Un concepto común que la gente tiene en estos días es que en la era de la información, la ignorancia es una elección - y es cierto. Es fácil acceder a información con solo unos toques y deslizamientos de tu dedo. Sin embargo, hay muchas personas que eligen permanecer ignorantes y no estar al tanto de las cosas sobre las que podrían estar informadas. En la era moderna, vas a necesitar todas las ventajas competitivas que puedas obtener. Si puedes optimizar aún más cómo adquieres y procesas información valiosa, entonces te estás equipando con habilidades que te ayudan a mejorar como persona.

Aunque el aprendizaje es verdaderamente un proceso de toda la vida, no debería llevar toda tu vida comprender y aprender conceptos complejos. Sería una terrible pérdida de tiempo y energía si dedicaras toda tu vida intentando dominar una disciplina en particular y despreciaras todo lo demás. Es como tener todo el mundo ahí afuera disponible para que lo veas, y aún así, eliges encerrarte en tu habitación toda tu vida. No deberías tener miedo de perseguir el estudio y dominio de diferentes disciplinas y temas. El tiempo no debería ser un impedimento o una limitación para tu capacidad de aprendizaje. Hay maneras en las que puedes acelerar el proceso de aprendizaje para que puedas aprovechar al máximo tu tiempo.

Solo puedes dedicar tanto tiempo al aprendizaje después de todo. Por eso querrás aprovechar cualquier método que ayude a que ese proceso sea más fácil y rápido. Considera esta tu introducción al Aprendizaje Acelerado.

¿Qué es el Aprendizaje Acelerado?

En pocas palabras, el Aprendizaje Acelerado (AL) es una metodología emergente que ofrece un enfoque innovador y completo para aumentar la capacidad de absorber información, evaluar problemas y pensar en soluciones creativas. Esencialmente, es una pedagogía de aprendizaje que emplea métodos y técnicas "amigables con el cerebro" que optimizan y simplifican el proceso de aprendizaje en su totalidad. Para comprender mejor de qué se trata este marco teórico, podría ser una buena idea sumergirse primero en su historia y cómo surgió esta metodología de aprendizaje. A partir de ahí, podemos explorar las técnicas y tácticas comunes que se encuentran bajo el paraguas del Aprendizaje Acelerado.

Aprendizaje Acelerado: Una Historia

Todo comenzó con lo que originalmente se denominó Suggestopedia, un concepto que fue desarrollado por el respetado profesor y psicoterapeuta búlgaro, el Dr. Georgi Lozanov, a principios de la década de 1970. El famoso profesor fundó el Instituto de Investigación de Suggestology en Bulgaria en 1966. Fue a través de su trabajo en el campo donde pudo desarrollar una pedagogía revolucionaria que hacía que todo el proceso de aprendizaje fuera fácil y placentero. Se emplearon varias herramientas innovadoras bajo su nuevo marco para crear un ambiente de aprendizaje más interactivo que incluía música, arte, escenificaciones de roles y juegos. Siempre fue alguien que hacía hincapié en la importancia de cultivar un ambiente de aprendizaje optimizado para la transferencia sin problemas del conocimiento. También era opinión de Lozanov que era responsabilidad del profesor crear un ambiente de aprendizaje que fuera seguro y estimulante y que inspirara y motivara a los estudiantes para maximizar su capacidad de aprender y absorber nuevas ideas.

Él enfatizó el punto de que el entorno de aprendizaje físico siempre debe ser uno que invite a los estudiantes a participar e interactuar con materiales de aprendizaje, facilitadores, moderadores y compañeros de aprendizaje también. Debe ser un espacio de aprendizaje que no solo tenga en cuenta el estado mental de un estudiante, sino también su estado emocional, para ofrecer un enfoque más holístico al aprendizaje personalizado.

El Dr. Lozanov realmente abogaba por un enfoque renovado para el aprendizaje y la adquisición de conocimientos con el fin de mantener a la sociedad moderna al mismo ritmo que la rápida tasa de avance tecnológico. Él veía que la sociedad estaba evolucionando rápidamente y veía la necesidad de que el ser humano cotidiano se adaptara para poder seguir siendo relevante y mantenerse competitivo. También veía los riesgos potenciales asociados con la imposición de pedagogías de aprendizaje ineficientes e ineficaces. Él visionaba una metodología de aprendizaje que permitiría un entorno de aprendizaje libre de estrés que aliviaría la presión generada por las instituciones educativas y los marcos de educación contemporáneos.

El término Sugestopedia se deriva de las palabras "suggestión" y "pedagogía". Todo gira en torno a cómo las palabras y acciones de un maestro o facilitador pueden ser percibidas por el alumno.

En última instancia, el objetivo es que el maestro sugiera que aprender y comprender una nueva idea es divertido y fácil. Además, la idea de "sugerencia" ofrece un sentido de inclusividad por parte del alumno, permitiéndoles ofrecer sus opiniones sobre cómo podrían aprender de manera más eficiente y efectiva.

Fue en 1976 en los Estados Unidos cuando el nombre Suggestopedia fue cambiado a Aprendizaje Acelerado. El cambio de nombre fue indicativo de las preferencias culturales de la época y el deseo de basarse en las adaptaciones que surgieron de las ideas originales del Dr. Lozanov que se desarrollaron a lo largo de los años. Al mismo tiempo, varios avances en el campo de la neurociencia y la psicología educativa ofrecieron a la sociedad una mayor comprensión de cómo abordar mejor las dinámicas de la enseñanza y el aprendizaje. Numerosas técnicas y enfoques para la enseñanza y el aprendizaje fueron seleccionados a lo largo de los años y finalmente se identificaron colectivamente como métodos de Aprendizaje Acelerado.

Aprendizaje acelerado tal y como lo conocemos hoy

La filosofía del Aprendizaje Acelerado puede distinguirse de otras pedagogías puramente desde sus fundamentos como mecanismo de aprendizaje. Toma en consideración los factores sugestivos que ayudan a influir en la capacidad de aprender y absorber información vital pero desconocida. Es una pedagogía que enfatiza en gran medida la importancia del profesor y el facilitador en determinar el proceso de aprendizaje ideal de un estudiante o aprendiz.

El Aprendizaje Acelerado puede proporcionar una estructura y sistema reales para que los maestros y facilitadores diseñen módulos de aprendizaje que garanticen el éxito eventual de un alumno. También puede proporcionar al alumno un énfasis en el aprendizaje centrado en el estudiante. Existe mucha flexibilidad dentro de la metodología de aprendizaje en sí misma para minimizar la necesidad de que un estudiante realice ajustes. Todo el proceso de Aprendizaje Acelerado ha sido enriquecido y sustentado aún más debido a la comprensión desarrollada por la comunidad científica de la psicología cognitiva, el constructivismo, las inteligencias múltiples, la programación neurolingüística, y más. Hay todo tipo de módulos de aprendizaje y actividades que se implementan y experimentan en diversos entornos de clases, y esto está empujando continuamente los principios de Aprendizaje Acelerado hacia adelante.

La idea principal detrás del Aprendizaje Acelerado es ofrecer a cada individuo la oportunidad de aprender cualquier concepto a su propio ritmo y con su metodología preferida. Es un estilo de aprendizaje centrado en el estudiante que se enfoca más en los resultados que en el proceso. Elimina por completo la noción de que hay una única forma correcta de aprender un tema en particular. En última instancia, es un paradigma de aprendizaje impulsado y motivado por el éxito del estudiante.

¿Cómo aplicas el Aprendizaje Acelerado en tu vida?

Si resulta que eres alguien que está tan comprometido con el aprendizaje como algunas personas lo están, entonces este libro te ayudará en tus esfuerzos. El simple hecho de que leas libros como este es una evidencia de tu curiosidad y sed de conocimiento. No siempre vamos a ser provistos del conjunto de herramientas que deseamos. Por eso siempre es mejor para nosotros sacar el máximo provecho de lo que tenemos. Solo puedes hacer tanto en esta vida si tu capacidad de aprender es limitada. Siempre debes hacer un esfuerzo por abrir tu mente y liberarte de cualquier restricción intelectual o mental que pueda estar impidiéndote adquirir nuevos conocimientos.

Estudiar más sobre técnicas de aprendizaje acelerado no solo está diseñado para beneficiarte. Si eres un gerente, un CEO, un padre, una madre, un maestro, un mentor, o cualquier tipo de figura influyente que exista, puedes beneficiarte enormemente al obtener una mejor comprensión de cómo funciona la mente humana y cómo puedes iniciar de la manera más efectiva la transferencia de conocimiento de tu cerebro al de otra persona. Numerosas organizaciones y grandes empresas de todo el mundo están utilizando técnicas de aprendizaje acelerado para capacitar a sus empleados y garantizar una integración perfecta en el sistema de la empresa. Maestros transformadores en varios campos académicos utilizan módulos de aprendizaje acelerado para mejorar aún más el intelecto y el conocimiento de sus estudiantes. Hay un lugar para el aprendizaje acelerado en la vida de cualquiera, ya sea para uso personal o para beneficiar a otra persona.

Como seres humanos, todos vamos a tener nuestras limitaciones personales. Sin embargo, eso no debería servir como un impedimento para nuestra voluntad y deseo de perseguir el conocimiento. Mientras mantengas ese deseo, siempre vas a tener el potencial de ser una potencia intelectual. Todo se reduce a ser capaz de encontrar el enfoque correcto para aprender cosas nuevas y adquirir nuevo conocimiento. Eso es exactamente lo que este libro va a poder ofrecerte.

Algunos de los consejos y técnicas que se enumerarán en este libro podrían ser justo lo que estás buscando y te serán de gran ayuda, y algunos de ellos podrían no serlo. Pero ese es todo el punto del aprendizaje y la educación en primer lugar. Se trata de ponerse ahí fuera con una mente abierta y una disposición hacia aprender. Si un método funciona, entonces genial. Continúa con él. Si no funciona, entonces aprende de la experiencia y sigue buscando nuevas formas de aprender. El Aprendizaje Acelerado no está diseñado para ser infalible. Aún así, dependerá en última instancia del tipo de personalidad que tengas y de tu paciencia para descubrir cuál es la técnica de Aprendizaje Acelerado que mejor funciona para ti. Aprender y autoeducarse es un viaje en el que solo tú puedes embarcarte. Puedes tener mentores y materiales de recursos, pero la voluntad de aprender debe surgir finalmente desde tu interior. Así que has dado ese primer paso. Ahora, es hora de pasar al siguiente nivel.

Capítulo 1: Aprendizaje como un Estilo de Vida

Antes de pasar a las técnicas y metodologías que puedes emplear para recopilar y retener información de manera más eficiente, puede ser importante asegurarse primero de que estás en la capacidad mental y física adecuada para hacerlo. Claro, puedes conocer todas las mejores técnicas de aprendizaje y secretos en el mundo. Pero si no tienes un estilo de vida y una actitud que te preparen para el aprendizaje, entonces no estás aprovechando al máximo la experiencia de aprendizaje en su totalidad. Por eso este capítulo se va a centrar en los distintos aspectos psicológicos y fisiológicos de tu proceso de aprendizaje, y por qué es tan importante prestar atención a estos aspectos también.

Puede ser muy difícil progresar cuando realmente no puedes visualizarte yendo a una cierta distancia en primer lugar. Siempre quieres asegurarte de creer en tu capacidad para absorber nueva información y desarrollar nuevas habilidades antes de embarcarte en tu nuevo viaje de aprendizaje. Está bien que puedas tener algunas dudas y reservas debido a algunas inseguridades naturales que puedas tener. Sin embargo, siempre es importante que creas que tienes lo necesario - mental, emocional y físicamente - para lograr tus metas.

Preparando la mentalidad para el crecimiento

Tener una mentalidad que esté preparada y lista para el crecimiento y desarrollo siempre será un aspecto importante del aprendizaje. Para que tengas ese tipo de mentalidad, debes creer en tu capacidad para adquirir habilidades, conocimientos y perspectivas que quizás aún no tengas. Se trata de tener fe en ti mismo y creer que tienes lo necesario para llegar a donde quieres estar. Es más fácil enfocarse en la tarea en cuestión cuando no estás constantemente siendo derribado por tus miedos e inseguridades, y mucho más simple si todo lo que tienes que preocuparte es desarrollar un sentido de maestría y competencia sobre una disciplina en particular en lugar de preocuparte por cómo te verán las personas si fallas.

Eso no significa que estás deseando recibir comentarios negativos de las personas que te ven en tu camino. Simplemente significa que estás más abierto a estos comentarios porque entiendes que los comentarios son una herramienta con la que puedes equiparte una vez te enfrentas a nuevos desafíos y obstáculos. Siempre debes ser capaz de hacer la transición de ser alguien con una mentalidad cerrada y fija a alguien con una mentalidad de crecimiento más abierta y dinámica. Cuando estás más enfocado en el proceso real de aprendizaje en lugar de simplemente en los resultados (ya sean positivos o negativos), es mucho más fácil seguir adelante sin importar el progreso que estés haciendo. ¿Cuántas veces has comenzado un proyecto solo para encontrarte abandonándolo a mitad de camino porque sientes que no estás progresando? ¿Cuántas veces te has convencido de no terminar una tarea solo porque sientes que las cosas no han salido como planeabas?

Ese es el problema de tener una mentalidad fija en el aprendizaje. Te dices a ti mismo que tienes que cumplir ciertas especificaciones y pautas en el camino hasta el punto en que te vuelves inflexible e inadaptado. Cuando tu mentalidad está preparada para el crecimiento, no te importará el estrés de cuánto trabajo te queda por hacer, te enfocarás en estar orgulloso de todo lo que ya has logrado y en cuánto más puedes obtener de tu trabajo duro y persistencia. Como en cualquier esfuerzo, la persistencia siempre será clave en el aprendizaje. Es posible que ya hayas descubierto que el aprendizaje acelerado no promueve realmente una progresión lineal de crecimiento y aprendizaje. Es más dinámico y esporádico que cualquier otra cosa. Sin embargo, las personas con una mentalidad saludable para el crecimiento entienden que un pequeño crecimiento es mejor que no tener crecimiento en absoluto.

Esta es exactamente el tipo de filosofía que necesitas adoptar y establecer para ti mismo mientras intentas abrirte a nuevas ideas y lecciones. Dominar cualquier habilidad nunca está realmente diseñado para ser fácil después de todo. Si lo fuera, entonces todos serían maestros en todo. Sí, el aprendizaje acelerado ayuda a acelerar el proceso y hace que tus esfuerzos sean un poco más eficientes y efectivos, pero eso no significa que vaya a hacer que todo sea fácil. Todavía vas a tener que enfrentarte a una batalla cuesta arriba a medida que avances, y es muy importante que no te intimides por la adversidad cada vez que golpea.

Encontrando Motivación

Trabajar duro equivale a éxito. Probablemente es algo que siempre te han enseñado desde el momento en que naciste, y probablemente sea una sabiduría que vas a transmitir a otros a lo largo de toda tu vida. En realidad, hay mucha sabiduría en este principio, pero no siempre cuenta toda la historia.

Como ser humano, tienes derecho a tener días en los que sientas que simplemente no tienes la energía para seguir adelante. La motivación intrínseca puede ser algo muy poderoso que te permita salir y perseguir tus metas y sueños. Sin embargo, tu energía vendrá y se irá. La motivación intrínseca no siempre va a estar ahí para ti, y es cierto cuando dicen que la motivación por sí sola no te llevará realmente a ningún lado. Es más importante que puedas actuar en base a tu motivación para manifestar tus sueños en la realidad. Sin embargo, también es innegable el hecho de que una vez que una persona está adecuadamente motivada, todo el proceso de aprendizaje será más simple y agradable. Por eso también necesitas prestar atención a lo que te impulsa y motiva como aprendiz.

En primer lugar, podría ser importante que entiendas qué es realmente la motivación y de dónde proviene. Muchas personas tienen esta falsa comprensión de la motivación y de cómo puede ser convocada a voluntad. Ese no es necesariamente el caso. No puedes simplemente decirte a ti mismo "Levántate y trabaja" todo el tiempo y esperar que realmente funcione. La motivación es muy parecida a una planta en el sentido de que necesita ser cuidada adecuadamente para que dé frutos. Muchas personas son culpables de alimentar solo sus motivaciones para metas a largo plazo pero no para tareas a corto plazo. El problema con eso es que son las pequeñas acciones diarias y los esfuerzos repentinos los que nos ayudan a alcanzar nuestras metas a largo plazo.

Por ejemplo, es posible que estés motivado para conseguir un ascenso en el trabajo. Esto es algo que visualizas para ti mismo todos los días. Justo cuando te despiertas, piensas en conseguir un ascenso. Cuando te quedas dormido, piensas en cómo va a ser tu nueva oficina y tu salario más alto. Esto es bueno porque te estás motivando a largo plazo. Sin embargo, también necesitas cultivar el mismo tipo de motivación para metas a corto plazo. ¿Qué necesitas hacer para obtener un ascenso? Podrías necesitar aumentar las ventas y los ingresos, mejorar la eficiencia de la oficina, presentar informes de mejor calidad, o desarrollar habilidades en un campo específico que se relaciona con tu trabajo. Estos son todos los aspectos minuciosos que entran en juego para alcanzar tu objetivo a largo plazo, pero cuando no te das la motivación para hacer estas cosas, se vuelve más difícil alcanzar tu objetivo general. A veces, un pequeño cambio en la perspectiva puede ser suficiente. Intenta motivarte de una manera más concreta y más sintetizada. Puede ser de gran ayuda para alcanzar tus metas.

Un Enfoque Fisiológico para el Aprendizaje

No es solo los aspectos emocionales o mentales de tu carácter que necesitas desarrollar para maximizar tu capacidad de aprendizaje, también debes prestar atención a los factores fisiológicos. Echa un vistazo a tu espacio de trabajo o tu escritorio de oficina, ¿cuántas distracciones puedes encontrar allí? ¿Te encuentras constantemente navegando por tu teléfono aunque deberías estar enfocado en un documento importante? ¿Intentas a menudo ver un episodio de Breaking Bad mientras intentas memorizar terminología legal al mismo tiempo? ¿Hay un bebé llorando justo a tu lado mientras intentas familiarizarte con los fundamentos de la gestión organizacional? ¿Te encuentras teniendo que limpiarte el sudor cada pocos minutos debido a la falta de aire acondicionado en tu habitación? Todos estos son factores dentro de tu entorno físico que afectan tu habilidad fisiológica para absorber nueva información. En primer lugar, siempre querrás asegurarte de que el entorno en el que llevarás a cabo tu aprendizaje sea propicio. Descubrirás que tener un entorno que bloquee las distracciones siempre será mejor para aprender.

Además de eso, es posible que también desees tomar nota de los siguientes consejos:

- Participa en ejercicio regular. Estudios han demostrado que participar en ejercicio regular puede mejorar la memoria y habilidades de pensamiento de una persona (Godman, 2014).

- Mantener una dieta saludable y equilibrada. La investigación ha demostrado que tener malos hábitos nutricionales puede llevar a habilidades cognitivas comprometidas (Spencer, et al., 2017).

Asegúrate de dormir bien por la noche. Es muy importante que mantengas un patrón de sueño saludable, ya que esto puede ayudarte a tener una buena memoria y garantizar que tu cerebro funcione a un nivel óptimo (Potkin y Bunney, 2012).

En última instancia, tú eres el agente de aprendizaje aquí, y una vez que el agente de aprendizaje se ve comprometido, entonces todo el proceso de aprendizaje en su conjunto se ve comprometido. No importa qué tipo de tácticas revolucionarias o técnicas innovadoras puedas estar utilizando al intentar dominar una nueva habilidad o disciplina, si no estás en el estado correcto para aprender, entonces no estarás desempeñándote a tu máximo potencial en absoluto.

Capítulo 2: Método DiSSS

Desconstrucción - Selección - Secuenciación - Apuestas o el método DiSSS es un sistema de aprendizaje que fue desarrollado originalmente por Tim Ferriss, un exitoso autor y estrella de televisión. Ferriss ha dedicado su vida al estudio del aprendizaje, y sus hallazgos eventualmente llevaron al desarrollo de su pedagogía DiSSS.

Deconstrucción

Intenta pensar en el elemento más difícil de tu lista de tareas en este momento. ¿Podría ser aprender un nuevo idioma? ¿Podría ser dominar el arte del Levantamiento de Pesas Olímpico? ¿Podría ser aprender a programar computadoras? Todos estos son esfuerzos muy admirables y respetables, pero también son habilidades muy difíciles de aprender y dominar. Puede que escuches a alguien hablar francés con fluidez y te intimide lo difícil que suena todo. Puede que veas a un atleta profesional levantar una barra de 200 libras por encima de su cabeza y sepas que solo terminarías en el hospital si intentaras hacerlo tú también. Puede que tengas un amigo que ha creado su propio sitio web desde cero mientras luchas por personalizar tu página de Facebook. Siempre es intimidante cuando asumes un nuevo objetivo y lo ves en su totalidad. Por eso, la idea de la

Deconstrucción Conceptual o más simplemente, "deconstrucción", es una forma muy efectiva de aprender y lograr algo.

Cualquier habilidad que puedas querer adquirir en la vida o cualquier disciplina que busques dominar va a tener partes, va a tener capas. La persona que ves hablar francés con fluidez no aprendió a hacerlo en un día. Hay aspectos del idioma francés que se pueden desglosar y deconstruir en varias partes como vocabulario, gramática, dicción y más. Todos esos conceptos principales se pueden desglosar aún más. Una vez que simplemente lo descompongas poco a poco, descubrirás que la hazaña de aprender un nuevo idioma no va a ser tan imposible como quizás inicialmente pensabas. Cuando hayas terminado de desglosar los aspectos de tu proceso de aprendizaje, entonces puedes pasar a la segunda fase de aprendizaje: Selección.

Selección

Cuando te inscribes en una clase, es probable que el profesor te presente un plan de estudios realmente largo que debes seguir de manera lineal para completar el curso. Incluso así, no es una garantía que hayas dominado la habilidad al final. Sin embargo, con el método DiSSS, no siempre tienes que estar aprendiendo una nueva habilidad de manera lineal, especialmente si ese no es un método que funcione bien para ti. Ya has completado la fase de deconstrucción del proceso de aprendizaje, y ahora es momento de pasar a la fase de Selección.

La fase de Selección del método de aprendizaje acelerado DiSSS está diseñada para que seas eficiente con el tiempo y la energía que inviertes en dominar una nueva habilidad. Es posible que no siempre tengas la posibilidad de contar con el lujo de disponer de mucho tiempo que puedas dedicar a aprender una nueva destreza. Por eso siempre es importante que te mantengas organizado en la forma en que distribuyes tu tiempo. Aquí es donde entra en juego la fase de Selección. Tendrás que analizar realmente tus objetivos y lo que esperas lograr y aprender a priorizar basándote en tu análisis de la situación. Es importante que primero dediques la mayor parte de tu tiempo y energía a los aspectos de la habilidad que te ayudarían a alcanzar tu nivel deseado de competencia de la manera más rápida.

Para ilustrar aún más este punto, volvamos al ejemplo de dominar el idioma francés. Para la mayoría de las personas, les llevaría un promedio de alrededor de 6-12 meses volverse fluidos en cualquier idioma. Sin embargo, con el método DiSSS, es muy posible que sepas todo lo que necesitas saber sobre un nuevo idioma en alrededor de 8-12 semanas. ¿Cómo? ¿Por qué hay una disparidad tan drástica? Bueno, todo se trata de la selección. No sabrás tanto como sabrías si tomaras de 6-12 meses para estudiar el idioma, pero si aprendes a dedicar tu tiempo adecuadamente, vas a saber todo lo que necesitas saber en solo 8-12 semanas. El principio de selección se preocupa más por lo que estás estudiando que por cómo lo estás estudiando.

Si te inscribes en una clase típica de idioma francés, es posible que te enseñen el equivalente en francés de palabras como iglesia, padre, escuela, oficina, casa, correr, saltar, caminar, etc. Algunas de estas palabras pueden ser útiles para tu vida cotidiana, pero algunas de ellas pueden no serlo. El objetivo de la selección es que elijas aproximadamente entre 1,500 y 2,000 palabras que utilices comúnmente a diario y te enfoques en dominar esas palabras. No tiene sentido dominar toda la lengua francesa si de todos modos no vas a utilizar la mayoría de esas palabras. Sería simplemente una pérdida de tiempo y esfuerzo.

Al enfocarse en aspectos específicos de la habilidad que estás buscando dominar, sería un enfoque más práctico y pragmático para aprender. Te ofrecería un uso más eficiente del tiempo y la energía que dedicas al dominio de esta nueva habilidad. El aprendizaje siempre es más efectivo cuando se le atribuye importancia y valor a las ideas que son absorbidas por el agente. Una persona está mucho más inclinada a aprender algo que pueda aplicar a su vida diaria que algo que solo existe en teoría.

Secuenciación

Una vez completada la fase de selección en el proceso de aprendizaje, sigue la fase de secuenciación. Esto pone de manifiesto la ineficacia de un método lineal prescrito de aprendizaje. No se trata solo de descubrir los aspectos importantes de un tema o disciplina que necesitas aprender. También se trata de averiguar qué debes abordar de inmediato cuando comienzas el proceso de aprendizaje. Aquí es exactamente donde debería entrar en juego la secuenciación adecuada.

Tim Ferriss explicó la importancia de ser capaz de secuenciar tareas de manera eficiente y efectiva. En El Experimento de Tim Ferriss, asume todo tipo de desafíos que giran en torno a intentar aprender nuevas habilidades en un corto período de tiempo. Ha asumido con éxito diversas tareas, incluyendo aprender a conducir coches de carreras, aprender un nuevo idioma y dominar el ajedrez. Todo el método DiSSS es idea suya y así es como describe la fase de "Secuenciación" de la técnica de aprendizaje.

Ferris afirma que colocar varias fases y pasos en el orden correcto es crucial para un aprendizaje eficiente y efectivo. Él dice que no siempre tienes que comenzar desde el "inicio" para dominar una nueva habilidad. Por ejemplo, cuando estaba aprendiendo a dominar el ajedrez de un experto, no comenzaron la lección con los movimientos iniciales que uno emplearía en un juego típico. En cambio, se lanzaron directamente a movimientos muy específicos que las personas tienden a encontrar mucho en el medio de los juegos de ajedrez. Con una secuencia adecuada, no siempre tienes que empezar desde el principio para comenzar las cosas de la manera correcta.

Apuestas

La última fase del Método DiSSS es Apuestas. A veces, para añadir un poco más de motivación a una persona para aprender algo nuevo en un corto período de tiempo, tiene que haber ciertas apuestas involucradas. Tu pareja no va a dejarte si no puedes aprender a hablar francés. No vas a perder tu trabajo si eres incapaz de vencer a un maestro de ajedrez. Por eso es tan fácil para ti abandonar una tarea por completo con la mentalidad de que siempre puedes retomar las cosas más tarde. Realmente no tienes un incentivo para dedicar el tiempo y esfuerzo que necesitas para dominar una habilidad particular.

Es por eso que podría ser una buena idea para ti incentivarte a ti mismo. Ferriss sugiere lo que se conoce más comúnmente como un "dispositivo de compromiso". Un buen ejemplo de esto sería que le des a tu pareja control de tu tarjeta de crédito para que haga compras en caso de que no logres cumplir tu objetivo en un tiempo especificado. Quieres poder sentir la decepción de no cumplir cierto objetivo, y a veces, perder dinero puede ser un buen incentivo para que lo intentes más. Realmente es tan simple como eso. Quieres añadir un poco de presión y calor a tu experiencia de aprendizaje para que no te tientes a aflojar.

Capítulo 3: Mezclando las cosas con la práctica intercalada

Los esfuerzos de aprendizaje enfocado son siempre excelentes para muchas personas que desean ver resultados inmediatos y sentir gratificación instantánea. Aunque pueda parecer que estudiar de forma enfocada es una gran manera de acelerar el proceso de aprendizaje, resulta que no siempre es el caso. Para la mayoría de las habilidades, disciplinas y oficios, rara vez va a ser un caso unidimensional. Siempre va a haber capas adicionales para dominar una nueva forma de arte o disciplina. Por ejemplo, aprender geometría no se trata solo de memorizar nombres de formas y figuras. También se trata de aprender fórmulas y aplicaciones matemáticas. Cuando estás aprendiendo sobre el mercado de valores, debes familiarizarte con los perfiles e historias bursátiles de las empresas. También debes estar familiarizado con la teoría y la aplicación del mercado de valores. También debes aprender sobre proyecciones, alfabetización financiera, tendencias del mercado y otras cuestiones técnicas. La maestría nunca será un asunto unidimensional. Hay diversas habilidades y facetas para dominar una disciplina que deben tenerse en cuenta. Aunque puede ser tentador abordar una faceta a la vez, existen investigaciones que sugieren que sería más efectivo aprender múltiples habilidades a la vez.

Intuitivamente, podrías pensar que centrar toda tu energía y atención en una sola habilidad o disciplina es la forma más eficiente y efectiva de desarrollar competencia y maestría. Cuando estás en la escuela, hay un período específico dedicado a Matemáticas, Ciencias, Arte, Música, Inglés, Educación Física, entre otros. Para cada materia o disciplina específica, se van a enfocar en un solo concepto particular dentro de una cantidad especificada de tiempo. Una vez que dicho tiempo ha terminado, los estudiantes pasan a otra clase donde tendrán que centrar toda su atención en otro concepto y tema individual.

Este tipo de aprendizaje se suele denominar como el método de aprendizaje "por bloques". Puede tener sentido para mucha gente considerando que es una práctica estándar en arquetipos educativos tradicionales. Sin embargo, hay razones para creer que descubrir cómo espaciar adecuadamente las sesiones de aprendizaje diversificando los materiales y temas de aprendizaje en cada sesión podría resultar ser un método más efectivo de aprendizaje en su conjunto. Esto es lo que se conoce como "aprendizaje espaciado", y está ganando gran popularidad en varios círculos educativos.

El aprendizaje espaciado consiste en el regreso constante a un tema en particular en intervalos establecidos a lo largo de unas pocas semanas (o meses, dependiendo de la profundidad de lo que estás estudiando). Funciona en contraste con estudiar meramente un tema en particular durante un período prolongado antes de pasar a otro tema. Este método de distribuir sesiones de aprendizaje y dominio puede parecer muy complejo y agitado considerando que tendrás que estar malabareando tantas cosas a la vez. Pero hay una manera de hacer que este método sea más eficiente y efectivo que los métodos tradicionales de aprendizaje y estudio.

El proceso de poder espaciar de manera eficiente tu aprendizaje se llama práctica entrelazada, y esa es precisamente la pedagogía de aprendizaje que servirá como tema central de este capítulo. Cuando puedes intercalar eficientemente varias disciplinas y prácticas en una sola sesión de estudio, estás cubriendo mucho más terreno en un corto período de tiempo.

Según Benedict Carey, autor de éxito de ventas de "Cómo aprendemos: La sorprendente verdad sobre cuándo, dónde y por qué sucede", el enfoque más inteligente para el aprendizaje acelerado sería abordar múltiples facetas de una disciplina específica a la vez (Carey, 2014). Cuando te enfocas en un aspecto particular del aprendizaje, puede ser fácil seguir tu progreso en un corto período de tiempo. Por ejemplo, si estás aprendiendo a tocar la guitarra, puede ser muy fácil sentir que estás progresando mucho cuando te enfocas solo en memorizar los acordes. Sin embargo, con este método de aprendizaje, también estás descuidando otros aspectos esenciales para aprender a tocar la guitarra como las escalas, los patrones de rasgueo, tonalidades y más. Puede que logres dominar un aspecto de tocar la guitarra, pero estás lejos de dominar el instrumento musical en su totalidad. Carey sugiere que sería mucho mejor alternar el aprendizaje de varias habilidades dentro de una sola práctica o sesión de aprendizaje. Aunque el progreso pueda parecer más lento a corto plazo, ofrece un enfoque más holístico para el aprendizaje que dará resultados a largo plazo. Una comprensión más holística de una teoría o disciplina en particular siempre será un enfoque mucho más eficiente para aprender que enfocar tus esfuerzos en un aspecto a la vez.

Otro gran ejemplo sería el arte de dominar las artes marciales mixtas o MMA. Esta forma de lucha o entrenamiento atlético incorpora diversas formas de artes marciales y acondicionamiento físico. Vas a querer desarrollar habilidades básicas en golpear y luchar, mientras te aseguras de tener la fuerza, resistencia, coordinación, velocidad y resistencia que puedas necesitar para tener éxito en el deporte. Durante tus sesiones de entrenamiento o práctica, en lugar de enfocarte en solo un aspecto de las MMA por sesión, podría ser una buena idea tocar varios aspectos de ella. Puedes sentir que estás progresando de manera sustancial dentro de una sola sesión si dedicas toda la sesión de práctica a tus habilidades para golpear, o puedes sentir mejoras dramáticas después de solo un par de sesiones practicando tus técnicas de golpeo. Sin embargo, no estás tomando en consideración el hecho de que estás descuidando todos los demás aspectos de las artes marciales mixtas que son fundamentales para tu éxito. Basado en la teoría de Carey, sería mucho mejor integrar golpear, entrenamiento cardiovascular, entrenamiento de fuerza y lucha en una sola sesión. Puede que no veas una mejora instantánea en ninguno de estos aspectos, y el progreso puede sentirse lento, pero en última instancia, estás haciendo mucho más progreso hacia el objetivo final. Este método de práctica y aprendizaje se trata más de avanzar en el esquema general de las cosas en un corto período de tiempo.

Este método de aprendizaje también refuerza la idea de que el agente humano es capaz de manejar varias habilidades y disciplinas en cualquier momento dado. La capacidad humana de aprendizaje funciona mejor cuando constantemente se pone a prueba y se empuja a sus límites. Pero, ¿cómo sabes cuándo estás haciendo práctica entrelazada correctamente? ¿Cómo puedes averiguar si estás siendo ineficiente con tu práctica o no? Estas son preguntas perfectamente válidas para hacer. De hecho, hay una manera adecuada y eficiente de llevar a cabo la práctica entrelazada. Solo tienes que asegurarte de recordar estos 4 principios principales:

Asegúrate de que las habilidades y disciplinas que entrelaces estén relacionadas.

A primera vista, la práctica interleaved solo va a parecer caótica porque la idea de incorporar diferentes temas o disciplinas en una sola sesión de estudio suena completamente abrumadora. Sin embargo, el verdadero propósito de la práctica interleaved no es que metas temas y ideas aleatorias en una sola sesión de aprendizaje y práctica. Siempre debes asegurarte de que tus habilidades y disciplinas interleaved estén relacionadas entre sí. Por ejemplo, no vas a querer fusionar el estudio de teoría musical y la práctica de baloncesto en una sola sesión de práctica. Eso simplemente no tendría sentido. Sin embargo, sería mucho más fácil de manejar ese "caos" si incorporas armonía, historia musical, escalas musicales y ritmo en una sola sesión de práctica. Todos estos temas e ideas están interrelacionados, y hay una forma de conectarlos todos bajo un gran paraguas de aprendizaje.

La práctica entrelazada solo puede parecer desordenada y desorganizada cuando no estás haciéndola de la manera correcta. Sin embargo, si encuentras una forma de relacionar todas las disciplinas entrelazadas que estás incorporando en tu práctica, entonces todo comenzará a tener más sentido. Es como tocar múltiples notas al unísono para producir una hermosa armonía.

Estudiar de forma no lineal

Espontaneidad, dinamismo y aleatoriedad organizada: esa es la esencia misma de la práctica entrelazada. Vas a querer desechar un estilo lineal de aprendizaje. No siempre tienes que empezar en el punto A antes de llegar al punto B. No siempre tienes que completar cada tarea en el punto C antes de comenzar tu camino hacia el punto D. Con la práctica entrelazada, estás haciendo malabares con múltiples habilidades y disciplinas a la vez. Estás en camino al punto B aunque no hayas terminado necesariamente con el punto A. Ya estás progresando hacia el punto D aunque aún no hayas tocado el punto C. La práctica entrelazada libera tu horario de aprendizaje al permitirte trabajar en diferentes cosas al mismo tiempo.

Sin embargo, todavía hay cierto sentido de orden y organización detrás de todo este supuesto caos. Quieres asegurarte de que sigues activamente todo el progreso que estás haciendo en diferentes campos. Idealmente, querrás ser holístico en tu enfoque al autodesarrollo. Eso significa que, aunque sería ideal que sobresalgas en uno o dos campos diferentes, nunca querrás comprometer o descuidar las otras disciplinas en tu práctica. Todo se trata de equilibrio. Sí, es posible que seas más competente en un aspecto de tu práctica que en los demás, pero tanto como sea posible, querrás asegurarte de desarrollar un sentido de maestría y competencia en todos los aspectos de tu práctica.

Incorpora otras estrategias de aprendizaje en tu práctica entrelazada.

No tengas miedo de incorporar muchas de las otras metodologías de aprendizaje acelerado que leerás en este libro en tu práctica entrelazada. Por ejemplo, es posible que desees hacer uso de los ritmos binaurales para enfocarte mientras participas en tus sesiones de estudio de práctica entrelazada. Es posible que aún no sepas qué son los ritmos binaurales, pero lo sabrás, siempre y cuando continúes leyendo este libro. El aprendizaje transformador significa ser capaz de desechar los métodos tradicionales de aprendizaje para abrir paso a tácticas de aprendizaje revolucionarias. Nunca deberías tener miedo de ser creativo e incorporar prácticas que sirvan mejor a tus hábitos de estudio personales.

La práctica intercalada simplemente sirve como un principio rector general que puedes seguir a lo largo de tu proceso de aprendizaje. Eso no significa que sea una práctica completamente inflexible que no permita la incorporación de otras técnicas y metodologías de aprendizaje. Puedes utilizar tarjetas de memoria o dispositivos mnemotécnicos. Estas son también metodologías de aprendizaje acelerado de las que eventualmente leerás a medida que avances en este libro. En última instancia, existen posibilidades ilimitadas de cambios y adiciones que puedes hacer a la filosofía de aprendizaje de la práctica intercalada. Solo tienes que ser creativo. Piensa fuera de la caja.

No te rindas por la falta de gratificación instantánea.

Uno de los aspectos más desalentadores de la práctica entrelazada es que no produce resultados dramáticos de inmediato. Puede ser muy descorazonador para el aprendiz sentir que no se ha avanzado mucho a pesar de manejar múltiples temas e ideas dentro de una sola sesión de aprendizaje cada vez. Es prácticamente una sobrecarga de información durante cada práctica, y la cantidad de esfuerzo y enfoque requerido para estar completamente comprometido todo el tiempo puede ser muy abrumador. Sería más fácil soportar la carga de trabajo si se ven, sienten o experimentan los resultados. Sin embargo, los resultados no siempre van a llegar de inmediato. Por eso puede ser increíblemente tentador renunciar justo al principio.

Pero ese es el tipo de mentalidad que debes desechar si estás involucrado en la práctica intercalada. Los resultados que buscas no serán inmediatos. Sin embargo, debes recordarte que no estás jugando a corto plazo aquí. Estás estudiando para el largo plazo. Solo tienes que ser capaz de confiar en el proceso y creer que cada esfuerzo que pongas en práctica hoy dará sus frutos a largo plazo.

Capítulo 4: Método PACER

Joe McCullough, autor de Aprendizaje Acelerado para Estudiantes: Aprende Más en Menos Tiempo, es un aficionado al Aprendizaje Acelerado cuyas obras han sido utilizadas y seguidas por estudiantes y buscadores de conocimiento en todo el mundo. Además de ser un autor publicado, también lleva un blog dedicado a técnicas y metodologías de aprendizaje. En una de sus publicaciones más populares, destaca el método PACER que él mismo desarrolló. Asegura que el método PACER es uno que puede ser seguido por cualquier persona para adaptarse a cualquier búsqueda de aprendizaje y dominio (McCullough, 2013). El método en realidad se descompone en 5 pasos diferentes, que conforman el acrónimo PACER. Aquí están todos los pasos específicos del método PACER:

Prepara tu estado de aprendizaje

Según McCullough, lo primero que debes hacer al comenzar a aprender una nueva habilidad o dominar una nueva forma de arte, es muy importante que primero te prepares mentalmente, emocionalmente y físicamente. Siempre debes asegurarte de colocarte en un estado mental positivo. Necesitas motivarte intrínsecamente, y puede ser muy difícil acceder a esa motivación cuando hay demasiados bloqueos negativos que lo impiden. Es absolutamente esencial que estés completamente comprometido, enfocado y concentrado en todo lo que tendrás que hacer. A veces dicen que la parte más difícil es encontrar la motivación para empezar. Pero lo que no te dicen es que también debes comenzar de la manera correcta.

Si te embarcas en un nuevo proyecto de aprendizaje con una nota negativa, entonces básicamente solo te estás preparando para el fracaso. ¿No quieres dispararte en el pie justo al principio, verdad? Un aspecto clave para encontrar el éxito en el aprendizaje es cultivar un entorno que te prepare para el éxito, pero no mucha gente se da cuenta de que es igual de importante establecer un estado interno de la mente y el ser que optimiza todo el proceso de aprendizaje en su conjunto. Quieres asegurarte de que tienes una mentalidad segura, positiva, útil y abierta antes de embarcarte en tu viaje de aprendizaje.

Adquiere las habilidades y conocimientos

Una vez que estés en un estado óptimo para aprender, debes adquirir las habilidades y conocimientos necesarios para dominar la disciplina en la que estás interesado. Todo comienza con que primero entiendas cuál es la imagen completa. Primero debes ser capaz de entender el tema completo para poder obtener una comprensión holística y completa de en qué te estás metiendo. Una vez que tengas un buen entendimiento general de un tema, esencialmente estás dando a tu cerebro un vistazo de todo el viaje en el que está a punto de embarcarse. Es posible que aún no tengas todos los detalles, pero sabes por dónde empezar, a dónde debes ir y qué debes hacer para llegar allí. Una vez que puedas entender y asimilar todas estas cosas, entonces estarías en mejores condiciones para determinar el mejor enfoque para lograr tus objetivos. Ahora podrás determinar qué estilo de aprendizaje y comunicación se adapta mejor a ti para la tarea en cuestión.

Los hallazgos en el campo de la Programación Neurolingüística, o PNL, han identificado tres estilos de aprendizaje particulares: visual, auditivo y cinestésico. Es importante tener en cuenta que todos son capaces de aprender y absorber información utilizando los tres estilos. Sin embargo, algunas personas son mejores en procesar nueva información y conceptos desconocidos con uno o dos estilos en particular. Si comprendes cuál es tu estilo de aprendizaje preferido, querrás aprovecharlo y adoptar realmente ese método cuando se trata de aprender. Es entonces cuando comienzas a absorber realmente todos los detalles minuciosos que necesitas para adquirir competencia y maestría en la disciplina que estás perfeccionando.

Afianza tu aprendizaje

Una vez que hayas absorbido con éxito toda esta nueva información, es absolutamente esencial que seas capaz de cementar todos estos datos en tu memoria a largo plazo. No tiene sentido tomar el tiempo y utilizar tu energía para aprender todos estos nuevos conceptos solo para luego olvidarte de ellos. Sería un total desperdicio de tiempo y esfuerzo de tu parte si no logras arraigar permanentemente estas lecciones en tu mente. Es por eso que la tercera fase del método PACER es para que cementes tu aprendizaje. Quieres asegurarte de que las lecciones que estás absorbiendo se almacenen en el disco duro interno de tu mente.

Puedes retener mejor tu memoria de estas lecciones y conceptos poniéndolos en práctica. Según McCullough, hay investigaciones que respaldan la idea de que las personas pueden recordar mejor los conceptos si son capaces de aplicarlos a la vida cotidiana. Por ejemplo, si has decidido aprender más sobre diseño de interiores, tal vez puedas tomar todos los conceptos teóricos que estás aprendiendo y aplicarlos a tu vida diaria. Tómate un tiempo para hacer cambios de diseño en tus espacios de trabajo o vida. Si estás aprendiendo teoría musical y actualmente estás estudiando el tema de las escalas, entonces toma un instrumento musical y comienza a practicar esas escalas. Ser capaz de poner en práctica estos conceptos te ayudará a memorizarlos a largo plazo.

Examinar y Aceptar

Esta fase del método PACER podría estar tomando una página del estilo tradicional de educación formal, pero es importante que puedas probar tus conocimientos y evaluar tu progreso hasta ahora. Esto significa que además de poner en práctica lo que has aprendido, vas a querer medir cuánto has avanzado en tu proceso de aprendizaje. El objetivo de esta fase en particular es que te fuerces a recordar y resumir todo lo que has aprendido hasta ahora. Además de eso, también vas a querer ver si te has perdido algo o si hay lagunas en tus conocimientos. Quieres asegurarte de que has establecido una estructura y base para tu aprendizaje, pero también quieres asegurarte de que no haya grietas que hayas dejado sin revisar.

Una vez que sientas que estás contento con lo que has aprendido hasta ahora, es hora de que apliques todo y lo pongas en práctica. Si has estado aprendiendo a tocar el piano, tal vez puedas probar en una audición para formar parte de una banda o dar un espectáculo privado para tus amigos. Si has estado perfeccionando el arte de la arquitectura, quizás puedas intentar solicitar un trabajo o una pasantía en una firma de arquitectura. Aprovecha todo el conocimiento que has adquirido y aplícalo a tu vida de una manera significativa.

Revisar, modificar y recompensar

Este es ahora el último paso del método PACER: Revisar, Revisar y Recompensar. Debes repasar todo el proceso de aprendizaje en su conjunto y analizar qué tan bien (o qué tan mal) pudo haber funcionado para ti. Al participar en estos métodos de autoevaluación y reflexión, también estás desarrollando tu comprensión del aprendizaje, el crecimiento y el desarrollo. Como probablemente ya hayas descubierto, el aprendizaje no va a ser necesariamente un proceso lineal. Va a requerir mucho análisis, revisión y reagrupamiento también. No estás constantemente avanzando. Por eso es importante que puedas mirar hacia atrás y detectar cualquier área potencial de mejora mientras persigues el aprendizaje en el futuro.

Además, quieres poder celebrar y recompensarte hasta cierto grado. Te pusiste una meta y la cumpliste. Te comprometiste con una tarea en particular y la llevaste a cabo hasta el final. Esto es algo de lo que definitivamente deberías estar orgulloso, y no deberías tener miedo de celebrarlo.

Capítulo 5: Mapas Mentales

El proceso de mapeo mental no es necesariamente nuevo. Es una herramienta muy efectiva para organizar los pensamientos de uno, creando un camino limpio, ordenado y estructurado hacia el aprendizaje. La mente humana tiende a ser muy desordenada, esporádica y caótica la mayor parte del tiempo. Esto puede hacer que el proceso de aprendizaje sea muy difícil, ya que el cerebro solo puede dedicar una cierta cantidad de energía a ideas y conceptos específicos.

En una popular charla TEDx realizada por Hazel Wagner, Ph.D. en noviembre de 2017, hizo un caso para el mapeo mental como una herramienta muy efectiva para el aprendizaje acelerado. La charla completa de TEDxNaperville está disponible para ver en YouTube y ha cosechado casi 900,000 vistas hasta la fecha de esta escritura. Wagner ha sido una aprendiz toda su vida y tiene más de 4 títulos, incluyendo un doctorado en Matemáticas. En el video, afirma que el mapeo mental la ha ayudado en tareas que requieren comprensión, memorización y retención. Se especializa en la teoría del mapeo mental y se ha comprometido a enseñar a otros sobre cómo puede ayudar en el mejoramiento de la memoria, la planificación, el estudio y más.

Ella dice que el mapeo mental es un método en el que una persona toma notas mientras fortalece su memoria. Todo el método está diseñado de una manera que fomente la función cerebral saludable y el rendimiento cognitivo en lugar de obstaculizarlo. Ella afirma que el método estándar de tomar notas es contraproducente para el aprendizaje porque es esencialmente equivalente a transcribir. Tomar notas nunca es un método efectivo de aprendizaje porque quita el análisis, la comprensión y la absorción eventual de un tema. Las facultades mentales necesarias para participar en la toma de notas restarían la capacidad de uno para analizar y aprender de manera más efectiva.

El mapeo mental, dice Wagner, es una forma más participativa mentalmente de tomar notas porque recluta varias partes del cerebro que requieren análisis, absorción y retención. Wagner afirma que el cerebro no almacena párrafos o frases enteras, por lo que sería inútil tomar notas de párrafos y frases completas. En su lugar, postula que el cerebro almacena ideas, imágenes y conexiones entre principios, conceptos y lecciones.

No es solo Wagner quien se desempeña como un importante defensor del mapeo mental como una herramienta efectiva para el aprendizaje y la adquisición de conocimientos. Los defensores del mapeo mental dicen que cuando te involucras en el proceso de desglosar ideas grandes en conceptos más simples y pequeños para que estudies y analices, se vuelve más fácil para el cerebro comprender y retener toda esa información. Para maximizar completamente los efectos del mapeo mental para el aprendizaje acelerado, es posible que desees considerar seguir estos pasos (dependiendo de lo que estés estudiando y cuáles sean tus objetivos, es posible que puedas omitir uno o más de estos pasos):

Enfócate en el Tema Central Principal

En primer lugar, vas a querer comenzar tu mapa mental con el tema central de lo que quieres estudiar. Tu mapa mental no puede estar compuesto de diferentes conceptos y temas de inicio. Cada idea individual que vas a estudiar y dominar tiene que derivar de una idea principal, y eso es lo que debe servir como el tema central de tu mapa mental. Todo tiene que poder conectarse con lo que va a ser tu tema central. Es el fundamento de tu casa. Es el tronco de tu árbol. Es el lienzo en blanco en el que vas a estar pintando la obra maestra de tu mapa mental.

Una vez que puedas establecer cuál es el tema central de tu mapa mental, pasa a los temas secundarios. Asegúrate de que todos tus temas secundarios tengan enlaces directos con los temas centrales. Una vez que sientas que has completado los temas secundarios, pasa a los temas terciarios, y así sucesivamente. Continúa este proceso hasta que sientas que has cubierto todas las bases. Asegúrate de que todas las conexiones y enlaces estén en el lugar correcto antes de pasar a la siguiente fase del mapeo mental.

Sintetizar todos los datos

Tu mapa mental podría seguir siendo un poco tosco y desordenado en este momento, pero está bien. Eso es algo que se espera y es perfectamente normal. Es durante este paso donde se llevará a cabo toda la limpieza de esos datos. Echa un buen vistazo a tu mapa mental, e intenta evaluar cuáles ideas son importantes y cuáles no lo son. Intenta tocar cada idea, y si sientes que te está alejando del tema central del mapa mental, entonces simplemente abandónala por completo y pasa a otra. Si sientes que una idea en particular te está ayudando a alcanzar tus metas, entonces intenta extraer tanto como puedas de ella. Investiga y lee todo lo que consideres importante. Aquí es donde descartas todo lo que puede que no tenga valor y te enfocas en las cosas que sí lo tienen.

Utilice Ayudas Visuales e Imágenes

Para ayudar a retener toda esta información, intenta hacer uso de ayudas visuales e imágenes. No es suficiente con llenar tu mapa mental con un montón de palabras y párrafos largos. Para reforzar aún más el punto, querrás incorporar ayudas visuales u otras formas de pistas sensoriales que te ayuden a identificar un concepto o idea mejor.

Crear Presentaciones Visuales

Una vez que sientas que ya tienes un borrador de tu mapa mental, entonces podría ser lo mejor para ti formalizar todo lo que has aprendido en una presentación visual organizada que puedas mostrar a tus compañeros y colegas. Hay dos razones para este paso en particular: en primer lugar, te obligaría a ver realmente cuánta información has adquirido a lo largo de tus estudios. Y en segundo lugar, tu capacidad para comunicar estas ideas y lecciones a otras personas en forma visual mediría cuán bien entiendes un tema o disciplina en particular. Cuando crees tu presentación visual, recuerda tener en cuenta lo siguiente:

- Resuma todo el proceso de aprendizaje.

- Siempre basa tus aprendizajes en información precisa.
- Desarrolla tus propios pensamientos e ideas sobre los materiales de aprendizaje que utilizaste.

Recopilar comentarios de otros.

Por último, es posible que desees considerar recopilar comentarios de otras personas. Un aspecto clave de aprender cualquier cosa en la vida es saber que no siempre podrás ver las cosas desde todas las perspectivas. No siempre tendrás la respuesta. Por eso siempre habrá un valor inherente en buscar la perspectiva y los pensamientos de otras personas. No tengas miedo de presentar tu mapa mental a alguien a quien puedas considerar tu superior o mentor en el campo. Una vez que seas lo suficientemente abierto de mente y humilde como para poder recibir retroalimentación externa, estarás mejorando aún más tu capacidad para aprender y absorber nueva información que podría serte útil en el futuro.

Capítulo 6: Dispositivos mnemotécnicos

Hay ciertas cosas que son más fáciles de recordar desde lo más profundo de tu mente que otras. Por ejemplo, es fácil recordar un comentario negativo que hizo un superior hace varias semanas sobre tu desempeño en la oficina. Pero al mismo tiempo, vas a tener dificultades para mantener un registro de todos los detalles importantes que se discutieron en la reunión de la oficina esta mañana. ¿Por qué sucede esto? ¿Por qué es tan vívida una memoria mientras que la otra no? Esto no es realmente una ocurrencia rara en las personas. De hecho, sucede a menudo y hay una razón para ello. La verdad irónica de todo esto es que es mucho más difícil recordar las cosas que quieres recordar que los recuerdos aleatorios en tu cerebro de los que simplemente no puedes deshacerte. Probablemente te has quedado atascado en medio de una reunión tratando de recordar una pieza valiosa de información que ayudaría a tu presentación. Pero luego, no tienes problemas para recitar líneas de un poema que leíste cuando estabas en la escuela primaria. Todo esto está sucediendo por diseño, y no hay nada de aleatorio en absoluto. Hay una razón muy específica por la que eres capaz de recordar ciertas cosas y por qué olvidas otras.

Aquí es precisamente donde entran en juego las mnemotécnicas, y este capítulo se va a dedicar al arte de utilizar dispositivos mnemotécnicos para ayudar a mejorar la memoria y retención de conocimientos. En pocas palabras, un dispositivo mnemotécnico es básicamente cualquier palabra, imagen, frase o sonido que puedas atribuir a una idea en particular. Todo el sistema mnemotécnico se basa en el principio de que atribuyas un detalle complejo y difícil de recordar a un concepto familiar que sea más fácil de entender para ti. Uno de los dispositivos mnemotécnicos más populares que se utiliza hoy en día está diseñado para enseñar a los niños el orden correcto de los planetas en el Sistema Solar:

Mi Muy Excelente Madre Acaba de Servirnos Nueve Pizzas

Si tomas la primera letra de cada palabra en esa oración muy distinta y fácil de recordar, entonces podrías recordar fácilmente el orden correcto de los planetas en el Sistema Solar:

Mercurio, Venus, Tierra, Marte, Júpiter, Saturno, Urano, Neptuno y Plutón

Vale, dicen que Plutón ya no es realmente un planeta, pero entiendes el punto del dispositivo mnemotécnico. Esta frase mnemotécnica se considera un mnemónico acróstico en el cual las primeras letras de las palabras se utilizan para representar las pistas de lo que estás tratando de recordar. Sin embargo, no todos los dispositivos mnemotécnicos están diseñados de esta manera. Por ejemplo, al enseñar a los niños pequeños cómo escribir por primera vez, este dispositivo mnemotécnico se utiliza a menudo para diferenciar la minúscula "b" y "d" mientras se escribe:

"B" significa brillante, así que coloca el círculo a la derecha.

Este dispositivo mnemotécnico, en particular, incorpora el uso de rima e imágenes visuales para ayudar a clarificar el punto. También hay otras imágenes visuales que las personas pueden imaginar en sus mentes y que pueden ser utilizadas como dispositivos mnemotécnicos. Por ejemplo, al intentar recordar cómo deletrear correctamente la palabra "necesario," solo se tiene que recordar la imagen de una camisa. En una camisa normal, solo hay un cuello y dos mangas. En la palabra "necesario," solo hay una letra "C" y dos letras "S."

Los dispositivos mnemotécnicos pueden ser útiles cuando estás tratando de aprender términos muy técnicos que quizás aún no uses a diario. También ayuda si puedes hacer una conexión entre el dispositivo mnemotécnico y la información que estás intentando recordar en tu mente. Un buen ejemplo sería si estuvieras estudiando religión y tuvieras que recordar los primeros cinco libros del Antiguo Testamento. El dispositivo mnemotécnico destacado en este ejemplo va a crear una conexión entre sí mismo y los temas del tema que estás tratando de aprender:

Dios Equivale a Luz No Oscuridad podría ayudarte a recordar que los primeros cinco libros del Antiguo Testamento son Génesis, Éxodo, Levítico, Números y Deuteronomio.

Una de las grandes cosas acerca de los dispositivos mnemotécnicos es que no necesariamente tienes que ser creativo con ellos si no quieres. Si estás estudiando un campo académico relativamente común o popular, entonces probablemente haya un dispositivo mnemotécnico que pueda ayudarte con tus estudios. Incluso una simple búsqueda en internet sería suficiente para ayudarte a encontrar algunos dispositivos mnemotécnicos geniales que puedes incorporar en tu rutina de estudio. Sin embargo, los mnemotécnicos son siempre más efectivos cuando te tomas el tiempo de construirlos por ti mismo. Aunque esto quizás no sea una técnica que te resulte natural al principio, es algo a lo que finalmente podrás acostumbrarte.

Si eres más inclinado musicalmente que la mayoría de las personas, también podría ser una buena idea usar canciones o música como un dispositivo mnemotécnico. Puede ser más fácil atribuir o asociar ciertos términos e ideas complejas con canciones que ya te resulten familiares. Tal vez estudiar un tema complejo con una canción en particular sonando de fondo te ayude a recordar estas ideas mejor simplemente recordando la canción con la que las has asociado. Por ejemplo, reemplazar palabras clave en la estructura lírica de una canción que conoces de memoria puede ayudar en la memorización.

Capítulo 7: El Arte de la Lectura Rápida

Los libros siempre van a desempeñar un papel constante en los medios de comunicación y la academia. A pesar de la revolución tecnológica que ha traído consigo el uso de computadoras, tabletas y teléfonos, los libros todavía mantienen su lugar como una fuente importante de información. Claro, siempre puedes hacer una búsqueda rápida en Google cuando quieras saber más sobre un tema en particular. Puedes ver un video corto en YouTube para resumir los acontecimientos que tuvieron lugar durante la Revolución Francesa o la Guerra Fría. Sin embargo, las personas siempre van a inclinarse naturalmente hacia la lectura de libros para aprender todo lo que puedan sobre un tema específico que llame su interés.

Sin embargo, el problema con los libros es que pueden ser realmente difíciles de leer de una sola vez. ¿Alguna vez te has encontrado abriendo un libro y leyendo la misma oración una y otra vez durante cinco minutos seguidos? No es una forma muy eficiente de estudiar, ¿verdad? Bueno, este es un problema común que enfrentan muchas personas, y no deberías sentirte mal por ello. Este capítulo te ayudará a ti y a todos los que tengan problemas para leer de manera más eficaz. A medida que avanzas en este capítulo, aprenderás cómo acelerar el tiempo que te lleva leer un libro, y también te ayudará con técnicas comunes de retención que puedes usar para recordar lo que lees.

Hay un caso que se puede hacer a favor de la lectura rápida como la habilidad más importante que debes aprender y desarrollar si realmente quieres aprovechar al máximo tu potencial de aprendizaje. Cuanto mayor sea la velocidad con la que puedas absorber información, más eficiente serás con el tiempo y el esfuerzo que dedicas al aprendizaje. Según un informe sobre la lectura rápida de la revista Forbes, estudios muestran que el adulto promedio lee alrededor de 300 palabras por minuto (Nelson, 2012). A ese ritmo, a las personas les llevaría aproximadamente 3-4 horas leer un libro de no ficción de longitud promedio. Si estás buscando leer uno o dos libros a la semana, esto podría resultar problemático ya que es muy difícil para un adulto trabajador en el mundo moderno encontrar tanto tiempo extra en un día para dedicar a la lectura. Aquí es exactamente donde entra en juego el arte de la lectura rápida.

Haciendo referencia a más trabajos de Tim Ferriss y su investigación sobre el aprendizaje y la productividad, afirma que la técnica de lectura rápida puede aumentar la velocidad de lectura de una persona hasta en un 300% (2009). Describe su técnica de lectura rápida en un módulo llamado El Proyecto PX, que se puede completar en un período de 3 horas y está diseñado para aumentar drásticamente la velocidad de lectura de una persona. En este capítulo se destacan las diversas fases del Proyecto PX y los pasos que debes seguir para mejorar tu velocidad personal de lectura.

Preparación

Lo primero que vas a necesitar para llevar a cabo este proyecto es un libro que nunca hayas leído antes. Idealmente, debería ser un libro de no ficción y debería tener al menos 200 páginas.

También deberías tener algún tipo de cronómetro o temporizador listo contigo.

Definiciones y distinciones del proceso de lectura

Ahora que tienes las herramientas físicas que necesitas para llevar a cabo el proyecto, es importante que primero te familiarices con las definiciones básicas y las distinciones que realmente conforman el proceso de lectura.

Minimizar la duración y el número de fijaciones por línea

Contrariamente a la creencia popular, no es necesario leer una oración de forma lineal tomando una palabra a la vez. De hecho, puedes leer de forma saltarina, saltando de un segmento de línea a otro. Estos se llaman sacadas o movimientos sacádicos. Después de cada sacada que realices, te detienes temporalmente y tomas una instantánea mental de dónde están fijos tus ojos. Cada fijación estándar va a durar alrededor de 0.25-0.5 segundos. Para leer más rápido, querrás minimizar la duración y el número de fijaciones que tienes por línea.

Eliminar la regresión y la retrocesión.

Para los lectores no entrenados, la regresión y el retorno son malos hábitos consistentes que ocurren mientras se lee. La regresión es el acto de releer conscientemente una sola línea o frase una y otra vez. El retorno es la fijación incorrecta de lugares previamente cubiertos en la página. No mucha gente se da cuenta de que esto realmente puede sumar al tiempo de lectura de una persona. De hecho, incluso puede llegar a ocupar hasta un 30% de la duración total de lectura de una persona.

Aumentar la Visión Periférica Horizontal y el Número de Palabras Registradas por Fijación.

Para el lector no entrenado, es común emplear un enfoque central sin hacer uso de la visión periférica horizontal al leer. Esto puede dejar fuera hasta el 50% de las palabras dentro de una sola fijación.

Protocolo

Con el protocolo, se le informará sobre la técnica adecuada de lectura, las aplicaciones adecuadas de estas técnicas a través del acondicionamiento, y los métodos adecuados de prueba para medir la eficiencia de lectura y comprensión.

Estos objetivos y facetas del protocolo son todos separados y necesitas enfocarte en cada uno de ellos de forma individual. Si estás trabajando en la velocidad de tu lectura, entonces no deberías preocuparte por la comprensión. Para obtener los mejores resultados posibles, vas a querer practicar la lectura a alrededor de 3 veces la velocidad de tu velocidad de lectura objetivo. Por ejemplo, podrías estar leyendo actualmente a 300 palabras por minuto y esperas aumentar tu velocidad a 800 palabras por minuto. Eso significa que tendrás que practicar leyendo a una velocidad de 2400 palabras por minuto. Habrá dos técnicas principales que se discutirán en esta introducción:

- Rastreadores y marcadores, para abordar la fijación prolongada, regresión y salto hacia atrás.

- Expansión perceptual, para abordar la fijación del enfoque central.

Determinar un punto de referencia

Para que puedas determinar tu velocidad actual de lectura, toma el libro que has preparado antes del inicio de este proyecto y cuenta el número total de palabras en 5 líneas, luego divídelo por 5. El cociente debe ser el número promedio de palabras por línea.

Entonces, si tienes 65 palabras después de 5 líneas de escritura, tendrías que dividir 65 entre 5. La respuesta que obtendrías sería 13. Por lo tanto, tienes un promedio de 13 palabras por línea. Luego, cuenta el número total de líneas en 5 páginas, y luego divide el número total entre 5 para obtener tu número promedio de líneas por página. Si hay 155 líneas después de 5 páginas, entonces tu número promedio de líneas por página sería 31. Después, multiplica el número promedio de palabras por línea y el número promedio de líneas por página.

En este caso, tendrías que multiplicar 13 por 31. La respuesta que obtendrías sería 403. Esa sería la cantidad promedio de palabras por página.

Una vez que hayas terminado con todos los cálculos, puedes comenzar a probar tu velocidad de lectura. Configura tu temporizador de cuenta regresiva durante 1 minuto y procede a leer como lo harías normalmente. No leas rápido. Lee con comprensión adecuada. Después de un minuto, multiplica el número total de líneas que has leído por el promedio de palabras por línea para determinar tu velocidad de lectura base en palabras por minuto.

Rastreadores y encaminadores

Como se mencionó, los rastreadores y apuntadores se utilizan para abordar los problemas que tienes con fijaciones prolongadas, regresiones y saltos hacia atrás. La importancia del rastreador se va a enfatizar a medida que te adentres en lo que puedes hacer para mejorar realmente tu velocidad de lectura. Piensa en cuando estabas contando el número de palabras y líneas en tu libro. ¿Utilizaste algún tipo de puntero como un dedo o un bolígrafo?

Si lo hiciste, entonces esa es básicamente la explicación de por qué es importante un rastreador. Necesitas una ayuda visual para ayudar a determinar la precisión y eficiencia de tus patrones de fijación. Para que puedas condicionarte a leer más rápido, es importante que puedas deshacerte de las cosas que están haciendo que tu proceso de lectura sea ineficiente en su totalidad.

Para los propósitos de este ejercicio, deberías hacer uso de un bolígrafo. Dibuja una línea invisible mientras lees cada línea manteniendo el punto de tu fijación justo encima del bolígrafo. Este punto dinámico actúa como tu rastreador y pacer para ayudarte a mantener una velocidad consistente mientras estás leyendo.

Primero, querrás trabajar en la técnica. Para la fase de seguimiento, debes deshacerte de la necesidad de comprender lo que estás leyendo. Lo importante es que tu fijación pueda moverse sin problemas a través de la línea en no más de un segundo. Utiliza el bolígrafo como tu rastreador y tu marcador conforme lees cada línea. Nuevamente, asegúrate de que cada línea no tome más de un segundo en leer. Haz esto durante aproximadamente 2 minutos seguidos.

A continuación, vas a querer aumentar un poco el ritmo. Realiza la misma tarea de seguimiento como se explicó anteriormente sin prestar atención a la comprensión. Concéntrate completamente en la velocidad. Sin embargo, ahora debes leer toda la línea en menos de medio segundo. Así es. Medio segundo. Y vas a querer hacerlo durante un total de 3 minutos. Enfócate realmente en el ejercicio en cuestión y no te detengas hasta que suene la alarma.

Expansión perceptual

Ahora es el momento de trabajar en tu expansión perceptual. Intenta mirar al centro de la pantalla de tu computadora o teléfono. Concéntrate en el centro exacto de la pantalla. Si estás enfocando en el área correcta, aún podrás percibir y registrar los lados de la pantalla. Esto se llama tu visión periférica, y muchas veces, la visión periférica se pasa por alto al leer. Si realmente quieres aumentar tu velocidad de lectura, tendrás que maximizar tu visión periférica en tu técnica de lectura también.

De nuevo, para que puedas entrenar esta habilidad adecuadamente, es posible que desees reclutar los servicios de un bolígrafo como rastreador.

Para la fase de técnica de esta habilidad, vas a querer usar un bolígrafo para marcar el ritmo de lectura a no menos de una línea por segundo. Comienza leyendo una palabra después de la primera palabra de cada línea, y termina una palabra antes de la última palabra de cada línea. Nuevamente, en esta fase, querrás renunciar a la comprensión. Ese no es el punto del ejercicio en este momento. Asegúrate de no exceder la duración de un segundo por cada línea. Haz esto durante un minuto seguido.

Para la segunda parte de la fase de técnica, haz lo mismo que la parte anterior, excepto que aumenta el número de palabras. En lugar de comenzar con una palabra adentro y terminar con una palabra afuera, querrás hacerlo con dos palabras. Sin embargo, es importante que aún mantengas una velocidad de lectura de no más de una línea por segundo. Haz esto durante un minuto seguido.

Para la fase de velocidad de esta habilidad, ahora querrás comenzar 3 palabras adentro en cada línea y terminar 3 palabras afuera en cada línea. Repite la misma técnica sin exceder más de 0.5 segundos por línea. Haz esto durante 3 minutos seguidos.

Es probable que no vayas a comprender nada durante toda esta fase de la práctica. Sin embargo, ese no es realmente el punto de este ejercicio todavía. Simplemente estás trabajando en tu técnica y tu velocidad. La comprensión vendrá una vez que puedas dominar tu técnica. Asegúrate simplemente de mantenerte siempre concentrado en lo que estás leyendo y no permitas que tu mente divague.

Calcula tu nueva velocidad de lectura (PPM)

Ahora, es hora de calcular tu nueva velocidad de lectura y ver cómo has progresado hasta ahora. Como hiciste al principio de este ejercicio, configura tu temporizador por un minuto y comienza a leer a tu velocidad de comprensión más rápida. Al final del minuto, multiplica el número de líneas que leíste por lo que previamente determinaste como tu promedio de palabras por línea. El producto de esto va a ser tu nueva velocidad de lectura o tasa de palabras por minuto.

Solicitud

Si has sido disciplinado y comprometido en tu práctica de lectura rápida, entonces habrás desarrollado una habilidad en ella. Si practicas lo suficiente como para triplicar tu velocidad de lectura, entonces es el momento para que apliques tu nueva habilidad en tus hábitos de estudio. Sin embargo, ¿hay una forma correcta de hacerlo?

Bueno, sí. Tu lógica podría sugerir que, dado que ahora eres capaz de leer tres veces más rápido de lo que solías ser capaz, eso significa que podrías leer tres capítulos enteros en la misma duración que solía tomar leer solo un capítulo. Sin embargo, este enfoque no sería realmente bueno para el aprendizaje y la retención. Digamos que solía tomarte una hora leer un capítulo. Ahora que tu velocidad de lectura ha mejorado, no deberías tratar de encajar tres capítulos enteros en esa hora. Lo que quieres hacer es leer ese mismo capítulo tres veces. Este tipo de repetitividad va a ayudar con la retención y recuerdo.

Capítulo 8: Aprendizaje acelerado a través de la toma efectiva de apuntes

Tu cerebro solo puede absorber tanta información en un corto período de tiempo, y por eso es casi un proceso instintivo para las personas participar en la toma de notas en una sesión de aprendizaje. Puedes ver por ti mismo cada vez que observas a estudiantes en aulas o trabajadores de oficina en reuniones de empresa. Sin embargo, no muchas personas se dan cuenta de que la forma en que toman sus notas es muy ineficiente y realmente contraproducente para un aprendizaje rápido. Eso no significa decir que la toma de notas en sí misma sea una técnica de aprendizaje defectuosa. Simplemente que hay formas adecuadas de hacerlo para promover un aprendizaje optimizado y absorción de conocimientos. Eso es precisamente lo que este capítulo intentará resaltar. Vas a contar con un sistema adecuado de toma de notas que te ayudará a crecer y desarrollar tus conocimientos.

Antes de centrarnos en las cosas que necesitas hacer para optimizar el proceso de tomar apuntes, podría ser bueno que seas consciente de las cosas que estás haciendo mal. La gran mayoría de las personas que toman apuntes cometen el error de simplemente escribir notas puramente por el motivo de poner palabras en papel. La mayoría de las veces, la gente hace esto para tener una referencia a la que recurrir en el futuro cuando estén estudiando. Sin embargo, esta es una forma completamente incorrecta de tomar apuntes. En primer lugar, es prácticamente imposible anotar todo de manera textual que un profesor o jefe pueda estar dictando en una clase o reunión. Es probable que estés escuchando una conferencia de 2 horas o una reunión de 30 minutos. No hay forma de que puedas escribir todo. Además, con este método de tomar apuntes, no estás invirtiendo activamente en el material que estás escribiendo. Simplemente estás poniendo la pluma sobre el papel. El proceso es principalmente mecánico y es casi una actividad completamente mecánica. Realmente no tienes la oportunidad de analizar las ideas que estás escribiendo y fallas en implantarlas en tu mente.

La forma más efectiva de tomar apuntes sería mantener siempre un cerebro pensante. No todo puede ser garabatos sin sentido de palabras al azar en una hoja en blanco. No eres un transcriptor. Eres un aprendiz. Mientras prestas atención a una fuente de información como un audiolibro, un video educativo, una conferencia, o algo por el estilo, querrás prestar atención a los conceptos de alto nivel dentro de ese material fuente que sientes que realmente te ayudarían como aprendiz. Está bien que descartes casualmente los detalles que pueden no ser importantes para tu proceso de aprendizaje. Aquí hay cinco métodos eficientes y efectivos de tomar apuntes recomendados por el sitio web 'Oxford Learning' ("Cómo tomar apuntes de estudio: 5 métodos efectivos de tomar apuntes", 2017).

El Método Cornell

El método Cornell es una técnica común de tomar apuntes para personas que les gusta revisar sus notas más tarde. Es una forma muy limpia y estructurada de tomar apuntes que facilita su consulta en el futuro. Todo el método Cornell de tomar apuntes está diseñado para organizar tus notas en resúmenes cortos que son fáciles de entender.

Con el método de Cornell, vas a tener que dividir el papel en el que estás tomando notas en tres secciones separadas. Una sección grande en la parte inferior del papel debe estar dedicada al resumen. Una porción más pequeña en el lado izquierdo del papel debe estar dedicada a las pistas, mientras que una porción más grande en el lado derecho del papel está dedicada a las notas reales.

Notas

Mientras tomas notas en clase o en una reunión, esta es la sección donde querrás resaltar todas las ideas principales y conceptos que se mencionaron. Concéntrate solo en los conceptos más grandes.

Pistas

Justo después de que termine la clase o la reunión, repasa las notas que tomaste y agrega acotaciones específicas en las que puedas profundizar más una vez que tengas recursos adicionales. Añade algunas preguntas guía específicas o referencias potenciales que puedan ayudarte a comprender algo mejor.

Resumen

En la sección de resumen de tus notas, aquí es donde querrás proporcionar una visión general de todo lo que has aprendido. Concéntrate solo en los conceptos más grandes y destaca los puntos importantes que deseas enfatizar.

El Método de Mapeo.

Si eres más de tomar notas visuales, este podría ser el mejor método para ti en cuanto a la toma de notas se refiere. El método de Mapeo está diseñado para que crees una ayuda visual que te ayudará a retener la información que recopilas durante una clase, conferencia, presentación o reunión. También es un gran método cuando te ves obligado a relacionar múltiples temas entre sí dentro de una única sesión de toma de notas.

El método de mapeo también puede considerarse como una especie de formato piramidal. Tienes que empezar con el tema principal en la parte superior de tus notas. Luego, ramificarte lentamente a diferentes subtemas a medida que avanza la clase o la conferencia. Por cada subtema que produzcas, anota los puntos importantes o notas que necesitas recordar o estudiar más tarde. Repite este proceso durante toda la sesión.

El método de esquematización

El método de esquematización es uno que promueve una presentación muy organizada y legible de puntos y temas importantes que servirán como referencias para un estudio más profundo. Esto es especialmente efectivo como medio de tomar apuntes en sesiones de aprendizaje o conferencias que se adentran en detalles increíbles sobre temas complejos. Funciona de manera similar al método de Mapa conceptual pero se realiza de una manera menos visual con un énfasis importante en las palabras escritas.

Para utilizar eficazmente el método de esquematización, primero necesitas comenzar escribiendo el tema principal en la esquina superior izquierda del papel. Luego, coloca el primer subtema justo debajo del tema principal con una ligera sangría hacia la derecha. Bajo el subtema, haz otra sangría para cualquier punto clave o detalles que consideres importantes y que puedan complementar el subtema. Repite este proceso para cada subtema que se discuta en la conferencia o reunión.

El Método de Graficación

El método de toma de notas mediante gráficos incorpora el uso extensivo de columnas para estructurar y organizar de forma ordenada información valiosa. Esto también es un uso eficaz de la toma de notas para conferencias o conceptos que tienen conexiones y relaciones complejas con varios subtemas.

Para estructurar adecuadamente un documento para el método de Cuadro, debes dividir tu papel en varias columnas. En algunos casos, es posible que necesites utilizar hojas adicionales para acomodar más categorías que caen bajo el tema principal. Cada vez que el profesor o material de recursos mencione una nueva categoría, dedica una nueva columna a esa categoría. Una vez que se mencione un detalle importante o una pieza de información relacionada con una categoría específica, colócala en la columna correspondiente.

El Método de la Oración

Este método de tomar apuntes puede ser un poco más intenso y puede requerir más esfuerzo que los demás, pero también está diseñado para ser más centrado en la información. Va a ser mucho más detallado y cubrirá una gran cantidad de datos rápidamente. Sin embargo, también va a consumir varias hojas de papel ya que cada tema va a requerir su propia página específica.

Para utilizar este método correctamente, etiqueta la parte superior del papel con una categoría específica o idea principal. Una vez que el material fuente muestre información vital sobre ese tema o categoría, procede a escribir ese punto en forma de una oración completa debajo de esa página correspondiente.

Capítulo 9: Luchando contra la procrastinación para acelerar el aprendizaje

Una gran mayoría de personas en el mundo no saben lo que necesitan hacer para aprender nuevos conceptos de la manera más eficiente y efectiva posible. Es muy raro que las personas sepan de antemano cuál técnica de estudio va a funcionar mejor para ellos sin probar primero varias. Sin embargo, sería imprudente pensar que las personas no están maximizando su capacidad para aprender solo porque desconocen diversas técnicas y prácticas. Más bien, una de las razones más comunes por las que las personas no llegan a experimentar diversas técnicas de aprendizaje es la procrastinación.

Una herramienta clave que necesitarás para ser productivo y eficiente con tu tiempo mientras persigues nuevas habilidades y disciplinas es tu capacidad para combatir la procrastinación. Muchas personas son culpables de procrastinar de vez en cuando sin siquiera darse cuenta. Eso es parte de la batalla; poder reconocer cuándo estás perdiendo el tiempo en lugar de ponerte serio y ponerte a trabajar de inmediato. Incluso cuando estás equipado con todas las técnicas de aprendizaje acelerado más efectivas del mundo, si no sabes cómo combatir la procrastinación, entonces no podrás encontrar mucho éxito en tus metas y esfuerzos.

Tienes que entender que si solo vas a trabajar en los momentos en los que tengas ganas de hacerlo, entonces no llegarás muy lejos. Si solo sales a correr en los días en los que te sientas inspirad, entonces pasará bastante tiempo antes de que estés listo para correr un maratón. Si solo practicas escribir en los días en los que te sientas inspirado para hacerlo, entonces probablemente no publiqués esa novela en un futuro cercano. Claro, puedes hacer uso de diversas técnicas de aprendizaje acelerado para ayudar a optimizar el proceso de aprendizaje. Sin embargo, si no abordas el problema de la procrastinación en tu vida, entonces todavía te estás impidiendo alcanzar tu máximo potencial como estudiante.

Según Margie Warrell, autora superventas y conferenciante pública, la procrastinación puede ser muy perjudicial para el bienestar general de una persona, y si no se aborda, podría acarrear problemas significativos en la vida personal de uno (2013). En un artículo publicado por la revista Forbes, Warrell resaltó la importancia de siempre poder abordar los desencadenantes de la procrastinación y comprender por qué puede ser tan tentador simplemente posponer el trabajo para otra fecha. Hay una serie de determinantes y factores que podrían influir en la decisión de una persona de procrastinar. Gran parte de ello tiene que ver con la inseguridad, el estrés, la ansiedad, la pereza y tal vez incluso la desmotivación. Sin embargo, ella afirma que hay una manera de combatir la procrastinación, y es tan simple como seguir estos pasos fáciles:

Establece tu objetivo y date un plazo.

Solo tienes que establecer tu objetivo primero. De ahí es de donde finalmente va a surgir todo. A veces, mucha gente posterga y falla en comenzar simplemente porque no saben hacia dónde se supone que deben dirigirse. Por eso, vas a querer poder establecer direcciones claras para ti mismo. Quieres asegurarte de tener un camino que puedas seguir hacia el logro y el éxito eventual.

Además de eso, también vas a querer ponerte un plazo. Esto es para que puedas motivarte a seguir adelante. Es muy fácil relajarse cuando sabes que realmente no hay un sentido de urgencia todavía. A veces, simplemente crear ese sentido de energía, incluso si es solo contigo mismo, sería suficiente para empezar.

Divide tu objetivo en partes más pequeñas.

Ahora que sabes cuál será el destino final, es importante que determines cuáles serán tus paradas para el viaje. Divide tu objetivo principal en pasos más pequeños y simples. Esto puede hacer que la tarea entera sea menos intimidante para ti. Tómalo paso a paso si es necesario. Recuerda que cualquier progreso, por pequeño que sea, sigue siendo progreso. Cada paso que des hoy te llevará un paso más lejos de donde estabas ayer. Nunca subestimes el valor de pequeños esfuerzos.

Visualiza tu éxito futuro

Si alguna vez sientes ganas de rendirte, siempre es bueno pensar en la felicidad futura de la que te estarías privando si decides simplemente relajarte. Es muy posible que las apuestas no sean tan altas con tu aprendizaje. Tu carrera o vida personal tal vez no dependan de si decides o no tomar el tiempo y el esfuerzo para realmente aprender algo nuevo o desarrollar habilidades. Puede ser muy fácil renunciar y decir que lo intentarás de nuevo en un momento más conveniente. Pero también sabes que no serás tan feliz y satisfecho como lo serías si realmente te tomaras el tiempo y dedicaras esfuerzo para dominar estas disciplinas. Nunca quieres que la versión exitosa de ti mismo exista solo en un mundo de sueños o en un escenario ideal. Deberías imaginar el éxito para ti mismo, y querer hacer todo lo posible para manifestar esa visión en la vida real.

Convierte tu miedo en algo positivo.

El miedo puede ser una causa muy común para que las personas se dediquen a la procrastinación. Muchas veces, la gente tiene miedo de intentar algo y fracasar. Y así, recurren a nunca intentar nada en absoluto. Sin embargo, esa puede ser una forma muy poco saludable de canalizar tu miedo. Quizás, sería mejor pensar en lo mal que te sentirías unos meses más tarde si no hicieras el trabajo.

Permita que otros le responsabilicen.

Comunica tus metas a tus amigos y colegas. Asegúrate de que estén ahí para mantenerte motivado. Es muy fácil renunciar a algo cuando sabes que solo estás decepcionándote a ti mismo. Pero, si tienes a otras personas contando contigo para cumplir, puede ser más fácil encontrar la motivación para seguir adelante y avanzar. Permite que otras personas te mantengan responsable de tus metas. Si dices que quieres dominar el arte de tocar la guitarra, entonces comprométete a tocar una canción en la fiesta de cumpleaños de tu amigo. Esta es una excelente manera de motivarte a aprender.

Recompensa cada hito.

No tengas miedo de recompensarte a ti mismo. Si sabes que has hecho un trabajo sustancial, entonces recompénsate con algo agradable. No tiene por qué ser algo exagerado. Solo quieres asegurarte de poder marcar cada hito para crear ese diálogo interno positivo dentro de ti mismo para seguir adelante. Cuando te aseguras de recompensarte por hacer un buen trabajo, recargas tus energías e inspiras a seguir haciendo más de lo mismo.

Sé valiente y comienza hoy

Como dice el refrán, no tiene sentido esperar para hacer algo mañana cuando puedes hacerlo hoy. A veces, habrá días donde la motivación será difícil de encontrar. Habrá días donde tus inseguridades serán mucho más fuertes que tu voz interior de autoconfianza. Sin embargo, en esos días, simplemente tendrás que luchar aún más duro. Ponte a trabajar. La parte más difícil siempre es empezar. Una vez que encuentres un ritmo, será difícil detenerte.

Capítulo 10: La técnica de Feynman

Richard Feynman es considerado uno de los mayores científicos del siglo XX, y es quien en realidad inspiró el método de aprendizaje acelerado. Aunque este módulo de aprendizaje acelerado en particular lleva su nombre, es una herramienta de aprendizaje relativamente popular que muchos de los grandes pensadores del mundo (incluido Albert Einstein) han incorporado a sus propios hábitos de estudio personales.

"Si no puedes explicarlo de forma sencilla, entonces no lo entiendes lo suficientemente bien."

Esta es una cita que comúnmente se atribuye a Einstein, aunque algunos podrían decir que en realidad nunca la dijo o escribió en ningún lugar. Sea cual sea el caso, esta es esencialmente la temática central que conforma la técnica de Feynman. En realidad, es una herramienta de aprendizaje diseñada para que el aprendiz no solo domine un tema o disciplina específica, sino también para dominar la enseñanza de esta habilidad o disciplina a otra persona. Básicamente obliga a uno mismo a aprender algo en profundidad para poder comunicarlo de manera efectiva a otra persona.

¿Cómo funciona todo esto? Bueno, este capítulo va a estar dedicado a enseñarte el arte de aprender a través de la enseñanza. Esto es precisamente de lo que se trata la técnica de Feynman. Es un método de aprendizaje diseñado para ayudar a mejorar tu capacidad de recordar conceptos complejos y memorizar puntos importantes. Te ayudará a organizar y estructurar tus pensamientos de manera ordenada y a desarrollar tu autoconciencia para que puedas detectar mejor las lagunas en tu lógica y comprensión de un tema en particular. También es una forma muy práctica y gratificante de aprender algo nuevo.

La técnica de Feynman puede ser cumplida esencialmente en tan solo 7 simples pasos:

Identificar el tema principal y escribir todo lo que sepas al respecto.

Esta es la primera cosa que querrás hacer porque vas a querer probar realmente tu conocimiento sobre el tema de primera mano. No querrás seguir un enfoque lineal para aprender algo si ya sabes mucho sobre este tema. Si estás construyendo una casa y ves un problema con el piso en el segundo piso, eso no significa que necesitas derribar también todo el primer piso. El objetivo de esta primera fase es que veas lo que sabes para hacerte más consciente de lo que no sabes.

Toma un concepto de tu lista y amplíalo utilizando tu conocimiento previo.

Una vez que hayas puesto todo sobre la mesa, entonces puedes proceder a expandir realmente las ideas principales y los conceptos aún más. Toma un enfoque paso a paso al centrarte en un concepto a la vez. Anota cada punto o pieza de información que puedas tener en tu mente que podría ayudarte a reforzar tus conceptos principales. Aquí es donde realmente entras en detalle sobre todo lo que puedas saber en relación con el tema principal.

Imagina enseñar o presentar estos temas a otras personas.

Una vez que sientas que ya has agotado todo tu conocimiento por escrito, entonces podría ser el momento de fingir enseñar este tema a una audiencia imaginaria. Intenta presentar todo lo que sabes a las paredes de una habitación privada donde solo estés tú y un grupo de personas imaginarias. Hazlo lo más legítimo posible. Realmente pon todo lo que tienes en ello. Haz que parezca que tu audiencia imaginaria realmente anhela aprender más sobre este tema de ti y que confía en ti para cumplir con eso.

Identifica las áreas potenciales de problema en las cuales tienes dificultades para explicar.

Si todavía no eres verdaderamente un maestro en el tema, es probable que encuentres muchas lagunas en la lógica y áreas problemáticas que requerirán solución. Este esencialmente es el aspecto de encontrar problemas en el proceso de aprendizaje. Querrás descubrir dónde están todos tus puntos débiles para que sepas en qué áreas tendrás que concentrarte en mejorar en tu proceso de aprendizaje. Ahora es la parte en la que estás buscando grietas en la pared, filtraciones en el techo y fallas en el cableado de tu hogar.

Regresa y completa los espacios en blanco y luego repite el Paso 2 y 3.

Una vez que hayas identificado con éxito dónde están las áreas problemáticas, es hora de que actúes. Consulta cualquier material fuente confiable o busca la ayuda de un mentor para que puedas llenar esos vacíos y aumentar tu confianza en tu conocimiento sobre cierto tema. Refina tu presentación aún más repitiendo los pasos 2 y 3 del proceso siempre que sea necesario.

Simplifica aún más tu presentación utilizando analogías.

Cuando estés seguro de todo el conocimiento que has adquirido y la investigación que has realizado para ser un maestro en este campo de estudio en particular, es hora de simplificar aún más tus pensamientos e ideas. La razón por la que deseas simplificar tus pensamientos es porque quieres asegurarte de entender estos conceptos en su forma más simple. Si eres capaz de incorporar analogías en la presentación de tus ideas, entonces eso es una confirmación adicional del sólido dominio que puedes tener sobre estos puntos e ideas.

Si estás dispuesto, intenta enseñar el concepto a otros.

Este último paso no es realmente necesario, pero si te sientes lo suficientemente valiente, puedes seguir adelante y tratar de enseñar a otras personas sobre el tema. Siempre es bueno cuando puedes exponerte y realmente poner a prueba tu conocimiento. Esta también es una oportunidad para recopilar comentarios valiosos de otras personas que pueden darte una perspectiva externa de la forma en que presentas tus ideas. Si ven algún punto débil potencial, entonces podrías defenderlo o tomarlo como una oportunidad de aprendizaje. De cualquier manera, fortaleces tu comprensión del tema aún más.

Capítulo 11: Aprendiendo a través de la escucha

Nuevamente, cada vez que alguien quiere aprender más sobre un tema en particular o un campo de estudio, es completamente normal que uno se incline hacia un libro de texto o algún tipo de material de lectura. Sin embargo, también es muy común que las personas asistan a conferencias o escuchen presentaciones en un esfuerzo por adquirir conocimientos sobre un campo de interés específico. Puede ser un empresario que haya asistido a una conferencia en un esfuerzo por aprender más sobre técnicas de ventas o tácticas de gestión. Puede ser un estudiante universitario que está asistiendo a una conferencia con un profesor que no utiliza diapositivas o ayudas visuales. Es durante situaciones como estas donde realmente tendrás que depender de tus habilidades de escucha para acelerar tu aprendizaje dentro de estos escenarios específicos.

Según Lee y Hatesohl de la Universidad de Missouri, los estudios indican que, del tiempo total de comunicación que un ser humano asigna en un día, el 45% de ese tiempo se dedica puramente a escuchar (1993). Sin embargo, los estudios también muestran que la técnica de escucha promedio de un ser humano es defectuosa e ineficiente.

¿Por qué somos tan malos escuchando?

Me estás escuchando, pero no estás prestando atención. Esa es una frase que se dice a menudo. Ese es básicamente el meollo del asunto. Solo porque escuchas a alguien diciéndote un montón de palabras, frases y oraciones, no significa que necesariamente estés escuchándolos. Ese es precisamente el punto en el que se va a centrar este capítulo. Vas a aprender más sobre por qué la forma en que escuchas está mal, y por qué no estás aprendiendo realmente de manera eficiente con tu método de escucha. Además, vas a aprender sobre técnicas de escucha adecuadas que puedes adoptar como uno de tus hábitos personales de aprendizaje.

Sin embargo, antes de poder descubrir qué es lo que necesitas hacer para mejorar la forma en que escuchas a los demás, es importante que primero entiendas qué es lo que estás haciendo mal en primer lugar.

No escuchas lo que no te interesa

Imagina este escenario por un momento. Eres un estudiante universitario y sabes que odias las matemáticas. Te esfuerzas por evitar cualquier especialidad que pueda requerirte hacer problemas matemáticos. Optas por una licenciatura en artes liberales o música en su lugar. Pero luego, cuando miras tu plan de estudios, notas que hay algunas unidades de matemáticas que debes tomar.

Así que, vas a clase a regañadientes, intentas escuchar mientras tu profesor de matemáticas explica fórmulas, ecuaciones y más.

Sin embargo, no logras entender nada, porque realmente no ves el valor de aprenderlo en primer lugar. Entras en el proceso de aprendizaje con una disposición tan negativa que prácticamente te estás limitando a ti mismo y a tu capacidad de aprender. A veces, simplemente tienes que hacer el esfuerzo de escuchar algo aunque no estés del todo interesado en ello.

Criticizas al mensajero, pero no al mensaje.

No pierdas el punto principal de la conferencia o clase en la que estás. Estás ahí para aprender sobre un tema en particular. No estás ahí para aprender sobre el orador o el conferenciante en sí. Si estás demasiado centrado en lo que el conferenciante está usando o en la manera en que están hablando, entonces corres el riesgo de distraerte por completo del verdadero objetivo de asistir a la conferencia en primer lugar. A veces, puedes desviarte demasiado por tu percepción del conferenciante hasta el punto de que el mensaje real de la conferencia se convierte en completamente irrelevante. Siempre asegúrate de que cuando estés escuchando, presta atención al mensaje, y no al mensajero.

Tú toleras muchas distracciones.

Pon tu teléfono celular en modo de vibración y asegúrate de mantenerlo guardado en tu bolso hasta que termine la conferencia. Si alguien atractivo está sentado justo a tu lado, considera simplemente moverte a otro asiento si sientes que no puedes evitar distraerte. A veces, puedes sobreestimularte con cosas que no tienen nada que ver con la conferencia en sí y terminas perdiendo puntos valiosos o trozos de información. Realmente tienes que asegurarte de mantenerte enfocado en la tarea que tienes entre manos. Tu cerebro solo puede acomodar ciertos estímulos a la vez.

Intentas eludir temas difíciles y desafiantes.

Si solo prestas atención a las personas que dicen cosas agradables y fáciles de entender, entonces realmente nunca aprenderás mucho escuchando en absoluto. El punto entero de aprender aceleradamente a través de la escucha es exponerte a temas difíciles o desafiantes de los que quizás no sepas mucho. Esa es la esencia del aprendizaje en cualquier medio. Así que, no te cierres a escuchar a alguien solo porque sabes que te resultará difícil de entender. Siempre aprovecha cada oportunidad de aprendizaje que puedas y trata de sacarles el máximo provecho.

Dejas que tus emociones se apoderen de ti.

Hay muchas veces durante el transcurso de un discurso o una conferencia en las que el orador puede conectar con los sentimientos o emociones de la audiencia. Aunque pueda ser tentador dejarse llevar por las emociones y el carisma del orador, debes resistir esa tentación. No puedes permitir que tus sentimientos comprometan el nivel de aprendizaje que podría estar teniendo lugar. Siempre intenta mantener un punto de vista lo más objetivo posible. No dejes que tus sentimientos nublen tu juicio o análisis de un punto.

Te atienes a solo un punto de vista.

No es suficiente que estés haciendo un esfuerzo por escuchar a la persona que está hablando justo frente a ti. También es igual de importante que hagas un esfuerzo por mantener la mente abierta. Es posible que no creas o estés de acuerdo con lo que la persona está diciendo, pero el objetivo principal de escuchar es tratar de aprender algo nuevo de alguien. Eso significa que estás obligado a escuchar algunas cosas que podrían no resonar con tu propio sistema de creencias. Reserva tu juicio para el final. Puedes arriesgarte a perderte un punto muy importante y valioso porque estás demasiado absorto en tus propios pensamientos y sistemas de creencias.

¿Cómo mejoramos nuestra escucha para acelerar el aprendizaje?

Afortunadamente, hay una manera en la que puedes mejorar la forma en que escuchas a las personas. Todo se reduce a emplear al menos una o una combinación saludable de las tres técnicas la próxima vez que estés escuchando a alguien dar una presentación o un discurso. Es cierto cuando dicen que las personas hablan demasiado en este mundo, pero no escuchan lo suficiente. Recuerda que cuando estás hablando, básicamente estás reforzando lo que piensas que ya sabes, tanto para ti como para los demás. Pero cuando te tomas el tiempo de escuchar, te estás dando la oportunidad de ampliar tu visión del mundo y tu perspectiva sobre las cosas. Por eso, un buen oyente será más hábil para aprender que un buen hablante.

Ve a donde creas que va el orador.

En lugar de ser reactivo con tu escucha, intenta ser un oyente proactivo en su lugar. ¿Qué significa esto? Por lo general, cuando estás escuchando a alguien hablar, es posible que tengas la tendencia de participar en una escucha pasiva. Esto significa que les permites hablar todo el tiempo, y tú solo absorbes y reaccionas a lo que te dicen. Pero con la escucha proactiva, en realidad estás tratando de adelantarte a ellos. En lugar de esperar a que el hablante te dé el punto principal en bandeja de plata, intenta llegar allí por ti mismo antes de que tengan la oportunidad de hacerlo. Este método proactivo de escucha realmente estimula tu mente y la prepara para poder absorber nuevos conceptos e información de mejor manera.

Enfócate en los Puntos de Apoyo o Argumentos

Cuando alguien te dice que reducir el consumo de carne roja va a ser bueno para ti, no es realmente un punto interesante que te convencería. Sin embargo, si alguien te dice que el consumo de carne roja es bueno para ti porque ayuda a reducir los niveles de colesterol y presión arterial en tu cuerpo, entonces el punto se vuelve más convincente de inmediato. ¿Por qué? Es porque el punto principal se refuerza aún más con un punto o argumento de apoyo. Cuando estás escuchando a alguien, no te centres en un punto principal. En su lugar, presta atención a todos los puntos y argumentos de apoyo. Una vez que puedas fundamentar un punto principal, será mucho más fácil de entender, memorizar y comunicar a otros más adelante.

Toma nota de resúmenes mentales mientras estás escuchando.

Si estás escuchando a un orador o a un conferenciante, es muy poco probable que continúen con su exposición sin detenerse o tener algunas pausas aquí y allá. Estas pausas pueden no ser demasiado largas, pero aún así van a servir como oportunidades para que hagas breves resúmenes de lo que acaban de decir. Es una excelente manera de entender lo que el orador está tratando de comunicar, y también es una forma efectiva de lograr retención y recuerdo para estos temas y conceptos en particular.

Capítulo 12: Aprendizaje Experiencial

Solo con mirar su nombre, el método de aprendizaje experiencial debería ser realmente autoexplicativo. Esencialmente, es una técnica de aprendizaje acelerado que refuerza la idea de aprender a través de la experiencia real. Los famosos y destacados psicólogos John Dewey y Jean Piaget suelen ser reconocidos como los padres del aprendizaje experiencial. Sin embargo, muchos personajes clave en la comunidad científica estarán de acuerdo en que fue el trabajo de David A. Kolb, un teórico educativo y profesor de Comportamiento Organizacional, el que realmente llevó el tema del aprendizaje experiencial a la corriente principal.

Muchos científicos, teóricos y educadores han hecho uso de este método transformador de educación y aprendizaje a través de varios experimentos, pruebas y aplicaciones reales en el aula. En general, es una forma muy inmersiva de educación ya que se apoya fuertemente en la experiencia real del alumno de un concepto o idea, y no solo en la comprensión teórica de la misma. Todo este capítulo estará dedicado a promover la idea del aprendizaje experiencial como una gran herramienta para acelerar la comprensión o absorción de una tarea o idea compleja. Se le informará sobre las diversas razones por las cuales el aprendizaje experiencial es en realidad una excelente manera de aprender. También se le dará una visión práctica de cómo puede hacer uso del aprendizaje experiencial para acelerar su desarrollo y dominio de una disciplina en particular.

Razones por las que el aprendizaje experiencial es una forma transformadora de aprendizaje

Rajiv Jayaraman, el CEO y fundador de la empresa de soluciones de desarrollo de empleados KNOLSKAPE, compartió sus reflexiones sobre el aprendizaje experiencial y su valor en el desarrollo humano en una publicación de blog. Afirmó que el aprendizaje experiencial es la mejor manera de combatir la creciente probabilidad de déficit de atención e desinterés o desapego personal en el estudiante contemporáneo. En el artículo que escribió, resaltó 8 razones específicas sobre por qué el aprendizaje experiencial es en realidad una forma revolucionaria de aprendizaje (2014).

Acelera el aprendizaje

El aprendizaje experiencial es una forma mucho más eficiente y efectiva de lograr que una persona realmente aprenda algo. El aprendizaje repetitivo o el método de aprendizaje por pura repetición ha demostrado ser muy ineficiente y simplemente aburrido para mucha gente. Con el aprendizaje experiencial, el aprendiz es realmente atraído y motivado a participar en el pensamiento crítico, la resolución de problemas y la toma de decisiones. La experiencia inmersiva e intuitiva acelera aún más el proceso de aprendizaje.

Ofrece un entorno de aprendizaje cómodo y seguro.

El aprendizaje experiencial es una forma realmente fantástica de ofrecer a un alumno la oportunidad de aprender realmente y poner en práctica habilidades valiosas para la vida en un entorno seguro y controlado. Por ejemplo, al enseñar a un niño pequeño los conceptos básicos de la mecánica del cuerpo humano, puedes llevarlo a un pequeño parque infantil para que realmente use su cuerpo para atravesar terrenos y obstáculos diversos. Se le brinda al niño la oportunidad de aprender cómo utilizar su cuerpo a través de la experiencia real, pero aún se le proporciona seguridad, confort y supervisión.

Aumenta el nivel de participación de una persona

Solo hay un nivel más alto de enfoque, participación y colaboración cuando un aprendiz se ve obligado a someterse a una lección experiencial. Los sentidos se agudizan y la mente de uno se afila definitivamente y se prepara para participar en una experiencia de aprendizaje inmersivo como resultado de la sobrecarga sensorial. También hay un nivel más alto de inversión emocional por parte del aprendiz cada vez que se comprometen por completo con la tarea o desafío en cuestión. Ser lanzado directamente al medio de la experiencia es definitivamente algo así como un despertar, y puede exigir toda la atención y enfoque de uno.

Ayuda a cerrar la brecha entre la teoría y la práctica.

En los métodos de aprendizaje más tradicionales, sería el

maestro, mentor o conferenciante quien explicaría conceptos e ideas en forma teórica. Sin embargo, el aprendizaje experiencial puede cerrar la brecha entre la formalidad de la educación teórica y la aplicación práctica. El alumno ya no se queda solo para comprender pensamientos e ideas sin tener realmente la oportunidad de experimentarlos de primera mano. Con el aprendizaje experiencial, es una fusión saludable de ambos procesos de aprendizaje.

Produce cambios drásticos en la mentalidad.

Siempre que un ser humano atraviesa una experiencia impactante o dramática, realmente puede desencadenar un cambio drástico en la mentalidad de uno. Los efectos del aprendizaje por experiencia son mucho más profundos que simplemente aprender teoría sola. No digo que escuchar una conferencia que cambie la vida de un orador de clase mundial no produciría resultados o cambios dramáticos en la mentalidad. Simplemente que este tipo de aprendizaje dependería en gran medida del contenido de la conferencia y del conferenciante mismo. Con el aprendizaje experiencial, los cambios dramáticos vienen como resultado directo del módulo o de la metodología de formación.

Ofrece un excelente retorno de inversión

El acto de enseñar y aprender es una inversión. Como maestro, estás invirtiendo en el aprendiz. Como aprendiz, estás invirtiendo en el material de aprendizaje y en ti mismo. Por eso siempre querrás asegurarte de estar haciendo las inversiones adecuadas en las metodologías correctas. El aprendizaje experiencial ofrece un gran retorno de inversión debido al crecimiento y desarrollo que un aprendiz obtiene de toda la metodología de entrenamiento.

Proporciona resultados de evaluación precisos.

Con el aprendizaje teórico, puede ser muy difícil evaluar el crecimiento y desarrollo del aprendiz. Las pruebas teóricas solo pueden proporcionar evaluaciones teóricas que no necesariamente se traducirán en la aplicación en la vida real. Sin embargo, con el aprendizaje experimental, puede ser mucho más fácil medir con precisión el progreso y desarrollo de un aprendiz. Por ejemplo, evaluar la capacidad de un estudiante de programación para recordar varios algoritmos y comandos es completamente diferente a tener un estudiante construir un programa completo desde cero con especificaciones establecidas. El aprendizaje experimental se enfoca más en la aplicación de teorías que solo en las teorías en sí mismas.

Permite el aprendizaje personalizado.

El aprendizaje experiencial siempre ofrece una experiencia de aprendizaje personalizada para el estudiante. Realmente nunca es una metodología de aprendizaje único para todos, porque todos van a tener diferentes preferencias, gustos, disposiciones y personalidades. El aprendizaje experiencial entiende que todos aprenden de maneras muy diferentes. Esto significa que es importante evaluar, diseñar, derivar, guiar y orientar a cada estudiante de una manera muy personalizada. Esto es algo que el aprendizaje experiencial podrá proporcionar tanto al estudiante como al mentor.

Capítulo 13: El Método de los Lugares - Una Técnica de Memoria

El método de los lugares no es necesariamente un método revolucionario de aprendizaje o memorización, ya que es una técnica que ha existido durante siglos. Esencialmente, se trata de una técnica de memorización que consiste en asociar puntos de interés particulares a rutas familiares que recorres de forma regular. Este es un método de aprendizaje o memorización que es especialmente efectivo para personas que necesitan memorizar largas listas con las que normalmente no están familiarizadas. Este capítulo completo te dará un breve resumen sobre la historia de los orígenes del método, junto con algunos consejos y trucos sobre cómo puedes usar el método en tu vida diaria.

Orígenes

Es muy difícil precisar los orígenes exactos del método de loci, ya que es en verdad una de las técnicas de memoria más antiguas en la historia de la civilización. Sin embargo, se cree ampliamente que fue en el 'De Oratore' de Cicerón donde el concepto se puso por primera vez en forma escrita. En su obra, Cicerón atribuyó la invención del método de loci al filósofo y poeta griego Simónides. En su relato de la historia, Cicerón afirma que Simónides logró escapar de un edificio en llamas que estaba albergando una fiesta suntuosa para las personas más adineradas y destacadas de la época en esa área. Simónides se propuso identificar los cuerpos de las víctimas quemadas después de la tragedia, e inventó el método de loci en un esfuerzo por recordar quiénes eran esas personas.

En lugar de analizar los cadáveres quemados en sí mismos, Simónides intentó recordar dónde estaban sentadas y situadas ciertas personas durante la fiesta para identificar dónde habían terminado sus cuerpos quemados. La leyenda dice que así es como nació el método de los lugares. Es por eso que el método de los lugares es más conocido comúnmente como el palacio de la memoria o palacio mental, que a menudo ha sido mencionado en la representación televisiva de la BBC del clásico Sherlock Holmes.

Cómo funciona

Básicamente, para que puedas utilizar el método de las Loci en tu vida, primero debes visualizar una ruta, habitación o ubicación familiar que conozcas de memoria. Tal vez puedas imaginar tu propia habitación, toda tu casa, tu campus universitario, o incluso tu ruta diaria al trabajo. Sea cual sea la ruta que elijas, es importante que te asegures de que esta siempre será la ruta que utilices cada vez que emplees esta técnica. Una vez que hayas elegido una ruta, entonces debes identificar puntos o puntos importantes en la ruta que puedan servir como representaciones de las ideas o conceptos que deseas memorizar. Si has elegido tu habitación como tu palacio de la memoria, tal vez quieras considerar tu cama como el primer punto de referencia, tu televisor como el segundo, y luego tu estantería como el tercero, y así sucesivamente... Lo importante es que establezcas un orden secuencial al que puedas volver de manera consistente.

Si se te asigna la tarea de memorizar los cinco primeros presidentes de los Estados Unidos, entonces debes designar a cada personaje a los cinco primeros hitos o puntos de ruta que hayas establecido para ti en tu palacio de la memoria. Para hacerlo, primero debes investigar y leer sobre quiénes son los cinco primeros presidentes:

George Washington - John Adams - Thomas Jefferson - James Madison - James Monroe

Digamos que utilizas tu casa como tu palacio de la memoria para este ejercicio en particular. Ahora debes determinar qué puntos de referencia en tu casa vas a utilizar. Idealmente, querrás designar tus puntos de referencia en un orden intuitivo y secuencial. Como te despiertas en tu dormitorio todas las mañanas, el primer punto de referencia de tu casa podría ser tu dormitorio, y tal vez tienes la costumbre de ir al baño de inmediato cada vez que te despiertas. El baño podría ser el segundo punto de referencia. Después de usar el baño, es posible que tengas que bajar a la cocina usando las escaleras para desayunar. Las escaleras podrían ser el tercer punto de referencia. Antes de entrar en la cocina, debes pasar por la sala de estar. La sala de estar puede servir como el cuarto punto de referencia. Finalmente, la cocina puede servir como el quinto y último punto de referencia. Entonces, el orden de tus puntos de referencia sería el siguiente:

Dormitorio - Baño - Escaleras - Sala de estar - Cocina

A medida que te visualizas avanzando por tu casa, debes entonces atribuir cada punto de referencia al presidente que tienes que memorizar. Cuando te imaginas en tu dormitorio, piensa en que está George Washington. Cuando entras en tu baño, piensa en John Adams, y así sucesivamente. Idealmente, querrás atribuir a cada personaje algo que se relacione con ellos dentro de cada punto de referencia. En tu dormitorio, puede que tengas un libro sobre la vida de George Washington por allí, que puedas usar como enlace. En el baño, puedes pensar en el John, que es una forma británica de referirse al baño. No es necesario que utilices técnicas de memoria como esta, pero ayuda a retener información vital.

Reglas y directrices generales

Por muy simple que pueda ser el método de los lugares, todavía hay ciertas reglas o pautas que vas a querer seguir para sacarle el máximo provecho a esta metodología.

La ruta que elijas debe ser una que te resulte muy familiar.

El método de los lugares no funcionará si no estás familiarizado con la ruta que elegirás para tu palacio de la memoria. Tiene que ser una ruta o una ubicación que conocerías prácticamente de memoria. Si tienes problemas para recordar los detalles de la ruta o ubicación que elijas, entonces probablemente comprometería toda la metodología en su conjunto.

Cada punto de referencia dentro de esa ruta debe ser siempre distinto y único.

Es muy importante que cada hito designado o parada en la ruta sea único y distintivo. Esto se debe a que si dos o más puntos en la ruta son bastante similares e indistinguibles, existe la posibilidad de que termines confundiéndote al intentar recordar las atribuciones y representaciones adecuadas que has establecido en tu mente. Por ejemplo, si usas el campus de tu universidad como tu ruta designada para tu palacio mental, entonces podría no ser una buena idea designar dos aulas idénticas como dos puntos separados en la ruta. Asegúrate de variar utilizando oficinas, bibliotecas, gimnasios, laboratorios, y así sucesivamente.

Debes seguir el mismo orden de la ruta cada vez

Tienes que pensar en tu memoria como si fuera un músculo. Cuanto más consistentemente trabajes tus músculos y los pongas en uso, más fuertes se volverán. Así es exactamente como funciona el método de loci. Cuanto más uses esta metodología como medio de memorizar algo, más hábil te volverás en la memoria y la retención de información. Por eso siempre es ideal que utilices la misma ruta y puntos de referencia cada vez que intentes usar este método. Recuerda que la consistencia genera eficiencia.

Sé creativo con tus atribuciones y representaciones.

Cuanto más esfuerzo pongas en ser creativo con la forma en que representas ciertos personajes, objetos o ideas, más fácil será recordar realmente estas cosas. Esto se debe a que te estás sumergiendo e invirtiendo cada vez más en la técnica de la memoria, lo que significa que estás activando tu mente de forma más eficiente.

Capítulo 14: Estudio eficiente para un examen

Cuando estás en la escuela, siempre te dicen que es una mala idea estudiar a última hora para tus exámenes, pruebas y proyectos. Tu profesor te dice que siempre tienes suficiente tiempo para prepararte para un examen, y que debes aprovechar al máximo ese tiempo en su totalidad. No debes esperar hasta el último minuto antes de comenzar el proceso de preparación. Siempre te recuerdan que debes mantenerte al día con tu trabajo para no tener que ponerte al día con tus tareas y proyectos. Sin embargo, no se puede negar que muchos de nosotros hemos procrastinado en algún momento u otro. De hecho, muchos de nosotros solo recurrimos a la procrastinación cuando se nos dan cosas que hacer. Este capítulo estará dedicado a las personas que constantemente se encuentran teniendo que estudiar a última hora para un examen o una prueba.

Concedido, es importante empezar este capítulo recordando que siempre es importante darse tiempo suficiente para prepararse para un examen. La mejor manera de acelerar tu aprendizaje es asegurarte de darte el tiempo para hacer las cosas correctamente. Idealmente, aún querrías hacer todo lo posible para evitar ponerte en situaciones de apuro y apresurar el proceso de preparación. Sin embargo, es comprensible que haya momentos en los que no tengas el tiempo suficiente para hacer las cosas con mucha anticipación. Puede que tengas demasiadas responsabilidades, y tengas que dejar de estudiar como prioridad baja. En esos casos, puede ser útil hacer uso de las técnicas que se destacarán en este capítulo. Pero nuevamente, es importante usar el "cramming" como último recurso. No debería ser tu método principal para prepararte para exámenes y pruebas. Es posible que no obtengas las mejores calificaciones de tu clase con este método, pero podría marcar la diferencia entre obtener una nota aprobatoria o una reprobatoria.

En este capítulo, vamos a hacer referencia a varias figuras clave que han escrito valiosos materiales de recursos sobre el tema. El blogger y experto en aprendizaje David Pierce, escribió extensamente en una publicación de blog para GearFire sobre la mejor manera de abordar el estudiar intensamente la noche antes de un examen. También vamos a tocar los puntos mencionados por Skylar Anderson en un artículo que escribió para el sitio web StudyRight. Nuevamente, ambos escritores de recursos enfatizan que estudiar intensamente solo debería ser en último recurso en una situación de emergencia. No debería ser una práctica constante para nadie que quiera lograr buenas calificaciones. Aquí hay algunos consejos que querrás considerar para ser realmente eficiente en la forma en que estudias intensamente.

Prepara todos los materiales de estudio que necesites

No hay tiempo para que vayas de un lado a otro de la biblioteca y tu casa en busca de libros o materiales de recursos que puedas necesitar al comenzar el proceso de estudio intensivo. Antes incluso de empezar, tienes que asegurarte de que ya tienes todos los materiales que puedas necesitar. Esto significa que debes preparar todos los libros, referencias, tu calculadora, regla, bolígrafos, lápices, papeles, portátil y todo incluso antes de sentarte y pasar página. Una vez que empieces el proceso de estudio intensivo, no querrás levantarte continuamente para coger algo. Prepárate para estar sentado durante un período prolongado de tiempo, lo que nos lleva al siguiente consejo...

Encuentra un lugar con distracciones mínimas donde puedas sentarte durante un período prolongado de tiempo.

Una vez que te sientes, espera permanecer allí hasta que termines. No tienes tiempo para estar cambiando de un lugar de estudio a otro. Decide un lugar y quédate allí. Asegúrate de elegir un lugar con distracciones mínimas. Puedes encerrarte en tu estudio o en tu habitación. Puedes ir a una biblioteca que te acoja durante varias horas. Puedes visitar una cafetería que no cierre sus puertas en mucho tiempo. Sea cual sea el caso, asegúrate de elegir un lugar en el que no tengas que levantarte y moverte durante toda la sesión de estudio intensivo.

Disculparse del mundo de las redes sociales

Las redes sociales se han demostrado ser una de las mayores distracciones del siglo XXI. Sí, hacen un gran trabajo conectando a las personas entre sí, y realmente es un gran recurso para la colaboración e interacción social, pero no tienes el lujo de tiempo para estar en las redes sociales en este momento. Querrás minimizar las distracciones tanto como sea posible. Si necesitas desactivar temporalmente tus cuentas de Facebook, Instagram y Twitter por el momento, entonces deberías hacerlo. Solo deberías usar realmente internet para recopilar más información sobre un tema en particular.

Utilice el Principio 50/10

Solo porque se mencionó que vas a permanecer sentado durante un período prolongado de tiempo no significa que debas estar estudiando por horas y horas sin detenerte. Sí, estás bajo presión de tiempo en este momento, pero tienes que entender tus limitaciones. Tu cerebro solo puede manejar y procesar tanta información a la vez. Incluso puede llegar a un punto en el que tu cerebro esté sobrecargado y tu estudio se vuelva lento e ineficiente. Por eso es una buena idea darte descansos de vez en cuando solo para reiniciar y refrescar tu cerebro. Una práctica común que la gente utiliza al estudiar intensamente es el principio de 50/10. En un lapso de 60 minutos, querrás pasar 50 minutos estudiando puramente, y utilizar los últimos 10 minutos para hacer lo que quieras solo para refrescar tu cerebro. Repite este proceso todo el tiempo que sea necesario.

Recargue energías con cafeína.

Mucha gente va a ser escéptica sobre la cafeína por sus potencialmente efectos dañinos en el cuerpo humano, pero también va a haber quienes defiendan el valor de la cafeína especialmente mientras se está estudiando. Sin embargo, cuando estás en el proceso de estudiar intensamente, tu noción percibida de salud quizás tenga que pasar a un segundo plano con fines de preparación. Un poco de cafeína no te va a causar un daño sustancial. Vas a querer hacer todo lo posible para mantenerte alerta, despierto y enfocado por un tiempo prolongado sin comprometer completamente tu salud. Esto es exactamente lo que la cafeína va a poder hacer por ti. El uso consistente de cafeína podría ser potencialmente malo para la salud de una persona, especialmente cuando se trata de problemas cardíacos. Sin embargo, el consumo ocasional de cafeína debería estar bien, especialmente cuando necesitas la energía extra para completar una tarea.

Enfócate en las grandes ideas y reescribe.

No tienes mucho tiempo en este punto. Esto significa que realmente no puedes entrar en detalles al revisar o leer tus notas. Solo tendrás tiempo suficiente para enfocarte en las ideas principales. Esto debería ser suficiente para obtener una calificación decente. La mejor manera de recordar estos puntos importantes es reescribirlos en un nuevo conjunto de notas que puedas usar más adelante para revisar o hacer referencia. Cuando te tomas el tiempo para comprender y reescribir estos grandes conceptos en un nuevo conjunto de notas, estás reforzando tu comprensión de estos conceptos. Para obtener más ayuda sobre cómo tomar notas mientras estudias intensivamente, no dudes en volver al Capítulo 8 de este libro.

Reclute todos sus sentidos

Correrás el riesgo de sonar y parecer loco a la gente que te rodea, pero querrás reclutar el uso de todos tus sentidos mientras estás estudiando. La sobrecarga sensorial es una forma excelente y efectiva de sumergirte por completo en lo que estás haciendo. Eso significa que si aprovechas al máximo todos tus sentidos mientras estudias, estás invirtiendo más de tu mente y energía en lo que estás haciendo. Al leer un concepto importante, intenta decirlo en voz alta para ti mismo. Incorpora gestos físicos y movimientos de mano a medida que subrayas puntos importantes. Estas técnicas pueden ayudar en tu capacidad de retener y recordar información.

Encuentra un compañero de estudio

El aprendizaje colaborativo siempre va a resultar ser un método más eficiente de aprendizaje en comparación con estudiar solo. Según Career Step, una plataforma en línea para educación y capacitación enfocada en carreras, tener compañeros de estudio compatibles siempre resultará ser más beneficioso para un aprendiz que estudiar solo (2014). Ben Hartman, el Director de Admisiones en Career Step, dice que tener un compañero de estudio es una forma más enriquecedora y satisfactoria de mejorar la experiencia de aprendizaje en su totalidad. Si estás estudiando al último momento, te podría ir bien pedir ayuda a alguien que esté estudiando para el mismo examen. Pueden ayudarse mutuamente a repasar y la camaradería les da un impulso adicional para estudiar más duro.

Utilice la técnica de segmentación

Intenta memorizar los primeros 10 dígitos de pi:
3.141592653

No es tan fácil, ¿verdad? Pero ¿qué tal si intentas segmentarlo de esta manera:

3,14 - 159 - 26 - 53

En lugar de memorizar el valor completo de pi como un todo, puedes intentar dividirlo en diferentes fragmentos para que puedas memorizarlo mejor. Esta es la técnica de memorización comúnmente conocida como 'chunking'. Tomas un concepto grande o una idea y lo divides en fragmentos más pequeños que son más fáciles de absorber. Desglosar tu programa de estudios también será menos intimidante que tener que absorber todo de una vez.

Recompénsate

Recompénsate de vez en cuando. Puede ser muy desalentador saber que tienes tanta información que necesitas absorber en un corto período de tiempo. Sin embargo, si te refuerzas positivamente en forma de incentivos y recompensas, puede ser muy fácil encontrar la motivación que necesitas para seguir adelante hasta que hayas terminado. Tal vez puedas recompensarte con un bocado de tu barra de chocolate por cada capítulo que termines de leer. A veces, solo necesitas incentivarte de manera sencilla para mantener la motivación.

Duerme un poco

Por último, vas a querer asegurarte de dormir. No tiene sentido pasar la noche en vela si tu cerebro va a estar demasiado cansado el día del examen para poder recordar todo lo que has memorizado. Dormir es una excelente manera de que tu mente se repare y se recupere de una sesión intensiva de estudio. Quieres que tu mente esté extremadamente alerta el día del examen. Por eso necesitas reservar tiempo para dormir.

Capítulo 15: Aprendizaje colaborativo en un entorno de grupo

En pocas palabras, el aprendizaje colaborativo es una teoría de aprendizaje que propone la idea de que el aprendizaje en grupo es una metodología más eficiente que el estudio solitario. Es un entorno de aprendizaje que fomenta los esfuerzos colaborativos de varias personas que comparten un objetivo común. Es donde los estudiantes trabajan juntos en un esfuerzo por comprender un cierto concepto o resolver un problema compartido. Este capítulo profundizará en cuáles son los beneficios del aprendizaje colaborativo en comparación con otros métodos tradicionales de aprendizaje. También le informará sobre las formas adecuadas de llevar a cabo el aprendizaje colaborativo para obtener el mayor rendimiento posible de la inversión.

Beneficios del Aprendizaje Colaborativo

Un sistema de aprendizaje colaborativo es aquel que fomenta el esfuerzo académico conjunto por parte de múltiples partes interesadas. Cada aprendiz puede tener motivaciones únicas y específicas que los impulsan a aprender o estudiar un tema en particular. Sin embargo, todos comparten los mismos objetivos en cuanto al dominio y desarrollo eventual de una habilidad o disciplina en particular. Algunos de los beneficios del aprendizaje colaborativo incluyen:

Ayuda a mejorar el proceso de resolución de problemas.

El aprendizaje colaborativo se sabe que mejora las capacidades de resolución de problemas de una persona. En un entorno de aprendizaje colaborativo, los estudiantes se unen con un objetivo compartido que establecen para sí mismos. Esto significa que estos aprendices también van a compartir retos, obstáculos y problemas similares en su camino hacia la consecución de los objetivos que tienen. Cuando hay una mayor colaboración en la discusión, análisis y enfoque hacia la resolución de estos problemas, ayuda a desarrollar la capacidad del individuo para superar la adversidad y los retos también. Muchas veces los aprendices solitarios pueden sentirse derrotados y desanimados al tener que enfrentar la adversidad, pero con el apoyo de un grupo detrás de ellos, puede ser más fácil sentirse seguro al abordar ciertos problemas e issues.

Induce una forma más elevada de pensamiento crítico.

Siempre va a haber una mayor presión para analizar, deconstruir, aclarar o reforzar ciertos temas y materias cuando estás en un entorno de aprendizaje colaborativo. Tus sentidos siempre van a estar más agudizados y sobrecargados debido a la estimulación adicional provocada por tus compañeros de aprendizaje. Esto significa que terminarías prestando más atención y poniendo más esfuerzo en el análisis de los temas que se están discutiendo. Ya estás preparando tus sentidos para participar en niveles intensos de pensamiento crítico y análisis siempre que haya un componente grupal en ello.

Mejora las habilidades sociales de uno.

El aprendizaje solitario está bien, especialmente si las personas pueden encontrar un éxito sustancial en él. Sin embargo, hay una habilidad valiosa de la que uno típicamente se priva cuando se dedica solo al aprendizaje solitario en lugar del aprendizaje colaborativo: el desarrollo social. En la vida, no se puede escapar del valor de haber desarrollado habilidades sociales. Por eso, el aprendizaje colaborativo es un enfoque más holístico para aprender o dominar un tema o campo en particular. Nunca niega el aspecto social del aprendizaje, y por lo tanto, resulta ser un enfoque más completo para el aprendizaje en su totalidad.

Fomenta la responsabilidad en el aprendizaje.

Responsabilizarse de su aprendizaje no siempre será tan convincente como cuando otras personas lo hacen responsable. Puede establecer un plazo determinado para aprender a tocar la guitarra por su cuenta, pero puede ser muy fácil simplemente abandonar ese plazo cuando la única persona a la que usted rinde cuentas es a usted mismo. Al final del día, solo termina decepcionándose a sí mismo, y puede ser muy fácil reiniciar sus esfuerzos con mínimas consecuencias. Sin embargo, es una historia completamente diferente cuando otras personas lo hacen responsable.

Digamos que eres miembro de una banda, y a todos se les asigna aprender a tocar una canción en particular con sus propios instrumentos específicos. Este es un entorno de aprendizaje colaborativo donde todos comparten el objetivo unificado de desarrollar su habilidad y maestría para una canción en particular. Si no cumples con tu parte, entonces básicamente estás decepcionando e invalidando los esfuerzos de tus compañeros de banda en el proceso. Tener un grupo de personas que te responsabilicen por tus esfuerzos puede ser muy efectivo para motivarte a dedicar más esfuerzo a tu práctica.

Desarrolla las habilidades de comunicación de una persona

Muchas veces, tu dominio de un cierto concepto o idea es tan bueno como tu habilidad para comunicarlo de manera efectiva a otras personas. No tiene sentido que domines el arte del liderazgo empresarial y la gestión organizacional si no puedes comunicar estos puntos a las personas que más se beneficiarían de ello. Es por eso que el desarrollo de tus habilidades de comunicación va a ser tan importante como tu dominio en conceptos complejos y temas especializados. Cuando te ves obligado a aprender una disciplina en el contexto de un grupo, también te verás obligado a desarrollar tus habilidades de comunicación. Este será un aspecto de tu aprendizaje que no podrás descuidar.

Fomenta la diversidad y la mentalidad abierta.

Una de las cualidades más importantes que una persona necesita desarrollar para maximizar su capacidad de aprender es la mente abierta. Esta es una cualidad que se enfatiza y toma el centro de atención en un entorno de aprendizaje colaborativo. Cuando estás estudiando por tu cuenta, solo tienes tu propia perspectiva y comprensión para trabajar. Si estás trabajando dentro de los límites de un grupo, tienes el lujo de poder consultar las comprensiones y perspectivas de otras personas para afinar aún más tu propia comprensión de un tema.

Acelera el aprendizaje.

Ese es todo el punto de este libro, ¿verdad? Se trata de acelerar el aprendizaje de uno, y eso es exactamente lo que el aprendizaje colaborativo podría regalar a sus estudiantes. Muchas veces, los estudiantes solitarios pueden encontrarse con grandes bloqueos mentales y obstáculos intelectuales que pueden frenar su progreso. Es posible que ya hayas encontrado este problema en el pasado con tus propias experiencias de estudio. Te ves a ti mismo leyendo un segmento de un libro de texto una y otra vez porque no puedes entenderlo. Si estás estudiando como parte de un grupo, probablemente haya alguien dentro de tu grupo que tenga una mejor comprensión de un concepto. Entonces podrían ayudarte a entender algo mejor, y minimizaría los efectos negativos de experimentar bloqueos mentales.

Al mismo tiempo, si sabes que tienes un buen entendimiento de un tema complejo con el que otra persona en el grupo está luchando, tendrás la oportunidad de reforzar aún más tu comprensión de ese tema al explicárselo a tu compañero de estudio. De cualquier manera, puedes beneficiarte de manera significativa al poder colaborar con otra persona mientras estudias o dominas una nueva disciplina.

Capítulo 16: Batidos binaurales para estudiar de manera efectiva

Piensa en las muchas veces en tu vida en las que te sentaste en un escritorio listo para trabajar y aprender algo nuevo. Abres la página de un libro de texto o visitas un sitio web con recursos valiosos. Al principio todo va bien, pero de repente, tu mente divaga hacia pensamientos y ideas diferentes que no tienen nada que ver con lo que estás tratando de aprender y estudiar. Todo esto te confunde y te frustra a ti mismo. Intentas seguir adelante y lees la página entera de principio a fin. ¿Qué tienes para mostrar? Nada. No recuerdas ni entiendes absolutamente nada. Entonces, te encuentras empezando de nuevo desde el principio.

¿Nunca te has preguntado por qué te pasa esto? ¿Nunca has pensado en por qué tu cerebro simplemente se niega a cooperar a veces? Bueno, la respuesta es bastante simple y directa. La razón por la que encuentras tu mente divagando hacia lugares a los que no quieres ir es porque no la has preparado para el aprendizaje enfocado.

Piensa en tu mente como la caja de cambios de un coche. Puedes poner tu mente en punto muerto, en marcha, en estacionamiento o en reversa. Si quieres que tu mente se enfoque en una tarea específica, es importante que primero puedas ponerla en la marcha correcta. Al igual que un coche, tu mente necesita estar en la marcha adecuada para hacer lo que quieres que haga. No puedes esperar que tu coche avance si pones la marcha en punto muerto. Es exactamente la misma situación con tu mente. No puedes esperar que tu mente se enfoque en aprender si está atrapada en divagaciones y exploración.

Entonces, ¿cómo exactamente pones tu mente en la dirección correcta? No es como si hubiera un botón en particular que puedas presionar para ponerlo en modo de aprendizaje, ¿verdad? Bueno, resulta que sí puede haberlo.

Aquí es donde entra en juego el concepto de los ritmos binaurales. Este capítulo se va a centrar en cómo los ritmos binaurales pueden ayudar a poner tu mente en el espacio mental adecuado para aprender de manera eficiente y efectiva. Sin embargo, antes de poder hacer eso, es importante que primero obtengas una comprensión simple de cómo funciona tu cerebro.

La Mecánica de la Mente

Necesitas poder pensar en tu cerebro como una máquina muy compleja que está compuesta por una red de células muy complicada que se conocen como neuronas. Las neuronas en tu cerebro son principalmente responsables de transmitir datos e información hacia y desde las diversas partes de tu cerebro. Cuando tus neuronas funcionan correctamente, producen un cierto nivel de energía eléctrica dependiendo de la etapa de su actividad.

Cuando tu cerebro está funcionando a pleno rendimiento y se vuelve hiperactivo, emerge en lo que se llama estado Beta. Es cuando tus neuronas muestran altos niveles de actividad. Gradualmente, a medida que los niveles de actividad en tu cerebro disminuyen y tus neuronas están más calmadas, tu cerebro entra en su estado Alfa. Finalmente, cuando el cerebro se apaga en un modo de baja funcionamiento, el tipo al que entras cuando te quedas dormido, se le conoce como estado Delta.

Esa es la medida de la comprensión requerida de las funciones craneales para que entiendas cómo funcionan los binaurales. Simplemente debes saber que tu cerebro no aprende bien cuando está en su estado hiperactivo o Beta. También es prácticamente incapaz de absorber información cuando está en su estado de baja potencia o Delta. Tu cerebro está más preparado para el aprendizaje cuando entra en su estado Alpha.

Los binaurales son básicamente una herramienta que puedes usar para inducir a tu cerebro a entrar en un estado Alfa.

Los impedimentos de enfoque

¿Por qué es que a menudo encuentras tu cerebro en un estado Beta y cómo lo puedes cambiar a un estado Alfa en su lugar? Bueno, hay muchos factores que determinan si tu cerebro está en un estado Beta o no. Sin embargo, en última instancia, la respuesta radica en el nivel de estrés y ansiedad que tienes en tu vida. Cuanto más ansioso te sientas en cualquier momento dado, más estarás alimentando el estado Beta de tu cerebro. Por eso siempre es mucho más difícil para ti concentrarte en tus estudios o aprendizaje cuando estás en un estado de ansiedad o estrés. Tu cerebro está en un estado hiperactivo, y eso puede hacer que sea difícil que se absorba y almacene nueva información.

Poner tu cerebro en un estado Beta va a requerir mucha energía, y por eso es que tu cerebro puede sentirse realmente exhausto siempre que te sientas estresado y abrumado con las cosas que están sucediendo en tu vida. Puede que estés sentado en una silla cómoda, pero si te sientes estresado, puede dejarte sintiéndote físicamente cansado y agotado. Para poder enfocarte realmente en una tarea, debes ser capaz de inducir un estado Alfa en tu cerebro. ¿Pero cómo puedes lograrlo?

Llegando a Alfa a través de los Ritmos Binaurales

Va a ser difícil para cualquiera lograr un estado mental de Alfa dejado a sus propios dispositivos. El desafío de alcanzar el Alfa solo se intensifica cuando sientes una cantidad inmensa de estrés o presión en tu vida. Sin embargo, resulta que hay una solución realmente simple para aliviar ese estrés y presión en tu vida hacia Alfa rápidamente y fácilmente: la música.

Los binaurales son básicamente golpes imaginarios que percibe el cerebro cuando se ve obligado a comprender dos frecuencias diferentes que se empujan en cada oído. Los binaurales son más efectivos cuando el usuario o aprendiz está usando auriculares estéreo.

Si a un oído se le está alimentando con una frecuencia de sonido de 110 Hz y al otro oído se le está alimentando con una frecuencia de 100 Hz, entonces el cerebro instintivamente va a crear un sonido artificial de 10 Hz para compensar la diferencia. Para sentir los efectos completos de los ritmos binaurales, vas a querer escuchar dos frecuencias separadas con una diferencia de alrededor de 8 Hz a 12 Hz. Cuando te sumerges en la escucha de ritmos binaurales, tu cerebro lentamente transita hacia un estado de Alfa y se prepara para enfocarse en una tarea específica.

La Ciencia y Sensación de Escuchar Ritmos Binaurales

Según un estudio publicado en la revista Frontiers of Psychiatry, los tonos binaurales pueden tener efectos dramáticos en las habilidades cognitivas y analíticas de una persona (Chaieb, Wilpert, Reber, & Fell, 2015). Cuando se utilizan los tonos binaurales, el cerebro automáticamente se enfoca y concentra. Ayuda a calmar los nervios y la ansiedad, fortaleciendo así la capacidad del cerebro para procesar y absorber nueva información. Induce un estado de calma en la mente que es justo suficiente para crear un ambiente propicio para el aprendizaje sin causar somnolencia. Actividades como la meditación o el yoga también son conocidas por inducir un estado de Alfa en el cerebro.

Sin embargo, es importante tener en cuenta que el uso de los binaurales para enfoque y concentración es más efectivo cuando se utilizan auriculares estéreo que son capaces de cancelar o bloquear el ruido externo. Es absolutamente esencial que cada oído pueda distinguir la diferencia en la frecuencia del sonido que se está alimentando en cada uno de ellos.

También podría ser importante tener en cuenta que las personas que son epilépticas o están embarazadas deben consultar primero a un médico antes de participar en la meditación o escucha de pulsos binaurales. Escuchar pulsos binaurales es una actividad típicamente segura, sin embargo, puede posiblemente inducir convulsiones en personas que son epilépticas.

Hay una amplia disponibilidad de beats binaurales en diversas plataformas de medios como YouTube o Spotify. Son bastante simples de producir y realmente no requieren mucha análisis o atención. Es tan simple como ponerse los auriculares y darle al play. ¡Boom! Enfoque instantáneo.

Capítulo 17: Tarjetas didácticas para un estudio efectivo

Ves esta herramienta de estudio todo el tiempo en programas de televisión y películas que muestran montajes de niños estudiando para exámenes. Es una herramienta muy común que es ampliamente utilizada por personas de todo el mundo, independientemente de la cultura, el origen o la materia. Todo tipo de personas, desde una niña estudiando para su examen de matemáticas de tercer grado hasta el CEO de alto poder preparándose para una gran presentación a la junta directiva, hacen uso de esta herramienta antigua para estudiar y recordar: la tarjeta didáctica.

Las tarjetas didácticas son una herramienta relativamente simple, y aún así, son increíblemente efectivas para ayudar a las personas a lograr algo llamado 'recuperación activa' - una herramienta o práctica común que acelera el aprendizaje. Este capítulo va a resaltar lo efectivas que pueden ser las tarjetas didácticas para promover el aprendizaje acelerado, al mismo tiempo que desarrolla tu comprensión de cómo puedes utilizarlas mejor en tus esfuerzos de estudio.

El sistema de tarjetas didácticas es bastante sencillo de comprender. En un lado de la tarjeta, colocas una pregunta importante que está relacionada con lo que estás estudiando. En el lado opuesto de esa misma tarjeta, tendrás que colocar tu respuesta. Utilizar tarjetas didácticas es una forma transformadora de probarte a ti mismo mientras te familiarizas con el material de estudio al mismo tiempo.

Errores comunes al usar tarjetas de estudio

A pesar de la simplicidad y popularidad de las tarjetas de memoria, todavía hay muchas personas que son culpables de usarlas de manera ineficaz. Es cierto que no hay una forma "incorrecta" de usar una tarjeta de memoria. Si funciona, entonces funciona. Sin embargo, innegablemente existen algunas mejores prácticas que promueven de manera más efectiva la eficiencia en el recuerdo activo al usar tarjetas de memoria. Aquí hay algunos errores comunes que la mayoría de las personas tienden a cometer al incorporar tarjetas de memoria en sus rutinas de estudio:

- Creando tarjetas didácticas que están diseñadas únicamente para inducir el aprendizaje memorístico.

- Creando tarjetas didácticas que induzcan el reconocimiento en lugar de la verdadera memorización.

- Haciendo uso de fichas incluso cuando la materia requiere un enfoque diferente

Las mejores formas de utilizar fichas.flash

Estudiar mientras se hace uso de tarjetas didácticas es algo que es una decisión que tomas por tu cuenta. Por lo tanto, sería absurdo tratar de imponerte todas estas reglas y pautas si sientes que realmente no te ayudarán. Sin embargo, no estaría de más que abrieras un poco tu mente a la idea de utilizar estas técnicas confiables para mejorar tu capacidad de aprendizaje utilizando tarjetas didácticas.

Hacer tus propias tarjetas de memoria desde cero

Una regla básica para estudiar es que siempre debes sumergirte profundamente en el material que estás aprendiendo tanto como sea posible. Esto significa que sería mucho más efectivo que realmente te tomes el tiempo para crear tus propias tarjetas de estudio desde cero en lugar de recurrir a usar las tarjetas de estudio de otra persona. La inversión mental y emocional que dediques a crear tus tarjetas de estudio sin duda te ayudará a promover el pensamiento crítico, la comprensión y la comprensión.

Incorpora imágenes en tus tarjetas flash.

Si eres un aprendiz más visual que se estimula mejor con imágenes y fotos, entonces no tengas miedo de incorporar imágenes en tus tarjetas de memoria. Siempre se recomienda que seas creativo con la forma en que diseñas y estructuras tus tarjetas de memoria. A veces, el uso de imágenes creativas puede hacer que una idea o un concepto sean mucho más memorables y distintivos.

Utilice dispositivos mnemotécnicos.

La idea de dispositivos mnemotécnicos ya ha sido explicada en un capítulo anterior de este eBook. No temas incorporar esta técnica de estudio en la creación de tus tarjetas de estudio también. Este es un claro ejemplo de poder incorporar de manera creativa dos técnicas de aprendizaje separadas en una misma metodología.

Mantente en un punto por tarjeta

No quieres sobrecargar tu mente con tarjetas de memoria. El objetivo principal de las tarjetas de memoria como metodología es promover la comprensión a través de la repetición pura y la recuperación genuina. Puede ser muy difícil recordar la información en una tarjeta de memoria cuando está llena de demasiados conceptos e ideas. Mantente con solo una pregunta y respuesta en cada tarjeta de memoria para que no termines sobrecargando tus sentidos.

Dividir ideas complicadas en varias tarjetas

Similar al punto anterior en esta lista, es importante que no sobrecargues tus sentidos con la cantidad de información que colocas en una sola tarjeta. Por eso, si te encuentras con un tema difícil o desafiante que es demasiado complejo, podría ser una buena idea dividirlo en preguntas separadas adecuadas para tarjetas separadas.

Habla en voz alta mientras estudias

Aunque no quieras sobrecargar tus sentidos mientras estudias hasta el punto en que comprometas tu capacidad de comprensión, aún querrás reclutar todos tus sentidos para promover el enfoque y la concentración. Por eso realmente ayuda decir las cosas en voz alta mientras estudias en lugar de solo pensar en estas ideas y conceptos en tu mente. Hacer uso de esta técnica puede ayudar enormemente en la memorización y el recuerdo.

Estudia tus tarjetas de memoria de manera no lineal.

Es probable que a lo largo de tu proceso de estudio, no solo vas a repasar tus tarjetas de memoria en una sola ronda. Las tarjetas de memoria se utilizan mejor de acuerdo con el principio de Repetición Espaciada. Pero esto es algo que se ampliará más en el próximo capítulo. Por ahora, solo quieres asegurarte de que cuando repitas tu ronda de tarjetas de memoria, lo hagas en un orden diferente. Agregar un sentido de espontaneidad en la forma en que estudias tus tarjetas de memoria fortalecerá el recuerdo genuino en lugar de la memorización y reconocimiento falso.

Explora otros métodos de aprendizaje acelerado.

No trates las tarjetas didácticas como si fueran la única forma aceptable de aprender y estudiar. Sí, pueden ser herramientas muy efectivas. Sin embargo, solo porque esta es una metodología que ha demostrado su eficacia en el pasado no significa que siempre vaya a ser efectiva en todas las situaciones de estudio en las que te encuentres. De hecho, las tarjetas didácticas pueden ser utilizadas como un gran complemento a otros métodos de aprendizaje transformadores. Siempre es agradable cuando puedes variar las cosas y ver qué funciona mejor para escenarios específicos. Por eso este libro electrónico es un gran recurso para ti, ya que se te ofrecen algunas alternativas al aprendizaje acelerado que pueden complementarse con otros métodos de estudio. No hay un método específico que vaya a funcionar mejor para cada situación individual.

Capítulo 18: Un caso para la repetición espaciada

¿Cuál es la razón por la que quieres aprender más sobre técnicas de aprendizaje acelerado en primer lugar? Quieres ahorrar tiempo. Esa es la esencia de tu motivación, ¿verdad? Valoras tu tiempo como persona y siempre quieres aprovecharlo al máximo. Desafortunadamente, los métodos tradicionales de estudio van a requerir mucho tiempo y esfuerzo, y es posible que no produzcan los resultados más satisfactorios. Sabes que tienes que dedicar x cantidad de horas a estudiar un tema en particular para poder dominarlo por completo, pero solo tienes tantas horas en un día. Básicamente, este es el problema que la repetición espaciada busca resolver.

En lugar de estudiar durante cinco horas seguidas en un solo día, tal vez deberías intentar estudiar una hora cada día durante cinco días seguidos. Notarás que este último método de estudio te dará mejores resultados, y será mucho más fácil de manejar en tu ajetreado horario. Esta forma de estudio es precisamente lo que llamarías 'repetición espaciada'. Este capítulo va a tocar el tema de por qué la repetición espaciada es un modo tan efectivo de aprendizaje, y también se adentrará más en cómo puedes maximizarlo mejor para acelerar tu propio proceso de aprendizaje personal.

Cómo construir una pared resistente

Piensa en aprender como construir una pared para una casa con una pila de ladrillos. Primero comienzas con la capa base de ladrillos. Cementas cuidadosamente cada ladrillo al suelo mientras los colocas uno al lado del otro hasta que se completa toda la primera capa de la pared. Luego, tienes que esperar a que el cemento se solidifique, y luego procedes a apilar la segunda capa de ladrillos en la pared. Cuando termines con eso, esperas a que el cemento se solidifique, y luego repites el proceso hasta que termines con toda la fachada.

La repetición espaciada es esencialmente como construir un muro de ladrillos. No es simplemente apilar capas de ladrillos sin parar. Siempre tendrán que haber pausas entre ellas para permitir que el cemento y los ladrillos se asienten y se solidifiquen. Así es exactamente como funciona la mente. Sería muy ineficiente intentar procesar grandes cantidades de información en un período prolongado sin detenerse. Lo que tienes que hacer es dosificarte correctamente. Ráfagas cortas y consistentes de aprendizaje y estudio serían mucho mejores que una sola sesión maratón de lectura. Esa es esencialmente la esencia detrás del método de repetición espaciada en el aprendizaje. No es un esfuerzo prolongado para construir las cuatro paredes de una habitación en un solo día. Son ráfagas cortas y repetitivas de pequeños esfuerzos que puedes dar de manera consistente para garantizar la integridad de la base de la habitación.

Los Mejores Intervalos para la Repetición Espaciada

No te conformas simplemente con entender la idea de tener que espaciar las sesiones de estudio y aprendizaje que tienes. Quieres saber CÓMO debes espaciarlas. Quieres llegar a los aspectos más detallados. Como dicen, el diablo está en los detalles después de todo. Sabes que dado que científicos e investigadores han demostrado la efectividad de la repetición espaciada como concepto, entonces debe haber intervalos de espaciado óptimos en los que las personas puedan participar para maximizar su aprendizaje. Si realmente crees eso, entonces estarías en lo cierto. ¿Ves lo inteligente que eres ya? Ni siquiera hemos terminado este libro electrónico completo todavía.

Fue Piotr Wozniak, el cofundador del software de aprendizaje y desarrollo SuperMemo, quien dedicó gran parte de su vida profesional a descubrir los intervalos de espaciado ideales para maximizar los efectos positivos de la metodología de repetición espaciada. Fue su investigación en el campo de la repetición espaciada lo que finalmente lo llevó a crear el algoritmo que más tarde serviría como base para su software de aprendizaje SuperMemo. No intentaremos profundizar en los detalles de su algoritmo, pero para darle una idea clara de lo que su investigación sugirió, esto fue lo que encontró:

La primera repetición debería llevarse a cabo un día después de la sesión de estudio inicial. La segunda repetición debería ocurrir 7 días después de eso. La tercera repetición debería tener lugar 16 días después de eso. Y la repetición final del estudio debería tener lugar 35 días después de eso.

Y aunque estos son los hallazgos de Wozniak, no necesariamente tienes que ser tan estricto/a al seguir este formato específico. Obviamente, aún puedes ajustar dependiendo de tus necesidades y objetivos personales. Su investigación simplemente te ofrece un mejor panorama de cómo podrías estructurar tus propios intervalos de repetición a medida que te embarcas en tu camino hacia el aprendizaje.

Usando tarjetas de memoria para la repetición espaciada

Recuerde cómo en el capítulo anterior hablamos sobre la utilidad y efectividad de la tradicional tarjeta de memoria como herramienta para el aprendizaje? Bueno, hay una forma de integrar la metodología de repetición espaciada en el método de tarjetas de memoria para realmente optimizar el aprendizaje para ambas pedagogías. Claro, habrá varias formas en las que podrías ejecutar tu programa de aprendizaje con repetición espaciada con el uso de tarjetas de memoria. Sin embargo, para los propósitos de este libro electrónico, nos enfocaremos en el sistema más simple y fácil de comprender: el sistema Leitner.

Para entender cómo funciona realmente el sistema Leitner, imagina que has preparado un conjunto de tarjetas que contienen diversas preguntas y puntos importantes que están conectados al tema principal que necesitas estudiar para un examen o una presentación. Después de preparar tus tarjetas, querrás preparar alrededor de 5 paquetes o cajas diferentes. El número de cajas puede variar dependiendo del tiempo que tengas para prepararte para un examen o la cantidad de tarjetas que puedas tener. Para el propósito de este ejemplo, digamos que has decidido tener 5 cajas.

Para comenzar a estudiar con el sistema Leitner, coloca todas las tarjetas que tienes en la Caja 1 y pasa por una ronda de pruebas. Por cada tarjeta en la que respondas correctamente, transfiérela a la Caja 2. Cada tarjeta que falles tendrá que permanecer en la Caja 1. Este es un proceso que querrás seguir hasta llegar a la quinta y última caja. Por cada tarjeta que respondas correctamente, debes ascenderla a la siguiente caja. Sin embargo, por cada tarjeta que falles, debes devolverla a la Caja 1 sin importar en qué caja estaba cuando la fallaste. Ahora que entiendes la mecánica de las cajas y transferencias de tarjetas, es hora de determinar los intervalos adecuados de repetición espaciada para las cajas.

La caja 1 es una caja con la que querrás probar cada día. La caja 2 debería ser probada cada dos días. La caja 3 debería ser probada una vez a la semana. La caja 4 debería ser probada cada cuatro semanas. Por último, la caja 5 debería ser estudiada en la última semana de preparación para los exámenes.

Conclusión

Al final del día, el aprendizaje siempre va a ser una conquista de por vida. Es algo en lo que vas a querer tomar en serio mientras vivas. La persona que siente que lo sabe todo es la persona que finalmente quedará rezagada por aquellos que aceptan que todavía hay mucho por aprender en la vida. Permite que tus curiosidades te impulsen hacia adelante. Está bien llegar a un acuerdo con el hecho de que todavía no sabes todo. Está bien admitirte a ti mismo que eres ignorante sobre algo. La autoconciencia es clave para el crecimiento de cualquier persona. Cuanto más consciente seas de cuánto no sabes, más grande es tu potencial para el conocimiento y el desarrollo como ser humano.

Todos aprendemos de manera diferente. Algunos de nosotros aprendemos con más ayudas visuales, y algunos de nosotros preferirán ayudas auditivas. Algunos de nosotros lograrán absorber el conocimiento de un libro de texto completo en un día, y para algunos de nosotros, tomaría un poco más de tiempo. Todo depende de la personalidad de un ser humano y su enfoque general hacia el aprendizaje. Pero, en última instancia, los objetivos siguen siendo los mismos. Todo es en aras de la búsqueda del conocimiento, la sabiduría y la perspectiva. Se trata de mejorar la comprensión del mundo que nos rodea. Realmente se trata de expandir la mente para poder acomodar la inmensidad de la información en el universo.

Aprender es un proceso que tendrás que emprender sin importar dónde te encuentres en la vida. Durante tus años formativos, te verás obligado a aprender los principios básicos y fundamentos de lo que significa ser un ser humano en este mundo. A medida que avanzas en tus años escolares, tendrás que aprender temas que pueden ser un poco más complejos pero que te ayudarán a prepararte para la vida adulta. Una vez que comiences tu carrera, tendrás que aprender ciertos conceptos especializados para ayudarte a avanzar en tu campo. Cuando pienses en formar una familia, tendrás que aprender la dinámica de criar a un hijo y mantener un hogar. Aprender es un viaje muy personal en el que te embarcas hasta que tu tiempo en este mundo haya terminado.

Ya es un hecho que el tiempo que tienes en este mundo es limitado. El tiempo no es algo que se pueda pedir prestado, extender o negociar. Por eso debemos todos asegurarnos de aprovechar al máximo el tiempo que tenemos en este mundo. Si desperdiciamos nuestro tiempo con métodos de aprendizaje obsoletos, ineficaces e ineficientes, entonces nos estamos privando del tiempo que podríamos estar usando para hacer otras cosas en la vida, como participar en actividades recreativas o vincularnos con las personas que amamos.

Por lo tanto, si tienes la oportunidad de mejorar y optimizar la forma en que abordas el aprendizaje, entonces siempre deberías considerarlo al menos un poco. Siempre quieres mantenerte abierto a nuevas ideas y nuevas perspectivas sobre cómo puedes llevar a cabo tus procesos diarios, especialmente uno tan fundamental como el aprendizaje. El aprendizaje acelerado te ofrece la oportunidad de optimizar la forma en que recopilas, analizas, comprendes y retienes información valiosa sin tener que exigir demasiado de tu tiempo o energía. La vida es multifacética después de todo, y nunca debería vivirse con solo un aspecto siendo el protagonista todo el tiempo. No siempre tienes que dedicar toda tu vida al aprendizaje serio y al estudio todo el tiempo. Pero si logras integrar metodologías de aprendizaje optimizadas en la forma en que abordas la vida en su totalidad, entonces realmente no tendrá que sentirse como trabajo en absoluto. Lo mejor de los métodos de aprendizaje acelerado es que están diseñados para sentirse naturales y orgánicos. Una vez que logras adoptar una técnica en la forma en que analizas las cosas, se convierte en una parte de quién eres y de cómo abordas nuevos conceptos e ideas.

Aprender no es una empresa que solo debería reservarse para los adinerados, élites y privilegiados sobresalientes del mundo. Aprender es algo a lo que todos siempre deberían poder acceder independientemente de cuál sea su origen. Con una abundancia de técnicas de aprendizaje acelerado disponibles, es casi imposible que alguien no pueda encontrar una que se adapte a sus propios gustos personales, preferencias y metas.

Esperemos que este libro haya proporcionado una perspectiva valiosa sobre la forma en que podrías abordar el aprendizaje y la comprensión. Eres un ser humano y tienes sueños, al igual que todos los demás, te has fijado metas para ti mismo. Hay ciertas cosas en esta vida que estás buscando lograr, y entiendes que el camino hacia el éxito no está pavimentado para ser fácil. Sabes que hay muchas cosas que necesitas aprender para crecer y prepararte para los desafíos que están por venir. No debes permitir que las discapacidades de aprendizaje o los métodos de aprendizaje ineficientes te alejen de tus metas y sueños. Aprovecha las técnicas de aprendizaje acelerado que se te han presentado. Solo tienes una vida para vivir, y quieres asegurarte de maximizarla al máximo de tus habilidades.

Cómo analizar a las personas y la psicología oscura:

Guía secreta de la persuasión, la guerra psicológica, el control mental, la PNL, el comportamiento humano, la manipulación y la inteligencia emocional.

© **Derechos de autor 2024 Robert Clear - Todos los derechos reservados.**

El siguiente eBook se reproduce a continuación con el objetivo de proporcionar información que sea lo más precisa y fiable posible. Sin embargo, la compra de este eBook puede considerarse como consentimiento al hecho de que tanto el editor como el autor de este libro no son en modo alguno expertos en los temas tratados en su interior y que cualquier recomendación o sugerencia que se haga aquí es únicamente con fines de entretenimiento. Se recomienda consultar con profesionales según sea necesario antes de emprender cualquiera de las acciones respaldadas en este libro.

Esta declaración es considerada justa y válida tanto por la Asociación de Abogados de Estados Unidos como por el Comité de Asociación de Editores y es legalmente vinculante en todo Estados Unidos.

Además, la transmisión, duplicación o reproducción de cualquiera de los siguientes trabajos, incluyendo información específica, se considerará un acto ilegal, independientemente de si se realiza de forma electrónica o impresa. Esto se extiende a la creación de una copia secundaria o terciaria del trabajo o una copia grabada, y solo está permitido con el consentimiento expreso por escrito del Editor. Todos los derechos adicionales reservados.

La información en las siguientes páginas se considera ampliamente como un relato veraz y preciso de los hechos y, como tal, cualquier falta de atención, uso o mal uso de la información en cuestión por parte del lector resultará en que cualquier acción resultante quede únicamente bajo su responsabilidad. No hay escenarios en los que el editor o el autor original de esta obra puedan ser considerados de ninguna manera responsables por cualquier dificultad o daño que les pueda ocurrir después de emprender la información descrita aquí.

Además, la información en las siguientes páginas está destinada únicamente para fines informativos y, por lo tanto, debe considerarse como universal. Según su naturaleza, se presenta sin garantía respecto a su validez prolongada o calidad interina. Las marcas comerciales mencionadas no cuentan con consentimiento por escrito y de ninguna manera pueden ser consideradas como un respaldo por parte del titular de la marca.

Introducción

Felicitaciones y gracias por descargar Psicología Oscura. Aquí exploraremos los aspectos más sórdidos y oscuros de la psique humana, así como algunos métodos para aplicar nuestro conocimiento en nuestra vida diaria. Aquí se profundizará en los principios de la psicología oscura, rasgos de la "personalidad oscura", estudios de psicología oscura, lectura de la mente, psicología cognitiva, modos de persuasión, control de emociones, y ingeniería social y liderazgo.

Este libro NO ofrece ningún beneficio formal para la salud y está destinado únicamente con fines educativos. Cualquier beneficio o perjuicio para la salud asociado con la lectura de este libro es simplemente circunstancial y coincidental. El escritor no aprueba el uso de ninguna información expresada aquí para mejorar la salud de uno.

La psicología oscura acepta y abraza el lado más oscuro de la experiencia humana. De esta manera, está haciendo lo mismo que cualquier área de estudio antropocéntrico, la única diferencia radica en la especialidad de la psicología oscura en esta oscura realidad dentro del animal humano. La psicología oscura no está destinada a ser un desfile de villanos, sin embargo. Los especialistas dentro de este campo hacen su trabajo con el fin de entender mejor por qué y cómo las personas malévolas trabajan hacia sus objetivos, no con el intento de ganar fama para ellos mismos o de idolizar a los más monstruosos entre nosotros. También es importante tener en cuenta que cada uno de nosotros tiene un lado oscuro o "malvado" en nuestra propia psicología. Aunque existen otras formas para alcanzar la realización del contenido de este lado, es la psicología oscura la que nos brinda la ruta más clara en nuestro camino hacia nuestra iluminación acerca de cuán oscuros realmente somos y por qué.

Como puedes ver, tenemos mucho terreno que cubrir dentro de este libro, así que deberíamos adentrarnos en nuestro primer tema sobre la psicología oscura: sus principios.

Capítulo uno: Los principios de la psicología oscura

La psicología oscura podría describirse mejor como un estudio de la condición humana en la que se vuelve normativo que las personas se aprovechen de los demás por deseos criminales o desviados. A menudo, estos deseos carecen de un propósito específico y se basan principalmente en deseos instintivos básicos. Cada ser humano tiene el potencial y la capacidad de victimizar a otros seres humanos, así como a otras criaturas vivientes, pero la mayoría de nosotros mantenemos estos deseos reprimidos para funcionar con éxito en la sociedad. Aquellos de nosotros que no sublimamos estas tendencias oscuras suelen ser representativos del "triángulo oscuro": psicopatía, sociopatía y maquiavelismo, u otros trastornos mentales/perturbaciones psicológicas. De esta manera, la psicología oscura se centra principalmente en los cimientos (es decir, los pensamientos, sistemas de procesamiento, sentimientos y conductas) que se encuentran por debajo de los aspectos más depredadores de nuestra naturaleza, los mismos que van en contra de manera más vigorosa del pensamiento moderno sobre el comportamiento humano. En este campo, tendemos a asumir que estos comportamientos más abusivos, criminales y desviados son intencionales la mayor parte del tiempo, aunque existen casos en los que parecen carecer de fundamentos teleológicos.

La psicología oscura acepta y abraza el lado más oscuro de la experiencia humana. De esta manera, está haciendo lo mismo que cualquier área de estudio antropocéntrico hace, la única diferencia radica en la especialidad de la realidad oscura dentro del ser humano. La psicología oscura no tiene la intención de ser un desfile de villanos, sin embargo. Los especialistas en este campo hacen su trabajo con el fin de comprender mejor por qué y cómo las personas malévolas trabajan hacia sus objetivos, no con la intención de ganar fama para sí mismos o de idolizar a los más monstruosos entre nosotros. También es importante tener en cuenta que cada uno de nosotros tiene un lado oscuro o "malvado" en nuestra propia psicología. Aunque hay algunos otros conductos por los cuales podemos llegar a la realización de los contenidos de este lado, es la psicología oscura la que nos proporciona la ruta más clara en nuestro camino hacia nuestro esclarecimiento acerca de lo oscuros que realmente somos y por qué.

El hacer mal, como afirma Sócrates, es hacer algo que daña a otros. No solo daña a otros, sino que Sócrates también pensaba que daña nuestras propias almas, como muchos personas modernas estarían de acuerdo. Los psicólogos oscuros permiten que algunos de nosotros hagamos mal a otros sin un propósito mayor. Sus fines nunca justifican sus medios porque simplemente no hay fines que encontrar. Esta capacidad (y tal vez incluso inclinación) para hacer daño dentro de la causa o finalidad se puede encontrar en todos nosotros. El campo de la psicología oscura asume con razón que estos deseos irracionales de hacernos daño son increíblemente complejos y difíciles de entender.

Ya sea que hacer el mal sea intencional o incluso a propósito, y ya sea que se haga por falta de dinero, venganza o poder, la fuerza más destructiva detrás del mal hacer es la agresión. La agresión es probablemente el mayor adversario de las relaciones prosociales, y no debe ser confundida con la asertividad. La agresión es cualquier comportamiento verbal y/o físico con la intención de dañar o destruir. Este objetivo es lo que la diferencia de otras clases de comportamientos que causan daño o destrucción sin intenciones.

Biológicamente, existen ciertos marcadores genéticos que son más indicativos de la agresión que otros. Neurológicamente, es la amígdala la que controla la mayoría de los patrones de comportamiento agresivo. Por esta razón, las personas con amígdala agrandada y deformada suelen cometer actos violentos en tasas más altas. En cuanto a las hormonas, generalmente son aquellas personas (principalmente hombres jóvenes) con niveles más altos de testosterona y niveles más bajos de serotonina quienes tienden a ser los más violentos. Las personas más agresivas dentro de las sociedades suelen ser aquellas que han pasado por algo así como un bucle: sus niveles de testosterona aumentan y los llevan a volverse agresivos, lo que a su vez engendra niveles más altos de testosterona y aún más agresividad. De esta manera, algunas de las personas más peligrosas que el mundo tiene para ofrecer son creadas. Los medicamentos y alimentos que aumentan la serotonina y disminuyen los niveles de testosterona suelen ser las mejores opciones para disminuir los niveles totales de agresión.

La causa más común de la agresión es el fracaso o ser detenido antes de alcanar una meta. Estudios indican que aquellos que han sido hechos miserables por eventos desafortunados suelen hacer miserables a los demás a su alrededor también. En estas instancias desagradables, naturalmente nos sentimos frustrados, lo cual engendra nuestro enojo, y una vez que estamos enojados fácilmente podemos volvernos agresivos si se nos da una señal. Algunos de los estímulos más comunes que pueden provocar comportamientos agresivos son los insultos personales (quizás el más común), el humo del cigarrillo, los olores desagradables y las altas temperaturas. El ostracismo es otra causa común de la agresión, causando algunos de los mismos fenómenos neurológicos que el dolor físico.

Una de las causas más trágicas de la mayor agresividad es el conocimiento de que la agresión puede ser gratificante en algunos casos. Los niños que aprenden temprano que la agresión puede tener recompensas son mucho más propensos a seguir siendo agresivos a lo largo de la vida. Otras influencias sociales que pueden causar tasas más altas de agresión incluyen la ausencia de uno o ambos padres durante los años formativos, siendo el padre la figura generalmente ausente. Para detener el comportamiento agresivo antes de que comience, a pesar de las condiciones familiares, el mejor modelo posible a inculcar es uno que recompense la cooperación y la sensibilidad desde temprana edad. Los padres y cuidadores deberían ser modelos de estas formas de conducta, pero padres exasperados que no tienen sistemas efectivos tienden a volverse bruscos e incluso agresivos ellos mismos con sus hijos, a menudo creando linajes de agresión intergeneracionales con sus acciones.

Uno de los aspectos más preocupantes de la naturaleza humana es la agresión sexual. Las violaciones suelen ser cometidas por hombres contra mujeres. Estas tienen causas multifacéticas pero a menudo son una combinación de promiscuidad sexual (o el enfoque impersonal hacia el sexo) combinado con una masculinidad hostil y agresiva.

Además de la amígdala, el mesencéfalo y el hipotálamo también son centrales en la agresión, en todos los mamíferos. El hipotálamo tiene receptores especializados que determinan los niveles de agresión basados en los niveles de serotonina y vasopresina a los que están expuestos. Las áreas del mesencéfalo que se ocupan de la agresión tienen conexiones tanto con el tronco encefálico como con otras estructuras como la corteza prefrontal y la amígdala. La estimulación de la amígdala típicamente conduce a niveles más altos de agresión en los mamíferos, mientras que las lesiones en esta área (o en el hipocampo) típicamente conducen a una reducción de la expresión de la dominancia social fuera de la regulación de la agresión o del miedo.

La corteza prefrontal es un área crucial para la regulación del autocontrol y la inhibición de los impulsos, específicamente los agresivos. Una reducción en la corteza prefrontal, particularmente en sus porciones orbitofrontal y medial, está correlacionada positivamente con niveles más altos de agresión violenta y antisocial. La inhibición de respuestas también se encuentra más baja en la mayoría de los delincuentes violentos.

Nuevamente, una deficiencia en los niveles de serotonina es una de las causas más comunes de agresión e impulsividad. Los niveles más bajos de transmisión de serotonina pueden afectar a otros sistemas neuroquímicos, incluido el sistema de dopamina, que regula la motivación hacia los resultados y los niveles de atención. La noradrenalina también influye en los niveles de agresión en general, trabajando dentro del sistema hormonal, el sistema nervioso simpático y el sistema nervioso central. Los neuropéptidos oxitocina y vasopresina también desempeñan un papel importante en la regulación del reconocimiento social, el apego y la agresión en los mamíferos. La oxitocina juega su papel más importante en la regulación de los vínculos femeninos con sus compañeros y crías, así como en el uso de la agresión protectora y retaliatoria. La vasopresina se utiliza más para la regulación de la agresión en los machos.

Cuando pensamos en la psicología oscura, uno de los términos más comunes que viene a la mente es "depredador". Los depredadores humanos vienen en todas las formas y tamaños y trabajan de varias maneras, pero todos tienen una cosa en común si tienen éxito: la persuasión. Los depredadores de todo tipo saben cómo "tocar las cuerdas que están dentro de todos nosotros", como lo dice el psicólogo social Robert Cialdini. Estas son personas que buscan sintonía con todos aquellos con los que se encuentran, o la sumisión a su propia autoridad, ya sea real o imaginaria.

Lo primero que buscan los depredadores es establecer autoridad sobre los demás. Suelen buscar las cosas que más desean otras personas y luego ofrecen esas cosas bajo la apariencia (usualmente falsa) de figuras de autoridad. Proyectan confianza cuando están cerca de personas a las que creen que pueden influenciar. Si hablan bien, generalmente tienen más éxito en esta práctica, ya que tendemos a cuestionar menos a los que hablan con más elocuencia. Uno de los adjetivos más apropiados que podrían usarse para describir a la mayoría de los depredadores es la impotencia. Estas suelen ser personas que han sentido poco o ningún poder en sus vidas, siendo constantemente sometidas a la voluntad de otros y nunca sintiendo ese mismo sentido de autoridad ellos mismos, por lo que empiezan a buscar víctimas que perciben como más débiles que ellos.

Otra forma en la que los depredadores operan para lograr sus objetivos es fomentando un sentido de reciprocidad dentro de sus víctimas. Por lo general, atraerán a sus víctimas con regalos y favores, solo para atraparlos más tarde con obligaciones que deben cumplir para pagar deudas. Estos regalos y favores no solo obligan a las víctimas a pasar más tiempo alrededor de sus agresores, sino que también desvían su atención de los verdaderos objetivos de los depredadores. Es a través de este laberinto de deudas laborales que las víctimas pueden pasar meses e incluso años y décadas de sus vidas en contacto innecesario con personas depredadoras.

La similitud entre las personas es una de las causas más comunes de atracción. Además, una vez que hemos decidido que nos gusta otra persona, es mucho más probable que hagamos cosas, cosas que nos pidan. Es por eso que los depredadores usan muchas formas diferentes para aumentar la conexión con sus víctimas, incluyendo el uso de cumplidos, identidad común e intereses comunes para atrapar a sus víctimas. De esta manera, las personas maliciosas pueden hacer daño a otros sin siquiera ser detectadas, solo siendo percibidas como amigos y aliados por sus inocentes víctimas. La mayoría de los depredadores son sorprendentes para las personas comunes en el sentido de que son capaces de adoptar personalidades agradables para ellos mismos al igual que las personas más benévolas. Por lo general, saben cómo imitar a las personas "normales" con facilidad y naturalidad, lo que les permite trabajar hacia sus fines malévolos sin ser detectados por personas sin experiencia en el área de la depredación. La mayoría están dotados con el mismo sentido de conformidad que todos tenemos, pero esta conformidad no siempre se aplica a sus acciones mientras manipulan su camino a través de la vida.

Los depredadores siempre están buscando lo que quieren las posibles víctimas. Los exitosos son capaces de determinar fácilmente qué botones presionan a las demás personas y lo que más desean. Una vez que han averiguado qué cebo deben usar para obtener lo que quieren, intervienen para ofrecer la prueba social a la víctima que afirma que tienen razón y que tienen todo lo que la víctima busca. Estas son personas que casi pueden oler nuestros deseos e inseguridades, y que están listas y capacitadas para conseguir que los más crédulos hagan su voluntad.

Dado que los depredadores dependen en gran medida del poder del compromiso dentro de sus víctimas, tienden a buscar solo a personas que creen que se sentirán más endeudadas con ellos.

Inicialmente, una figura depredadora obtendrá compromisos más pequeños de sus víctimas, que generalmente solo conducen a compromisos más grandes a medida que pasa el tiempo. Cuando otros se lo permiten, los depredadores tienden a acumular estos compromisos hasta que se vuelve difícil desvincularse de ellos. Esto suele ser cuando el lado más oscuro del depredador se muestra, y aquellos que están en contacto con él o ella comienzan a sentirse desilusionados.

Si queremos evitar la depredación de otros, tenemos que introspectar en nuestras propias vulnerabilidades, ya que estas son precisamente las cosas que las personas malévolas buscarán dentro de nosotros. También debemos introspectar en nuestros propios comportamientos depredadores, ya que ninguno de nosotros es inmune a la malicia. Cada uno de nosotros es tanto depredador como sumiso, por lo que la reconciliación de estos dos yo es esencial para comprendernos mejor a nosotros mismos y a los demás.

Capítulo dos: "Rasgos de personalidad oscura"

Tendemos a enfocarnos demasiado en el lado más ligero de la psicología humana. Ya sea seguidores del movimiento de "psicología positiva" o no, a menudo tenemos dificultades para ver el valor en el lado más oscuro de la psicología humana, el lado oscuro. Esto nos perjudica, ya que son los aspectos más molestos de nuestra naturaleza los que tienden a iluminarnos más que las personas que ponemos. Aquí profundizaremos en los rasgos más oscuros de la psicología humana, aquellos que todos contienen un rasgo principal más destructivo que cualquier otro: la insensibilidad o la falta de empatía hacia los demás. Aquellos que tienen estos rasgos son muy diversos, pero todos comparten el potencial de dañar a otros debido a su incapacidad para empatizar.

El primero de estos rasgos, y quizás el más común, es el narcisismo. Todos mostramos este rasgo negativo en algún momento u otro, por lo que generalmente es mejor reservar el juicio cuando otros parecen narcisistas a primera vista. Los narcisistas a menudo desatienden los pensamientos y sentimientos de los demás y se aprovechan de las personas para conseguir lo que quieren. Presenciar a otras personas recibiendo atención y admiración los frustra, ya que creen que tienen derecho a estas cosas por encima de otros. Este rasgo, como cualquier otro, existe en un espectro dentro de las personas, con los más pretenciosos en la parte superior y los que tienen menos autoeficacia en la parte inferior.

Aunque todos experimentamos rasgos narcisistas en distintos grados, alrededor del 1% de la población estos rasgos pueden tomar una forma más severa y patológica en la que la persona adquiere una percepción irreal de sus propias habilidades y necesita constantemente atención y admiración. Esta forma patológica de narcisismo se llama trastorno de personalidad narcisista.

El suministro narcisista es una especie de admiración, sustento o apoyo interpersonal extraído por un narcisista de su entorno. Este suministro puede convertirse fácilmente en esencial para el mantenimiento de la autoestima del narcisista si nunca se le niega. Por esta razón, los narcisistas tienden a buscar a aquellos que los admiren de manera irracional y hay muy poco que detenga a un narcisista una vez que ha encontrado algún tipo de relación en la que se asignan recursos de manera injustificada de forma interpersonal. Esta necesidad de la admiración o atención de los codependientes se considera patológica porque no tiene en cuenta los sentimientos, pensamientos o necesidades de las otras personas involucradas. El narcisista solo considera su suministro y nunca se centra en lo que realmente está sucediendo con esas otras personas involucradas.

La lesión narcisista es una amenaza percibida para la autoestima del narcisista. Otros términos intercambiables con éste son golpe narcisista, cicatriz narcisista y herida narcisista. Sin embargo, lo que todos estos tienen en común es que son encontrados con la ira narcisista. La ira narcisista es una reacción común a cualquier forma de lesión narcisista. Esta ira (como cualquier otro tipo de ira) existe dentro de un continuum, que va desde la lejanía leve hasta expresiones más duras de molestia y frustración, y finalmente a intensos arrebatos emocionales, a veces incluyendo ataques violentos.

La rabia narcisista puede manifestarse de muchas otras formas también. Estas incluyen episodios depresivos, delirios paranoides y episodios catatónicos. También se sostiene ampliamente que la mayoría de los narcisistas tienen dos tipos principales de rabia. El primero de estos tipos es la rabia constantemente dirigida hacia una o más personas, mientras que el segundo tipo se dirige constantemente hacia uno mismo. La rabia narcisista no es necesariamente problemática en su gravedad, ya que su gravedad existe en un espectro similar al de la rabia "normal", pero se vuelve más problemática al considerar que es inherentemente patológica.

Una defensa narcisista es cualquier proceso mediante el cual se preserva el autorretrato idealizado del narcisista, mientras se niegan cualquiera de sus limitaciones reales. En otras palabras, este tipo de defensa se encuentra cuando el narcisista está tratando de preservar su propia imagen más que intentando determinar la verdad sobre sí mismo. Estas defensas tienden a ser muy rígidas, ya que el narcisista se aferra tanto como sea posible a las narrativas más favorecedoras imaginables. La mayoría de los narcisistas realmente experimentan sentimientos de culpa o vergüenza (tanto conscientes como inconscientes) con bastante frecuencia, y uno de los métodos más comunes por los cuales alivian estos sentimientos negativos es poniendo estas defensas. El narcisismo patológico tiene que encontrar atajos psicológicos para sobrevivir a través de una mayor autorrealización, y la defensa narcisista es probablemente el más común de estos atajos.

La definición original del abuso narcisista se refería más al abuso cometido por padres narcisistas hacia sus hijos. Típicamente, este tipo de abuso consiste en que los hijos de los narcisistas tengan que renunciar a partes de sus propios sentimientos y deseos para proteger la autoestima de sus padres. Los niños que crecen siendo sometidos a este tipo de abuso a menudo tienen problemas de codependencia más adelante en la vida. Al no tener conocimiento de lo que constituye una relación normal, tienden a ser incapaces de reconocer con quién estarán mejor y a quién deben evitar. Es común que formulen relaciones adicionales con más narcisistas que tienen patologías similares a las de sus padres.

En años más recientes, este término se ha aplicado más ampliamente al abuso dentro de las relaciones entre adultos. Los narcisistas adultos son tan propensos a abusar de otros adultos como lo son a abusar de los niños. Estas relaciones abusivas típicamente no duran tanto tiempo debido a que las víctimas adultas suelen tener mucha más movilidad para salir de las relaciones que las víctimas infantiles.

El siguiente rasgo oscuro es el maquiavelismo. Este término se puede aplicar tanto a la filosofía política de Nicolás Maquiavelo como a un rasgo de personalidad manipulador. Aquí solo se aplicará el último uso. Este rasgo se caracteriza más comúnmente por un estilo de personalidad engañoso, un enfoque patológico en la ganancia personal y el propio interés, una deficiencia general de empatía, y un total desprecio por la moralidad.

Uno de los aspectos más preocupantes de los maquiavélicos es su falta general de emoción. Esto a menudo lleva a que sean influenciados muy poco por modos "convencionales" de moralidad y a manipular y engañar a otros sin remordimientos para satisfacer sus propias necesidades personales. Este rasgo se mide en unidades llamadas machs por los psicólogos. Las personas con niveles más altos de machs tienden a estar más de acuerdo con afirmaciones como "nunca digas a otros tu razonamiento a menos que te beneficie hacerlo", y menos con afirmaciones como "las personas son generalmente buenas," "nunca hay una excusa para mentir a otros," o "los más exitosos entre nosotros llevan vidas morales." Típicamente, los hombres obtienen niveles más altos de machs que las mujeres.

Los maquiavélicos suelen ser personas bastante frías y egoístas que ven a los demás principalmente como instrumentos que pueden utilizar para servir sus propios intereses. Los motivos que tienen en mente en cualquier momento dado, ya sean sexuales, sociales, profesionales, etc., a menudo son perseguidos de manera duplicada, con poco o ningún pensamiento en el bienestar de las demás partes involucradas. Aquellos con niveles más altos de "machs" tienden a estar motivados más por el poder, el dinero y la competencia que por cualquier otra cosa, mientras que aquellos con niveles más bajos de "machs" tienden a enfocarse más en cosas como el compromiso familiar, el amor propio y la construcción de la comunidad. Las personas con niveles más altos de "machs" quieren ganar a cualquier costo, sin importar cuán empinado sea. Con estas opiniones en mente, podríamos argumentar razonablemente que las personas que son más maquiavélicas que otras también están más inclinadas hacia la avaricia. Estas personas suelen estar mucho menos motivadas por sentimientos altruistas y cualquier forma de filantropía, y en cambio, pasan la mayor parte de su tiempo en una competencia sin rumbo y una industria maliciosa. Por estas razones, los maquiavélicos suelen ser mucho menos confiables y mucho más interesados en sí mismos que los demás.

Son solo sus habilidades excepcionales para manipular a otros lo que da a los maquiavélicos la reputación de ser un grupo inteligente de personas. En realidad, no hay una correlación verificable entre los machs y los puntajes de CI, pero el estereotipo del maquiavélico inteligente que navega a través de vastas redes de acción y sale con todo en mente persiste, sin embargo. La inteligencia emocional, sin embargo, no es un punto fuerte de la mayoría de los maquiavélicos. Niveles más altos de machs típicamente se correlacionan con puntajes más bajos en EQ. Tanto el reconocimiento emocional como la empatía emocional están correlacionados de manera negativa con el maquiavelismo. Este rasgo tampoco se ha demostrado que esté correlacionado con una teoría más avanzada de la mente. Esto sugiere que los maquiavélicos no necesariamente son mejores para entender lo que los demás están pensando en situaciones sociales, por lo que cualquier habilidad en manipulación que puedan poseer no está relacionada con su teoría de la mente.

Entre algunos círculos psicológicos, el maquiavelismo se considera simplemente una forma subclínica de psicopatía. Si bien este rasgo de personalidad está estrechamente relacionado con la psicopatía y se superpone en varios aspectos de pensamiento, la mayoría de los psicólogos sostienen que, de hecho, es un constructo de personalidad completamente independiente. Los psicópatas suelen ser mucho más impulsivos y tener menos autocontrol que los maquiavélicos. Sin embargo, ambas características comparten deshonestidad. Los maquiavélicos suelen ser mucho menos agradables y concienzudos que la población general, lo que a menudo les lleva a encontrar poco éxito en sus carreras y relaciones personales. Los maquiavélicos también son altos en agencia y bajos en comunión, lo que significa que buscan individuarse y tener éxito más que buscar trabajar con otros en esfuerzos comunales. Esto no es necesariamente una mala combinación de rasgos en sí misma, pero lo preocupante de muchos maquiavélicos es que a menudo desean no solo tener éxito ellos mismos, sino que también buscan activamente hacerlo a expensas de otros.

Lo que hace que muchos maquiavélicos sean tan efectivos en lo que hacen es su habilidad para mantenerse bajo el radar de las personas. Sin embargo, hay algunas maneras fundamentales en las que podemos identificar claramente a estas personas peligrosas antes de que comiencen a causar estragos en nuestras vidas.

Uno de los mayores indicadores de verdaderas altas maquinaciones en una persona es la capacidad de esa persona para funcionar especialmente bien en lugares de trabajo y otras situaciones sociales en las que las reglas son ambiguas. Sin límites claros, estas personas inevitablemente vagarán en todas direcciones que consideren adecuadas, y constantemente estarán pensando en maneras de avanzar en sus propios intereses a costa de la empresa en la que trabajan. Los maquiavélicos prosperan donde las líneas están difusas y todos los comportamientos parecen sin precedentes, porque donde existen estos entornos vulnerables, ven oportunidades para tomar acciones por las cuales no serán responsables.

Otra señal de alerta es la excesiva desconexión emocional, a veces acompañada de un enfoque cínico sobre las cosas que le permite a la persona esperar pacientemente y sin pasión cualquier oportunidad que pueda presentarse. Con este control de impulsos, los maquiavélicos son capaces de planificar mejor y de determinar qué pueden hacer para manipular que otros.

Los maquiavélicos también se caracterizan por su uso de presión, culpa, revelación personal, encanto y cortesía para cumplir sus objetivos. Estas tácticas les permiten maniobrar socialmente hacia sus metas malévolas sin ser detectados. Además de usar estas tácticas, también preparan planes de respaldo para salir de apuros cuando son descubiertos. Se emplean innumerables excusas y distracciones cuando son descubiertos, su multiplicidad puede ser abrumadora para aquellos que intentan exponerlos.

La verdadera potencia del maquiavelismo radica en su

encubrimiento. Estas personas son capaces de manipular a los demás de manera tan efectiva porque, en parte, nadie sospecha que alberguen motivos ulteriores en las cosas que hacen. Bajo la apariencia de personas normales y benévolas, a menudo son capaces de fundirse perfectamente en el follaje de la ciudadanía saludable.

La psicopatía es quizás uno de los rasgos oscuros más conocidos y perturbadores. La psicopatía como trastorno de la personalidad se caracteriza por comportamientos antisociales continuos, capacidad deteriorada para empatizar y ciertos rasgos egocéntricos, desinhibidos y audaces.

Hay dos tipos principales de psicopatía, caracterizados por sus síntomas. El primer tipo (y menos problemático) se conoce como psicopatía Cleckleyana, caracterizada por patrones de comportamiento desinhibidos y audaces. El segundo tipo es la psicopatía criminal, caracterizada por comportamientos más agresivos y desinhibidos, en este caso, criminales. De estos dos tipos, el último obviamente recibe más atención debido al hecho de que una gran parte de los criminales más notorios del mundo han sufrido este tipo de psicopatía.

El primero de los rasgos psicópatas es, a menudo, el que permite que todos los demás se vuelvan ingobernables: la audacia. Este rasgo se caracteriza por un bajo nivel de miedo combinado con una alta tolerancia al estrés, una tolerancia general al peligro e incertidumbre, e increíblemente altos niveles de asertividad y autoconfianza. Un exceso de este rasgo puede o no estar relacionado con variaciones individuales de la amígdala, el regulador de miedo más importante del cerebro. Con esta audacia, los psicópatas a menudo son capaces de manejar a personas y situaciones que las personas normales preferirían evitar. Esto puede funcionar a favor del psicópata, pero a menudo lo mete en más problemas de los necesarios. Con este rasgo, los psicópatas a menudo tienen dificultades para distinguir amenazas reales de sucesos normales, porque su circuito neural simplemente no les indica si las cosas son de una manera u otra.

La falta de inhibición es el siguiente rasgo de los psicópatas. Este término se refiere a la falta de control de los impulsos combinada con problemas relacionados con la planificación, una falta de control sobre los deseos, una constante necesidad de gratificación instantánea y una restricción general deficiente sobre el comportamiento. Este rasgo en exceso a menudo se corresponde con deterioros en las estructuras dentro del lóbulo frontal que influyen en este tipo de sistemas de control del comportamiento. La falta de inhibición hace que muchos psicópatas actúen de forma impulsiva e incluso errática al seguir sus deseos inmediatos. Siempre viviendo el momento presente, nunca tienen una visión clara de lo que podría suceder a continuación o qué deberían hacer para obtener una gratificación duradera. Esto a menudo los lleva a tomar decisiones peores que los perjudican más, porque muchas de las cosas que nos dan gratificación instantánea acaban perjudicándonos enormemente a largo plazo.

Otro rasgo común de los psicópatas es el de la mezquindad o crueldad. Los psicópatas a menudo carecen de empatía y tienen relaciones íntimas poco o nada con otros, a veces incluso despreciando la compañía de otros. A menudo utilizan la crueldad para obtener mayor poder, son generalmente mucho más explotadores que otros, recalcitrantes hacia las figuras de autoridad, y tienden a buscar emoción de formas descuidadas y peligrosas. Este rasgo probablemente sea más destructivo para aquellos que entran en contacto con los psicópatas que cualquiera de los otros mencionados aquí. Los psicópatas típicamente no disfrutan de la compañía de otros, por lo que cuando están cerca de otros, es aún más probable que actúen de manera cruel y despiadada porque perciben que no tienen nada que perder. Esta perspectiva sobre los demás los lleva a actuar de maneras desagradables y a veces peligrosas, ya sea con una intención de hacerlo o no.

Por lo general, los psicópatas son bastante altos en antagonismo, y muy bajos en conciencia y en ansiedad, sintiendo de hecho casi ninguna ansiedad. Estas personas también son bajas en socialización y responsabilidad y altas en búsqueda de sensaciones, impulsividad y agresión. La combinación de estos rasgos tiende a crear personas que no se llevan bien con los demás, que contribuyen poco a la sociedad en general, y que siguen sus impulsos libremente y sin ansiedad.

De los otros rasgos de personalidad oscuros, la psicopatía probablemente está más estrechamente relacionada con el narcisismo. Una perspectiva psicológica, de hecho, incluso considera este rasgo como solo otra parte del espectro del narcisismo patológico. Algunos psicólogos afirman que la personalidad narcisista existe en la parte inferior de este espectro, el narcisismo maligno en el medio, y la psicopatía en su punto más alto.

Socialmente, los principales síntomas de la psicopatía son la insensibilidad, la manipulación, y a veces el crimen y la violencia. Mentalmente, la alteración de los procesos relacionados con la cognición y el afecto son los mayores indicadores de la psicopatía. Estos síntomas suelen empezar a manifestarse alrededor de la adolescencia, aunque a veces se encuentran incluso en niños más pequeños y otras veces no se descubren hasta más tarde en la adultez.

Las puntuaciones de psicopatía son sorprendentemente reveladoras en lo que respecta a los registros de encarcelamiento. Las puntuaciones más altas de este rasgo suelen estar correlacionadas con episodios repetidos de encarcelamiento, detenciones en áreas de mayor seguridad de centros de detención, más infracciones disciplinarias y tasas más altas de abuso de sustancias.

Si bien la psicopatía no es completamente sinónimo de violencia, hay muchas correlaciones bien conocidas entre este rasgo y los actos violentos. La psicopatía suele caracterizarse por una agresión "instrumental". Esta forma de agresión es más proactiva y depredadora que otras. La emoción reprimida y los objetivos no dirigidos pero en gran medida facilitados por la causación de daño son dos características de esta potente forma de agresión. La agresión instrumental a menudo se correlaciona con delitos de homicidio debido a la naturaleza depredadora de esta forma de agresión.

La psicopatía también está relacionada con la violencia doméstica, con alrededor del 15-30% de los agresores mostrando tendencias psicopáticas. Es principalmente la insensibilidad, combinada con el desprecio por las conexiones interpersonales, lo que hace que muchos psicópatas cometan delitos de violencia doméstica. A pesar de todas estas conexiones que la psicopatía tiene con varios tipos de comportamiento criminal violento, las tendencias psicopáticas aún no se consideran ampliamente en la evaluación del riesgo.

El crimen sexual es otro tipo de actividad criminal espantosa que se asocia comúnmente con la psicopatía debido a una propensión psicopática hacia comportamientos sexuales violentos. La relación entre la psicopatía y la agresión sexual infantil se muestra en el número de delitos cometidos por el perpetrador, que tiende a aumentar en individuos más psicópatas. Las tendencias hacia la violencia sádica y la falta de remordimiento suelen llevar a los psicópatas a cometer crímenes sexuales que las personas normales simplemente nunca podrían imaginar. A pesar de esta inquietante propensión a reincidir, los psicópatas tienen, en promedio, 2.5 veces más probabilidades de ser liberados condicionalmente que sus contrapartes no psicópatas cuando son encarcelados por sus delitos.

La psicopatía también está correlacionada con el crimen organizado, crímenes de guerra y crímenes económicos. Es la violencia antisocial, la visión del mundo que excluye el bienestar de los demás, la externalización continua de la culpa, la falta de remordimiento, y la impulsividad que tiende a llevar a los psicópatas hacia comportamientos criminales de todo tipo a tasas más altas que los no psicópatas. Si bien el terrorismo está popularmente asociado con la psicopatía, los psicópatas en realidad son menos propensos a participar en actividades terroristas debido a la planificación, organización y trabajo comunitario frecuente que implica la realización de ataques terroristas. El terrorismo atrae menos a los psicópatas debido a sus propias intuiciones egoístas.

En la infancia y la adolescencia, los precursores más comunes de la psicopatía son la falta de emociones o insensibilidad, la impulsividad o la irresponsabilidad, y el narcisismo. El rasgo y/o trastorno de la personalidad pueden ser tan difíciles de discernir o diagnosticar en estas etapas tempranas porque sus síntomas se encuentran en tantos niños y adolescentes no psicópatas. Estos rasgos, ya sea encontrados en psicópatas o individuos normales, a menudo son indicativos de comportamientos violentos o criminales posteriores. En los jóvenes, la psicopatía suele estar correlacionada con tasas más altas de emociones negativas como depresión, ansiedad, hostilidad y enojo. Aunque podemos tener ciertos indicadores de psicopatía en personas más jóvenes, generalmente estos indicadores no se manifiestan en la psicopatía real más adelante en la vida y suelen ser problemas individuales en su lugar.

El trastorno de conducta en los jóvenes se ve como un camino hacia el trastorno de personalidad antisocial y la psicopatía en etapas posteriores. Este trastorno generalmente se origina a partir de una mezcla tóxica de problemas neurológicos preexistentes y una exposición prolongada a factores ambientales adversos. No solo aquellos con este trastorno muestran comportamientos antisociales prolongados a lo largo de la vida, sino que también se ha demostrado que permanecen en peor estado de salud en general y suelen tener un estatus socioeconómico mucho menor. El inicio en la infancia comienza antes de los 10 años y suele resultar en un comportamiento antisocial a largo plazo, mientras que el inicio en la adolescencia comienza después de los 10 años y suele resultar más a menudo en un comportamiento antisocial limitado a corto plazo.

Es cuando el trastorno de conducta se mezcla con TDAH que los comportamientos antisociales asociados con él se vuelven más problemáticos. Las personas más jóvenes con esta combinación de trastornos tienden a mostrar la misma insensibilidad, agresión e inhibición del comportamiento que muestran los psicópatas de todas las edades. El estilo interpersonal despiadado y carente de emociones de aquellos con trastorno de conducta es uno de los paralelismos más notables de la psicología con la psicopatía.

En lo que respecta a la mentalidad, las disfunciones dentro de la amígdala y la corteza prefrontal son las causas neurológicas más comunes de la psicopatía. Estas disfunciones suelen ser congénitas, aunque en ocasiones son causadas por tumores, lesiones y lesiones cerebrales traumáticas sufridas por estas regiones. Si bien los pacientes con estos problemas en estas regiones pueden parecerse en el pensamiento y la acción a los psicópatas, están separados de este último grupo. Ya sean psicópatas o no, las personas con daño en las regiones del cerebro suelen tener mucho más dificultades para aprender razonamiento social y moral que la mayoría de las personas. El aprendizaje reforzado por estímulos también está afectado en individuos con daño en estas regiones, lo que significa que ya sea que se les recompense o castigue, estas personas tienen dificultades para aprender basándose en los efectos que resultan de lo que están haciendo.

A pesar de estos defectos de aprendizaje, no hay una conexión irrefutable entre la psicopatía y el coeficiente intelectual. En cuanto a la inteligencia, los psicópatas como grupo son realmente un reflejo bastante preciso de la población en general, con algunos siendo increíblemente brillantes y otros siendo muy torpes en contraste, mientras que la mayoría es más o menos promedio.

La psicopatía también está relacionada con respuestas inusuales a las señales de angustia. Las respuestas vocales y físicas al miedo y la tristeza suelen ser pasadas por alto o malinterpretadas por los psicópatas, generalmente debido a una disminución de la actividad en las regiones fuscocerebrales y extrastriadas del cerebro. Esta falta de actividad resulta en la incapacidad de reconocer todas las emociones en el rostro de otras personas, pero es la incapacidad para discernir el miedo y la tristeza lo que suele afectar más a los psicópatas.

La amoralidad es uno de los subproductos más problemáticos de la psicopatía. Aquí este término se refiere a la falta de respeto, indiferencia, o simplemente la ausencia de sentimientos y prácticas morales. Hay dos áreas principales de preocupación dentro de la mayoría del razonamiento moral: transgresiones personales y el cumplimiento (o incumplimiento) de reglas convencionales. Sócrates señaló estas áreas como el cumplimiento de leyes naturales y convencionales respectivamente. Cuando se les pregunta a determinar qué tipos de estas leyes deben seguir más de cerca, los psicópatas generalmente afirman que son las leyes convencionales mientras que los no psicópatas suelen creer que se deben cumplir primero las leyes naturales o personales. Esta tendencia podría sugerir que los psicópatas no tienen leyes morales fuertes establecidas para ellos y están más inclinados a seguir solo aquellas de los sistemas en los que se encuentran.

Si bien no hay una preferencia notable entre los psicópatas en cuanto a la infligir daño personal e interpersonal, estas personas suelen ser mucho menos reacias a infligir daño interpersonal que los no psicópatas. Aquellos psicópatas con niveles más bajos de ansiedad suelen ser mucho más propensos a infligir daño personal.

Hay vínculos genéticos moderados o causas de la psicopatía, pero no son tan sustanciales como las ambientales. Las causas ambientales más comunes de la psicopatía provienen de experiencias tempranas en la infancia y la adolescencia, incluyendo pero no limitado a provenir de una familia desestructurada con una madre joven o deprimida, bajo involucramiento del padre, tener padres condenados, negligencia física, bajo ingreso familiar o estatus social, vivienda pobre, poca supervisión, tamaño de familia grande, disciplina severa y hermano(s) delincuente(s).

Las lesiones en la cabeza también están fuertemente relacionadas con la violencia y la psicopatía. Son las lesiones en los cortezas prefrontal y orbitofrontal las que hacen más daño a los afectados, con deterioros en el razonamiento social y moral siendo los efectos más desconcertantes de estas lesiones. El daño al córtex ventromedial también es preocupante, usualmente causando una reducción en las respuestas autonómicas, incapacidad para hacer maniobras evasivas, toma de decisiones económicas comprometida y expresiones disminuidas de culpa, vergüenza y empatía.

La psicopatía es probablemente el rasgo oscuro más famoso debido a la destructividad de sus afectados. Muchos de los criminales más notorios del mundo han sido o son psicópatas, pero esto no implica que todos los psicópatas sean criminales. De hecho, algunos de ellos continúan llevando vidas normales y productivas en las que contribuyen enormemente a la sociedad en su conjunto.

Ahora vamos al sadismo. El sadomasoquismo (o SM, como lo llamaremos aquí) es la recepción o entrega de placer derivado de la infligencia de dolor y/o humillación. A menudo, los sádicos obtienen gratificación sexual de la infligencia de este dolor, ya sea que lo estén dando o recibiendo. Estas prácticas son, sorprendentemente, generalmente consensuadas, por lo que difieren de los delitos sexuales no consensuados.

El origen del término sadismo se encuentra en Marqués De Sade (1740-1814), quien practicaba rituales sexuales sadistas y escribía sobre ellos. El término masoquismo proviene de Leopoldo Von Sacher-Masoch, quien escribió novelas sobre sus propias prácticas sexuales masoquistas.

Algunos psicólogos consideran que el dolor y la violencia son el centro de la práctica sadomasoquista, mientras que otros se enfocan más en la dominancia y sumisión. En realidad, la mayoría de los sadomasoquistas están interesados en ambas cosas. Sigmund Freud consideraba que la primera "forma" de sadomasoquismo giraba en torno a la noción de cornudo (o la elección de rivales como parejas), y que la segunda forma no se preocupaba por las relaciones en absoluto y estaba interesada en cambio en el boato de las prácticas sexuales.

Cada sadomasoquista encuentra atractivas las prácticas asociadas con el trastorno por sus propias razones. A menudo, los SMs que prefieren asumir roles más sumisos dentro de sus prácticas lo hacen para escapar de la culpa, la responsabilidad y el estrés de la vida. Estar en presencia de figuras fuertes y dominantes infunde un sentido de seguridad para otros. Los sádicos, por otro lado, pueden disfrutar asumiendo roles más dominantes por el deseo de sentirse más empoderados. Ya sea sádico o masoquista, los SMs simplemente están tratando de satisfacer necesidades emocionales que tienen, las cuales a menudo se originan en experiencias y relaciones de la infancia. Si bien estas necesidades son satisfechas de maneras que algunos encontrarían inusuales o inapropiadas, siempre y cuando estas prácticas sean consensuadas, generalmente será sabio evitar el juicio.

Finalmente, la sociopatía (o trastorno de personalidad antisocial) es un trastorno de personalidad marcado por la falta de remordimiento o culpa con respecto a los actos incorrectos infligidos a otros. Este trastorno es tan similar a la psicopatía que muchos psicólogos en el pasado lo han considerado un trastorno secundario dentro de una clase más amplia de trastornos psicopáticos, pero la mayoría hoy en día sostiene que la sociopatía es un trastorno separado por completo. Las mismas tácticas de manipulación, la impulsividad, la falta de culpa y el exceso de agresión encontrados en psicópatas y maquiavélicos son compartidos por los sociópatas.

Si bien algunos sociópatas son altamente funcionales y contribuyen grandes cosas a la sociedad, la mayoría tiene dificultades para mantener la responsabilidad a lo largo de la vida debido a su impulsividad y a menudo tienen una esperanza de vida más corta que el promedio como resultado de prácticas imprudentes como el abuso de sustancias y la actividad criminal.

Si bien hay un componente genético notable en el desarrollo del trastorno de personalidad antisocial, también existen ciertos factores ambientales que pueden poner a los jóvenes en mayor riesgo de desarrollar este trastorno. Estos incluyen, pero no se limitan a, nunca haber sido enseñados a respetar los derechos de los demás, falta de disciplina, presencia de modelos a seguir negativos, y alcoholismo, así como otras formas de abuso de sustancias, tanto en los padres como en sus hijos.

El trastorno de conducta y el TDAH antes de los 10 años son otro indicador más del posterior desarrollo del trastorno de personalidad antisocial. Algunos estudios incluso han indicado que el 25% de las niñas y el 40% de los niños que desarrollan trastorno de conducta durante su desarrollo acaban desarrollando trastorno de personalidad antisocial más tarde en la edad adulta.

Los síntomas más comunes de la sociopatía son los siguientes: la comisión repetida de actos ilegales, mentir o manipular para lograr resultados, impulsividad, peleas o agresiones repetidas, falta de consideración por la seguridad propia y ajena, falta de empatía y remordimiento, y irresponsabilidad personal y financiera. Para ser diagnosticado formalmente con sociopatía, una persona debe mostrar al menos tres de los síntomas mencionados anteriormente. Otros criterios que deben cumplirse para diagnosticar a alguien con trastorno de personalidad antisocial son que la persona tenga al menos 18 años y que haya sido diagnosticado con trastorno de conducta antes o a la edad de 15 años. Por lo general, hay algún tipo de episodio antisocial y una intervención subsecuente antes de que una persona sea diagnosticada oficialmente con este trastorno ya que la mayoría no sospecha o admite tener sociopatía. Sin embargo, estos episodios no son necesarios para un diagnóstico formal de este problemaático trastorno.

Estos síntomas suelen alcanzar su punto máximo cuando la persona afectada tiene veintitantos años. Sin embargo, una vez que ha alcanzado los 40, algunos descubren que estos síntomas disminuyen y se eliminan por sí mismos.

La terapia verbal es la forma más común y efectiva de terapia para este trastorno y suele ser la misma para todas las demás características de personalidad oscura. Esta forma de terapia es útil para estas personas porque, en parte, ofrece una manera para el individuo de desarrollar sus habilidades interpersonales. El primer objetivo dentro de estas terapias es, sin embargo, siempre la reducción de comportamientos impulsivos que pueden llevar a causar daño criminal.

Hay sorprendentemente muy pocos medicamentos que ayuden a mitigar los síntomas del trastorno de personalidad antisocial. Además, además de la terapia de conversación, los clínicos también dan terapias de esquemas a muchos pacientes, que tienen como objetivo editar y organizar mejor los patrones de pensamiento maladaptativos que a menudo se originan en la infancia. El escritor aquí argumentaría que esta forma de terapia debería ser más ampliamente utilizada entre todos aquellos que sufren de rasgos de personalidad oscuros, independientemente de cuáles sean esos rasgos, aunque esto es simplemente una opinión.

Capítulo tres: Estudios de psicología oscura

No hay mejores afirmaciones de acontecimientos psicológicos oscuros que los estudios reales realizados sobre el tema. Ahora deberíamos repasar algunos de los ejemplos más famosos de tales estudios, analizando tanto sus razones para haber tenido lugar como su importancia después del hecho.

Los experimentos de Asch de la década de 1950 se realizaron para determinar en qué medida las opiniones de un individuo pueden ser influenciadas por las de la mayoría del grupo en el que el individuo se encuentra. Solomon Asch, el líder de estos experimentos, comenzó teniendo a jóvenes estudiantes universitarios participando en tareas perceptivas. Dividió a los participantes en grupos, con todos menos uno de los miembros de cada grupo siendo "cómplices" o actores. El objetivo de estos experimentos era analizar cómo reaccionaría el único participante "genuino" a los pensamientos y acciones de todos los actores.

Con todos los demás participantes teniendo respuestas pre-escritas a todas las preguntas formuladas, las respuestas del único participante genuino se convirtieron en las únicas variables independientes verdaderas en el estudio. Con diferentes grados de presión de grupo aplicada al único participante real, los efectos de esta presión fueron luego observados y estudiados en sus diversos grados de severidad.

A cada participante simplemente se le hizo una serie de preguntas, como cuál línea era la más corta o más larga dentro de una serie. Inicialmente, todos los "cómplices" dieron respuestas correctas a todas las preguntas planteadas para evitar despertar sospechas en el único participante genuino. Solo más tarde se empezaron a agregar algunas respuestas incorrectas.

Había un grupo de control entre los grupos normales cuando se estaban llevando a cabo estos experimentos, en el cual no se aplicaba presión de grupo a los participantes. Dentro de este grupo de control, solo alrededor de una de cada 35 respuestas fueron incorrectas, una estadística probablemente atribuible a un mero error experimental. Dentro de los grupos normales, en cambio, un tercio de los participantes genuinos dieron una respuesta incorrecta cuando otros dentro del grupo también lo habían hecho. Esto implica que las personas son, de hecho, mucho más propensas a tomar decisiones incorrectas cuando la mayoría de quienes los rodean están haciendo lo mismo.

Al menos ¾ de todos los participantes dieron al menos una respuesta incorrecta a las preguntas que se les hicieron. Dentro de este experimento, las personas ocultaron sus propias opiniones, ya sea porque desconfiaban genuinamente de sus propias intuiciones, o simplemente querían cumplir más con su compañía.

Si bien todos tendemos a enorgullecernos de ser personas independientes y autónomas, estudios como este indican que a veces nos comportamos como todo menos eso. Este tema de conformidad vs. individualidad es una lucha antigua en la que algunas de las mentes más destacadas de la historia han reflexionado incansablemente. Por lo general, se debe mantener la moderación al determinar la relación entre nuestras propias opiniones y las de los grupos en los que nos encontramos. Confiar en nuestras propias intuiciones completamente y sin cuestionar sería arrogante, y podría sumirnos en la ignorancia de la realidad que nosotros mismos creamos, una realidad que podría haber sido fácilmente evitada si fuéramos receptivos a las opiniones de los demás. También debemos tener en cuenta que otras personas son tan propensas al error como nosotros, y que lo correcto no siempre es lo que más personas piensan. Al seguir ciegamente a la multitud, nos estamos sometiendo a cualquier cosa que esta pueda tener planeado para nosotros. Solo porque más personas crean en algo, no hace que ese algo sea más o menos verdadero. Los movimientos en masa nos hacen sentir que somos parte de algo, pero pueden llegar a ser destructivos si depositamos demasiada confianza en ellos.

No es un ejemplo de oscuridad personal desviarse de los caminos trillados de nuestra empresa. Si bien los grupos más grandes pueden proporcionar orden para sus miembros, este orden puede fácilmente convertirse en tiranía si no se controla. Cuando no hay nadie para verificar la validez de ninguno de los puntos de vista del grupo, todo el sistema tiende a colapsar sobre sí mismo, dejando a los más dogmáticos en el fondo de los escombros. La historia nos da innumerables ejemplos de personas haciendo cosas horribles por sumisión a sus tribus. Los experimentos de Asch son simplemente un reflejo microcósmico de esta tendencia destructiva.

La Biblia cuenta una historia del buen samaritano, que se detiene a ayudar a un hombre necesitado mientras que otros, personas autojustas, simplemente siguen de largo. John Darley y C. Daniel Batson, inspirados por esta famosa historia, querían ver si había alguna correlación entre religiosidad y ayuda, y así llevaron a cabo el experimento del buen samaritano.

Tres hipótesis principales estaban en mente de los investigadores al dirigirse a este experimento: que las personas que piensan en pensamientos religiosos útiles finalmente no estarían más inclinadas a ayudar a los demás que cualquier otra persona, que las personas que están apuradas serían menos propensas a ayudar a los demás, y que aquellos que son religiosos simplemente por ganancia serán mucho menos propensos a ayudar a los demás que las personas que son religiosas por deseo de encontrar sentido en la vida. Las personas de una moda samaritana serán más propensas a ayudar que las personas de una moda levita.

Después de reclutar a estudiantes de seminario para este experimento, la investigación realizó un cuestionario sobre religión a los participantes con el fin de luego comprobar la exactitud de la tercera hipótesis. Luego comenzaron el experimento en un edificio, solo para pedir a los participantes que caminaran hacia otro edificio para completar el experimento. En el camino, los participantes encontraron a un hombre desplomado en un callejón y no tenían conocimiento de qué le pasaba o por qué estaba allí.

Antes de que los participantes partieran, les dieron a diferentes grupos distintas piezas de información sobre la urgencia y lo que tendrían que hacer en los otros edificios. Una de las tareas estaba relacionada con trabajos de seminario y la otra estaba relacionada con contar la historia del buen samaritano. A uno de estos grupos se le dijo que ya era tarde y que debían dirigirse al otro edificio de inmediato, mientras que al otro grupo se le dijo que tenían unos minutos.

El hombre en el callejón fue indicado para gemir y toser dos veces mientras los participantes pasaban. Los investigadores establecieron una escala de ayuda de antemano que se organizó de la siguiente manera: 0= falla en notar a la víctima y su necesidad, 1= notar la necesidad pero no ofrecer ayuda, 2= no se detuvo pero decidió ayudar indirectamente (informando a su ayuda al llegar), 3= detenerse y preguntarle a la víctima si necesitaba ayuda, 4= detenerse y ayudar a la víctima, dejándolo a un lado después, 5= negarse a dejar a la víctima después de detenerse y ofrecer ayuda, o insistir en llevarlo a otro lugar.

Después de que los sujetos llegaron al segundo lugar, se les hizo responder un segundo cuestionario, este relacionado con la ayuda. El sentido de urgencia tuvo un efecto en la ayuda al hombre en el callejón. En total, alrededor del 40% de los participantes eligieron ayudar a la víctima. Aquellos que no estaban muy apurados ayudaron el 63% del tiempo, aquellos que tenían algo de prisa ayudaron el 40% del tiempo, y aquellos que estaban muy apurados solo ayudaron el 10% del tiempo. Los sanmarinenses aquí ayudaron el 53% del tiempo, mientras que los levitas solo ayudaron el 29% del tiempo, confirmando así la tercera hipótesis. Este estudio finalmente no pudo encontrar una correlación entre la religiosidad y el comportamiento útil. Aquellos que estaban más interesados en la ayuda como un bien en sí tendían a ser mucho más útiles que aquellos que veían la religión como un medio para obtener lo que querían.

Incluso cuando está en camino para dar un discurso sobre el buen Samaritano, una persona apurada es mucho menos propensa a ayudar a los demás a su alrededor. Esto simplemente muestra que pensar en ética no necesariamente nos hace actuar de manera más ética. La relación entre la urgencia y la amabilidad también debe tenerse en cuenta, ya que esto podría indicar que a medida que nuestras vidas se están volviendo cada vez más aceleradas con cada año que pasa, es probable que nos volvamos menos éticos, aunque esta es solo una forma de ver este fenómeno. Existe otra posible explicación para la falta de ayuda: el conflicto entre las necesidades del experimentador y las del la víctima podría haber afectado la toma de decisiones de los participantes más que cualquier insensibilidad por su parte.

Este experimento sigue siendo controvertido en la medida en que aborda la religión, pero solo los irrazonables negarían que la religión es mejor utilizada por aquellos que simplemente buscan significado en la vida que por aquellos que son impulsados simplemente por la avaricia. Simplemente no hay lugar para la moralidad donde las personas desean más cosas. Cuando estamos abrumados por los múltiples deseos que tenemos, siempre abrimos la caja de Pandora para satisfacerlos, dejando que todas las cosas más malvadas que podamos imaginar vaguen por la tierra simplemente por avaricia. La caridad realmente es un bien en sí mismo. Desde un punto de vista utilitario, casi siempre es mejor ser más caritativo porque la felicidad derivada de hacerlo no solo se siente en nuestros beneficiarios sino también en nosotros mismos.

Este estudio también nos muestra que para promover el bien y evitar el mal vamos a tener que tomar tiempo de nuestro día para hacerlo. La prisa en nuestras acciones nos hace mucho menos propensos a ayudar a los demás. Cuando estamos constantemente ocupados con nuestras propias actividades a veces no reconocemos las necesidades de los demás, pero detenernos a hacerlo de vez en cuando nos beneficiará enormemente a largo plazo.

El experimento de apatía del espectador de 1968 realizado por John Darley y Bibb Latane buscaba explorar uno de los fenómenos más interesantes, y tal vez decepcionantes, en el campo de la psicología social. Dentro de este tipo de experimento, se simula una emergencia con un participante entre varios cómplices. Estos investigadores luego estudiarían cuánto tiempo le tomaba al participante actuar si elegía hacerlo. Sorprendentemente, este estudio nos mostró que somos mucho menos propensos a ayudar a otros cuando estamos en compañía de una multitud. Alrededor del 70% de los participantes ayudaron cuando no había otros involucrados, mientras que solo el 40% optó por hacerlo en compañía de grupos.

Esta renuencia a ayudar a otros cuando estamos en multitudes puede deberse simplemente a la timidez, o también podría ser debido a la percepción de que ser el primero en ayudar implica asumir algo de un papel de liderazgo, un rol que la mayoría de las personas evitan tomar para sí mismas. Sea cual sea la razón por la que ocurra, esta tendencia a descuidar a las personas necesitadas es problemática por razones obvias. No importa cuál sea el problema, es más probable que lo evitemos cuando nos encontramos en grupos más grandes, como parecería sugerir este experimento.

El experimento de la prisión de Stanford, quizás el más conocido de los mencionados aquí, se llevó a cabo en 1971 por Philip Zimbardo con el objetivo de estudiar qué efectos psicológicos implica convertirse en prisionero o guardia de prisión. Aquí se tomaron 24 sujetos masculinos y se seleccionaron al azar para ser guardias o prisioneros dentro de una prisión simulada en el sótano del edificio de psicología de Stanford.

Zimbardo reportedly estaba impresionado de lo rápido que los sujetos se adaptaron a sus roles, ya que los guardias rápidamente asumieron roles más y más autoritarios y eventualmente incluso recurrieron a la tortura psicológica de los prisioneros. No solo los prisioneros sufrieron el abuso psicológico pasivamente, incluso llegaron al punto de acosar a otros prisioneros a solicitud de los guardias. No fue hasta que Zimbardo mismo empezó a aprobar el abuso que dos prisioneros abandonaron el experimento temprano y se detuvo todo después de solo seis días.

La impresionabilidad y la obediencia tienden a aumentar considerablemente cuando las personas tienen acceso a una ideología que las hace sentir legitimadas y con apoyo institucional y social, como sugeriría este estudio. Este estudio también muestra los efectos de la disonancia cognitiva y el poder de la autoridad. Cuando estamos bajo el control de un sistema que percibimos como teniendo una base de poder fuerte y centralizada, tendemos a estar muy dispuestos a seguir los deseos de ese sistema, sean cuales sean. También quedamos muy impresionados por ese sistema. Cuando surgen conflictos de intereses entre nosotros mismos y la voluntad del sistema, sigue la disonancia cognitiva, que se resuelve con más obediencia en la mayoría de las personas. Este estudio también demuestra nuestra tendencia a permitir que las figuras de autoridad hagan lo que tenga en mente.

Este estudio se considera que se trata de comportamientos situacionales en lugar de disposicionales, lo que significa que los comportamientos señalados aquí fueron más resultado de la situación presente que de la personalidad de los participantes. Ya sea que los guardias tuvieran una disposición hacia cometer abusos, o si los prisioneros estaban dispuestos hacia la pasividad, no es un tema de preocupación aquí. Lo único estudiado aquí es el comportamiento situacional de quienes estuvieron involucrados.

Este estudio nos dice mucho sobre la vida en la prisión. Reflexionar sobre lo que hubiera pasado si los guardias nunca hubieran sido detenidos plantea algunas otras preguntas. No está claro qué habría frenado el poder de Zimbardo en este estudio. Tenía el poder de hacer básicamente cualquier cosa a los sujetos, por lo que este estudio también puede ser analizado como una investigación sobre la cuestión del poder sin control.

Los experimentos de Milgram de 1961, realizados por Stanley Milgram, son uno de los estudios más esclarecedores sobre la autoridad en el campo de la psicología social. Aquí el objetivo era registrar la disposición de los participantes para realizar tareas que iban en contra de su propia conciencia personal cuando estas tareas habían sido asignadas por una figura de autoridad.

Milgram realizó estos experimentos con los juicios de criminales de guerra nazis en mente, haciéndose una pregunta central: ¿todos estos criminales de guerra tenían un sentido compartido de moralidad? Estos estudios, en general, confirmaron que las personas a menudo realizan acciones que van en contra de sus creencias morales más fuertes cuando son obligadas por figuras de autoridad. Si bien estos estudios demostraron ser científicamente válidos y útiles, muchos los consideraron y todavía los consideran como poco éticos, implicando tanto abuso físico como psicológico que dejó a los participantes asustados de por vida.

Milgram reclutó a 40 hombres para participar en estos experimentos. Se utilizó un generador de descargas eléctricas, las descargas de las cuales comenzaron en 30 voltios y aumentaron en incrementos de 15 voltios hasta alcanzar finalmente los 450, muchos de ellos teniendo etiquetas como "descarga leve", "descarga moderada" y "peligro: descarga severa". Los dos últimos interruptores de este generador simplemente estaban etiquetados como "xxx".

Estos participantes de este experimento asumieron el papel de "maestro", quien administraría descargas eléctricas cuando los cómplices dieran respuestas incorrectas dadas a ellos. Aunque estas descargas no fueron realmente administradas, los maestros creían que sí lo eran y los cómplices actuaban como si hubieran sido electrocutados cuando se administraban.

A medida que el voltaje aumentaba continuamente a medida que avanzaba el experimento, el estudiante pediría ser liberado y algunos incluso se quejarían de dolencias cardíacas. Una vez que se cruzaba el umbral de los 300 voltios, el estudiante comenzaría a golpear las paredes de la habitación y después se negaría a responder cualquier pregunta adicional. Este silencio, tal como se les indicó a los profesores, debía ser tomado como una respuesta incorrecta, por lo que se administraban más descargas cuando las preguntas no eran respondidas.

La mayoría de los estudiantes preguntaron a los profesores si debían continuar o no, a lo que se les dieron las respuestas estándar: "por favor continúe", "el experimento requiere que continúe", "es absolutamente esencial que continúe" y "no tiene otra opción, debe continuar".

El nivel de shock que cada participante estaba dispuesto a entregar era el indicador de su obediencia. Inicialmente se predijo que solo alrededor de 3 de cada 100 participantes estarían de acuerdo en administrar los choques máximos. En realidad, un asombroso 65% de ellos realmente seguiría adelante y administraría estos choques, y cada participante involucrado administraría los choques de 300 voltios. Esto muestra que las personas son aún más complacientes de lo que la mayoría espera y que fácilmente podemos ser compelidos a acciones que encontramos objetables cuando estamos bajo la influencia de figuras de autoridad.

El experimento de Milgram nos muestra que, en muchos casos, estamos dispuestos a llegar tan lejos como matar a otros si se nos instruye hacerlo por una figura de autoridad a la que consideramos tener autoridad moral y/o legal. Esta obediencia se aprende temprano en la vida y se adapta y refuerza de muchas maneras diferentes a lo largo de nuestras vidas. Todos sabemos que naturalmente tendemos a seguir los deseos de aquellos que tienen más poder que nosotros, pero los experimentos de Milgram nos enseñan hasta qué punto esta tendencia se refleja en nuestras acciones.

Según Milgram, caemos en uno de dos estados de comportamiento dentro de situaciones sociales: el estado autónomo (en el cual las personas dirigen sus propias acciones) y el estado de agencia (en el cual las personas dejan que otros dirijan sus acciones). Milgram afirma que necesitamos que se cumplan los siguientes criterios para entrar en el estado de agencia del comportamiento: la persona que da las órdenes es percibida como calificada, y que el que recibe la orden confíe en que el ordenado tome responsabilidad por cualquier cosa que salga mal.

La teoría de la agencia sugiere que solo cuando nos sentimos responsables de nuestras propias acciones es cuando realmente comenzamos a actuar con autonomía. Si bien poner la responsabilidad en manos de otros puede resultar reconfortante, debemos ser responsables de lo que estamos haciendo si queremos seguir siendo actores autónomos.

Los estudios aquí mencionados, entre muchos otros, muestran el lado más oscuro de la psique humana. Aunque puede ser difícil aceptar que estamos fallados de las formas que estos estudios nos demuestran, hacerlo siempre nos llevará a una vida mejor y más honesta, completamente conscientes de nuestros éxitos incuestionables y fracasos catastróficos.

Capítulo cuatro: Lectura de la mente

La lectura de la mente es principalmente un juego de tres factores: información sensorial, señales corporales en persona y señales sociales. Sin prestar atención a estos tres aspectos de la comunicación, cualquier intento de adentrarse en los pensamientos y sentimientos de los demás resulta infructuoso. Hoy en día, típicamente nos comunicamos más a través de mensajes de texto, mensajes instantáneos, correos electrónicos y llamadas telefónicas que a través de conversaciones interpersonales reales. Esto implica que tendemos a perdernos en aprender los puntos más finos de la comunicación real, y posteriormente somos mucho menos capaces de saber en qué piensan los demás. El tiempo frente a la pantalla parece ser lo más destructivo para nosotros en cuanto a saber en qué piensan los demás.

Para bien o para mal, generalmente podemos decir lo que otros están pensando con o sin la ayuda de lo que están diciendo en realidad. Las palabras son muchas veces solo la punta del iceberg cuando se trata de lo que realmente está ocurriendo en la mente de otras personas. Cuando la mayoría escucha el término "lectura de la mente", tienden a pensar en psíquicos, brujas y otras personas de este tipo, pero cualquiera puede dar grandes pasos para entender mejor los pensamientos de los demás. Con un poco de orientación y mucha práctica, cualquiera puede llegar a ser tan competente en el arte de decir lo que otros piensan como las figuras más místicas entre nosotros.

Gran parte de la conexión humana interpersonal depende de nuestra habilidad para adivinar y responder a los pensamientos y acciones de los demás de manera apropiada, de modo que a menudo tenemos dificultades para conciliar lo que realmente se está diciendo con las impresiones que recibimos de ellos. Para comprender los pensamientos de los demás, primero debemos adentrarnos en los nuestros. Es demasiado fácil que un intento de comprender lo que otra persona está pensando se convierta rápidamente en un juicio. Saltamos a conclusiones sobre las personas que conocemos y a menudo cometemos errores como resultado.

Uno de los mayores obstáculos que enfrentamos al intentar leer la mente es la deshonestidad o la falta de expresión en las palabras o las señales no verbales de aquellos con quienes estamos hablando. Cuando nos encontramos con personas que tienen buenas caras de poker o son deshonestas, nuestra tendencia a evaluar el lenguaje y las señales no verbales nos resulta de poco uso. Sin embargo, existen muchas formas en las que podemos profundizar más allá de los aspectos superficiales de la comunicación y echar un vistazo a lo que realmente está sucediendo en la mente de nuestra pareja.

Para leer la mente, primero debemos confiar en nuestra propia intuición. Esto implica desarrollar una intuición más confiable, que es una tarea que siempre está en proceso y nunca está completa. Aquí debemos evitar parte del pensamiento mágico que a menudo se utiliza en la costumbre de leer la mente y solo usar nuestra razón. También es crucial estar dispuesto a mirar en los lugares que menos deseamos y desafiar nuestras propias creencias, porque si intentamos leer las mentes de los demás ya aferrados a nuestras propias creencias, nuestros hallazgos siempre serán menos fructíferos. Por ejemplo, si estoy convencido de la pretenciosidad de una persona apenas la conozco y nunca pienso en desafiar esta convicción, nunca se me concederá una mayor percepción de su carácter porque ya los he categorizado. No necesitamos tener poderes esotéricos para leer la mente, solo necesitamos ser abiertos y razonables al comunicarnos con los demás.

La atención plena es una de las habilidades más grandes en las que podemos enfocarnos para leer la mente de manera más efectiva. Esta práctica nos permite despejar nuestra mente de distracciones innecesarias y preocupaciones, lo que nos permite prestar mayor atención a quienes estamos hablando. Cuando estamos completamente concentrados en nuestras propias preocupaciones y problemas internos, nunca podremos adentrarnos plenamente en lo que está sucediendo con los demás. Cualquier habilidad que hayamos tenido para entender los pensamientos de otras personas queda en el olvido cuando tratamos de lidiar con nuestras propias preocupaciones y psiques llenas de ansiedad. Aquí se vuelve claro que si queremos determinar lo que está sucediendo en la vida interna de otras personas primero tendremos que mirar la nuestra. Hacerlo nos dará la claridad y la energía necesarias para leer las mentes de los demás.

El primer paso hacia una mejor lectura de la mente de los demás es siempre mantener un espíritu abierto para hacerlo. Sin esta apertura, nunca cosecharemos las recompensas completas de lo que otras personas nos están comunicando. Esta apertura no necesariamente tiene que venir con un cierto grado de intolerancia dirigida a cualquier cosa que no sirva inmediatamente a los propósitos que tengamos en el momento presente. Cuando intentamos abarcarlo todo, incluyendo aquellas cosas que no tienen nada que ver con nosotros, siempre nos sentimos abrumados y sentimos que no estamos progresando hacia nuestros objetivos, porque probablemente no lo estamos. En cambio, si permanecemos abiertos solo a las cosas que nos afectan directamente, generalmente encontramos que tenemos mucha más energía para entender a los demás y trabajar con lo que tenemos en consecuencia.

Nuevamente, el entrenamiento de la atención plena de algún tipo es la mejor práctica que tenemos para fomentar este sentido de apertura. El estrés y la distracción nos hacen no solo extraer menos información de los demás, sino también interpretar erróneamente lo poco que obtenemos. Cualquier interpretación de los pensamientos de otras personas que hagamos cuando estemos bajo estrés está inherentemente mal concebida e obstaculizada por nuestros propios problemas. Como Kant creía, solo se deberían tener en cuenta los juicios de los imparciales, por lo que la atención plena es una práctica necesaria para todos aquellos que desean leer mejor las mentes.

A continuación, tenemos que determinar quién es la persona cuya mente queremos o necesitamos leer. Si entramos en acción, por así decirlo, tratando de decir lo que sucede dentro de la vida interna de todos, entonces inevitablemente experimentaremos una gran cantidad de resistencia y nos haremos más que unos cuantos enemigos en el proceso. Deberíamos determinar a nuestras personas estratégicamente si la situación lo requiere. Si necesitamos a un padrino para una boda, por ejemplo, no servirá nuestro propósito leer la mente de las mujeres que conocemos en el supermercado. Esto puede sonar como una línea de razonamiento maquiavélica, pero solo podemos leer la mente de tantas personas, por lo que deberíamos ser selectivos acerca de a quién intentamos hacerlo y usar nuestros poderes para el bien.

Cuando tenemos a nuestra persona / personas en mente, los primeros indicadores de sus caracteres y patrones de pensamiento que se nos conceden se encuentran en sus apariencias externas. Detalles como su(s) rostro(s), lenguaje corporal, postura y ropa deben ser prestados atención. Típicamente, la apariencia externa de una persona es un reflejo preciso de su vida interior, aunque hay muchas excepciones a esta regla. Muchos filósofos modernos consideran que todos somos construcciones culturales, siempre siendo influenciados e incluso moldeados en lo que somos por la cultura que nos rodea. Es por esto que a menudo podemos saber mucho más sobre una persona por cómo lucen por fuera de lo que muchas máximas de la cultura popular tenderían a sugerir que podemos. Además, siempre estamos haciendo declaraciones políticas en lo que vestimos, consumimos y con lo que nos asociamos, por lo que estos elementos pueden actuar como grandes indicadores de cómo somos en realidad también.

Mientras que algunas de las personas cuyas mentes intentamos leer son figuras premeditadas (lo que significa que ya hemos decidido de antemano analizarlos), otras personas simplemente parecen saltar hacia nosotros, suplicando nuestra atención por cómo lucen, actúan y parecen pensar. Esta es una de las principales razones por las cuales la lectura de mente siempre está siendo y nunca llegando a ser, porque las "verdades" que sostenemos sobre las personas están constantemente siendo moldeadas por el conjunto de personas que conocemos, dentro de relaciones tanto antiguas como nuevas. En última instancia, no podemos divorciar nuestra comprensión de una persona o grupo del resto que conocemos. Todos están inextricablemente vinculados unos con otros por nuestra comprensión como un todo.

Cuando vemos a otras personas, hay dos categorías principales en las que nuestras mentes perciben nuestra realidad externa: lo que es la persona y lo que no es la persona. Si bien el entorno en el que se encuentra la persona puede dar indicios de quién es realmente la persona, aún necesitamos diferenciar entre la persona y cualquier entorno que pueda haber. Es imposible hacerlo completamente porque la percepción sensorial está confusa y desorganizada, pero una vez que la percepción sensorial se aclara al abstraer de su individualidad y singularidad (en este caso separando al individuo del entorno), se convierte en cognición de orden superior. El punto aquí es no permitir que otras cosas en el fondo influyan en nuestras propias percepciones de las personas con las que nos comunicamos.

Con este enfoque láser dirigido a la persona con la que estamos comunicando, podemos eliminar cualquier información de fondo que nos distraiga, lo que nos permite entender verdaderamente lo que está pasando dentro de la mente de la persona. Cuando nuestras energías se diluyen por preocupaciones de fondo innecesarias, perdemos la capacidad de ver claramente lo que los demás están pensando.

Siempre debemos tomar estas decisiones cuidadosamente sobre a quién leer, ya que constantemente estamos siendo moldeados por quienes nos rodean. Las personas con las que pasamos más tiempo y a las que prestamos más atención siempre van a moldear nuestro carácter mucho más que cualquier otra. Aquellos a quienes leemos de cerca no solo deben ser quienes nos ofrecen más, sino también quienes nos animan a ser nuestra mejor versión. De esta manera, podemos llegar a ser personas mucho mejores simplemente siguiendo a aquellos que más admiramos o con quienes nos llevamos mejor.

Una vez que estamos comprometidos con otro comunicador, necesitamos mantener nuestro enfoque en la persona. Esto incluye hacer contacto visual: una tarea con la que la mayoría no está dispuesta a cumplir. Alrededor de 15 segundos es la cantidad ideal de tiempo para mantener contacto visual con una persona al conocerla. Más tiempo tiende a hacer que otros se sientan incómodos, mientras que menos tiempo no fomenta una gran conexión con el otro.

Una vez se haya establecido este contacto visual, debemos formular una imagen mental de con quién hemos contactado. Debemos tomar nota y recordar el rostro de la persona con la que nos encontramos, así como la energía que han transmitido. Debemos dejar que los pensamientos y emociones en el rostro de la persona nos hagan una impresión. Esto debería hacerse con el mismo sentido de apertura que todas las etapas de esta práctica, ya que debemos aceptar todas las impresiones que recibimos del otro, ya sean buenas o malas, y tampoco podemos pasar por alto ninguna de estas malas impresiones que recibimos sin autocrítica.

Una vez que hemos establecido contacto inicial con la persona de esta manera más analítica, podemos empezar a leer verdaderamente los pensamientos del otro. Hacer esto con justicia hacia la persona involucrada implica mantener un cierto grado de receptividad y cooperación. Conversar con otra persona se supone que es una calle de doble sentido, en la que hay un diálogo negociado y equitativo entre las partes. Donde la mayoría de las personas se encuentran en problemas es en su tendencia a valorar sus propios puntos por encima de los de los demás. Aquí es donde surge una gran parte de los conflictos interpersonales, donde las personas solo quieren enfocarse en sus propias ideas y nunca piensan en escuchar las de los demás.

Normalmente deberíamos confiar y seguir nuestra propia intuición mientras conversamos con otros. Esto requiere honestidad y apertura, y también una cantidad considerable de seguridad, ya que nunca sabemos cuánto están tratando los demás de leernos. Como todos sabemos, las conversaciones funcionan mejor cuando todas las partes están en la misma página, pero sin transparencia, nunca sabremos si estamos o no de acuerdo con quienes estamos hablando. Somos actores racionales capaces de defendernos donde sea necesario, por lo que nunca deberíamos sentirnos amenazados al entrar en nuevas conversaciones y relaciones, incluso si las otras partes pueden estar trabajando hacia fines malévolos.

Permitir que cualquier pensamiento llegue a nosotros procedente de otros es la única manera de asegurarnos de que estamos obteniendo la máxima información de lo que se está diciendo. Aquellos que examinan los pensamientos malos o desagradables aquí serán recompensados a la larga por hacerlo. Ignorar los pensamientos aterradores o oscuros de otros es tan perjudicial como ignorar los pensamientos buenos. Deberíamos evitar tener algo en contra de la otra persona al conocerla, pero cualquier cosa mala que se presente debería ser examinada. También se debe tener en cuenta que a menudo cuando nos sentimos asustados o incómodos por algo es una buena indicación de que estamos a punto de aprender algo que aún no sabemos. Las cosas desagradables que nos encontramos suelen enseñarnos mucho más que las cosas agradables, por lo que deberíamos examinar y sentir profundamente los peores pensamientos de otros.

Nuestra propia inteligencia emocional necesita ser fomentada si vamos a intentar leer los pensamientos de los demás. Cuando no podemos identificar nuestros propios pensamientos y aspiraciones, como a menudo no podemos, no somos capaces de identificar los de los demás. Observar nuestro razonamiento detrás de los pensamientos que tenemos nos permitirá resolver nuestros propios problemas y luego determinar lo que queremos de otras personas. Siempre estamos en un diálogo negociado con los demás a nuestro alrededor, siempre enviando señales sobre cómo esperamos ser tratados, así como recibiendo señales sobre cómo los demás esperan que los tratemos. Cuando no sabemos lo que estamos pensando y lo que queremos, la primera mitad de este diálogo nunca se cumple, y en consecuencia solo tenemos información sobre lo que otros quieren de nosotros, sin haber afirmado nunca nuestros propios deseos y aversiones.

Demasiados oyentes escuchan solo para responder en lugar de entender. Esto se remonta a nuestra tendencia a solo tener en cuenta nuestras propias ideas mientras conversamos con otros. Las personas son capaces de notar una diferencia notable entre estos dos tipos de oyentes, y poner nuestras propias respuestas por encima de la comprensión es siempre una forma segura de alejar a la gente de nosotros, muchas veces para siempre. Todos tienen intervenciones que hacer en cualquier momento dentro de una conversación. Aquellos que son menos seguros y más dependientes de la validación externa son mucho más propensos a prestar atención a sus propias intervenciones que a lo que realmente se está diciendo. Aquellos que escuchan a los demás con auténtica recepción y curiosidad, interesados solo en tener una imagen clara del contenido de lo que se está diciendo, son una raza rara en un mundo solipsista contaminado por opiniones y afirmaciones innecesarias, y uno que es cada vez más valorado y buscado por todos.

Escuchar más de lo que hablamos es otro paso que podemos tomar en la misma línea que el último. Mientras que aquellos que limitan sus intervenciones en situaciones sociales quizás no ganen de inmediato el mismo respeto que otros, estas personas suelen terminar absorbiendo más información que los demás. Hablar constantemente reduce el valor de nuestras propias palabras. La paradoja del discurso se encuentra donde este deseo de ganar visibilidad a través de nuestro discurso al hablar en exceso nos hace invisibles. Cuando ingresamos a una conversación, debemos tener en cuenta que, a menos que estemos enseñando o instruyendo, nuestro trabajo principal suele ser escuchar. Aunque esto puede no parecer tan glamoroso como hablar constantemente, generalmente ofrece muchas más recompensas, y aunque quizás no ganemos admiración por nuestra erudición a corto plazo, a largo plazo el silencio nos volverá sabios, y generalmente será percibido así por los demás.

La mayoría de las personas están optando por volverse menos empáticas a medida que avanza el tiempo. Se nota que esto es una elección porque requiere muy poco esfuerzo, en realidad, identificarse con los demás. La empatía es recíproca, lo que significa que cuando empatizamos con los demás, es mucho más probable que hagan lo mismo con nosotros. Muchos problemas interpersonales se construyen simplemente de partes en conflicto que trabajan hacia sus propios intereses sin tomarse un momento para considerar qué es lo que piensan los demás. Leer la mente es en gran medida un juego de empatía, uno que recompensa la capacidad de identificarse con los problemas de otras personas y trabajar con ellos hacia objetivos comunes. Sin embargo, para empatizar bien, necesitamos poner nuestros propios pensamientos en primer lugar, de lo contrario, simplemente estaremos sirviendo a los demás en nuestras relaciones.

Si queremos avanzar aún más en la lectura de los pensamientos de los demás, tendremos que analizarlos de manera holística. Aquí es donde siempre surgirán algunos problemas porque ninguna dos personas son exactamente iguales. Las personas son complicadas, y justo cuando creemos que hemos descubierto completamente a otra, se desprende otra capa de la cebolla que es su personalidad, pidiéndonos que eliminemos preconcepciones axiomáticas y otras facetas de nuestra estructura integrada de conocimiento para adaptarnos a los cambios con los que nos encontramos.

Una de las mayores diferencias que pueden ocurrir entre dos o más personas es una diferencia generacional o de edad. Todas las generaciones tienen estilos interpersonales (a veces dramáticamente) diferentes. Por ejemplo, un miembro de la Generación X usualmente va a preferir el contacto cara a cara, mientras que un milenario a menudo preferirá el contacto a través de redes sociales, mensajes de texto, etc.

Tomar en cuenta la generación de una persona nos ayudará a conducir mejor los asuntos con ellos. Esto abarca tanto cómo debemos hablarles como de qué debemos hablar. Las personas tienden hacia la nostalgia, por lo que generalmente estaremos mejor hablando sobre los años 1950 con un baby boomer que con un nativo. La mayoría de la comunicación hoy en día se hace a través de la tecnología, por lo que debemos esperar tener conversaciones con personas más jóvenes a través de nuestros dispositivos más que con personas mayores. Aquí debemos satisfacer los deseos de los demás y también asegurarnos de tener espacio para nuestros propios intereses y peculiaridades.

Los botones de encendido son otra cosa a tener en cuenta, ya que hay muy pocas cosas que cerrarán a una persona como conversador tanto como aplastar sus opiniones sobre estos temas en los que tienen convicciones tan queridas. Después de hacerlo, corremos el riesgo de permanecer en una conversación con una persona cuya(s) opinión(es) hemos aplastado, lo cual nunca es una situación ideal para encontrarnos. Deberíamos buscar qué molesta y duele a los demás por deseo de evitar estos temas o de prestar la ayuda que podamos reunir, no para echar sal en la herida y aumentar el daño. Aquí nuevamente, entra en juego la empatía, la habilidad de ver y entender por qué las personas sienten de la manera en que lo hacen sobre estos temas.

Los problemas que consideramos más importantes son increíblemente reflejo de nuestro carácter. Cuando alguien toma una postura firme sobre algo, debemos tomar en serio su opinión porque lo más probable es que hayan pensado en el tema más que nosotros mismos. La mayoría de las personas son sorprendentemente perspicaces, especialmente cuando se trata de problemas que sienten que requieren su atención. Es demasiado fácil dejarse llevar por el calor del momento y insultar a otros por sus puntos de vista, pero este modo de comportamiento no ayuda a las conexiones interpersonales.

A continuación, debemos tomar nota de las personalidades individuales con las que estamos tratando. Este puede ser el paso más difícil porque una personalidad es una construcción increíblemente compleja y multifacética que no se puede simplemente pasar por alto. Si bien las primeras impresiones generalmente nos dan indicaciones bastante fiables de cómo es realmente una persona, siempre tenemos que profundizar mucho más en una persona de lo que sugiere la primera impresión si queremos determinar cómo comportarnos en su presencia.

Tenemos que hacer un esfuerzo concertado para adaptar nuestro estilo de conversación al estilo de personalidad con el que estamos en contacto. Esto implica determinar cómo es una persona fundamentalmente y ajustar nuestra comunicación dirigida a ellos en consecuencia. Aquí es donde los tipos de personalidad MBTI pueden ser utilizados a nuestro favor. Este sistema categoriza personalidades en términos de cuatro categorías: mundo favorito (introversión o extroversión), información (sensorial o intuitivo), decisiones (pensamiento o sentimiento) y estructura (juicio o percepción).

Los extravertidos tienden a enfocar la mayor parte de sus energías en su mundo exterior, mientras que los introvertidos prefieren la introspección. Las personas que sienten suelen enfocarse solo en la información pura que se les da, mientras que aquellos que intuyen suelen agregar sus propias interpretaciones y significado. Los pensadores tienden a considerar la consistencia y la lógica al tomar decisiones, mientras que los que sienten miran más a las personas involucradas y a las circunstancias especiales. Al observar el mundo exterior, los jueces tienden a querer tomar decisiones sobre cosas, mientras que los perceptivos prefieren permanecer abiertos a nueva información. Todas estas dimensiones de la personalidad deben tenerse en cuenta al conversar con otros porque estas diferencias pueden crear grandes abismos entre las personas que tendrán que salvar.

Observar el lenguaje que una persona utiliza, así como su tono de voz, es una excelente manera de obtener información sobre la personalidad de la persona con la que estás hablando. Al utilizar estas herramientas, podemos adentrarnos más y más en el trasfondo de la otra persona, así como la relación que tenemos con ella. Sin utilizar estas herramientas, nos quedamos ciegos en nuestra búsqueda de cómo tratar mejor a la persona.

La comunicación no verbal también debe ser abordada continuamente. Esta forma de comunicación siempre es tomada en cuenta cuando conocemos a una nueva persona, pero muchos de nosotros dejamos de prestarle atención a medida que se desarrollan las relaciones. Prestar atención continua a esta forma de comunicación siempre dará grandes recompensas a aquellos que elijan hacerlo. Las principales áreas de preocupación a tener en cuenta al observar la comunicación no verbal son el uso del contacto visual, el uso del tiempo, del tacto, de la voz, del aspecto físico/entorno, la distancia y el lenguaje corporal.

La codificación y decodificación son los dos procesos utilizados en la transmisión y descifrado del lenguaje no verbal respectivamente. Estos procesos pueden tener lugar ya sea de manera consciente o inconsciente. Las señales emitidas durante la codificación suelen ser percibidas como universales, mientras que las registradas durante la decodificación dependen de la disposición del codificador. La comunicación no verbal también está fuertemente influenciada por la cultura. Aprendemos ciertas señales no verbales, tanto codificando como decodificando, desde una edad temprana y continuamos utilizando la mayoría de estas señales a lo largo de nuestras vidas. Cada sociedad tiene su propio conjunto de señales no verbales, pero existen ciertos reguladores universales de este tipo de comunicación aplicables a todas las personas.

Dos tercios impresionantes de toda comunicación se realiza a través de medios no verbales. Esto significa que esta supuestamente subordinada forma de comunicación es, en realidad, más importante que la comunicación verbal. La mayoría de las veces, las señales no verbales coincidirán bastante bien con el contenido del discurso, aunque a menudo hay divergencia en las señales producidas por estas dos formas de comunicación. Esta divergencia puede ser el resultado del engaño, la pobre habilidad comunicativa o simplemente una falta de comunicación general por parte del codificador. Por lo general, las señales no verbales son las más precisas para seguir en estos casos, ya que el 83% de lo que percibimos nos es dado por la vista, el 11% por el oído, el 3% por el olfato, el 2% por el tacto y el 1% por el gusto.

Solo se necesita una décima parte de segundo para que alguien juzgue a otra persona al conocerla y formarse una primera impresión. Las primeras impresiones suelen ser producidas de manera no verbal y tienden a perdurar mucho tiempo en su efectividad. Hay impresiones positivas y negativas, ambas suelen formarse a través de la presentación de la otra persona en cuanto a su apariencia y lo que está diciendo, y a través de los prejuicios personales del individuo que está siendo impresionado. Aunque estas impresiones a menudo son engañosas, especialmente cuando se presentan a personas prejuiciosas, en su mayoría son representaciones bastante precisas de las personas que emiten las impresiones.

Cuando la mayoría piensa en la comunicación no verbal, el primer aspecto que se les viene a la mente es la postura. La postura corporal a menudo puede decir más sobre lo que está ocurriendo en la mente de una persona que las palabras que dicen. Estas posturas suelen incluir cosas como encorvarse, cruzar los brazos, hombros hacia adelante, mandíbula tensa, piernas abiertas y erguirse. Antes de analizar el lenguaje corporal de los demás, primero debemos repasar algunos consejos sobre cómo mejorar nuestra propia comunicación no verbal.

Las expresiones faciales son uno de los factores más importantes para causar una buena impresión inicial. Al comenzar una relación con una sonrisa, te estás asociando con la positividad. El 48 por ciento de los estadounidenses afirman que la sonrisa de una persona se convierte en su rasgo más memorable después de conocerla. A veces, sonreír en exceso puede parecer poco auténtico o incluso arrogante, pero sonreír auténticamente tiende a encantar siempre.

No solo sonreír hace que las buenas primeras impresiones sean más accesibles, sino que también se ha demostrado que disminuye los niveles de hormonas del estrés como el cortisol y la adrenalina. Sonreír no solo es amigable, sino que también es una de las principales claves para la longevidad.

Un apretón de manos adecuado sigue siendo uno de los pilares de la cortesía en todo el mundo. Dar uno bueno, sin embargo, depende de mantener ese equilibrio importante entre ser demasiado firme y demasiado suave. Si se establece un término medio saludable, harás mucho mejores primeras impresiones.

Las presentaciones verbales son la parte más importante de los primeros siete segundos que se pasan con alguien. Hay muchas presentaciones comunes en nuestro lenguaje, como por ejemplo ‘hola’, ‘encantado de conocerte’, etc. Cualquiera que sea la que utilices, una presentación verbal puede ayudar mucho a romper el silencio y la tensión involucrados en conocer a alguien nuevo.

Un problema común con el que muchas personas se encuentran al conocer gente nueva es que les falta la confianza para hablar claramente. Hablar tímidamente no solo es una forma fácil de ser pasado por alto, sino que también suele llevar a no ser tomado en serio. Se ha demostrado que aquellos que hablan con una voz más profunda y tranquila suelen ser tomados más en serio, así que encuentra un equilibrio entre susurrar y gritar y tenderás a crear mejores relaciones.

El contacto visual muestra a otros que no solo estás interesado en lo que están diciendo, sino que también tienes confianza en ti mismo. El contacto visual también es un gran indicador de respeto entre las personas. Sin embargo, se debe usar con moderación. Demasiado contacto visual puede intimidar a una persona o hacer que se sienta incómoda, mientras que apartar la mirada puede interpretarse como una distracción.

El lenguaje corporal, muy a menudo, se refleja cuando dos personas están hablando entre ellas. Tu sonrisa, por ejemplo, es reflejada por quienes te rodean mediante una neurona especializada responsable de reflejar expresiones faciales. Esto establece entre los dos una comprensión mutua, conexión y confianza. Otros usos del lenguaje corporal positivo también son útiles, especialmente cuando se llevan a cabo dentro de los primeros siete segundos de conocer a una persona nueva.

Tu vestimenta puede ser un indicador importante de cómo eres para una persona nueva. Si te vistes con ropa que te haga sentir cómodo y seguro, es más probable que la gente te perciba de esa manera. Lo contrario también es verdad. No solo vestir bien te ayudará a causar una buena primera impresión, sino que también mejorará tu estado de ánimo y tu confianza.

Según Dale Carnegie, "Deberíamos ser conscientes de la magia contenida en un nombre y comprender que este único elemento es completamente propiedad de la persona con la que estamos tratando y de nadie más." A la gente le gusta mucho escuchar sus propios nombres, incluso más de lo que suelen darse cuenta. Escuchar su propio nombre puede destacar especialmente para las personas en la era moderna, que es tan abrumadora en su exceso de nombres e información. Una vez que recuerdes el nombre de alguien, siempre es una buena idea seguir llamando a esa persona por su nombre, ya que te hará parecer más agradable.

Este es un aspecto de la vida que la gente tiende a descuidar. Pregúntate cuáles son tus propias metas al conocer a cualquier persona nueva. Una visión clara de cuáles podrían ser estos objetivos te dará una mejor idea de cómo establecer tu tono y comportarte alrededor de esta persona. También hará mucho más fácil comunicarte con los demás porque tendrás una mejor idea de lo que estás comunicando.

Nadie quiere hablar con una persona que no está interesada en lo que tienen que decir o que no piensa antes de hablar. Por eso es importante inclinarse a ver a los demás como posibles maestros y también ser preciso en lo que tienes que decir. Hará que los demás estén más inclinados a querer hablar contigo si muestras empatía hacia ellos y tratas de darles lo mejor de lo que tienes que decir. Mostrar consideración en tus palabras o acciones es una de las mejores formas de causar una impresión duradera en los demás.

Los malos humores pueden causar impresiones inesperadamente fuertes en las personas. Si estás conociendo a alguien nuevo pero estás de mal humor por cualquier motivo, intenta dejar atrás tu negatividad. Siempre es sorprendente cómo las actitudes negativas pueden contagiarse a los demás a tu alrededor.

Capítulo cinco: Psicología cognitiva

El enfoque principal de la aproximación cognitiva a la psicología es el estudio de los procesos mentales, incluyendo pero no limitado a pensar, creatividad, resolución de problemas, percepción, memoria, uso del lenguaje y atención. El enfoque en los procesos mentales de los humanos se puede rastrear hasta la antigua Grecia con Platón, el primer filósofo en afirmar que el cerebro es el asiento de los procesos mentales humanos. Más tarde, René Descartes agregaría a nuestra comprensión de la mente con su convicción de que todos los seres humanos nacen con ideas innatas, así como con su noción de un dualismo mente-cuerpo en los seres humanos. Después de estos dos pensadores, uno de los debates más populares en la filosofía se convertiría en uno de las nociones de pensamiento experiencial (empirismo) vs. la de ideas innatas (nativismo). En el siglo XIX, George Berkeley y John Locke argumentarían a favor de los empiristas mientras que Immanuel Kant sería el principal defensor de la visión nativista.

El siguiente gran avance que se realizó en el campo de la psicología cognitiva fue el descubrimiento de Paul Broca de una cierta área del cerebro responsable de la producción del lenguaje. Este salto fue seguido rápidamente por otro similar en el que Carl Wernicke descubrió otra área en gran medida responsable de la comprensión del lenguaje. Ambas áreas fueron entonces nombradas en honor a sus fundadores y la maladaptación y el trauma en estas áreas que causan interrupciones en la producción del lenguaje o comprensión de un individuo se llama hasta el día de hoy afasia de Broca o afasia de Wernicke.

La década de 1920 a 1950 fue testigo de un aumento en la popularidad del conductismo. Los primeros seguidores de esta corriente consideraban que la conciencia, la atención, las ideas y los pensamientos eran inobservables y estaban fuera del ámbito de estudio psicológico. Si bien la visión conductista tenía sus puntos fuertes, también tenía sus desventajas y Jean Piaget fue la primera figura notable en esa época en ir en contra de la corriente de la escuela y estudiar la inteligencia, el lenguaje y los pensamientos de niños y adultos individualmente.

El área de la Segunda Guerra Mundial vio el surgimiento de la teoría de la información, el estudio de la comunicación, almacenamiento y cuantificación de información dentro del cerebro. Esto resultó ser de mayor utilidad para rastrear el desempeño de los soldados luchando en el frente que el conductismo, que no tenía una explicación de cómo se desempeñarían las tropas en combate. El desarrollo de la Inteligencia Artificial tendría más adelante una profunda influencia en el pensamiento psicológico, ya que muchos psicólogos comenzaron a ver de inmediato paralelismos entre los "cerebros" computarizados y los de los humanos en áreas como el almacenamiento y recuperación de la memoria. La revolución cognitiva de la década de 1950, iniciada por Noam Chomsky, creó el campo de la ciencia cognitiva al analizar la producción de procesos de pensamiento a través de una lente multidisciplinaria que incluía máximas en los campos de la antropología, lingüística y psicología.

El término "cognición" es un término general utilizado para referirse a todos los procesos en los que se utiliza, recupera, almacena, elabora, transforma y reduce la entrada sensorial.

Incluso cuando estos procesos carecen de información sensorial, siguen siendo activos, a menudo manifestando imágenes y a veces alucinaciones. Con esta amplia definición, queda claro que la cognición está involucrada en todo lo que una persona hace. Sin embargo, todavía hay diferentes formas de analizar los procesos de pensamiento que se apartan de este enfoque cognitivo, incluido el enfoque dinámico, que analizaría los instintos, necesidades o metas de un sujeto en lugar de sus creencias, recuerdos o visiones cuando se tienen en cuenta las acciones o experiencias.

La psicología cognitiva analiza los procesos mentales con el objetivo principal de estudiar el comportamiento. El primer proceso mental que los psicólogos cognitivos toman en cuenta es el de la atención, en el cual la conciencia se enfoca intensamente en un mero subconjunto de la información perceptual disponible para una persona. Aquí la información irrelevante se filtra de las cosas más importantes que suceden, lo que le da al individuo mayor poder para analizar la entrada sensorial específica. El cerebro humano puede percibir información táctil, gustativa, olfativa, visual y auditiva al mismo tiempo, pero solo cuando una cantidad selecta de esta información está enfocada en ella podemos clarificar esta información.

Hay dos sistemas de atención principales que se utilizan dentro de nuestra mente: el control exógeno y el control endógeno. El control exógeno se centra más en los efectos llamativos y el reflejo de orientación, mientras que el control endógeno se centra más en el procesamiento consciente y la atención dividida.

La atención dividida es uno de los puntos focales de la psicología cognitiva. Si bien la atención dividida hace que el procesamiento de la información sea más difícil, aún conservamos la capacidad de realizar tareas cuando tenemos mucho en mente, por así decirlo. El efecto de la fiesta de cóctel atestigua esta noción, afirmando que somos capaces de mantener conversaciones y prestar atención a su contenido en entornos en los que se están llevando a cabo muchas más conversaciones. Sin embargo, la información que se está sombreando es dejada de lado, dejando nuestra memoria tan pronto como la reconocemos.

El siguiente proceso en el que los psicólogos cognitivos investigan es el de la memoria. Hay dos tipos principales de memoria: memoria a largo plazo y memoria a corto plazo, ambos conteniendo sus propios subtipos en ellos. La memoria a corto plazo aquí se refiere como memoria de trabajo, ya que este es el lenguaje más comúnmente utilizado dentro del campo hoy en día.

La memoria de trabajo, si bien se usa típicamente indistintamente con la memoria a corto plazo como término, se refiere a nuestra capacidad de retener información cuando hay distracciones presentes. Esta forma de memoria consiste en un ejecutivo central de memoria que está interconectado de manera inextricable con un bucle fonológico de lenguaje, una libreta de bocetos visoespaciales de semántica visual, y un búfer episódico de memorias episódicas a corto plazo. El principal problema de la memoria es el olvido. La psicología cognitiva nos ofrece dos soluciones competidoras a este problema: la teoría del olvido que sostiene que las memorias nos abandonan después de un tiempo debido meramente al paso del tiempo, y la teoría de la interferencia que sostiene que las memorias nos abandonan debido a que son interferidas por otras piezas de información que se van incorporando a medida que pasa el tiempo.

A continuación, tenemos la memoria a largo plazo, de la cual hay tres subclases principales. La memoria procedural es la memoria utilizada para la realización de tareas que se llevan a cabo de forma inconsciente o requiere un mínimo esfuerzo consciente.

Este tipo de memoria contiene información de respuesta a estímulos que se utiliza para realizar ciertas tareas o rutinas. Este tipo de memoria hace posible la realización aparentemente automatizada de tareas y rutinas. Conducir un automóvil y andar en bicicleta son dos grandes ejemplos de acciones realizadas con este tipo de memoria.

A continuación, llegamos a la memoria semántica. Este es el tipo de memoria en el que se encuentra nuestro conocimiento más enciclopédico. Los pedazos de información que recopilamos a lo largo de los años a través de diversas fuentes se incorporan a nuestras reservas de este tipo de memoria. Por ejemplo, nuestro conocimiento sobre los tipos de tortugas en nuestra área o cómo se ve la Torre inclinada de Pisa estaría almacenado en nuestra memoria semántica. El acceso que se nos concede a estos pedazos de información dentro de este sistema de memoria depende de varios factores, incluido cuán recientemente se obtuvo el pedazo de información, el nivel de su significado, su frecuencia de acceso y el número de asociaciones que pueda tener con otros pedazos de información. Normalmente recordamos las memorias más recientes y salientes, prestando una atención extra a los pedazos de información que nos afectan directa y profundamente en el momento presente.

Finalmente, la memoria episódica se utiliza para almacenar y recordar bocetos autobiográficos que pueden ser explícitamente expresados por el individuo. Este tipo de memoria solo contiene recuerdos temporales, como cuándo una persona se cepilló los dientes por última vez y cuándo el individuo compró su primer automóvil. Recuperar recuerdos de este tipo de memoria requiere más esfuerzo consciente que hacer lo mismo con recuerdos de otros tipos, ya que es necesario combinar información temporal y recuerdos semánticos para pintar las imágenes de lo que estamos tratando de encontrar. Sin embargo, esto es, posiblemente, el tipo de memoria a largo plazo más importante debido a que contiene tanto la información temporal como la memoria semántica mencionada anteriormente.

Ahora llegamos al proceso de percepción. Este proceso implica la interpretación, identificación y organización de la entrada sensorial (de propiocepción, tacto, vista, olfato, oído y gusto) y la conciliación de los procesos cognitivos individuales que intervienen en esos canales sensoriales. Los primeros estudios de este proceso fueron realizados por estructuralistas como Edward Titchener, quien intentó reducir todo el pensamiento humano a sus componentes más básicos observando cómo los individuos responden a los estímulos sensoriales.

La metacognición es, en términos generales, los pensamientos que un individuo tiene sobre sus propios pensamientos. Por ejemplo, la metacognición se utilizaría en las siguientes circunstancias: la eficacia de una persona para determinar sus propias capacidades de desempeño en ciertas tareas, la comprensión introspectiva de una persona sobre sus propias fortalezas y debilidades al realizar ciertas tareas mentales, y la capacidad de una persona para emplear estrategias cognitivas para resolver problemas.

Donde el estudio de la metacognición demuestra ser más útil es dentro del campo de la educación. La capacidad de un estudiante para cognitivamente objetivar sus propios patrones de pensamiento se ha vinculado repetidamente con mejores hábitos de estudio y aprendizaje. Una de las principales razones de esta existencia correlacional radica en la habilidad adicional del estudiante para establecer y cumplir metas a través de la autorregulación. Las tareas metacognitivas son una gran manera de asegurar que los estudiantes estén evaluando con precisión el grado de su propio conocimiento y adquieran habilidades en sus habilidades de establecimiento de metas.

Algunos de los fenómenos más comunes relacionados con la metacognición son el Deja Vu (la sensación de repetir una experiencia), la criptomnesia (el plagio inconsciente de pensamientos pasados combinado con la creencia de su novedad y singularidad), el efecto de falsa fama (hacer que nombres no famosos parezcan ser en realidad famosos), el efecto de validez (donde la exposición repetida a declaraciones parece otorgarles más validez), y la inflación de la imaginación (la imaginación de un evento que nunca ocurrió de hecho con la confianza de que ocurrió aumentando con el tiempo).

La teoría del proceso dual afirma que los pensamientos pueden derivar de dos procesos diferentes. El primero de estos procesos es implícito e inconsciente y ocurre automáticamente, mientras que el segundo es explícito y consciente, ocurriendo bajo condiciones controladas.

La psicología social moderna debe gran parte de su conocimiento a estudios previos realizados por psicólogos cognitivos. El subconjunto de la psicología social que está más estrechamente vinculado con el campo de la psicología cognitiva es el de la cognición social, que estudia las formas en que las personas almacenan, procesan y aplican información sobre personas específicas y situaciones sociales. Este subconjunto nos ayuda a comprender las interacciones humanas en una base que de otra manera nunca habría sido posible.

La teoría de la mente, en términos generales, se ocupa de la capacidad de un individuo para atribuir y comprender la cognición de quienes le rodean. Esta teoría es especialmente útil en el campo de la psicología del desarrollo, donde analizar esta capacidad en niños y adolescentes en desarrollo es esencial para predecir y determinar los patrones de comportamiento que se aplican en situaciones sociales. La psicología cognitiva se entrelaza con la psicología del desarrollo de forma natural, ya que nuestra capacidad de cognición se manifiesta desde el principio de nuestras vidas. Por otra parte, la teoría de la mente comienza a manifestarse alrededor de los cuatro a seis años de edad, debido a que normalmente es en ese momento cuando un niño comienza a reconocer que él o ella tiene sus propios pensamientos y, por lo tanto, otras personas deben tener pensamientos propios también. La teoría de la mente es esencialmente una forma de metacognición en el sentido de que requiere que analicemos nuestros propios pensamientos, así como los de los demás.

Jean Piaget fue el primer psicólogo del desarrollo en pronosticar la teoría del desarrollo cognitivo. Esta teoría analiza el desarrollo de la inteligencia humana a medida que una persona se convierte en adulto.

La psicología educativa también ha sido profundamente influenciada por el campo de la psicología cognitiva. La metacognición se analiza en psicología educativa en términos de autocontrol, que supervisa qué tan precisamente los estudiantes monitorean su propio rendimiento al aprender y desarrollar nuevas habilidades. Esto también implica el análisis de qué tan bien aplican el conocimiento de sus propias deficiencias para mejorar este rendimiento.

El conocimiento declarativo y procedimental también se analiza en psicología educativa. El conocimiento declarativo es más como el conocimiento acumulativo enciclopédico que adquirimos a lo largo de los años, mientras que el conocimiento procedimental se refiere más al conocimiento sobre cómo realizar ciertas tareas y/o información relacionada con estas tareas. Una de las tareas más desafiantes que muchos psicólogos educativos enfrentan a lo largo de sus carreras es lograr que los niños y adolescentes integren el conocimiento declarativo en sus sistemas de conocimiento procedimental.

La organización del conocimiento es otro tema continuo en el campo de la psicología educativa. El conocimiento de cómo se organiza y clasifica el conocimiento en el cerebro, adquirido por los psicólogos cognitivos, ha beneficiado enormemente el campo de la psicología educativa. Esta organización se lleva a cabo en una serie de jerarquías que resultan ser de gran utilidad para que los psicólogos educativos tengan en cuenta en su trabajo.

La psicología cognitiva, como su nombre sugiere, está mucho más preocupada por los conceptos de la psicología aplicada que la ciencia cognitiva. También se diferencia de este campo científico en que intenta analizar fenómenos psicológicos. Los psicólogos cognitivos a menudo estudian cómo el cerebro humano absorbe, procesa y toma decisiones basadas en la información que se le otorga. La información que obtienen en este estudio generalmente se mantiene y se aplica en el campo de la psicología clínica. Este campo de estudio psicológico es único en que está tan fuertemente vinculado con los campos de la lingüística, filosofía, inteligencia artificial, neurociencia y antropología.

Podríamos argumentar que el rol de la ciencia cognitiva es subordinado al de la psicología cognitiva. Esto estaría justificado porque gran parte (si no la mayoría) de los descubrimientos de los científicos cognitivos solo se utilizan dentro del campo de la psicología cognitiva. El trabajo realizado en este campo a veces puede ser de más utilidad que cualquier trabajo realizado en psicología cognitiva debido a que los científicos cognitivos a menudo realizan experimentos en otros animales que se considerarían poco éticos de realizar en humanos.

Las críticas más tempranas a la psicología cognitiva vinieron de parte de los conductistas, quienes generalmente estaban en desacuerdo con el empirismo del campo, encontrándolo incompatible con la existencia de estados mentales. La respuesta a esta crítica fue posteriormente expresada de forma más contundente en el subcampo de la neurociencia cognitiva, el cual encontró evidencia de correlaciones directas entre la actividad cerebral real y fisiológica, y los estados mentales determinantes.

Otra área de investigación importante dentro de la psicología cognitiva es el proceso de categorización. Este proceso implica el reconocimiento, la diferenciación y comprensión del sustrato de objetos y nosotros mismos como sujetos. Este proceso es necesario para establecer diferencias y similitudes entre las cosas en nuestra realidad observable. Sin embargo, donde algunos de nosotros empezamos a ver problemas es cuando esta categorización de objetos y sujetos comienza a hacer que dos hechos dentro de un continuo sean indistinguibles, causando paradojas en afirmaciones contradictorias donde se presenten.

Dentro de nuestro poder de juicio se encuentra la capacidad de inducción y adquisición, que nos permite aprender conceptos discerniendo ejemplos de no ejemplos. Las habilidades para distinguir similitudes y diferencias entre objetos y para representar, clasificar y estructurar lo que percibimos de la experiencia sensorial también se encuentran dentro de nuestro poder de juicio. Sin embargo, este poder se subordina al poder de entendimiento, lo que significa que ninguna de estas habilidades son posibles sin comprensión.

La psicología cognitiva también investiga el área de la representación y razonamiento del conocimiento. Esta área del pensamiento nos brinda la capacidad de representar la información recibida del mundo exterior y utilizar esta información para razonar hacia nuestros propios fines. Los temas subordinados tratados en la representación y razonamiento del conocimiento son la codificación proposicional, la cognición numérica, la imaginería mental, la psicología de los medios y las teorías de codificación dual.

El lenguaje es otra área investigada comúnmente por los psicólogos cognitivos. La adquisición del lenguaje, así como los problemas de procesamiento del lenguaje, gramática, lingüística, fonología y fonética, son las principales áreas de preocupación en lo que respecta al lenguaje dentro del campo de la psicología cognitiva. Estos estudios a menudo se superponen con los de la lingüística, pero los psicólogos cognitivos suelen enfocarse más en las áreas de adquisición y procesamiento del lenguaje que sus colegas.

La memoria es probablemente el área más investigada de la cognición dentro del campo de la psicología cognitiva. En términos generales, la memoria es la función del cerebro mediante la cual se almacenan, codifican y recuperan trozos de información cuando se necesitan.

La pérdida de memoria relacionada con la edad es el problema más común relacionado con la memoria, ya que la mayoría de nosotros tenemos capacidades justas en lo que respecta a la memoria que disminuyen a medida que envejecemos. La memoria autobiográfica almacena nuestros recuerdos de nuestras propias experiencias pasadas, como su nombre lo sugiere. La memoria infantil trata de experiencias de la infancia. La memoria constructiva es una memoria que erróneamente construye recuerdos falsificados de eventos pasados. También existe una fuerte conexión entre la emoción y la memoria de todo tipo que son investigadas por los psicólogos cognitivos.

La memoria episódica se ocupa de eventos autobiográficos pasados que pueden ser recordados claramente, mientras que la memoria de testigos presenciales es simplemente la memoria episódica que se refiere a crímenes u otros eventos dramáticos del pasado de una persona. Un recuerdo falso es simplemente uno erróneo, como su nombre lo indica. Los recuerdos de flash son recuerdos cortos, increíblemente detallados de eventos pasados. También hay memorias a largo y corto plazo y memoria semántica, que ya hemos repasado anteriormente. El error de monitoreo de la fuente ocurre cuando se atribuye erróneamente la fuente de un recuerdo a alguna experiencia que no fue la que lo originó. El efecto de espaciamiento psicológico se puede utilizar a nuestro favor cuando espaciamos la repetición de nuestras revisiones de material aprendido para recordar dicho material de manera más efectiva. También existen muchos tipos diferentes de sesgos de memoria que obstaculizan nuestra facultad de memoria, los cuales no se abordarán aquí por razones de brevedad.

La percepción es otra área de gran preocupación dentro de la psicología cognitiva. La atención, el reconocimiento de objetos y el reconocimiento de patrones son las tres áreas principales de interés. La percepción de formas es la forma más comúnmente estudiada de percepción dentro de la psicología cognitiva. La psicofísica, un área de estudio relativamente nueva, analiza la relación entre los estímulos físicos con los que nos encontramos y nuestras percepciones y sensaciones relacionadas con ellos. Por último, los estudios sobre la percepción del tiempo analizan cómo percibimos y somos afectados por el tiempo.

Pensar es probablemente el área más amplia de investigación dentro de la psicología cognitiva. El término "pensamiento" se refiere al flujo dirigido por metas de asociaciones e ideas que pueden llevar a conclusiones orientadas a la realidad. Una elección es una forma de pensamiento que sigue un propósito presupuesto por la persona que elige. Esta forma de pensamiento implica discernir los méritos y deméritos de las opciones que se nos presentan y elegir una o más de estas opciones en consecuencia. Las facultades de inducción y adquisición utilizadas en la formación de conceptos también son formas de pensamiento.

La toma de decisiones es el proceso cognitivo de elegir una o más opciones presentadas a uno mismo, para después iniciar un curso de acción basado en la elección. La lógica es la inferencia estudiada sistemáticamente. Se debe establecer una relación concisa de soporte lógico entre las presuposiciones hechas en la inferencia y la conclusión real para que ésta logre validez. La psicología del razonamiento es el estudio científico de cómo las personas llegan a conclusiones a partir de la información y toman decisiones basadas en esas conclusiones. La resolución de problemas es simplemente la solución de los problemas con los que nos enfrentamos.

El objetivo principal que los psicólogos cognitivos intentan alcanzar es la finalización de modelos del procesamiento de la información que ocurre dentro del cerebro de una persona. La conciencia, la memoria, el pensamiento, la percepción, la atención y el lenguaje son las principales áreas de interés dentro de este campo. Al completar estos modelos, según la idea general, podemos trabajar con planos preestablecidos para determinar cómo estos procesos están destinados a tener lugar en otras personas. Las tres principales subcategorías dentro de este campo son la psicología experimental humana (que se ocupa principalmente de problemas relacionados con la memoria, la atención, el lenguaje y la resolución de problemas), el enfoque del procesamiento de información de computadoras análogas (que incluye IA y simulaciones de computadoras) y la neurociencia cognitiva (usualmente estudiando los efectos del daño cerebral en la cognición).

Alrededor de los años 1950, varios avances en las ciencias psicológicas hicieron necesario el crecimiento de la psicología cognitiva. Estos incluyen, pero no se limitan a, la disidencia de la psicología conductista que ponía mucho énfasis en comportamientos externos pero ninguno en los procesos internos que iniciaban estos comportamientos, el desarrollo de métodos experimentales más nuevos y a menudo más efectivos, y nuevas comparaciones entre la mente humana y el procesamiento de información de una computadora. Ya sea que la psicología cognitiva haya respondido de manera más efectiva o no a las cuestiones de la época que rodeaban estos temas, el conductismo estaba volviéndose un enfoque extinto, desplazado por su propia metodología anticuada.

El auge de la psicología cognitiva fue inversamente proporcional a la caída de algunos enfoques más erróneos de la psicología en ese momento. Este campo dejó atrás la paja del comportamiento condicionado y muchos enfoques psicoanalíticos de la época.

Los conductistas solían ser reacios al estudio de los procesos internos de la mente porque creían que estos procesos no podían ser observados y medidos de manera objetiva. Los psicólogos cognitivos respondieron a esta reticencia observando y estudiando los procesos mentales de los organismos, considerando que era una parte esencial para aprender más sobre ellos. Los procesos mediacionales entre el estímulo y la respuesta dentro de los organismos fueron los primeros objetos específicos de estudio para los psicólogos cognitivos, y siguen siendo objetos primordiales de estudio en este campo hasta el día de hoy.

Los psicólogos cognitivos se diferenciaron de los conductistas en que empleaban métodos controlados, objetivos y científicos para perseguir sus objetivos. La única diferencia entre los dos grupos aquí es que los psicólogos cognitivos utilizaban estos métodos para analizar los procesos mentales de los organismos, mientras que los conductistas no lo estaban.

Nuestros cerebros son similares a las computadoras en cómo transforman, almacenan y recuperan información (lo cual no debería sorprender, considerando que los humanos programan computadoras). La mayoría de los modelos de procesamiento de información muestran una secuencia clara. Los procesos cognitivos de atención y memoria suelen tener las secuencias más claras.

El análisis de los estímulos se encuentra generalmente dentro de los procesos de entrada. Los procesos de almacenamiento dentro del cerebro pueden codificar y a veces manipular la percepción de los estímulos. Finalmente, los procesos de salida regulan nuestras respuestas a los estímulos.

A finales de la década de 1950 y principios de la década de 1960, el enfoque cognitivo se convirtió en el enfoque más ampliamente aceptado en el campo de la psicología, revolucionando la forma en que percibimos los procesos cognitivos internos. El trabajo de Piaget y Tolman es la principal razón de esta realidad.

Tolman es considerado por la mayoría hoy en día como un conductista suave. Sin embargo, su estudio de los comportamientos propositivos en los organismos divergió del paradigma conductista que afirmaba que el aprendizaje era el producto de la relación entre estímulos y respuestas. Tolman por el contrario afirmó que el aprendizaje se derivaba de las relaciones entre los estímulos entre sí. El término que acuñó para referirse a estas relaciones fue "mapas cognitivos".

No fue hasta la llegada de la computadora que la psicología cognitiva ganaría la metáfora y terminología necesaria para investigar adecuadamente la mente. Esta llegada dio a los psicólogos la oportunidad de establecer analogías entre la mente humana y los procesos de una computadora, siendo esta última, en general, mucho más simple y fácil de entender. Esta analogía remonta a la que hizo Platón en su República entre los componentes individuales de un estado y la mente humana. Además, esta analogía también se convirtió en el punto focal del argumento Leibnitz-Searle. Esencialmente, una computadora codifica información, la cambia, la almacena, la utiliza y finalmente produce una salida de algún tipo.

Este modelo informatizado de procesamiento de la información fue observado por psicólogos cognitivos que creían que el mismo o un modelo similar era utilizado dentro del cerebro humano. Sin embargo, este enfoque se basa en algunas suposiciones clave: que la información de nuestro entorno externo es procesada por una serie de procesos (incluyendo percepción, atención, memoria, etc.), que la transformación y alteración de estos procesos ocurren de manera sistemática, que la investigación debe apuntar a especificar estos procesos y sistemas, y que el procesamiento de la información en computadoras se asemeja al de los humanos.

El enfoque conductista nos ofrece que podemos observar y estudiar los procesos externos (estímulo y respuesta) con los que nos encontramos, pero nuestras observaciones bajo este enfoque se limitan únicamente a estos procesos externos. En contraste, el enfoque cognitivo afirma que podemos observar y estudiar los procesos internos que se producen dentro de la mente. Este enfoque estudia las relaciones mediacionales entre estímulo/entrada y respuesta/salida.

El enfoque conductista funciona en una progresión lineal dentro del siguiente marco: estímulo del entorno, una "caja negra" que no puede ser estudiada, y comportamiento de respuesta. El enfoque cognitivo sigue una progresión similar: entrada del entorno, un proceso mediador en el evento mental, y comportamiento de salida. Como podemos ver, aparte de las diferencias en el vocabulario, la principal diferencia entre estas dos progresiones se encuentra en sus pasos transitorios: mientras que el enfoque conductista solo nos ofrece una caja negra de ignorancia en cuanto a los procesos mentales internos, el enfoque cognitivo investiga los procesos mediacionales que ocurren dentro de los eventos mentales.

Estos procesos mediacionales se llaman así porque están destinados a ir entre el estímulo y la respuesta del evento mental. Esta respuesta podría incluir procesos como la resolución de problemas, la atención, la memoria, la percepción, etc. Sea lo que sea, estos procesos ocurren después de que el estímulo ha sido encontrado y antes de que se encuentre la respuesta conductual.

Las relaciones causales entre todos estos procesos mentales en algunos casos solicitan juicios teleológicos con respecto a sus partes. Aquí vemos caminos lineales claros de comportamientos propositivos siguiendo estímulos y procesos mediacionales subsiguientes. Donde se dice que el modelo conductista falla es en el conocimiento de estos procesos mediacionales intermedios que ocurren dentro de la mente. Hoy en día está claro para nosotros que para entender la psicología del comportamiento primero debemos comprender estos procesos mediacionales. De lo contrario, en muchos aspectos estaríamos poniendo el carro delante del caballo.

Fue el libro de 1925 de Kohler, La mentalidad de los simios, el que inició la división popular del modelo conductista dentro de las ciencias psicológicas. En este libro, Kohler investigó los comportamientos más perspicaces de los animales, fundando un campo poco conocido llamado psicología Gestalt en el proceso. Los términos entrada y salida, tan comúnmente utilizados en la psicología cognitiva, fueron introducidos por primera vez en el campo en el libro de 1948 de Norbert Wiener, Cibernética: o control y comunicación en el animal y la máquina. Las observaciones de Tolman en 1948 sobre mapas cognitivos realizados en ratas en laberintos fueron el primer estudio en demostrar que los animales tienen representaciones internas de comportamientos.

Fue El número mágico 7 más o menos 2 de 1958 por George Miller lo que finalmente vio el nacimiento de la psicología cognitiva. El solucionador de problemas general desarrollado por Newell y Simon fue el siguiente gran descubrimiento dentro del campo. En 1960, finalmente se fundó el Centro de Estudios Cognitivos por Miller y el desarrollista cognitivo Jerome Bruner. La publicación de Ulric Neisser de 1967 "Psicología cognitiva" marca el nacimiento definitivo del enfoque cognitivo. El modelo de Almacén Múltiple de Shiffrin y Atkinson de 1968 se convirtió en el primer modelo de procesamiento de memoria. Hoy, finalmente, la psicología cognitiva es vista como un campo altamente influyente en todas las áreas de estudio psicológico (biológico, conductual, social, del desarrollo, etc.).

Un psicólogo cognitivo sería útil para hablar con cualquier persona que pueda estar experimentando los siguientes problemas: un problema psicológico que pueda necesitar métodos de terapia cognitiva para mitigar o eliminar, traumatismo cerebral que pueda necesitar tratamiento, problemas sensoriales y/o perceptuales, un trastorno del habla o del lenguaje (en este caso se necesitarían más tipos de terapia, siendo los métodos cognitivos suplementarios), problemas relacionados con la memoria como la enfermedad de Alzheimer, demencia o pérdida de memoria, o discapacidades de aprendizaje.

En esencia, casi cualquier persona que tenga o esté experimentando problemas relacionados con los procesos mentales se beneficiará necesariamente de la terapia psicológica cognitiva. Muchos sienten que la psicología cognitiva es un campo erudito e impráctico de estudio que tiene mucho más utilidad dentro del aula que fuera, pero todos tenemos procesos mentales, por lo que todos pueden beneficiarse de esta área de investigación. Contar con un psicólogo cognitivo trabajando para nosotros nos brindará una perspectiva más objetiva y científica sobre los procesos mentales que tenemos y que quizás no seamos conscientes o estemos interpretando de manera no científica.

Uno de los adversarios más furtivos de nuestro propio bienestar son los patrones de pensamiento negativos. Estos patrones de pensamiento son tan destructivos porque generalmente no podemos distinguir cuán distorsionados están, lo que les permite legislar nuestros procesos mentales sin nuestra conciencia consciente. Tener otra perspectiva sobre nuestros propios procesos mentales internos es, sin duda, la única forma segura de evitar que estos patrones negativos controlen el resto de nuestras mentes. Las rumiaciones negativas a menudo conducen a un aumento del estrés, la autosabotaje, el pesimismo e incluso la indefensión aprendida después de un tiempo si no somos cuidadosos.

Una vez que estos patrones de pensamiento negativos se han aferrado a nuestras psiques, no necesariamente pueden ser eliminados. Nuestra mejor opción es reemplazar estos patrones con otros mejores, más optimistas y racionales. Por ejemplo, un esquema que le diga a una persona repetidamente cosas como "no eres digno" o "nunca alcanzarás los estándares" debería ser respondido con uno que le diga cosas como "tienes un valor intrínseco" o "estos estándares son tuyos". Los patrones de pensamiento negativos, al igual que las respuestas racionales a sus interjecciones, son indeterminados y dependen del individuo. Sin embargo, el objetivo básico es reemplazar los pensamientos que no nos ayudan o no nos hacen avanzar como individuos con aquellos que sí lo hacen. Aquí es donde la auto terapia podría ser útil. Siempre que tengamos un pensamiento o una serie de pensamientos con los que nuestras mentes ejecutivas no estén de acuerdo, deberíamos registrar y analizar estos pensamientos, editarlos y reemplazarlos por unos más saludables y racionales. Hacerlo cambiará nuestros modos de pensamiento y nos permitirá convertirnos en personas más racionales y motivadas intrínsecamente.

La psicología cognitiva podría considerarse el propósito final de la psicología, aquel al que todos los demás subcampos están subordinados. Todo lo que conocemos, lo conocemos debido a nuestra capacidad de cognición. Sin analizar nuestros procesos mentales, nos estamos dejando en la oscuridad acerca de lo que realmente está sucediendo dentro y fuera de nosotros.

Capítulo seis: Modos de persuasión

Llegamos finalmente a lo que probablemente sea la parte más útil de nuestro libro. Los modos de persuasión, también conocidos como apelaciones retóricas o estrategias éticas, son dispositivos retóricos utilizados para clasificar la apelación de un orador a su audiencia. Estos modos son llamados Eros, pathos, logos, y Kairos. Aristóteles consideraba la persuasión como simplemente una forma de demostración, ya que somos más plenamente persuadidos por las cosas que percibimos como habiendo sido demostradas. Lógicamente podría seguir que cuanto más o menos demostramos algo, más o menos serán persuadidos los demás en proporción.

Hay tres tipos principales de persuasión por palabra hablada: persuasión debido a la credibilidad percibida del hablante en el momento del discurso, persuasión de los oyentes debido a sus propias emociones, y persuasión lograda a través del discurso cuando la verdad o la verdad aparente se logra con argumentos adecuados al caso en cuestión.

El ethos se define ampliamente como la apelación a la autoridad o a la credibilidad del orador. Para fortalecer el ethos, un orador debe convencer a la audiencia de su propia credibilidad, a menudo apelando a otras fuentes de autoridad en el proceso. Las personas emplean varios medios para hacer esto, incluyendo pero no limitado a ser o convertirse en una figura notable en el campo en cuestión, como un profesor, médico o experto, aprender y demostrar un dominio del lenguaje especializado del campo en cuestión, e introducir o producir expertos comprobados en el campo.

Sin cumplir estos criterios amplios, un orador generalmente tendrá dificultades para ganar y fomentar un sentido de credibilidad o ethos. Sin ser un experto en el campo sobre el que está hablando, o sin tener el vocabulario necesario y/o el recurso a otras fuentes de autoridad, un orador típicamente perderá cualquier sentido de credibilidad a los ojos de su audiencia, generalmente causando que la persona pierda su sentido de credibilidad intrínseca, comenzando así un ciclo causal de pérdida de credibilidad general y poder como orador.

Ética podría considerarse persuasión por carácter o credibilidad. La confiabilidad es generalmente la característica más importante que una persona puede mostrar para fomentar el ethos. Tendemos a ver a aquellos que son más confiables como también más creíbles, ya que aunque no sepamos lo que nos van a decir, estamos más seguros de que será la verdad. Necesariamente seguiría aquí que para que alguien gane ethos, debe volverse más confiable. Aristóteles nos ofrece tres cualidades explícitas que una persona debe mostrar para convertirse en un individuo más confiable: buen sentido, buen carácter moral y una buena voluntad.

El buen sentido se encuentra solo en pensadores racionales y responsables. Solemos confiar mucho más en aquellos con buen sentido que en otros. Aquellos con buen sentido casi siempre son calmados, serenos y centrados en momentos de estrés y confusión. Esas personas suelen ser vistas como profesionales de confianza y confiables en sus campos de trabajo. El buen sentido se asocia con la confiabilidad porque aquellos que lo tienen están más impulsados por la lógica y la racionalidad que aquellos que no lo tienen. Con buen sentido, un orador también es capaz de leer mejor a una multitud y de entregar mensajes más fundamentados en la realidad.

Una buena moral era otra área en la que Aristóteles puso mucho énfasis. Comúnmente se dice que el carácter es lo que hacemos cuando nadie está mirando. Lo mismo se aplica a la moralidad. Aristóteles pensaba que tener este sentido de juicio moral era crucial para desarrollar el arte de la persuasión.

Finalmente, la buena voluntad es el estado en el que una persona realmente tiene en mente nuestros mejores intereses. Sin esta voluntad, no hay una dirección clara dentro de la mente de una persona en cuanto a dónde deben ir las cosas o incluso cómo deberían ser idealmente. Si un orador no muestra conocimiento o consideración por los intereses del conjunto al que se dirige, entonces nunca se construirá un rapport. Aunque es probable que el ethos de una persona se vea menos afectado por la falta de buena voluntad que por la falta de cualquiera de los otros dos bienes, las personas aún se sienten disgustadas por esta ausencia porque no estarán seguras de si el orador está verdaderamente de su lado. Solo es, como afirma Aristóteles, con estas tres cualidades que una persona puede ser más confiable y ganar ethos.

El pathos puede ser un modo más poderoso de persuasión porque depende de la habilidad de un orador para apelar a las emociones del público. A partir de esta palabra raíz se forman las palabras empatía, patético y simpatía. Utilizando las tácticas comunes de la metáfora, el símil y una entrega apasionada en general, el orador puede obtener pathos. A menudo, incluso afirmaciones simples que sugieran que las cosas son injustas son suficientes para apelar a las emociones de los oyentes. Este modo de persuasión es increíblemente efectivo cuando se usa junto con otros, pero generalmente fracasa cuando se usa de forma independiente. Sin embargo, hay un criterio principal que un orador necesita cumplir para obtener pathos; él o ella necesita transmitir un mensaje que esté de acuerdo con algunos valores subyacentes de los lectores u oyentes.

Para ganar patetismo, un orador puede enfocarse en cualquier emoción que él o ella sienta que sea útil para conectar. Estas incluyen la felicidad y el optimismo, pero también incluyen emociones más negativas como el miedo y la ansiedad. Sea cual sea la emoción, un orador con sensibilidad hacia las emociones del público logra establecer una conexión con facilidad al hablar con las personas sobre lo que encuentran más relevante.

Nuestra adopción de creencias y puntos de vista depende en gran medida de nuestras emociones inmediatas. Un buen orador no solo sabe cómo exaltar ciertas emociones, sino también cómo eliminar otras. Para lograr que las personas se enojen por una causa, un buen orador explicará las dudas detrás de no seguir esa causa. De la misma manera, si una multitud de personas está enojada por los precios de la gasolina, un buen orador los calmará y les dará la seguridad de que podrán seguir desplazándose. Una persona persuasiva tiene en cuenta las preocupaciones de los demás y les ofrece soluciones a sus problemas.

Cuando se usa en discursos y escritos, el pathos a menudo juega con la imaginación y aspiraciones de la audiencia con respecto a eventos futuros. Los pensadores persuasivos no solo son capaces de prever y hablar sobre las emociones actuales, sino que también pueden transmitir una especie de imagen de cómo podría ser el futuro bajo su visión. Sin esta énfasis en el propósito teleológico de lo que el persuasor está pensando, el persuadido queda sin un curso determinante de acción a seguir y, por lo tanto, está destinado a no ser persuadido.

Mientras que una cierta cantidad de ética debe ser asegurada para que un orador sea escuchado, esta ética a menudo se minimiza y se coloca en un rol subordinado al pathos. Cuando el pathos es el modo principal utilizado, a menudo comenzamos a ver menos control en el discurso y la escritura y más apelación a las emociones básicas y a menudo irracionales. William Cullen Bryant vio esto como un acontecimiento aceptable, afirmando que cualquiera que hable desde la rectitud dará al mundo una ofrenda que compensará cualquier cantidad de errores que traiga consigo.

Aristóteles nos ofrece algunas de las dualidades básicas de la emoción en el libro 2 de su retórica:

Enojo vs. calma

La gente tiende a enojarse cuando mostramos desprecio, vergüenza o actitud maliciosa hacia ellos. El desprecio se define aquí como el tratar a las cosas o personas que otros valoran como poco importantes. Actuar con malicia es impedir que otros obtengan lo que quieren solo para dañarlos. La vergüenza se da cuando desacreditamos a otros de alguna manera. Hacer lo opuesto a estas cosas, como dejar a las cosas y personas en su propio valor, tener en alta estima a los demás y permitir que obtengan lo que desean, mantendrá a la gente tranquila.

Amistad vs. odio

Son aquellos quienes actúan sin egoísmo para lograr lo mejor para nosotros a quienes elegimos como amigos. Mostramos odio hacia aquellos que son egoístas o que trabajan hacia fines perjudiciales. Los contingentes solo se forman entre personas que tienen intereses comunes en mente. Dividimos nuestro mundo en aquellos que trabajan con nosotros (amigos) y aquellos que no (enemigos).

Miedo vs. confianza

Tenemos miedo solo de las cosas que percibimos que pueden hacernos daño o sufrir. Cuando no percibimos que estos peligros existan, o tenemos medios para combatirlos, en cambio nos sentimos seguros. La confianza derivada de nuestra capacidad percibida para combatir el peligro es la más confiable de las dos porque cualquier confianza derivada de la ausencia de peligro insinúa peligro en el futuro.

Vergüenza vs. desvergüenza

Sentimos vergüenza cuando hemos sido desacreditados por mostrar lo que Aristóteles llamó maldad moral, como ser cobarde, arrogante, avaro o mezquino. Nos sentimos sin vergüenza cuando somos indiferentes o despectivos respecto a las percepciones de los demás sobre nuestra maldad moral. La vergüenza es el concepto de maldad moral (real o percibida) unido al concepto de autoconciencia. La falta de vergüenza es este concepto separado de la autoconciencia.

Amable vs. desagradable

Se nos percibe como amables cuando ayudamos a otros por su propio bien. Se nos percibe como desconsiderados cuando descuidamos ayudar a otros o lo hacemos simplemente por nuestro propio bien. La amabilidad se encuentra en aquellos que mantienen los intereses de quienes están ayudando en mente. La desconsideración se encuentra en aquellos que no ayudan a otros o que lo hacen por sus propias ganancias.

Pena vs. indignación

Sentimos lástima por aquellos que están sufriendo de maneras y magnitudes que percibimos como desproporcionadas a la aptitud. Por otro lado, sentimos indignación cuando vemos a otros prosperar y sentimos que no se lo merecen. La lástima se siente cuando vemos a alguien sufrir más de lo necesario, mientras que la indignación se siente cuando vemos a alguien recibir más de lo que su carácter merece, o al menos eso creemos.

Envidia vs. emulación

La envidia se siente cuando vemos a otro que consideramos nuestro igual encontrarse con una buena fortuna. Esto se siente más agudamente cuando sentimos que tenemos derecho a la misma buena fortuna o cuando ya no nos vemos como iguales a esa persona como resultado de las circunstancias afortunadas. La envidia proviene del egoísmo en el sentido de que no ofrece la posibilidad de vivir a través de la otra persona. Sentimos más envidia de aquellos a quienes percibimos como más afortunados que nosotros porque cada persona quiere creer que es igual a los demás.

La emulación se siente cuando vemos a otro que tiene buena fortuna y creemos que podemos lograr una fortuna similar. Aquí tenemos los mismos estímulos que causan envidia, pero nuestra respuesta mediadora es más constructiva y positiva. Aristóteles consideraba, como la mayoría lo haría, que la emulación era mejor que estos dos sentimientos porque mientras las personas envidiosas desean que la persona más afortunada tenga menos, las personas que buscan la emulación simplemente se esfuerzan por lograr más. La envidia es la percepción de desigualdad con el concepto de aversión hacia aquellos que tienen más, mientras que la emulación es la misma percepción con el concepto de autoeficacia.

El concepto de un ser humano necesariamente incluye el de la emoción. Las emociones nunca son correctas o incorrectas, solo son racionales o irracionales. A veces, por ejemplo, el miedo y la ira son las únicas respuestas racionales a realidades externas, mientras que en otras ocasiones se requiere serenidad y felicidad. Un buen persuasor conoce al dedillo las emociones de los demás, ya sean racionales o irracionales. Con este conocimiento, un persuasor puede exaltar las emociones que desea en otras personas y suprimir todas las demás.

Logos es, en términos generales, un llamado a la lógica. El término lógica en realidad deriva de este. En general, hay algún tipo de tesis que un hablante intenta comunicar al hablar. La lógica, en parte, se refiere a los hechos y cifras que respaldan estas tesis, en este caso. Tener logos tiende a engendrar un mayor ethos para un hablante porque la información hace que el hablante parezca más conocedor para su(s) oyente(s). Si bien el logos puede ser increíblemente útil, también puede ser perjudicial y engañoso, dependiendo del contenido de la información y su relación con el tema en cuestión. A menudo, la información mal contextualizada, falsificada y o inexacta lleva a los oyentes por mal camino, haciéndoles abandonar al hablante y causando que el hablante pierda ethos.

Aristóteles nos habla de tres métodos principales de persuasión lógica:

Argumento deductivo

En su etapa inicial, un argumento sólido y lógico presentará una serie de premisas axiomáticas. Estas afirmaciones son percibidas como verdaderas o falsas. A partir de estas premisas, podemos llegar a conclusiones. Si una conclusión se considerara verdadera dado que todas sus premisas axiomáticas también se consideraran verdaderas, entonces el argumento se consideraría válido. Si todas estas premisas son verdaderas y el argumento se considera válido, entonces también es, por definición, sólido. Estos argumentos son lo que se conoce como argumentos deductivos. Dentro de estos argumentos, se definen y observan las nociones de validez y solidez desde las premisas hasta las conclusiones. Estos son buenos argumentos porque utilizan una lógica fácilmente inteligible a lo largo de su desarrollo.

Argumento inductivo

Si, a partir de nuestras premisas iniciales, en lugar de encontrar conclusiones que son necesariamente pero probablemente verdaderas, entonces estamos haciendo argumentos inductivos. Estos argumentos existen con el concepto de incertidumbre y cierta cantidad de conjeturas. La fortaleza o debilidad de un argumento inductivo se encuentra solamente en la probabilidad de que sus conclusiones sigan a sus premisas. Un argumento inductivo sólido es aquel en el que todas sus premisas son, de hecho, encontradas como verdaderas.

Argumento abductivo

Un argumento abductivo se logra cuando recopilamos un conjunto de datos y luego procedemos a formular una conclusión basada en esos datos. Esta conclusión siempre debería explicar el conjunto de datos en cuestión. Al igual que los argumentos deductivos, la validez y solidez de estos argumentos dependen de la verdad detrás de las conclusiones.

Finalmente, Kairos se refiere al tiempo y lugar. Este modo se usa a menudo para infundir un sentido de urgencia en la mente de los oyentes, instándolos a actuar en los eventos a medida que ocurren.

Además de los modos de persuasión aristotélicos, también

existen numerosos métodos contemporáneos que podrían ser utilizados en nuestro beneficio. Aunque los modos aristotélicos son siempre aplicables, las personas están siempre ideando nuevas formas de persuadir a los demás, formas que suelen tener como objetivo apelar más a la gente de la época.

El mimetismo es uno de los métodos más seguros de persuasión. Solemos ser mucho más receptivos a los mensajes cuando son entregados por personas que hablan, piensan y actúan como nosotros. Usar el mimetismo casi invariablemente aumentará la empatía, hará que otros nos aprecien más y nos hará parecer más agradables en general. Al tratar de persuadir a los demás siempre debemos prestar atención a cómo están actuando y hablando, y reflejar estas características tanto como sea posible para fomentar un sentido de parentesco con nosotros en sus mentes. Esto nos pondrá en el mismo plano que ellos, por así decirlo, asegurándoles que compartimos intereses comunes con ellos y estamos dispuestos a trabajar con ellos para perseguir estos intereses.

El Paradoxo de Ellsberg fue descubierto en 1961 en una serie de experimentos realizados por Daniel Ellsberg. En estos experimentos, se les dijo a los participantes que debían elegir entre dos urnas para sacar una bola, la primera contenía 100 bolas rojas y negras sin una proporción cierta entre los dos colores, la segunda con exactamente 50 bolas rojas y 50 negras. Su recompensa era de $100 si elegían el color correcto, $0 si no lo hacían. La gran mayoría de los sujetos sacaron de la segunda urna con la proporción determinada de colores.

Estos experimentos muestran que estamos naturalmente propensos a evitar el riesgo y la incertidumbre siempre que sea posible. Aunque en ocasiones podríamos beneficiarnos más al tomar apuestas sobre incertidumbres, sigue siendo nuestra tendencia natural aferrarnos a ciertas probabilidades concisas dondequiera que las encontremos, incluso cuando se demuestra que nuestros pagos son menores por hacerlo.

La influencia social, o prueba social, se refiere a cómo somos afectados por los pensamientos, emociones y comportamientos de los demás. Nos vemos influenciados por este tipo de influencia en gran medida de manera inconsciente, por lo que a menudo es difícil discernir lo que hacemos por nuestros propios intereses de lo que hacemos como resultado de esta influencia. Aquí surge la pregunta: ¿hasta qué punto somos simplemente productos de quienes nos rodean? La mayoría de las personas pueden ser analizadas como una colección de sus influencias sociales inmediatas.

No importa cuán independiente podamos ser, anhelamos validación externa para que nuestros patrones de pensamiento nos parezcan "normales". Las personas a las que más admiramos terminan siendo las autoridades más importantes en cuanto a cómo debemos pensar, sentir y comportarnos, ya sea que nos guste o nos demos cuenta o no.

La reciprocidad es otro asistente de persuasión. Cuando recibimos cosas de otros, cualquiera que sea, generalmente sentimos la necesidad de devolver el gesto. Cuando sentimos esta necesidad, nos empuja a complacer al otro, haciéndonos mucho más propensos a ser persuadidos por esa persona. Cuando damos cosas a otros, no solo los estamos obligando a devolver el gesto, sino que también los estamos haciendo mucho más propensos a trabajar con nosotros en el futuro. La gente necesita un incentivo de alguna clase para trabajar hacia nuestros objetivos. Debe haber alguna manera en que una persona pueda beneficiarse al trabajar con nosotros. Al hacer favores y dar cosas a otros, les estamos dando este incentivo, instándolos a devolver el gesto y hacer lo mismo por nosotros. Sin embargo, estamos afectados por experiencias en proporción inversa a sus distancias temporales de nosotros, por lo que cuando hacemos cosas por otras personas, generalmente se sienten más obligadas a devolver el gesto inmediatamente después, y esta compulsión solo disminuirá con el paso del tiempo.

La falacia de la mano caliente es otro fenómeno que podemos utilizar a nuestro favor. Se trata de una falacia por la cual las personas se llevan a creer que, como están teniendo éxitos inmediatos, seguirán haciéndolo indefinidamente. Si bien el éxito a menudo engendra más éxito, la vida es en última instancia caótica y aleatoria, y las vicisitudes tienden a presentarse cuando menos lo esperamos. El modus operandi de la falacia se encuentra dentro de la percepción (presumiblemente falsa) de control que nos brinda.

Las personas son mucho más propensas a dejarse persuadir de sus futuros éxitos cuando están experimentando éxitos. Una vez más, cuanto más cercana en el tiempo sea una experiencia para nosotros, más nos afectará. Esta afectación se extiende a nuestras percepciones, lo que en este caso implica que los éxitos más recientes nos harán creer que tendremos mejores futuros. Para persuadir a alguien aprovechándonos de esta falacia, debemos hacerles creer que actualmente están experimentando éxito, y seguir presionando que las cosas solo van a mejorar para ellos.

Un sentido de compromiso y consistencia nos hará mantenernos fieles a las cosas que elegimos, sean cuales sean. Sea cuales sean las decisiones que tomemos en la vida, es parte de nuestra naturaleza mantenernos fieles a esas decisiones hasta que se demuestre que son erróneas, si es que alguna vez lo son. A lo largo de estos caminos que abrimos para nosotros mismos, viajaremos hasta que el cambio se haga necesario.

Si estamos tratando de persuadir a otros, podemos aprovechar su sentido de compromiso a nuestro favor al lograr que primero estén de acuerdo con cosas más pequeñas, y eventualmente llevarlos a compromisos más grandes a medida que pasa el tiempo. A las personas les desagrada que se les otorgue demasiada responsabilidad de una sola vez. Preferimos, en cambio, acostumbrarnos a las cosas tomándonos nuestro tiempo para adaptarnos a ellas. La persuasión es, en parte, un juego de pequeñas peticiones, cada una construyendo sobre la anterior, lo que lleva a un mayor compromiso entre las partes.

Cuando tomamos una decisión solemos depender demasiado en las primeras piezas de información que encontramos. Esta tendencia se llama anclaje y se considera falaz porque nos hace pasar por alto otras piezas de información útiles que podrían ayudarnos en la toma de decisiones.

Una vez que se ha establecido un punto de referencia, también se establece un sesgo hacia su idea. A partir de esto, necesariamente se seguiría que las personas son mucho más propensas a ser persuadidas de algo cuando se ha establecido un anclaje inicial hacia ello. Si estamos tratando de convencer a alguien para que tome una decisión en particular, entonces vamos a necesitar darles algún dato inicial a partir del cual puedan basar sus decisiones posteriores.

A continuación, simplemente gustarle a otra persona nos hace mucho más receptivos a ellos. Uno de los mayores defensores de la persuasión es la simple simpatía. Nunca somos positivamente influenciados por aquellos a quienes no nos gusta, independientemente de su carácter. Buscamos aplastar las opiniones de estas personas siempre que nos encontramos con ellas y nunca nos dejamos persuadir por lo que dicen como resultado. Para conseguir que una persona esté de nuestro lado, tenemos que tratarla de una manera que haga que le gustemos, porque sin que lo haga no se puede fomentar ningún sentido de camaradería, y sin ningún sentido de camaradería nunca podremos persuadirles de nada.

Ser amigable con los demás es probablemente la mejor manera de hacer que les caigamos bien. Recordar sonreír y mantenerse de buen humor alrededor de los demás hará que la gente se sienta más cómoda con nosotros, abriendo la puerta a conversaciones más amigables y amables.

Las palabras sensoriales siempre deben ser tomadas en cuenta al intentar convencer a otros. Estas palabras son algunas de las más poderosas que usamos, y es probable que las personas se vean más afectadas por estas palabras que por cualquier otra. Palabras con connotaciones a estímulos sensoriales que las personas encuentran agradables pueden ser utilizadas para convencer a las personas a menudo sin que lo sepan. Estas palabras son más que simples palabras para quienes las escuchan, son experiencias reales y tangibles asociadas con experiencias sensoriales, por lo que usar estas palabras sabiamente puede tener un efecto sorprendentemente poderoso en los procesos de toma de decisiones de quienes las escuchan.

También tenemos un sesgo hacia la autoridad. A menudo se considera que los pensamientos y opiniones de las figuras de autoridad son mucho más valiosos de lo que realmente son. Desde pequeños nos socializan para respetar a las figuras de autoridad y tomar en serio lo que dicen. Por eso, lo que estas personas dicen se escucha más que lo que dicen otras personas. Aquí es donde el ethos sigue siendo importante. Para ser escuchados, y no digamos persuasivos, tenemos que convencer a nuestra audiencia de que somos una especie de autoridad en lo que estamos hablando.

El efecto Ikea es un fenómeno por el cual las personas tienden a valorar más las cosas que han ensamblado que las que les han llegado preensambladas. Nos enorgullecemos de lo que sea que producimos, y consideramos que estos productos son mejores y más valiosos que los de otros. Dar a las personas un sentido de participación en lo que sea que les estamos proponiendo hará que estén mucho más receptivas a nuestras ideas porque sentirán que son parte de algo que les da voz.

A la gente le gusta tener opciones y sentir que tienen control sobre las opciones que persiguen. Cuando hacemos que nuestras premisas y argumentos parezcan más personalizables para otros, se identificarán más con lo que estamos diciendo porque estamos fomentando algo así como un diálogo negociado que tenga lugar entre nosotros y ellos. Este sentido de unidad puede hacer que las personas sean mucho más propensas a seguirnos a donde decidamos ir intelectualmente.

Capítulo siete: Controlando emociones

El lugar de trabajo tiende a ser uno de los lugares más difíciles para controlar las emociones. No importa cuánto lo intentes, esos días difíciles siempre están destinados a aparecer. En tu vida personal, tus reacciones a situaciones estresantes son mucho más libres, pero en el trabajo, tus reacciones están sujetas a la observación de tus compañeros de trabajo. Cualquier explosión emocional mientras trabajas no solo puede dañar tu reputación profesional y productividad, sino que incluso puede provocar que te despidan.

Bajo circunstancias normales, generalmente es fácil mantener la compostura en el lugar de trabajo, pero bajo circunstancias más estresantes, como despidos de personal, recortes presupuestarios y cambios en el departamento, mantener la calma puede resultar difícil, si no imposible. Sin embargo, en estas circunstancias, se vuelve aún más importante mantener la calma, ya que los jefes típicamente consideran la actitud de sus empleados al decidir quién será despedido. Tienes completa libertad en cómo reaccionar a ciertas situaciones, pero esa libertad viene con responsabilidad, especialmente en el lugar de trabajo.

Puede parecer fácil decidir cómo vas a reaccionar en ciertas situaciones a posteriori, pero siempre es recomendable explorar técnicas para lidiar con estas situaciones y emociones. Aquí discutiremos muchas emociones negativas asociadas con el empleo, así como muchos métodos para hacer frente a estas emociones.

Las emociones negativas más comúnmente reportadas entre los trabajadores son las siguientes:

Preocupación/ nerviosismo, frustración/ irritación, disgusto, enojo/ molestia, decepción/ infelicidad

Y ahora entraremos en algunas estrategias para lidiar con estas emociones no saludables.

Preocupación/ nerviosismo

Estas son dos de las emociones más desagradables y poco saludables en el espectro, y, desafortunadamente para los trabajadores, estas dos afectan prácticamente a todos los lugares de trabajo. Esta ansiedad puede derivar de varias fuentes: miedo a ser despedido, problemas sociales, bajos salarios, exceso de trabajo, etc., y puede ser agravada por problemas en el hogar, con la familia o amigos, por muchos. Una pequeña cantidad de estrés puede ser algo productivo, pero una vez que se convierte en ansiedad crónica, comienzan a surgir problemas de salud. Aquí hay algunos consejos sobre cómo evitar la ansiedad excesiva:

Romper ciclos de preocupación

No te rodees de ansiedad. Si puedes prever una ansiedad innecesaria derivada de una situación o una conversación, evita esa ansiedad. Intenta minimizar el número de cosas que te causan ansiedad con las que tienes que lidiar.

Prueba ejercicios de respiración profunda.

Estos ayudan principalmente a reducir la velocidad de la respiración y la frecuencia cardíaca. Hay todo tipo de diferentes ejercicios de respiración profunda que puedes aprender en internet. Por ejemplo, está la respiración cíclica, con inhalaciones durante 4 segundos seguidas de una retención durante 4 segundos, y luego exhalaciones durante 4 segundos seguidas de una retención durante 4 segundos. Al hacer estos ejercicios, es importante centrarse en la respiración y en nada más. Además de estos ejercicios, hay otras técnicas de relajación física que ayudarán a reducir el estrés en el lugar de trabajo, como la relajación muscular progresiva.

Enfócate en mejorar la situación

Cualquier cosa que te preocupe con respecto al trabajo, la lluvia de ideas de soluciones y hacer intentos te ayudará a reducir tu ansiedad en gran medida. Hacer estas cosas también te convertirá en un activo más valioso para tu empresa.

Escribe tus preocupaciones.

Simplemente escribir las cosas que te molestan hará mucho para aliviar la ansiedad que las rodea. Esta técnica también ayuda a reducir los problemas de sueño y pesadillas, ya que las preocupaciones que anotamos durante el día generalmente no nos molestan por la noche. Una vez que estén escritas, puedes programar horarios para lidiar con estos problemas. Antes de que llegue ese momento, deja que estos problemas te abandonen y sigue con tu día. Cuando llegue ese momento, asegúrate de realizar un análisis de riesgos adecuado antes de poner en marcha cualquier plan.

La preocupación y el nerviosismo pueden disminuir la autoconfianza y llevar a complicaciones de salud. Siempre es importante alejar estas emociones negativas y mantener la confianza y la seguridad.

Frustración/irritación

La frustración se debe en la mayoría de los casos a la sensación de estar atrapado o estancado en un punto del cual quieres salir, pero no puedes. Esta sensación puede ser causada por varias cosas, especialmente en el trabajo. Un colega que bloquea un proyecto tuyo, un jefe demasiado desorganizado para llegar a tiempo a una reunión, o una llamada telefónica más larga de lo necesario son solo algunos ejemplos que vienen a la mente. La frustración, sea cual sea su causa, siempre debe ser tratada rápidamente, porque cuando no lo es puede acumularse en ira y otras emociones aún más negativas.

Sin embargo, hay muchas formas de lidiar con esta terrible emoción, algunas de las cuales se enumeran a continuación:

Deteniéndose para evaluar

Lo mejor que puedes hacer cuando surjan sentimientos de frustración es detenerte en lo que estás haciendo y tomarte un tiempo para evaluarlos. Escribir tus frustraciones en esta etapa puede ser de gran ayuda. Después de hacer esto, piensa en algunos aspectos positivos de tu situación actual. Esto mejorará tu estado de ánimo y reducirá la frustración futura.

Busca cosas positivas

Nuevamente, encontrar aspectos positivos en una situación frustrante te hará ver los eventos desarrollándose bajo una nueva luz. Este cambio en tu pensamiento mejorará tu estado de ánimo, entre otras cosas. Si es una persona la que te está causando frustración, recuerda que probablemente no es algo personal, y si es un evento o situación, probablemente se pueda resolver. Trata de avanzar en este paso tanto como sea posible.

Recuerda la última vez que te sentiste frustrado.

Si puedes recordar la última cosa que te frustró, entonces probablemente puedes recordar cómo esa cosa se resolvió eventualmente. Mirando las cosas con perspectiva, siempre terminan bien. También probablemente puedes recordar que tus sentimientos de frustración no hicieron mucho para ayudarte en esa última situación, por lo que asumir que te están ayudando esta vez no sería muy prudente. La perspectiva lo es todo, y muchas cuestiones pierden gran parte de su importancia cuando se ven desde ángulos diferentes.

Disgusto

La antipatía hacia ciertos compañeros de trabajo es inevitable, y una vez que aparece, rara vez desaparece. Todos tenemos que trabajar con personas a las que no nos gusta en algún momento u otro, por lo que cuando estas personas llegan, es importante tomar medidas para lidiar con ellas de manera responsable. Algunas de las mejores cosas que puedes hacer en estas situaciones son:

Mostrar respeto

Nunca estás obligado a llevarse bien con todos con quienes trabajas, pero, de muchas maneras, estás obligado a mostrarles a todos respeto. Cuando surjan estas situaciones, el orgullo y el ego son dos cosas que debes dejar de lado, incluso si la otra parte no está dispuesta. Esto te permitirá salir de la experiencia con tu dignidad intacta, sin importar cuáles sean los resultados.

Sé asertivo.

Si un compañero de trabajo es grosero o poco profesional contigo, no tengas miedo de decírselo. Si lo haces con certeza y equidad, es posible que estén inclinados a cambiar algunas de sus actitudes y comportamientos en el futuro.

Enojo/irritación

La ira es probablemente la emoción más destructiva que se encuentra en un ser humano. Esto es especialmente cierto cuando la ira está fuera de control en el lugar de trabajo. También es una emoción que la mayoría de nosotros no manejamos muy bien. En cuanto al trabajo se refiere, generalmente hay muy poco espacio para la ira, lo cual es problemático porque gran parte de ella luego se lleva a casa con nosotros. Controlar esta emoción es uno de los pasos más importantes para mantener cualquier trabajo dado, especialmente para aquellos que tienen dificultades con esto. Algunos consejos para lidiar con esta emoción se enumeran a continuación:

Estar atento a los primeros signos de enojo.

Nadie más puede detectar cuando tu ira está acumulándose tan bien como tú, por lo tanto, detectarla temprano es tu propia responsabilidad. Como se mencionó antes, tú decides cómo reaccionar a las situaciones, por lo tanto, si reaccionas con ira, nadie tiene la responsabilidad de que eso suceda.

Cuando la ira surge, toma un descanso de lo que estás haciendo.

Cuando empieces a enojarte, cerrar los ojos y tratar los mencionados ejercicios de respiración profunda puede ayudarte enormemente. Estas acciones harán mucho para interrumpir tus pensamientos enojados y ayudarán a poner tu mente de nuevo en un camino más positivo y relajado, reduciendo las declaraciones irracionales y decisiones tomadas.

Imagínate cuando te enojas.

Imaginar cómo te verías y te comportarías por lo general te dará una perspectiva muy necesaria sobre la situación en cuestión. Por ejemplo, si sientes la urgencia de gritarle a un compañero de trabajo, piensa en cómo te verías haciéndolo: nervioso, grosero y exigente. Con esa imagen en mente, es fácil ver que no serías un buen compañero de trabajo al tomar esa decisión.

Desilusión/ infelicidad

La decepción y la infelicidad son dos de las emociones más comunes en los lugares de trabajo modernos. Estas dos son casi iguales a la ira en su falta de salud, de hecho, la infelicidad puede ser aún más perjudicial. Esto también puede tener impactos negativos en tu productividad, ya que pueden dejarte sintiéndote exhausto/a y agotado/a, y también menos inclinado/a a correr riesgos en el futuro. Aquí hay algunos pasos que se pueden tomar para reducir los efectos de estas terribles emociones.

Considera tu mentalidad

Trata siempre de tener en cuenta que las cosas no siempre saldrán como tú quieres. Si lo hicieran, la vida se volvería prosaica y sin sentido. A veces, son la adversidad y el sufrimiento los que le dan sustancia a la vida. No intentes evitar estas cosas, la respuesta a estos problemas reside en la disposición para enfrentarlos.

Establece y ajusta tus metas.

La decepción a menudo puede derivar de no alcanzar una meta. Sin embargo, esto rara vez significa que la meta ya no sea alcanzable. Es natural sentir decepción en estas situaciones, pero siempre debes encontrar la fuerza de voluntad para levantarte de nuevo. Podrías, por ejemplo, mantener tu meta, pero simplemente hacer un pequeño cambio. Cualquier cosa que te ayude a superar las decepciones que enfrentas.

Graba tus pensamientos

Un método para lidiar con emociones negativas es escribirlas. Cuando te sientes infeliz o decepcionado, intenta escribir lo que te preocupa, y sé específico sobre tus preocupaciones. ¿Es tu trabajo lo que te preocupa? ¿Un compañero de trabajo? ¿Tienes una carga de trabajo demasiado pesada? Escribir estas preocupaciones te ayudará a identificar exactamente qué es lo que te preocupa y cómo puedes mejorar en estas áreas de preocupación. Recuerda que siempre tienes más poder del que crees para mejorar una situación.

Recuerda sonreír.

Forzar una sonrisa en tu rostro puede hacerte sentir más feliz y aliviar el estrés. Además, esta actividad también libera los neurotransmisores dopamina, endorfinas y serotonina, los cuales reducen la frecuencia cardíaca y la presión arterial. Las endorfinas liberadas actúan como analgésicos naturales y la serotonina actúa como un antidepresivo natural. Sonreír también te hará lucir más atractivo/a ante quienes te rodean, mejorando aún más las relaciones que tienes con tus compañeros de trabajo.

Ahora que se han cubierto las principales emociones que tienen efectos adversos en la mayoría de los trabajadores, veamos algunas estrategias más para lidiar con ellas:

Compartmentaliza tus factores estresantes.

Trata de mantener el estrés y la carga del trabajo y del hogar en esos lugares respectivos. Puedes utilizar técnicas mentales, como imaginarte a los factores estresantes encerrados en una caja por el momento. Si no intentas compatriotizar estos problemas, entonces las aguas se volverán muy turbias en tu vida personal y las cosas se volverán muy complicadas.

Identifica tu propio diálogo interno.

Reláyate a ti mismo lo que te dices a ti mismo. Al hacer esto, es posible que te encuentres repitiendo pensamientos y frases que no necesariamente son verdaderos o útiles. Intenta identificar tus propios pensamientos que pueden ser engañosos o basados en errores de pensamiento. Hacer esto te ayudará a superar algunos de tus peores puntos y actitudes hacia una mentalidad más productiva y expansiva.

Identifica y acepta tus emociones.

Prácticamente no hay nada que puedas hacer para controlar una emoción con la que ni siquiera estás dispuesto a aceptar que la tienes. Es como negar la existencia de una araña justo delante de tus ojos, la araña solo se hará más grande y más grande hasta que sea todo lo que puedas ver. Al identificar qué emoción(es) estás sintiendo y al aceptar que son una parte natural de la vida, les estás quitando mucho poder. Al hacer esto, también te conviertes en un mejor solucionador de tus propios problemas.

Afirmar tus derechos

Hay muchos lugares en la vida, especialmente en el trabajo, donde seguramente sentirás que no tienes derechos ni control sobre lo que te sucede. Al identificar tus derechos y tus poderes, te estás dando una perspectiva sobre las cosas que están dentro y fuera de tu control. Después de tomarte un tiempo para hacer esto, puedes descubrir que eres mucho más poderoso de lo que piensas. Esto mejorará tu estado de ánimo y tu autoconfianza para afirmar estos derechos que tienes.

Comunicarse estratégicamente

Cualquiera puede hablar interminablemente sobre las cosas que no les gustan, pero se necesita habilidad y determinación para realmente hacer las cosas y solucionar todos sus problemas. Cuando intentas comunicarte con otros, especialmente en desacuerdos, siempre es importante ser preciso en tu lenguaje. Esto te permitirá comunicar tus preocupaciones de manera más efectiva, y también disminuirá la probabilidad de tener malentendidos y discusiones acaloradas. Al intentar transmitir un punto de vista, trata de tener alguna idea de lo que quieres lograr y tu probabilidad de tener una conversación productiva aumentará drásticamente. Si otros responden emocionalmente, déjalos expresarse y muestra comprensión. Puedes aprender más de ellos de lo que ellos podrán aprender de ti. Pregunta por más detalles y los dos probablemente llegarán a una mejor comprensión debido a ello.

Ser objetivo.

Trata de mirar lo que te preocupa desde enfoques tanto analíticos como sintéticos. Un enfoque analítico te ayudará a comprender mejor el tema en profundidad y con más claridad, mientras que un enfoque sintético te ayudará a entender el tema dentro de la clase de todas tus posibles preocupaciones. Es importante analizar las cosas con profundidad y enfoque, pero ver las cosas como parte de tu comprensión general te ayudará a hacer conexiones y a descubrir por qué te molestan ciertas cosas a través de asociaciones libres.

Las emociones nunca son correctas ni incorrectas, solo se sienten. No hay vergüenza en sentir emociones a menos que, por supuesto, la emoción sea una vergüenza. Las emociones siempre vendrán y se irán y siempre son más sabias que el ego. Sin embargo, cada uno de nosotros tiene libre albedrío en cómo reaccionamos a las vicisitudes de la vida. Controlar las emociones no siempre es fácil, de hecho, a veces se vuelve casi imposible. Pero esta habilidad es como cualquier otra en que puede mejorar con práctica y diligencia.

Capítulo ocho: Ingeniería social y liderazgo

La importancia de la ingeniería social y el liderazgo son a menudo subestimados por los pensadores contemporáneos. La mayoría de las personas están tan absortas en manipular y derribar estructuras jerárquicas que descuidan en descubrir cómo manifestarse dentro de estas estructuras. Ya sea que tengas una inclinación hacia el liderazgo o no, sigue siendo importante tener un conocimiento práctico del liderazgo y cómo funciona entre grupos de personas.

Los líderes, sobre todo, se ayudan a sí mismos y a los demás para dar pasos hacia la realización de las cosas correctas. Al hacer esto, construyen una visión inspiradora, establecen la dirección y crean nuevas posibilidades. El liderazgo consiste, en parte, en trazar la ruta hacia un futuro exitoso para tu equipo. Es un desafío, pero también excitante, dinámico e inspirador. Establecer la dirección del grupo no es la única responsabilidad de un líder. También tienen la obligación de guiar a su gente en estas direcciones de una manera suave y eficiente. Este puede ser la habilidad más desafiante que requiere más tiempo para desarrollarse.

Este capítulo y sus consejos sobre el proceso de liderazgo se basarán en el modelo de liderazgo "transformacional" propuesto por James MacGregor Burns y posteriormente desarrollado por

Bernard Bass. Este modelo se enfoca más en lograr cambios a través del liderazgo visionario que en los procesos gerenciales normativos diseñados para mantener el rendimiento actual de los grupos específicos.

Una visión general del liderazgo

A continuación se presentan algunas características de un líder efectivo:
1. Logra crear una visión inspiradora del futuro.
2. Inspira y motiva a las personas a comprometerse con esa visión.
3. Administra la entrega de la visión.
4. Construye y entrena a un equipo, para que se vuelva más efectivo en alcanzar la visión.

Un liderazgo efectivo requiere que todos estos rasgos trabajen juntos unos con otros. A continuación, sería útil explorar cada uno de estos elementos en mayor detalle.

Logra crear una visión inspiradora del futuro

En el ámbito laboral, una visión que un jefe pronostique necesita ser una representación convincente, realista y atractiva de la situación en la que se desea estar en el futuro. Esta visión debe establecer prioridades, proporcionar dirección y servir como un referente para las personas para asegurar que todos puedan ver si se han logrado o no los objetivos establecidos.

Para crear una visión confiable, los líderes primero deben evaluar y analizar su situación actual para comprender hacia dónde ir. Algunos pasos apropiados a tomar en esta etapa son considerar la evolución de su industria en el futuro, considerar los comportamientos de sus competidores y cómo innovar con éxito para dar forma a su negocio para la competencia en el mercado futuro. El siguiente paso es llevar a cabo un análisis de escenarios para evaluar la validez de su visión.

El liderazgo es, por lo tanto, proactivo en lugar de reactivo; mirando hacia adelante, resolviendo problemas y evolucionando constantemente.

Una vez que la visión de un líder ha sido desarrollada, es necesario vender la visión. Para lograr esto, él o ella tiene que hacer la visión atractiva y convincente. Una visión atractiva permite a las personas entender, adoptar, ver y sentirlo. Los líderes efectivos pueden comunicar sus visiones de manera efectiva y clara. Son capaces de hablar sobre sus visiones de formas con las que las personas puedan relacionarse e informar a las personas de una manera inspirada. Esto hace que las personas sean más receptivas a sus ideas y más inclinadas a seguir lo que tienen que decir.

Los valores compartidos y la creación de una visión son dos componentes principales del liderazgo. Aquellos que pueden desarrollar habilidades en estas dos áreas tienen más probabilidades de tener éxito en roles de liderazgo.

Inspira y motiva a las personas a participar en esa visión.

La base del liderazgo es una visión convincente. Sin embargo, esta visión solo se alcanza mediante la capacidad de inspirar y motivar a sus seguidores. Al comienzo de la mayoría de los proyectos, es más fácil mantener el entusiasmo, lo que a su vez facilita ganar apoyo que en otras etapas del proyecto. Después de que el entusiasmo inicial se desvanece es cuando se vuelve más difícil mantener una visión inspiradora en movimiento. Las personas cambian junto con sus actitudes y métodos de trabajo, así como sus objetivos. Un buen liderazgo requiere reconocer este fenómeno y trabajar arduamente a lo largo de un proyecto dado para ser consciente de las necesidades, esperanzas y deseos de los demás mientras se cumple la visión en cuestión. Es un acto de equilibrio entre el altruismo y el pragmatismo que ayuda a donde sea que vaya.

Un medio de vincular el esfuerzo, la motivación y el resultado se conoce como la teoría de la expectativa. Este enfoque pone énfasis en que los líderes vinculen las dos principales expectativas que tienen sus seguidores. Estas se enumeran a continuación:

La expectativa de que el trabajo duro lleve a buenos resultados.

Y

La expectativa de buenos resultados que lleva a incentivos o recompensas.

Las personas con estas expectativas anticipan tanto recompensas intrínsecas como extrínsecas y, por lo tanto, trabajan más duro para lograr el éxito.

Otro enfoque incluye reiterar repetidamente la visión con un énfasis adicional en sus recompensas y comunicar la visión de una manera más efectiva y atractiva.

El poder experto es una de las cosas más útiles que un líder puede tener. La gente tiende a admirar y creer en líderes con esto porque son vistos como expertos en lo que hacen. La experiencia viene con credibilidad, respeto y prestigio. Esto también potencialmente da a la gente el derecho e incluso la obligación de liderar a otros. Tener y mostrar competencia facilita mucho más a los líderes motivar e inspirar a sus seguidores.

El carisma natural y el atractivo también pueden servir como conductos para la motivación y la influencia de un líder sobre las personas, así como otras fuentes de poder. Estas otras fuentes de poder incluyen la capacidad de asignar tareas a las personas y de pagar bonificaciones.

Gestionando la entrega de la visión

Esta área de liderazgo se aplica más a la gestión que cualquiera de estos otros consejos.

Los líderes siempre necesitan asegurarse de que estén gestionando adecuadamente el trabajo necesario para llevar a cabo su visión. Esto puede ser hecho ya sea por ellos mismos, un gerente, o un equipo de gerentes delegados por el líder para cumplir la visión del líder.

Para lograr esto, los miembros del equipo necesitan cumplir con sus metas de rendimiento vinculadas a la visión de la empresa. Algunos medios para asegurarse de que esto se haga son los KPI (indicadores clave de rendimiento), la gestión del rendimiento y la gestión de proyectos. Otra forma de garantizar que la visión se cumple es un estilo de gestión llamado gestión por caminata (MBWA). Este estilo asegura que se tomen todos los pasos necesarios para cumplir con cualquier objetivo dado.

Otro rasgo de un líder efectivo es la habilidad para manejar el cambio de manera adecuada. El liderazgo es, después de todo, una evolución constante y la capacidad de ajustarse a las vicisitudes del trabajo. Gestionar los cambios de manera fluida y eficiente garantiza que se logren todos los objetivos y se superen los obstáculos a lo largo del proceso de realizar la visión del líder. Sin embargo, esto solo se puede lograr con el respaldo y apoyo de las personas que están detrás del líder.

Construir y entrenar un equipo para lograr la visión.

Algunas de las actividades más cruciales realizadas por líderes transformacionales son el desarrollo individual y de equipos. Sin estas actividades, no habría nada que liderar para el líder. El primer paso en el desarrollo de un equipo que un líder debe tomar es llegar a comprender la dinámica del equipo. Hay varios modelos populares y bien establecidos que pueden describir esto a los líderes, incluido el enfoque de roles de equipo de Belbin y la teoría de formación, tormenta, norming, performing y adjourning de Bruce Tuckman. Un análisis más detallado de esta teoría se presenta a continuación:

Formando

El paso de formación implica que un equipo se reúna al comienzo de una empresa para definir los objetivos del grupo y cómo lograrlos. Los miembros tienden a ser impersonales y corteses durante este período, ya que todos todavía se están orientando dentro del equipo.

Asalto

La fase de tormenta es un poco más selectiva y crítica. En esta fase, el liderazgo puede ser cuestionado junto con las ideas de los miembros del grupo. Esto es en gran medida una fase de eliminación del proceso ya que muchos de los miembros del grupo se sentirán abrumados y desconcertados por la turbulencia y la crítica. Algunos de ellos, que no se van después de esta etapa, abandonan también el objetivo en cuestión. Y algunos simplemente no quieren hacer lo que se les pide.

Normando

La normatividad es el paso en el que el grupo se reúne para ponerse de acuerdo en un único plan para lograr el objetivo común. En esta etapa, se alienta a los miembros del grupo a ceder sus ideas en beneficio del grupo y también llegan a conocerse y entenderse mejor, construyendo relaciones más sólidas. Es trabajar hacia un objetivo común lo que une a los miembros del equipo.

Realizando

En la etapa de ejecución del proceso, los miembros del grupo pueden trabajar hacia el logro del objetivo sin mucha supervisión externa o aportes. También llegan a entender mejor las necesidades de los demás y cómo trabajar juntos para lograr el objetivo en cuestión.

Aplazamiento

En la etapa de clausura, se presenta la oportunidad de reflexionar sobre los resultados exitosos y fallidos. Los miembros del grupo pueden utilizar estos resultados para evaluar lo que deberían hacer al trabajar en tareas futuras. Esto ayudará a facilitar el proceso de alcanzar una meta en el futuro.

La próxima vez que te encuentres trabajando en grupo en una tarea específica, monitorea el progreso del grupo a través de estas etapas. Los miembros del grupo tienden a pasar por estas etapas en todo tipo de órdenes diferentes. De hecho, rara vez ocurren en el orden mencionado anteriormente. Sin embargo, si los miembros del equipo son conscientes de los pasos por los que están avanzando, lo cual generalmente no lo están, entonces pueden trabajar a través de estos pasos de manera mucho más eficiente y efectiva. Caminar a través de estos pasos mencionados anteriormente te ayudará a navegar mejor por lo que sucede en tu lugar de trabajo en el futuro.

Un líder competente siempre hace todo lo posible para asegurar que los miembros del equipo estén equipados con todas las habilidades necesarias para hacer sus trabajos y lograr la visión global. Para lograr esto, es necesario dar y recibir retroalimentación a diario, así como entrenar y guiar a los miembros del equipo de manera regular. Estos pasos mejorarán de forma dramática el desempeño individual y del equipo.

Buenos líderes lideran, pero los grandes líderes lideran y encuentran potencial de liderazgo. Al liderar un equipo, siempre es útil encontrar habilidades de liderazgo en los demás, independientemente de cuál sea su posición actual. Esto allana el camino no solo para diferenciarse en el estatus jerárquico, sino también para un desarrollo más allá de la influencia del líder o incluso para permanecer. También puede darle a un líder un ejemplo sorprendentemente útil en otros trabajadores competentes.

Los términos 'líder' y 'liderazgo' suelen ser mal utilizados para describir a personas que en realidad ocupan puestos gerenciales. Estas personas suelen ser altamente hábiles y tener una gran ética de trabajo, pero eso no necesariamente los hace grandes líderes.

Los lugares de trabajo con demasiada frecuencia son liderados por personas que otros consideran líderes pero que en realidad son gerentes. Estos gerentes a menudo no brindan aspiraciones ni metas a largo plazo para los miembros de su equipo, lo cual está bien a corto plazo, pero eventualmente conduce a sentimientos de falta de sentido e incluso de resentimiento.

Los próximos puntos de discusión que deberían ser explorados serían la dinámica de grupo y la ingeniería social. Estos son ámbitos importantes para conocer al entrar en un nuevo lugar de trabajo, o en cualquier entorno social dado. Aquí veremos qué son las dinámicas de grupo y qué necesitas saber sobre ellas para dominarlas.

La dinámica de grupo, ya sea ignorada por los participantes o no, desempeña un papel importante en cualquier cultura, organización o unidad. Personas con ideas y perspectivas diferentes conforman estos grupos. Es muy raro que todas las personas y sus ideologías sean homogéneas dentro de un grupo determinado. De hecho, también es peligroso. Los líderes a los que se mira dentro de estos grupos mantienen la unidad de propósito y cohesión de la unidad. Los lazos culturales dentro de estas unidades deben ser desarrollados más en ciertos momentos que en otros. Una vez que se desarrollan estos lazos, se debe poner un esfuerzo adicional para alimentarlos.

La disfunción dentro de estos grupos ocurre con la alienación entre miembros específicos. Cuando un miembro se siente marginado, hay muy poco que lo detenga de actuar de manera impredecible. Esto está destinado a surgir en ocasiones y cuando lo hace, el líder puede tener problemas para mantenerse objetivo a medida que la estructura de la unidad cohesionada comienza a desmoronarse. Estos son generalmente los peores períodos de caos en la historia de los grupos. Sin embargo, son estos períodos los que separan a los buenos líderes de los malos.

En todo momento, si son comprensibles o apropiados, el líder o gerente debe seguir reconociendo al miembro del equipo que está causando la perturbación como parte integral del grupo. La alienación adicional generalmente solo conduce a una mayor perturbación. En estos momentos sería beneficioso que el líder vea al empleado que está causando la perturbación como un empleado especial, uno que podría necesitar la ayuda o habilidades del líder, uno que sigue siendo parte del grupo, e incluso uno que podría estar allí para enseñarle algo al líder. Una revisión de la naturaleza de la comunicación, el poder, y el clima corporativo de la unidad también sería beneficiosa en estas circunstancias para entender mejor el punto de vista del miembro del equipo y evitar futuras perturbaciones.

Un líder también debe tener habilidades en introspección objetiva. No es aconsejable ni siquiera posible guiar o ayudar a otros a menos que se desarrollen estas habilidades. Es como poner el carro delante del caballo. Un líder que reconoce sus propias inseguridades será más capaz de percibir y reconocer las disfunciones del personal como síntomas de disfunciones sistemáticas. El ego estará más abierto a la racionalidad una vez que los problemas personales sean abordados de manera más específica. Se necesita una persona segura y madura para decidir que el personal es, en última instancia, más importante que sus propias ideas para avanzar.

Una vez nuevos pasos son tomados después de disfunciones se puede hacer mucho progreso y la empresa a menudo puede salir mejor de lo que estaban anteriormente por esto. El personal puede encontrar nuevos medios de comunicación y formas de relacionarse entre sí, también pueden encontrar nuevos modos de comportamiento en conjunto que incluso podrían aumentar su autoestima o bienestar general. Afortunadamente para el líder, todos en la empresa podrían entonces presumir de tener un gerente con una gran cantidad de ideas y actitudes recién descubiertas. Todas estas complejidades y regulaciones tienden a hacer que trabajar en grupo sea muy complicado a veces, pero si todos siguen estos pasos y cada uno hace su parte, los beneficios del trabajo en equipo pueden ser innumerables.

Conclusión

Gracias por llegar hasta el final de la Psicología Oscura. Esperemos que este libro haya sido lo más informativo y útil posible. Todos tenemos un lado oscuro en nuestra psique, ya sea que lo admitamos o no. Solo aquellos que aceptan y estudian este lado oscuro pueden obtener los beneficios de hacerlo, y estos beneficios son algunos de los más grandes que podemos encontrar en la vida, por lo que este libro y otros similares son algunos de los mayores recursos que podemos ofrecernos.

La psicología oscura podría describirse mejor como un estudio de la condición humana en la que se vuelve normativo que las personas ataquen a otros por deseos criminales o desviados. A menudo estos deseos carecen de un propósito específico y se basan principalmente en deseos instintivos básicos. Cada ser humano tiene el potencial y la capacidad de victimizar a otros seres humanos, así como a otras criaturas vivientes, pero la mayoría de nosotros mantenemos estos deseos suprimidos para poder funcionar con éxito en la sociedad. Aquellos de nosotros que no subliman estas tendencias oscuras suelen ser representativos del "triángulo oscuro": psicopatía, sociopatía y maquiavelismo, o de otros trastornos mentales/perturbaciones psicológicas. De esta manera, la psicología oscura se enfoca principalmente en los fundamentos (es decir, los pensamientos, sistemas de procesamiento, sentimientos y conductas) que se encuentran por debajo de los aspectos más depredadores de nuestra naturaleza, los mismos que van en contra de manera más vigorosa del pensamiento moderno sobre el comportamiento humano. En este campo, tendemos a asumir que estos comportamientos más abusivos, criminales y desviados son intencionales la mayor parte del tiempo, aunque existen casos en los que parecen no tener fundamentos teleológicos.

La psicología oscura estudia las partes de nosotros mismos que ninguno de nosotros quiere reconocer. Dentro de este campo, se profundiza en nuestros demonios internos, y se arroja luz sobre los lugares que preferiríamos no ver pero que necesitamos ver. La psicología oscura acepta y abraza el lado más oscuro de la experiencia humana. De esta manera, está haciendo lo mismo que cualquier área de estudio antropocéntrico hace, la única diferencia radica en la especialidad de la psicología oscura en esta realidad oscura dentro del animal humano. Sin embargo, la psicología oscura no pretende ser un desfile de villanos. Los especialistas en este campo realizan su trabajo con el fin de comprender mejor por qué y cómo las personas malévolas trabajan hacia sus objetivos, no como un intento de ganar fama para ellos mismos o de idolizar a los más monstruosos entre nosotros. También es importante tener en cuenta que cada uno de nosotros tiene un lado oscuro o "maligno" en nuestra propia psicología. Si bien existen otros medios por los cuales podemos llegar a la realización de los contenidos de este lado, es la psicología oscura la que ofrece la ruta más clara para nosotros en nuestro camino hacia nuestra iluminación sobre lo oscuros que realmente somos y por qué.

Dentro de este libro se tratan las siguientes áreas con el objetivo de iluminar sus significados en nuestra vida cotidiana: los principios de la psicología oscura, rasgos de la "personalidad oscura", estudios de psicología oscura, lectura mental, psicología cognitiva, modos de persuasión, control de emociones, ingeniería social y liderazgo.

Cuando la mayoría de las personas piensan en el término "psicología oscura" van más allá de los problemas de maquiavelismo, psicopatía y sociopatía en sus mentes. Estos son lo que se conocen como rasgos de personalidad oscura y son un mero microcosmos del alcance general del campo. Estos rasgos son importantes de estudiar ya que es probable que todos conozcamos a personas que los muestren, algunos de nosotros incluso los mostramos nosotros mismos. Esta es solo una área de la psicología oscura que se cubre en profundidad en este libro.

La lectura de la mente y los modos de persuasión son otras dos áreas exploradas aquí. Prácticamente cualquiera puede beneficiarse enormemente estudiando estas dos áreas, por lo que aquí también se incluyen algunos consejos y técnicas útiles sobre cómo leer lo que otros están pensando y cómo persuadirlos para que trabajen hacia nuestros objetivos, entre muchas otras cosas.

www.ingramcontent.com/pod-product-compliance
Lightning Source LLC
Chambersburg PA
CBHW051521020426
42333CB00016B/1726